中国特色高水平高职学校项目建设成果系列教材

高等职业教育教学改革特色教材 · 电子商务专业

Internet Sales Management

互联网销售管理

付杰 主编

东北财经大学出版社

Dongbei University of Finance & Economics Press

大连

图书在版编目（CIP）数据

互联网销售管理 / 付杰主编. —大连：东北财经大学出版社，2025.8.—（高等
职业教育教学改革特色教材·电子商务专业）. —ISBN 978-7-5654-5667-1

Ⅰ.F713.365.2

中国国家版本馆CIP数据核字第2025G1Y168号

互联网销售管理

HULIANWANG XIAOSHOU GUANLI

东北财经大学出版社出版

（大连市黑石礁尖山街217号　邮政编码　116025）

网　　址：http://www.dufep.cn

读者信箱：dufep@dufe.edu.cn

大连永盛印业有限公司印刷　　　　　东北财经大学出版社发行

幅面尺寸：185mm×260mm　　　字数：469千字　　　印张：20

2025年8月第1版　　　　　　　　2025年8月第1次印刷

责任编辑：张晓鹏　孙晓梅　　　　　责任校对：郭海雷

　　　　　孟　鑫　王　斌

封面设计：原　皓　　　　　　　　　版式设计：原　皓

书号：ISBN 978-7-5654-5667-1　　　定价：49.00元

中国特色高水平高职学校项目建设成果系列教材
编审委员会

编写说明

中国特色高水平高职学校和专业建设计划（简称"双高计划"）是我国为建设一批引领改革、支撑发展、中国特色、世界水平的高等职业学校和骨干专业（群）的重大决策建设工程。哈尔滨职业技术大学入选"双高计划"建设单位，对学院中国特色高水平学校建设进行顶层设计，编制了站位高端、理念领先的建设方案和任务书，并扎实开展了人才培养高地、特色专业群、高水平师资队伍与校企合作等项目建设，借鉴国际先进的教育教学理念，开发中国特色、国际水准的专业标准与规范，深入推动"三教改革"，组建模块化教学创新团队，实施"课程思政"，开展"课堂革命"，校企双元开发活页式、工作手册式、新形态教材。为适应智能时代先进教学手段应用，学校加大优质在线资源的建设，丰富教材的信息化载体，为开发工作过程为导向的优质特色教材奠定基础。

按照教育部印发的《职业院校教材管理办法》要求，教材编写总体思路是：依据学校双高建设方案中教材建设规划、国家相关专业教学标准、专业相关职业标准及职业技能等级标准，服务学生成长成才和就业创业，以立德树人为根本任务，融入课程思政，对接相关产业发展需求，将企业应用的新技术、新工艺和新规范融入教材之中。教材编写遵循技术技能人才成长规律和学生认知特点，适应相关专业人才培养模式创新和课程体系优化的需要，注重以真实生产项目、典型工作任务及典型工作案例等为载体开发教材内容体系，实现理论与实践有机融合。

本套教材是哈尔滨职业技术大学中国特色高水平高职学校项目建设的重要成果之一，也是哈尔滨职业技术大学教材建设和教法改革成效的集中体现，教材体例新颖，具有以下特色：

第一，教材研发团队组建创新。按照学校教材建设统一要求，遴选教学经验丰富、课程改革成效突出的专业教师担任主编，选取了行业内具有一定知名度的企业作为联合建设单位，形成了一支学校、行业、企业和教育领域高水平专业人才参与的开发团队，共同参与教材编写。

第二，教材内容整体构建创新。精准对接国家专业教学标准、职业标准、职业技能等级标准确定教材内容体系，参照行业企业标准，有机融入新技术、新工艺、新规范，构建基于职业岗位工作需要的体现真实工作任务、流程的内容体系。

第三，教材编写模式形式创新。与课程改革相配套，按照"工作过程系统化""项目+任务式""任务驱动式""CDIO式"四类课程改革需要设计四种教材编写模式，创新新形态、活页式或工作手册式教材三种编写形式。

第四，教材编写实施载体创新。依据本专业教学标准和人才培养方案要求，在深入企业调研、岗位工作任务和职业能力分析基础上，按照"做中学、做中教"的编写思路，以企业典型工作任务为载体进行教学内容设计，将企业真实工作任务、真实业务流程、真实生产过程纳入教材之中。并开发了教学内容配套的教学资源，满足教师线上线下混合式教学的需要，本教材配套资源同时在相关平台上线，可随时下载相应资源，满足学生在线自主学习课程的需要。

第五，教材评价体系构建创新。从培养学生良好的职业道德、综合职业能力与创新创业能力出发，设计并构建评价体系，注重过程考核和学生、教师、企业等参与的多元评价，在学生技能评价上借助社会评价组织的1+X考核评价标准和成绩认定结果进行学分认定，每部教材均根据专业特点设计了综合评价标准。

为确保教材质量，学院组建了中国特色高水平高职学校项目建设系列教材编审委员会，教材编审委员会由职业教育专家和企业技术专家组成。学校组织了专业与课程专题研究组，对教材持续进行培训、指导、回访等跟踪服务，有常态化质量监控机制，能够为修订完善教材提供稳定支持，确保教材的质量。

本套教材融入课程思政内容和课堂革命理念，既具积累之深厚，又具改革之创新，凝聚了校企合作编写团队的集体智慧。本套教材的出版，充分展示了课程改革成果，为更好地推进中国特色高水平高职学校项目建设做出积极贡献！

哈尔滨职业技术大学
中国特色高水平高职学校项目建设系列教材编审委员会
2025年

前　言

　　党的二十大为新时代中国经济发展擘画了"加快构建新发展格局，着力推动高质量发展"的宏伟蓝图，特别强调要"加快发展数字经济，促进数字经济和实体经济深度融合"。在这一历史进程中，互联网销售已成为连接供需两端、激发市场活力、推动产业升级的关键纽带。据统计，2024年我国网络零售市场规模已突破15万亿元，数字经济核心产业增加值占GDP的比重达8.2%，这组数字既彰显了互联网销售的蓬勃生命力，也预示着该领域正在成为中国经济高质量发展的重要增长极。

　　然而，在快速发展过程中，互联网销售行业面临诸多挑战，如流量红利消退带来的获客成本激增、消费需求升级引发的服务模式变革、数据安全与隐私保护的法律规范趋严、平台经济反垄断监管强化等。这些问题倒逼企业从粗放式增长转向精细化管理，从单纯追求GMV（商品交易总额）转向客户全生命周期价值挖掘，从经验驱动决策转向数据智能驱动。编写本书的初衷，正是要直面这些行业痛点，既为高校相关专业教学提供理论框架，也为企业实践者打造策略工具箱，并试图在数字经济浪潮中探索符合中国式现代化要求的销售管理新范式。

　　本书精心编排了八个项目，从基础认知逐步深入至高阶管理。开篇在项目一中明晰销售、销售管理及互联网销售的核心概念，为后续深入学习筑牢根基。项目二则着重剖析互联网销售沟通管理，涵盖沟通管理认知、话术设计与沟通心理等关键层面，助力读者掌握高效沟通技巧，搭建与客户紧密相连的桥梁。项目三至项目五分别围绕互联网销售管理策略制定、销售人员管理以及销售过程管理展开，全方位阐述从策略规划、团队组建到销售流程把控的一系列关键环节，确保销售活动有序推进。项目六深入探讨互联网销售商品管理，从选品、定价到库存、渠道、售后管理，再到销售数据分析，为商品在互联网平台的全生命周期管理提供详尽指导。项目七专注于互联网销售服务管理，致力于提升服务质量与客户满意度，打造卓越的服务体验。项目八则直面互联网销售的风险管理，通过对法律法规、欺诈安全问题的解析，帮助读者有效识别与应对潜在风险，保障销售活动的稳健运行。

　　本书适用于广泛的读者群体。对市场营销、电子商务等相关专业的在校学生而言，本书是系统学习互联网销售管理知识、夯实专业基础的优质教材；对于初涉互联网销售行业的从业者，本书能够快速帮助其熟悉行业规则、掌握核心技能，顺利开启职业发展之路；而对于有一定经验的互联网销售管理人员，本书则可作为拓展管理思路、提升管理效能的重要参考资料，助力其在激烈的市场竞争中实现突破与创新。

　　本书由多位在互联网销售管理领域具备深厚学术造诣与丰富实践经验的专家学者共同

撰写完成，由付杰担任主编，由乌达巴拉、温文、喻跃梅担任副主编，宋贵峰、逯柳也参与了本书的编写工作。其中，喻跃梅负责项目一的编写，温文负责项目二的编写，凭借对销售沟通领域的深入研究，为读者呈现了专业且实用的沟通知识体系；付杰负责项目三至项目五的编写，凭借其在销售策略制定与人员管理方面的独到见解，使这部分内容极具深度与实操性；乌达巴拉负责项目六、项目七的编写，凭借其在商品管理与服务管理领域的丰富经验，确保了相关内容的精准性与前瞻性；宋贵峰、逯柳负责项目八的编写，以其对互联网销售法律、法规与风险管理的敏锐洞察，为读者提供了全面且翔实的风险防控指南。全书最后由付杰统稿。各位作者在写作过程中紧密协作、反复研讨，力求为读者奉献一本高质量的互联网销售管理佳作。

希望本书能够成为广大读者在互联网销售管理领域探索求知、砥砺前行的得力助手，为推动互联网销售行业的蓬勃发展贡献一份力量。

编　者
2025 年 5 月

目 录

项目一　互联网销售管理认知　　　　　　　　　　　　1

　学习目标　　　　　　　　　　　　　　　　　　　1
　项目导入　　　　　　　　　　　　　　　　　　　1
　任务一　销售认知　　　　　　　　　　　　　　　2
　任务二　销售管理认知　　　　　　　　　　　　　8
　任务三　互联网销售认知　　　　　　　　　　　　12
　基本训练　　　　　　　　　　　　　　　　　　　19

项目二　互联网销售沟通管理　　　　　　　　　　　　22

　学习目标　　　　　　　　　　　　　　　　　　　22
　项目导入　　　　　　　　　　　　　　　　　　　22
　任务一　互联网销售沟通管理认知　　　　　　　　23
　任务二　掌握互联网销售沟通话术　　　　　　　　36
　任务三　熟悉互联网销售沟通心理　　　　　　　　41
　基本训练　　　　　　　　　　　　　　　　　　　49

项目三　互联网销售管理策略制定　　　　　　　　　　51

　学习目标　　　　　　　　　　　　　　　　　　　51
　项目导入　　　　　　　　　　　　　　　　　　　51
　任务一　互联网销售管理策略认知　　　　　　　　52
　任务二　熟悉互联网销售管理的成交策略　　　　　58
　任务三　熟悉互联网销售管理的维护策略　　　　　100
　基本训练　　　　　　　　　　　　　　　　　　　147

项目四　互联网销售人员管理　　　　　　　　　　　　150

　学习目标　　　　　　　　　　　　　　　　　　　150
　项目导入　　　　　　　　　　　　　　　　　　　151
　任务一　互联网销售团队建设　　　　　　　　　　151
　任务二　互联网销售人员的选拔与培训　　　　　　156
　任务三　互联网销售人员的考核与激励　　　　　　167
　基本训练　　　　　　　　　　　　　　　　　　　179

项目五　　互联网销售过程管理　182
　学习目标　182
　项目导入　183
　任务一　互联网销售前准备　183
　任务二　互联网销售目标管理　189
　任务三　互联网销售产品管理　195
　任务四　互联网销售价格管理　200
　任务五　互联网销售订单管理　207
　任务六　互联网销售顾客异议处理　213
　基本训练　220
项目六　　互联网销售商品管理　223
　学习目标　223
　项目导入　224
　任务一　互联网销售商品管理认知　224
　任务二　互联网销售商品选品和信息管理　228
　任务三　互联网销售商品定价与促销管理　234
　任务四　互联网销售商品库存管理　241
　任务五　互联网销售渠道管理　244
　任务六　互联网销售售后管理　249
　任务七　互联网销售数据分析　255
　基本训练　262
项目七　　互联网销售服务管理　264
　学习目标　264
　项目导入　264
　任务一　互联网客户服务认知　265
　任务二　互联网客户服务过程　271
　任务三　互联网销售服务质量　274
　任务四　互联网销售服务策略　278
　基本训练　283
项目八　　互联网销售风险管理　285
　学习目标　285
　项目导入　286
　任务一　明确互联网销售的法律法规与合规性　286
　任务二　了解互联网销售中的欺诈与安全问题　295
　任务三　熟悉互联网销售风险管理与应对措施　299
　基本训练　305
参考文献　307

项目一

互联网销售管理认知

学习目标

★ 知识目标
（1）熟知销售的含义及核心要素。
（2）熟知销售流程及应用场景。
（3）熟知销售对企业的影响及重要性。

★ 能力目标
（1）掌握销售与销售管理的区别。
（2）掌握销售管理的基本工作内容。

★ 素养目标
（1）责任心与敬业精神：对互联网销售管理工作充满热情，具备高度的责任心和敬业精神，能够认真对待每一项工作任务，确保工作质量和效率。
（2）团队合作精神：互联网销售管理往往需要跨部门合作，因此需要具备良好的团队合作精神，能够与团队成员相互支持、相互协作，共同完成任务。
（3）诚信与道德：在互联网销售过程中，需要遵循诚信经营的原则，遵守行业规范和法律、法规，不夸大产品功效，不虚假宣传，维护企业形象和信誉。

项目导入

互联网销售在中国发展的重要性

根据中研普华产业研究院发布的《2024—2029年中国互联网营销行业市场深度调研与发展趋势报告》，中国数字营销行业市场规模已从2018年的3 759亿元增加到2023年的5 560亿元，年均复合增长率为6.7%。这一增长主要得益于中国庞大的网民基础，截至2023年12月，我国网民规模达10.92亿人，互联网普及率达77.5%。

中国网络零售市场也展现出强劲的增长势头。据中国连锁经营协会与德勤合作发布的"2024年中国网络零售Top100"榜单，2024年中国网络零售Top100企业网络销售总体规模为1.91万亿元，较上年增长2.7%。其中，电商企业、实体零售企业和消费品企业的网络销售增长相对平衡，且实现网络销售正增长的企业占比较高。

技术创新是互联网销售持续发展的重要动力。大数据、人工智能、云计算等技术的应用不仅提高了营销效率，还使得营销策略更加精准、个性化。例如，企业可以利用大数据分析消费者的行为，实现精准推送；利用人工智能技术优化用户体验，提升客户满意度。

随着消费者购物模式的革新和互联网购物普及率的提升，消费者的行为也在发生变化。一方面，中老年群体已成为电商市场的新动力；另一方面，"质价比"逐渐取代"性价比"，成为年轻消费者更看重的消费特征。此外，国货和绿色节能产品也继续受到青睐。

互联网销售在现代商业活动中具有不可替代的重要性。随着技术的不断进步和消费者行为的持续变化，互联网销售将继续发挥重要作用，为企业创造更多的商业价值和社会价值。

资料来源　作者根据网络相关资料整理而成。

任务一　销售认知

销售不仅是产品或服务的交易过程，更是建立和维护客户关系、满足客户需求、实现双赢的过程。它要求销售人员具备高度的市场敏感度和客户服务意识，通过有效的沟通和谈判技巧，促成交易。

一、销售的含义

销售，顾名思义，就是把我们自己的产品推荐给别人，通过产品特点、优势等，让别人来购买你的产品。这里的"产品"既可以是实物，如商品、设备等，也可以是虚拟的，如网络、服务等。销售的本质是一种交易行为，旨在满足客户的需求并实现双赢。销售的定义可以从多个角度来阐述，但核心思想是一致的。具体来说，销售的定义包括以下几个方面：

（1）交易行为：销售本质上是一种交易行为，它涉及买卖双方之间商品、服务或价值的交换。销售人员代表卖方，通过一系列的活动促使买方接受并购买其提供的产品或服务。

（2）客户需求满足：销售的核心在于满足客户的需求。销售人员需要深入了解客户的真实需求、偏好和痛点，以便为他们提供合适的产品或服务解决方案。通过解决客户的问题或满足其需求，销售人员能够赢得客户的信任和忠诚。

（3）沟通与说服：在销售过程中，沟通是至关重要的。销售人员需要与客户建立有效的沟通渠道，传递产品或服务的信息和价值，同时倾听客户的反馈和需求。在沟通过程中，销售人员还需要运用说服技巧，引导客户作出购买决策。

（4）价值创造与传递：销售不只是产品或服务的简单交易，更重要的是为客户创造价值。销售人员需要向客户展示产品或服务的独特价值，包括其性能、品质、价格等方面的优势。通过价值创造和传递，销售人员能够增强客户的购买意愿和满意度。

（5）关系建立与维护：销售不应是一次性的交易行为，更应是一个长期的关系建立和维护过程。销售人员要与客户建立良好的关系，关注客户的反馈和需求变化，提供持续的售后服务和支持。通过关系建立和维护，销售人员能够巩固与客户的合作关系，并为未来的销售活动打下良好的基础。

综上所述，销售是一个通过与客户建立联系、沟通并满足其需求，从而实现产品或服务交易的过程。它要求销售人员具备专业的知识和技能，能够深入了解客户的需求、运用说服技巧、创造价值并维护客户关系。

二、销售的核心要素

（一）了解产品

产品知识是销售的基础。销售人员要对所销售的产品有深入的了解，包括产品的特性、功能、优势、使用场景、与竞争对手的对比等。只有充分掌握产品知识，销售人员才能自信地向客户介绍产品，解答客户的疑问，并解除客户的顾虑。

（二）理解客户的需求

客户需求是销售的核心。销售人员需要通过与客户的沟通和交流，深入了解客户的真实需求、偏好和痛点。只有准确把握客户的需求，销售人员才能为客户提供针对性的解决方案，满足客户的期望，并促成交易。

（三）建立信任关系

信任关系是销售成功的关键。销售人员需要与客户建立基于信任的关系，通过真诚、专业的服务和良好的沟通技巧，赢得客户的信任和认可。信任关系的建立有助于解除客户的防备心理，提升客户的购买意愿，并促进长期合作关系的形成。

（四）有效的沟通技巧

沟通技巧是销售人员必备的技能。销售人员要具备良好的口头和书面表达能力，能够清晰、准确地传递产品信息，解答客户疑问，并引导客户作出购买决策。同时，销售人员还要善于倾听客户的反馈和需求，以便及时调整销售策略，更好地满足客户需求。

（五）谈判与促成交易

谈判与促成交易是销售过程中的重要环节。销售人员需要掌握一定的谈判技巧，如价格谈判、条件协商等，以达成双方都能接受的交易条件。在谈判过程中，销售人员要保持冷静、理智的态度，灵活运用各种策略，争取最有利的交易结果。同时，销售人员还要在合适的时机促成交易，确保销售目标的实现。

（六）售后服务与跟进

售后服务与跟进是销售活动的延续。销售人员要在交易完成后，为客户提供必要的售后服务和支持，如产品安装、调试、维修等。同时，销售人员还要定期跟进客户的使用情况，了解客户的反馈和需求变化，以便为客户提供更好的服务和解决方案。售后服务与跟进有助于巩固与客户的合作关系，提高客户的满意度和忠诚度。

综上所述，销售的核心要素包括了解产品、理解客户的需求、建立信任关系、有效的沟通技巧、谈判与促成交易以及售后服务与跟进。这些要素相互关联、相互作用，共同构成了销售活动的完整体系。销售人员需要全面掌握这些要素，并灵活运用到实际工作中去，这样才能取得良好的销售业绩和客户口碑。

三、销售流程

在销售过程中，每一步都至关重要，它们共同构成了从潜在客户识别到最终客户关系维护的完整流程。

（一）销售准备

1.设定目标与计划

设定具体的销售目标，如销售额、市场份额等，并将其转化为具体的销售活动计划，包括时间表、分工和资源分配。

2.了解产品与服务

深入了解自己销售的产品或服务的特点、优势、使用方法及售后服务等。

3.研究市场与客户

分析市场趋势，了解竞争对手的产品、定价策略及市场份额；确定目标客户群体，了解他们的需求、偏好及购买习惯。

4.准备销售工具

准备销售资料，如产品手册、演示文稿、报价单等；确保销售团队具备必要的销售工具，如 CRM 系统、销售管理软件等。

（二）客户开发

1.寻找潜在客户

通过市场调研、广告活动、口碑传播等方式识别潜在客户，利用社交媒体、企业网站、行业展会等渠道吸引潜在客户的关注。

2.建立联系

通过电话、电子邮件、社交媒体等方式与潜在客户建立初步联系；安排面谈或会议，进一步了解客户的需求和意向。

（三）需求分析

1.深入了解需求

通过面谈、调研等方式，深入了解客户的具体需求、痛点和期望；倾听客户的言语和非言语信息，捕捉客户的真实意图。

2.分析竞争对手

了解竞争对手的产品、服务和定价策略，以便与客户进行比较。

3.评估潜在机会

根据收集到的信息，评估潜在客户的购买意向和潜在业务机会。

（四）产品展示与解决方案提供

1.产品介绍

清晰地介绍产品或服务的特点、优势和用途，使客户产生兴趣，采用演示文稿、样品展示、案例分析等方式增强说服力。

2.提供解决方案

根据客户的需求，提供定制化的产品或服务解决方案；解答客户的疑问，提供专业建议和意见。

（五）谈判与议价

1.协商条件

与客户沟通，协商合同条款、交货期、售后服务等具体细节；灵活应对客户的需求变化，进行必要的谈判和让步。

2.提供报价

根据客户的需求和解决方案，提供详细的报价和交付条件；确保报价具有竞争力，同时满足公司的利润要求。

（六）销售成交

1.签订合同

与客户协商并达成共识后，正式签订销售合同；同时，确保合同内容详细、准确，无遗漏和歧义。

2.交付与服务

按照合同要求交付产品或提供服务，确保交付过程顺利、客户满意。

（七）售后服务

1.安装与培训

为客户提供产品安装和使用培训服务，确保客户能正常使用产品；如有需要，提供必要的技术支持和指导。

2.故障维修

及时响应客户的需求，提供售后维修和支持服务，解决客户在使用过程中遇到的问题和困难。

3.反馈收集

定期与客户进行反馈交流，了解客户对产品或服务的满意度和改进建议，根据客户的反馈不断优化产品和服务。

（八）客户关系维护与发展

1.定期沟通

与客户保持定期沟通，了解他们的最新需求；提供有价值的信息和建议，帮助客户解决问题。

2.维护与续约

与客户保持长期关系，提供维护和升级服务，提升客户的忠诚度和再购买意愿。

3.挖掘新需求

深入挖掘客户的潜在需求，为客户提供更多的增值服务；不断拓展业务领域，实现长期合作和共赢。

通过以上八个步骤的详细实施，可以有效提高销售效率，维护与客户的良好关系，实现商业成功。

四、销售的应用场景

与销售相关的知识的实际应用场景非常广泛，涵盖了从初次接触客户到售后服务的整个销售流程。其具体的应用场景如下：

（一）初次接触与需求探询

销售人员初次与客户接触，通过友好的交谈建立初步联系，并尝试了解客户的需求和痛点。销售人员需要具备良好的沟通能力，能够用清晰、亲切的语言与客户交流。通过提出开放性问题，引导客户表达自己的需求和想法。观察客户的言行举止和反应，初步判断客户的购买意向和关注点。

（二）产品介绍与演示

在了解了客户需求后，销售人员向客户介绍适合的产品或服务，并通过演示或案例说明等方式展示产品的优势。销售人员需要深入了解产品的特性、功能、优势等，以便为客户提供准确、专业的介绍。通过生动的演示或实际案例，让客户直观地感受到产品的价值和优势。

销售人员可以利用情感因素与客户建立联系和共鸣，增强客户的购买意愿。

（三）异议处理与谈判

在销售过程中，客户可能会提出各种异议或疑虑，销售人员需要耐心解答并尝试消除客户的顾虑。同时，双方还有可能就价格、交货期等条件进行谈判。针对客户提出的异议，销售人员需要给出合理的解释和说明，以消除客户的疑虑。销售人员需要掌握一定的谈判策略和方法，如让步策略、折中方案等，以达成双方都能接受的交易条件。

（四）促成交易与签约

在客户对产品或服务表示满意后，销售人员要趁热打铁，促进交易的达成并签订销售合同。通过强调产品的独特优势、提供限时优惠等方式，促使客户尽快作出购买决定。销售人员需要了解销售合同的基本内容和条款，确保合同的合法性和有效性。

（五）售后服务与跟进

交易完成后，销售人员还需要为客户提供必要的售后服务和支持，并跟进订单的执行情况。了解产品的售后服务政策和流程，能够为客户提供及时、有效的技术支持和解决方案。

（六）市场调研与竞争分析

在销售活动开始前或进行过程中，销售人员需要进行市场调研和竞争分析，以了解市场需求和竞争对手情况；通过问卷调查、访谈等方式收集市场信息，分析市场趋势和客户需求，了解竞争对手的产品、价格、营销策略等信息，以便制定更具针对性的销售策略。

这些实际应用场景展示了销售相关知识在销售过程中的重要作用。销售人员需要不断学习和应用这些知识，以提高自己的销售能力和业绩水平。

五、销售对企业的作用

（一）实现销售目标和盈利

1.推动销售增长

销售人员应通过专业的销售技巧和策略，积极开拓市场，与客户建立联系，推动产品或服务的销售。这是企业实现销售目标、增加收入和盈利的关键环节。

2.创造经济价值

通过销售产品或服务，企业能够获得经济回报，为企业的生存与发展提供必要的资金支持。

（二）拓展市场份额和增强竞争力

1.寻找新客户

销售人员应不断寻找和开发新的客户群体，拓宽企业的市场覆盖范围，从而增加企业的市场份额。

2.维护老客户

销售人员应与老客户保持长期稳定的合作关系，这不仅有助于稳定销售额，还能通过口碑传播吸引更多的潜在客户，增强企业的市场竞争力。

（三）促进产品改进和创新

1.市场反馈

销售人员是企业与市场之间的桥梁，通过与客户的沟通和交流，他们能够获得关于产品性能、品质、价格等方面的市场反馈。这些反馈信息对企业优化产品、改进设计、提高品质具有重要意义。

2.需求引导

销售人员还应了解客户的潜在需求和未来发展趋势，为企业的产品研发和创新提供方向性指导，推动企业不断推出符合市场需求的新产品或服务。

（四）建立和维护客户关系

1.客户信任

通过专业的服务和良好的沟通技巧，销售人员能够获得客户的信任，增强客户对企业的认同感和忠诚度。这种信任有助于企业与客户建立长期稳定的合作关系，实现共赢。

2.客户管理

销售人员还需要对客户信息进行整理和管理，建立客户档案和数据库，以便更好地了解客户的需求，提供个性化的服务和解决方案。

（五）塑造企业品牌形象

1.品牌传播

销售人员在与客户的沟通过程中，会不自觉地传递企业的品牌理念和价值观。通过专业的销售技巧和良好的服务态度，销售人员能够提升企业的品牌形象和知名度。

2.口碑效应

满意的客户会成为企业的口碑传播者，通过他们的推荐和介绍，吸引更多潜在客户关注和购买企业的产品或服务。这种口碑效应对塑造企业品牌形象和提升市场竞争力具有重要作用。

综上所述，销售对企业具有至关重要的作用。它不仅是企业实现销售目标、增加收入和盈利的关键环节，还是拓展市场份额、增强竞争力、促进产品改进和创新、建立和维护客户关系以及塑造企业品牌形象的重要手段。因此，企业应该高度重视销售工作，不断提升销售人员的专业素养和综合能力，为企业的可持续发展奠定坚实基础。

【案例分析1-1】

销售案例丰富多样，涉及不同行业和产品。以下是一些具有代表性的销售案例，展示了企业在销售过程中的创新策略和成功实践：

德尔地板：赞助国际赛事，提升品牌影响力

背景：2024年3月，德尔地板成为2024年道达尔能源·汤姆斯杯暨尤伯杯（简称"汤尤杯"）决赛的赞助商。汤尤杯是世界著名的羽毛球赛事，每两年举办一届，2024年的比赛在成都举行，这是中国西部首次举办世界最高级别羽毛球赛事。

策略：

赛事赞助：德尔地板作为主要赞助商，出现在汤尤杯的多个环节，包括抽签仪式、开票仪式及大赛现场，全面传递其健康环保的品牌主张。

营销推广：赛前，德尔地板通过官微发布"话说汤尤杯"知识科普内容，介绍汤尤杯

的缘起与赛制。同时，推出"风云惠"营销活动，包括"万元汤尤杯双人成都五一观赛游"等活动福利。

线下互动：在赛事举办期间，德尔地板在赛场搭建展厅，举办各种活动，吸引观众参与，实现品牌曝光。

成果：德尔地板通过赞助汤尤杯，不仅提升了品牌知名度和影响力，还成功地将品牌与高端体育赛事相结合，传递了品牌的健康环保理念。

蓝月亮：营销翻车与公关应对

背景：2024年5月，蓝月亮在母亲节前夕发布的电梯广告海报引发舆论争议。海报中，抖音带货主播"董先生"手持至尊洗衣液产品，宣传文案上写着"妈妈，您先用"，背景是独自做家务的女性剪影。

问题：广告文案被认为加深了对女性角色的刻板印象，与现代价值观不相契合，导致消费者不适。

公关应对：

快速回应：蓝月亮在小红书和官微上发布解释和回应，表示初衷是感恩母亲，但文案表述不准确。

正式说明：在社交媒体上发布正式说明，诚邀网友共创海报文案，但回应被指缺乏诚意。

删除争议内容：删除对母亲节争议相关海报的说明，仅保留邀请网友改文案的活动及话题。

反思：此次营销翻车提醒企业在开展营销活动时，需更加关注社会价值观和消费者的情感，避免使用可能引起争议的表述。同时，加强内部审查机制，确保广告内容与品牌形象和社会价值观相符。

资料来源 作者根据网络相关资料整理。

任务二 销售管理认知

一、销售管理的含义

销售管理是指通过一系列专业化的管理手段，对销售活动进行计划、组织、指挥、协调和控制，以达到企业销售目标的过程。它不仅涉及对销售人员的直接管理，还包括对销售流程、销售渠道、销售价格、客户关系等多个方面的综合管理。销售管理涵盖了从销售计划制订、销售策略实施、销售活动执行到销售结果评估的全过程。具体来说，其包括销售目标设定、销售计划制订和销售预算编制、销售渠道管理、销售价格管理、销售人员培训与管理、销售数据分析与评估等多个方面。

二、销售管理的内容

销售管理的主要内容涵盖多个方面，包括销售计划管理、销售组织与团队管理、销售过程管理、销售渠道管理、销售价格管理、客户关系管理以及销售分析与评估等，以确保销售活动的顺利进行和销售目标的达成。这些内容的有机结合和有效执行，对实现销售目标、提升销售业绩具有重要意义。

1.销售计划管理

（1）销售目标设定。根据企业的整体战略目标和市场环境，设定合理的销售目标，包括销售额、市场份额、新客户获取数等。

（2）销售计划制订。将销售目标分解为具体的销售计划，包括销售策略、销售渠道、销售预算、销售预测等，并制订相应的行动方案。

2.销售组织与团队管理

（1）销售组织结构设计。根据企业规模和业务需求，设计合理的销售组织结构，明确各级销售人员的职责和权限。

（2）销售团队组建。招聘、选拔和培训销售人员，组建高效、专业的销售团队。

（3）团队激励与考核。建立有效的激励机制和考核体系，激发销售人员的积极性和创造力，确保销售目标的顺利实现。

3.销售过程管理

（1）销售活动控制。对销售过程中的各个环节进行监督和管理，包括客户拜访、产品演示、合同签订、订单处理、发货配送等，以确保销售活动的顺利进行。

（2）销售进度跟踪。定期跟踪销售进度，分析销售数据，及时发现并解决销售过程中的相关问题，确保销售计划的顺利执行。

4.销售渠道管理

（1）渠道选择与拓展。根据产品特性和市场需求，选择合适的销售渠道，如直销、代理、分销等，并不断拓展新的销售渠道。

（2）渠道关系维护。与渠道合作伙伴建立长期稳定的合作关系，共同开拓市场，实现共赢。

（3）渠道冲突解决。及时发现并解决渠道冲突，维护渠道秩序和确保渠道稳定。

5.销售价格管理

（1）价格策略制定。根据产品成本、市场需求、竞争态势等因素，制定合理的价格策略，包括定价原则、价格调整机制等。

（2）价格执行与监控。确保销售人员在销售过程中严格执行价格策略，监控市场价格动态，及时调整价格以保持竞争力。

6.客户关系管理

（1）客户信息收集。建立完善的客户档案，收集客户信息，了解客户的需求和偏好。

（2）客户关系维护。通过定期回访、客户关怀等方式，维持良好的客户关系，提高客户的满意度和忠诚度。

（3）客户价值挖掘。深入分析客户数据，识别高价值客户，制定个性化的营销策略，提升客户价值。

7.销售分析与评估

（1）销售数据分析。运用统计方法和分析工具，对销售数据进行深入分析，包括销售额、销售渠道、销售人员绩效等。

（2）销售绩效评估。根据销售数据和分析结果，评估销售计划的执行效果和销售人员的绩效表现。

（3）策略调整与优化。根据评估结果，及时调整销售策略和优化销售流程，提高销售效率和客户满意度。

三、销售管理的作用

销售管理在提高销售绩效、优化销售流程、增强客户关系、提升市场竞争力、促进团队协作以及实现可持续发展等方面具有重要的作用和意义。对任何一家企业来说，加强销售管理都是实现长期稳定发展的必由之路。

1.提高销售绩效与业绩

（1）明确目标。销售管理通过设定明确的销售目标，为销售团队提供清晰的方向和动力，确保所有销售活动都围绕目标展开。

（2）优化资源配置。通过科学的销售管理，企业能够更有效地分配资源，如销售人员、销售预算等，使资源得到最大化利用。

（3）提升销售技能。销售管理包括销售人员的培训和发展，通过定期培训和考核，丰富销售人员的专业知识和销售技能，从而提高销售绩效。

2.优化销售流程与效率

（1）标准化流程。销售管理强调销售流程的标准化和规范化，确保每个销售环节都能顺利进行，减少因个人差异导致的失误和偏差。

（2）自动化工具应用。借助现代科技手段，如CRM系统、销售自动化工具等，实现销售流程的自动化和智能化，提高销售效率。

（3）实时监控与调整。销售管理要求对销售过程进行实时监控，并根据市场变化和客户需求及时调整销售策略，确保销售活动的灵活性和适应性。

3.改善客户关系，提升客户的忠诚度

（1）客户需求分析。通过销售管理，企业能够更深入地了解客户的需求，为客户提供个性化、差异化的产品或服务，提高客户满意度。

（2）客户关系维护。销售管理注重客户关系的长期维护和深化，通过定期的客户回访、客户活动等方式，提升客户忠诚度，推动客户复购和口碑传播。

4.提升市场竞争力

（1）市场洞察与分析。销售管理要求企业密切关注市场动态和竞争对手的情况，通过数据分析和市场调研，把握市场趋势和客户需求的变化，为制定有针对性的销售策略提供依据。

（2）差异化竞争策略。基于市场洞察和分析结果，销售管理能够帮助企业制定差异化的竞争策略，如产品差异化、服务差异化等，从而在激烈的市场竞争中脱颖而出。

5.促进团队协作与沟通

（1）团队协作。销售管理强调销售团队之间的协作与配合，通过明确的角色分工和职责划分，确保团队成员之间的高效合作。

（2）沟通机制。销售管理强调建立有效的沟通机制，如定期的团队会议、经验分享会等，促进销售人员之间的信息交流和经验分享，提高团队整体的执行力和战斗力。

6.实现可持续发展

（1）战略规划与执行。销售管理是企业战略规划的重要组成部分，通过制定和执行科学的销售战略和计划，为企业实现可持续发展提供有力支持。

（2）风险管理与应对。销售管理还涉及对销售过程中可能出现的各种风险进行识别和管理，如市场风险、信用风险等，通过制定应急预案和应对措施，确保企业销售活动的稳定性和可持续性。

四、销售管理的发展趋势

销售管理的发展趋势呈现出多元化和复杂化的特点，包括数字化转型、个性化客户体验、数据驱动决策、人工智能与自动化的应用、全球化市场扩展、销售团队的专业化等。这些趋势将共同推动销售管理向更高效、更精准、更具个性化的方向发展。

（一）数字化转型

数字化转型是销售管理最为显著的趋势之一。现代企业越来越依赖数字技术来优化销售流程、提升销售效率和改善客户体验。其具体表现如下：

1.数字化工具的广泛应用

数字化工具不仅能够帮助企业高效管理客户信息，还能进行深入的数据分析，助力销售团队制定更有效的销售策略。此外，数字化工具能减少人为因素的影响，提高销售效率。例如，自动化管理销售线索、客户跟进、发送营销邮件等。大数据分析使得企业能够深入了解客户的行为和市场发展趋势，从而制定更加精准的销售策略。

2.云计算和移动技术的普及

云计算使得销售团队能够随时随地地访问重要的客户数据，提高工作效率。移动技术则使销售人员能即时获取客户的购买数据、偏好和反馈信息，提供更加个性化的服务。

（二）个性化客户体验

随着市场竞争的加剧，客户体验成为企业获取竞争优势的关键。未来的销售管理将更加注重个性化服务，具体表现在：

（1）客户细分。通过对客户进行细分，企业可以制定更加精准的营销策略，提高客户的满意度和忠诚度。

（2）定制化解决方案。根据客户的购买历史和偏好，提供定制化的产品和服务，增强客户体验。

（三）数据驱动决策

数据驱动决策是现代销售管理的重要趋势之一。通过对销售数据的分析，企业可以制定更加科学的销售策略，提高销售效率和业绩。例如：①通过数据分析识别高潜力客户群体，制订相应的销售计划；②通过历史数据预测未来的销售趋势，提前制订销售计划；③实时监控销售数据，及时调整销售策略，优化销售流程。

（四）人工智能与自动化的应用

当前，人工智能（AI）在销售管理中的应用越来越广泛，主要包括：

（1）智能推荐：通过分析客户的购买行为，预测其未来需求，提供定制化产品。

（2）智能客服：利用聊天机器人和虚拟助手，为客户提供即时的支持服务，并解答客户提出的问题，提高客户的满意度。

（3）销售预测：AI技术可以自动分析销售数据，预测市场趋势和客户需求，为销售团队提供决策支持。

（五）全球化市场扩展

随着全球化进程的加快，企业要面对更多的市场机遇和挑战。未来的销售管理将更加注重全球化市场扩展，具体表现在：

（1）制定有效的管理策略，确保跨国销售团队高效运作。

（2）在进入新市场时，充分考虑文化差异，制定相应的营销策略。

（3）确保在全球市场扩展过程中，遵守各国的法律、法规。

（六）销售团队的专业化

销售管理的未来还将涉及销售团队的专业化。通过系统的培训和发展，销售团队可以掌握更加专业的销售技能，提高整体销售效率。培训内容不仅包括销售技巧，还包括产品知识、市场分析等方面。

【案例分析1-2】

方兴公司销售部经理方生的工作方法转变

背景：方兴公司是一家中等规模的电器销售公司，方生因出色的销售业绩被提升为销售部经理。

第一年工作方法：方生继续承担部分销售业务，个人年销售额较高，达到230多万元。同时，他负责组织和管理销售团队，这部分工作占用了他40%的时间。公司销售人员人均年销售额达到35万元，销售总额为1 800万元。

第二年工作方法转变：方生不再直接从事销售业务，将几乎全部时间用于销售管理。他招募并培训了新员工，将销售团队扩大到60人；通过有效的组织、计划和安排，帮助销售人员解决在工作中遇到的问题；个人销售业务减少至20万元，但公司整体销售额激增至3 350万元，人均年销售额提高到55万元。

案例启示：销售经理的工作方式对公司整体销售业绩有显著影响。

任务三　互联网销售认知

一、互联网销售的含义

微课1-1

互联网销售
认知

互联网销售，是对从事互联网市场经营活动的经验和方法进行总结而形成的一门学科，是研究如何将互联网与商品流通规律和企业的市场经营活动相结合，以此适应和刺激消费者的需求，把满足这种需求的商品、服务送到消费者手中，从而实现企业的预期目标的。通俗一点说，互联网销售就是研究如何通过互联网将产品更好地销售出去。

二、互联网销售与传统销售的不同

可能有人会说，我们很擅长销售，互联网销售不就是换了个销售渠道吗？销售的本质还是一样的，这有什么值得研究和学习的？其实不然，销售的本质确实是一样的，但是在一些具体表现形式上差异却很大，二者的主要不同之处见表1-1。

表1-1　　　　　　　　　　　　　　互联网销售与传统销售的不同

特征/方面	互联网销售	传统销售
销售平台	在线平台（如网站、App、社交媒体等）	实体店、展销会、直销等
覆盖范围	全球范围，无地域限制	受限于店铺位置及物流能力

续表

特征/方面	互联网销售	传统销售
运营成本	较低（无租金、水电等固定成本）	较高（包括租金、装修费用、员工工资等）
营业时间	24小时不间断	受限于店铺营业时间
产品展示	图片、视频、VR体验等多媒体展示	实物展示，受限于店铺空间
顾客互动	在线聊天、评论、社交媒体互动	面对面交流，受限于顾客到店情况
支付方式	多种在线支付方式（信用卡、支付宝、微信支付等）	现金、银行卡、部分在线支付（视店铺配置）
库存管理	实时更新，自动化程度高	需要人工盘点，可能存在延迟
数据分析	丰富的销售数据，便于精准营销和数据分析	数据收集和分析能力有限
物流配送	依赖第三方物流或自身的物流体系，速度快、范围广	自行配送或客户自提，速度、范围受限
退换货流程	在线申请，物流退回，流程较为便捷	需要到店或邮寄，流程可能较烦琐
营销手段	SEO、SEM、社交媒体营销、电子邮件营销等	广告、促销、口碑传播等
顾客体验	便捷性高，但缺乏直接触摸和试用	直接体验产品，但便捷性可能较低

三、互联网销售实现方式

互联网销售的实现方式多种多样，旨在利用互联网平台的广泛链接性和便捷性来促进商品或服务的交易。以下是几种主要的互联网销售实现方式：

（一）自建电商平台

企业或个人可以自主开发并运营一个电子商务网站或应用程序（App），用于展示和销售其产品或服务。这种方式需要投入一定的技术和资源来建立和维护平台，但可以完全掌控用户体验和品牌形象。

1.优势

（1）品牌掌控：商家可以完全掌控品牌形象和用户体验，有利于塑造独特的品牌价值。

（2）数据收集：通过自建平台，商家可以全面收集和分析用户数据，为精准营销和产品优化提供有力支持。

（3）运营灵活：在运营策略、促销活动等方面具有更高的灵活性，可以根据市场变化和企业需求及时调整。

（4）长期成本优化：长期来看，自建平台在降低交易成本、提高运营效率等方面具有潜力。

2.劣势

（1）初始投入高：需要企业在技术、人力、物力等方面进行较大的初期投入。

（2）流量获取难：与大型电商平台相比，自建平台在流量获取方面面临较大挑战，需要自行推广。

（3）技术维护压力：企业需要具备一定的技术实力，以应对日常运维、安全防护、系统升级等挑战。

（4）竞争风险：在电商领域，自建平台面临着来自其他大型电商平台和同行的竞争压力。

（二）第三方电商平台入驻

商家可以选择在已有的大型电商平台（如淘宝、天猫、京东、拼多多等）上开设店铺，利用平台的流量和用户基础来推广和销售产品。这种方式相对简单快捷，成本较低，但要遵守平台的规则和政策。

1.优势

（1）入门简单：第三方平台拥有成熟的运营模式，商家可以快速上手。

（2）流量支持：平台自带流量，商家可以借助平台的品牌效应吸引消费者。

（3）功能完善：平台提供支付、物流等一站式服务，可以降低商家的运营成本。

（4）规则约束：平台规则有助于维护市场秩序，保护消费者的权益。

2.劣势

（1）佣金费用：平台通常会收取一定的佣金，这会增加商家成本。

（2）竞争激烈：同类型商家众多，产品容易淹没在海量信息中。

（3）规则限制：商家需要遵守平台规则，可能影响营销策略的灵活性。

（4）数据依赖：商家数据存储在平台上，存在数据安全风险和隐私风险。

（三）社交媒体营销

商家可以利用社交媒体平台（如微信、微博、抖音、快手等）进行产品推广和销售。商家可以通过发布产品图片、视频、直播等形式吸引用户关注，并引导用户进行购买。社交媒体营销具有互动性强、传播速度快的特点，是提升品牌知名度和促进销售的有效手段。

1.优势

（1）低成本、高效益：社交媒体营销的成本相对较低，且传播速度快、范围广。

（2）互动性强：可以直接与用户互动，增强用户黏性和品牌忠诚度。

（3）精准定位：通过数据分析，可以精准定位目标受众。

（4）内容多样：支持图文、视频等多种形式的内容创作。

2.劣势

（1）信息杂乱：用户接收到的信息量大，商家需要确保内容具有吸引力。

（2）竞争激烈：社交媒体上的营销信息众多，商家需要不断创新以脱颖而出。

（3）算法影响：社交媒体平台的算法可能影响内容的曝光度。

（4）用户心理疲劳：频繁的广告推送可能导致用户产生厌倦感。

（四）直播带货

直播带货是近年来兴起的一种互联网销售方式，商家可以通过直播平台（如淘宝直播、抖音直播等）进行产品展示和销售。主播通过实时讲解、试用产品等方式与观众互动，增强观众对产品的信任感和购买欲望。直播带货具有直观、互动性强、转化率高的特点，受到越来越多的商家和消费者的青睐。

1.优势

（1）直观展示：通过直播形式直观展示产品，提升用户的购买意愿。

（2）互动性强：主播与观众实时互动，解答观众的疑问，增强其信任感。

（3）转化率高：直播带货的转化率通常高于传统电商模式。

（4）粉丝经济：主播的粉丝群体可以成为稳定的消费群体。

2.劣势

（1）依赖主播：主播的素质和影响力对直播效果至关重要。

（2）竞争激烈：直播带货领域竞争激烈，需要不断创新和投入。

（3）供应链压力：直播带来的大量订单可能对供应链造成压力。

（4）售后问题：直播销售的商品可能面临更多的售后问题。

（五）内容营销

商家可以通过创建和分享高质量的内容（如博客文章、视频教程、电子书等）来吸引和留住潜在客户，并引导他们进行购买。内容营销侧重于提供有价值的信息和解决方案，以提升对品牌的信任度和忠诚度。

1.优势

（1）建立信任：通过提供有价值的内容建立品牌信任。

（2）长期效益：内容营销具有长期性，可以持续吸引和留住潜在客户。

（3）SEO优化：高质量的内容有助于提升网站在搜索引擎中的排名。

（4）品牌形象：通过内容展示品牌形象和价值观。

2.劣势

（1）投入大：创作高质量的内容需要投入大量的时间和精力。

（2）效果难以量化：内容营销的效果难以直接量化和评估。

（3）竞争激烈：内容营销领域竞争激烈，需要不断创新以保持竞争力。

（4）用户注意力分散：用户注意力有限，需要确保内容具有吸引力和独特性。

（六）搜索引擎优化（SEO）和搜索引擎营销（SEM）

SEO是通过优化网站结构和内容来提高在搜索引擎中的排名，从而吸引更多的自然流量。SEM则是通过付费广告（如谷歌广告）在搜索引擎中展示广告，吸引潜在客户点击并访问网站。这两种方式都可以帮助商家提高在线可见度，吸引更多的潜在客户。

（七）电子邮件营销

电子邮件营销是指通过向订阅者发送电子邮件来推广产品或服务。商家可以定期向订阅者发送有关促销、新品发布、优惠券等的邮件，以吸引他们购买。电子邮件营销是一种低成本、高效率的营销方式，但需要确保邮件内容具有吸引力和针对性。

这些实现方式并不是孤立的，商家通常会根据自身的资源和目标受众选择合适的组合来进行互联网销售。同时，随着技术的不断进步和消费者行为的变化，互联网销售的实现方式也在不断演变和创新。

四、互联网给销售行业带来的新机遇

互联网给销售行业带来了诸多新机遇，这些机遇不仅改变了销售行业的运作模式，还推动了行业的创新与发展。

（一）市场全球化与拓展

互联网打破了地域限制，使得销售行业能够轻松触达全球市场。企业可以通过电子商务平台、跨境电商等方式，将产品和服务推广至全球各地，实现市场的快速扩张和全球化发展。借助互联网的数据分析工具，企业可以更精准地了解不同地域、不同消费群体的需求和偏好，从而进行市场细分和精准定位，提高营销效果。

（二）营销方式的多样化与创新

1.精准营销与个性化推荐

利用大数据和人工智能技术，企业可以对消费者的行为进行深入分析，实现精准营销。同时，基于用户画像和购买历史，提供个性化的产品推荐，增强用户体验和购买转化率。

2.社交媒体营销

社交媒体平台如微博、微信、抖音等已成为重要的营销渠道。企业可以通过发布内容、与用户互动、直播带货等方式，提升品牌的知名度和用户参与度。

3.短视频与直播营销

短视频和直播的兴起给销售行业带来了新的营销方式。企业可以通过制作有趣、吸引人的短视频和直播内容，吸引用户关注并促进销售。

（三）运营成本的降低与效率的提升

互联网销售减少了传统销售模式中的中间环节，降低了企业的运营成本。企业可以直接与消费者进行交易，减少了代理商、分销商等中间商的费用；借助自动化和智能化技术，企业可以优化供应链管理、库存管理、物流配送等环节，提高运营效率并降低成本。

（四）客户体验的优化

（1）便捷的购物体验。互联网销售提供了便捷的购物体验。消费者可以随时随地通过移动设备或电脑进行购物，享受快速便捷的支付和物流配送服务。

（2）售后服务优化。企业可以通过在线客服、售后服务系统等，及时响应消费者的需求，提供优质的售后服务。

（五）商业模式的创新

（1）共享经济。当前，共享经济模式在互联网销售中得到广泛应用。企业可以通过共享平台提供产品或服务，实现资源的优化配置和高效利用。

（2）订阅经济。订阅经济模式给销售行业带来了新的增长点。企业可以推出定期订阅服务，在满足消费者长期需求的同时获得稳定收入。

（六）数据驱动的决策与洞察

（1）数据分析与洞察。互联网给企业提供了丰富的数据资源。通过对数据的收集、整理和分析，企业可以深入了解市场动态、消费者的行为等信息，为决策提供有力支持。

（2）智能决策系统。借助人工智能技术，企业可以构建智能决策系统，实现自动化决策和优化决策，提高决策的效率和准确性。

综上所述，互联网给销售行业带来了市场全球化与拓展、营销方式的多样化与创新、运营成本的降低与效率的提升、客户体验的优化、商业模式的创新以及数据驱动的决策与洞察等新机遇。这将推动销售行业不断向前发展并创造更多的商业价值。

【案例分析1-3】

小米手机的互联网营销策略

案例背景：小米公司成立于2010年，凭借其独特的互联网营销模式迅速崛起。小米的第一款手机于2011年发布，通过论坛、微博、微信等社交平台凝聚粉丝力量，实现了品牌的快速传播和销售增长。

营销策略分析：

（1）社交媒体营销：小米充分利用微博、微信等社交媒体平台，与用户进行互动，发布产品信息、活动预告等内容，吸引用户的关注和参与。

（2）粉丝经济：小米通过培养忠实粉丝，利用口碑传播带动销量增长。小米的社区和论坛成为粉丝交流和分享的重要平台。

（3）饥饿营销：小米采用限量发售的策略，营造出产品供不应求的氛围，刺激用户的购买欲望。

（4）高性价比产品：小米坚持提供高性价比产品，满足用户对性能和价格的双重需求。

盒马鲜生的新零售模式

案例背景：盒马鲜生是阿里巴巴旗下的新零售品牌，通过线上线下融合的方式为消费者提供便捷的购物体验。

营销策略分析：

（1）线上线下融合：盒马鲜生将线上商城和线下门店相结合，消费者可以在线上浏览商品并下单购买，也可以到线下门店体验并购买。

（2）数字化体验：盒马鲜生通过数字化技术提升消费体验，如扫码购物、智能推荐等。

（3）场景化营销：盒马鲜生注重打造场景化的购物环境，通过不同的主题和布局吸引消费者并提升其购物体验。

（4）供应链管理：盒马鲜生通过高效的供应链管理保证商品的新鲜度和品质，满足消费者对高品质生活的追求。

资料来源　作者根据网络相关资料整理。

这两个案例展示了互联网销售在不同领域和场景下的应用和创新。通过这两个案例可以看出，互联网销售不仅需要借助先进的技术手段提升用户体验和营销效果，还需要深入理解消费者的需求和市场变化，不断创新和优化营销策略。

项目总结

【项目实训】

把它给我……我想要它

实训目的：销售是发生在买方和卖方之间的一项活动。这一活动旨在帮助参与者从卖方和买方的角度认识销售。具体来讲，这一活动有助于参与者：①认识销售/购买过程的基本元素；②明确销售员如何影响购买决定；③明确买方如何影响销售过程。

实训方法：

（1）发放材料1.1，查看活动规则。

（2）解释卖方的角色，说明他的目标是从买方那里得到生意（"它"）。然而，卖方争取生意的唯一方式是要求"把它给我……我想要它！"卖方提出这一请求的频率由自己决定，可以使用任何语调，不过只能说这一句话。

（3）解释买方的角色，说明他的目标是购买卖方销售的东西。如果买方真的感觉卖方想达成这笔生意（"它"），买方可以把它给卖方，说："好的，你可以拥有它。"如果买方并没有真正感觉到卖方想达成这笔生意，他必须说："不，你不能拥有它。"买方只能说这两句话。

（4）解释如何变换角色。

初始状态：小组5人站成纵队（A→B→C→D→E），全部面朝同一方向（假设为前方），最前端的A为初始卖方，转身180度面朝后方队列。

第一轮交易：A（卖方）与身后的B（买方）进行交易互动，完成交易后，A保持卖方身份，B自动成为新卖方，B转身180度面朝后方队列。

每次交易完成后，原卖方依然保持卖方身份，原买方自动升级为卖方，队列中的下一位成员自动成为买方，队列通过"卖方转身+买方前移"实现物理位置变化。当B成为卖方后，整个队列向前移动一位（A退出交易序列），新队列变为（B→C→D→E），B面朝后方与C交易。

持续过程：

第三轮：C成为买方，与B交易后升级为卖方

第四轮：D成为买方，与C交易后升级为卖方

第五轮：E成为买方，与D交易后升级为卖方

最终状态：E作为卖方完成与虚拟买方（可设计循环机制）的交易

通过5轮交易（假设5人小组），每人将依次经历：买方→卖方（B/C/D/E）

初始卖方A最终完成5次卖方角色（若采用无限循环），通过位置轮换确保每个成员都获得买方和卖方体验。

（5）开始前要求每个人都知晓活动规则，并提醒大家如果每个人都"遵守比赛规则"的话，他们将从这一活动中得到最大的收获。

（6）开展活动，确保参与者在游戏时遵守规则。

（7）参与者完成材料1.2中的讨论。

（8）针对材料1.2中的讨论问题，参与者可能的回答如下：

第一，你为什么得到了它？

可能的回答包括：①我想要它；②我很真诚；③我进行了眼神交流；④我的坚持；⑤我改变了方法。

第二，你为什么把它给了卖方？

可能的回答包括：①我厌倦了说"不"；②我认为卖方真的想要它；③卖方的请求方式是我想要的。

第三，局面由谁掌控，买方还是卖方？为什么？

可能的回答包括：①买方，因为由他来决定卖方能否得到它，以及什么时候得到。②卖方，因为由他控制如何向买方提出请求。

第四，随着活动的继续，控制权会发生怎样的变化？

可能的回答是：卖方要求的时间越长，买方就越难拒绝。

第五，关于销售，你从这一活动中学到了什么？

可能的回答包括：①你必须提出要求，才能得到它；②你必须过了拒绝这一关，才能做成生意；③买方的情况决定了你的请求方式；④如果你的产品符合买方的购买标准，你就会做成生意；⑤坚持是一个强大的工具；⑥如果我们志在必得，就更有信心去争取生意。

第六，通过这一活动，你对自己有了怎样的认识？

可能的回答包括：①我不喜欢做买方；②我喜欢做买方，因为有控制权；③我觉得不断的请求对我来讲很难做到；④我希望卖方作出改变，如果他做不到，我不想把生意给他。

实训要求：

（1）如果参与者在10人以上，把他们分成两个队，同时开展这一活动。经验法则是每队至少要有5人，但不要超过9人。

（2）刚开始时大家可能有点尴尬，在讨论中鼓励大家摒弃尴尬，并将它与真正的销售情境联系起来。比如，如果在销售时老板或产品经理在旁边看着，大多数销售员都会感觉不舒服。

材料1.1

活动规则：你将与其他参与者一起参与一项活动。这个活动的规则很少，也很简单，不过一定要严格遵守。

（1）每个人都有机会扮演卖方和买方的角色。卖方的目的是从买方那里得到生意（"它"）。

（2）当你扮演卖方时，必须对买方说："把它给我……我想要它！"你可以用任何方式说这句话，说这句话的频率也由你决定，直到买方说："好的，你可以拥有它。"

（3）当你扮演买方时，除非你感觉卖方非常想要"它"，否则就不要把"它"给他。如果你感觉卖方真的想要"它"，可以把"它"给他，并说："好的，你可以拥有'它'。"如果你感觉卖方并不是真的想要"它"，就说："不，你不能拥有'它'，你还没有准备好。"

买方和卖方都只能说上面给出的这些话。

材料1.2

讨论问题：①你为什么要得到它？②你为什么把它给了卖方？③局面由谁掌控，买方还是卖方？为什么？④关于销售，你从这一活动中学到了什么？⑤通过这一活动，你对自己有了怎样的认识？

基本训练

一、选择题

基本训练

1.下列各项中属于销售过程中关键环节的是（　　　　）。

A.产品展示　　　　　　　　　B.客户需求分析

C.竞争对手忽略　　　　　　　D.促成交易

2.销售管理的主要职责不包括（　　　　）。

A.制定销售策略　　　　　　　B.监督销售人员的绩效

C.亲自参与每笔销售谈判　　　　　　D.分析市场趋势

3.互联网销售相比传统销售的最大优势是（　　　）。

A.更高的运营成本　　　　　　　　　B.地域限制小，市场覆盖广

C.依赖面对面的交流　　　　　　　　D.更长的交付周期

4.销售人员需要具备的核心能力不包括（　　　）。

A.沟通能力　　　　　　　　　　　　B.抗压能力

C.编程能力　　　　　　　　　　　　D.解决问题的能力

5.以下工具常用于销售管理数据分析的是（　　　）。

A.社交媒体平台　　　　　　　　　　B.CRM（客户关系管理）系统

C.财务软件　　　　　　　　　　　　D.物流管理系统

6.下列各项中，不属于互联网销售中常用营销手段的是（　　　）。

A.SEO优化　　　　　　　　　　　　B.电视广告

C.社交媒体营销　　　　　　　　　　D.内容营销

7.开展客户关系管理（CRM）的目的是（　　　）。

A.降低产品质量标准　　　　　　　　B.最大化单次交易利润

C.维护和提升与客户的长期关系　　　D.减少售后服务投入

8.销售目标设定的SMART原则不包括（　　　）。

A.可具体（Specific）　　　　　　　B.可测量（Measurable）

C.难以实现（Unachievable）　　　　D.时限性（Time-bound）

9.在互联网销售中，下列技术中对提升用户体验至关重要的是（　　　）。

A.物流追踪系统　　　　　　　　　　B.人工智能客服

C.传统电话客服　　　　　　　　　　D.纸质发票系统

10.有效的销售管理帮助公司实现销售目标的途径是（　　　）。

A.仅通过增加销售人员数量

B.优化销售流程，提升团队效率

C.忽略市场需求变化

D.减少对销售人员的培训投入

二、判断题

1.销售人员只需要了解产品知识，无须关注客户需求。　　　　　　　　　　（　　　）

2.销售管理的核心在于个人英雄主义，即依赖个别优秀销售人员的业绩。　（　　　）

3.互联网销售可以完全消除地域限制，实现全球市场覆盖。　　　　　　　（　　　）

4.销售人员的工作就是不断地推销产品，无须考虑客户关系维护。　　　　（　　　）

5.销售目标应该设定得尽可能高，以激发销售团队的潜力。　　　　　　　（　　　）

6.在互联网销售中，客户评价和反馈对提升品牌形象和销售转化率至关重要。（　　　）

7.销售人员应具备良好的时间管理能力，以高效完成销售任务。　　　　　（　　　）

8.有效的销售管理应该注重团队协作而非个人竞争。　　　　　　　　　　（　　　）

9.互联网销售不需要考虑物流配送和售后服务问题。　　　　　　　　　　（　　　）

10.销售管理和销售认知是独立的两个领域，互不影响。　　　　　　　　（　　　）

三、论述题

1.在现代商业环境中，销售人员如何平衡客户需求与公司利益之间的关系？

2.阐述高效的销售管理团队应具备哪些关键能力和素质，并说明这些能力和素质如何促进销售业绩的提升。

3.分析互联网销售相比传统销售模式的优势与劣势，并提出在互联网环境下提升销售效果的具体策略。

四、案例分析题

某电商平台"双11"大促的成功与反思

案例背景：某知名电商平台在"双11"期间开展了大规模的促销活动，通过精准营销、限时折扣、满减优惠等多种手段吸引了大量消费者参与，最终实现了销售额的大幅增长。然而，在活动结束后，该平台也收到了不少消费者关于商品质量、物流配送等方面的投诉。

问题：

（1）分析该电商平台在"双11"大促中取得成功的关键因素有哪些。

（2）针对消费者投诉的问题，你认为该电商平台应采取哪些措施进行改进？

（3）结合此案例，谈谈互联网销售企业在追求销售业绩的同时，如何更好地维护消费者权益和品牌形象。

项目二

互联网销售沟通管理

学习目标

★ 知识目标

（1）理解互联网销售沟通的含义及重要性。

（2）熟知互联网销售沟通的基本原则与技巧。

（3）掌握互联网销售沟通管理的基本框架和流程。

（4）熟知互联网销售沟通话术的基本概念与分类。

（5）掌握设计互联网销售沟通话术的原则和技巧。

（6）熟知客户在购买过程中的心理变化及影响因素。

★ 能力目标

（1）能够识别并分析互联网销售沟通中的关键要素。

（2）能够制定并实施有效的互联网销售沟通管理策略。

（3）能够评估并优化互联网销售沟通管理效果。

（4）能够根据销售场景和目标客户设计有效的沟通话术。

（5）能够灵活运用话术技巧，提高销售转化率。

（6）能够评估并调整沟通话术，适应市场的变化。

★ 素养目标

（1）责任担当与高效执行：对互联网销售沟通管理工作满怀热忱，秉持高度的责任心与敬业态度。

（2）跨部门协作与团队共进素养：深刻理解互联网销售沟通管理涉及多个部门，需具有良好的团队合作精神。

（3）诚信合规与客户信任素养：在互联网销售沟通中，始终坚守诚信经营底线，严格遵守行业规范与法律法规。

项目导入

互联网销售沟通管理——三只松鼠

三只松鼠作为依托互联网发展起来的零售新品牌，其在销售沟通管理方面的实践和创新具有很高的参考价值。

1.沟通方式创新

拟人化沟通：三只松鼠的客服团队采用拟人化的沟通方式，使客服人员化身"鼠小弟"，亲切地称顾客为"主人"。这种独特的沟通方式不仅拉近了与顾客的距离，还增加了品牌的趣味性和互动性。客服团队会根据客户的不同需求，提供个性化服务和建议，使顾客感受到被尊重。

多渠道沟通：三只松鼠建立了多种沟通渠道，包括线上旗舰店，松鼠投食店、松鼠小店等线下实体店，以及社交电商、新分销、松鼠小镇等线上渠道。同时，还通过微博、微信等社交媒体平台与顾客进行实时互动，分享产品信息、优惠活动等，增强了顾客的参与感和黏性。

2.情感共鸣与互动

情感品牌塑造：三只松鼠通过塑造超萌动漫形象来打造情感品牌，这些形象与年轻人的生活方式和喜好紧密相关，容易引起情感共鸣。同时，它还通过文化输出和故事讲述等方式，传递品牌的价值观和文化内涵，加深顾客对品牌的认知和认同。

互动活动设计：三只松鼠经常举办各种互动活动，如"吃货世界杯""鼠小箱涂鸦大赛""鼠小箱扫码抽奖活动"等，这些活动不仅增加了顾客的参与感和趣味性，还提高了品牌的曝光度和美誉度。通过这些活动，三只松鼠与顾客之间建立了更加紧密的联系。

3.数字化管理

客户关系管理系统：三只松鼠建立了完善的客户关系管理（CRM系统），通过该系统收集和分析顾客数据，了解顾客的需求和偏好，为个性化沟通和精准营销提供数据支持。同时，该系统还可以监控和管理销售渠道及库存，确保销售流程的顺畅和高效。

数字化营销：三只松鼠充分利用数字化手段进行营销推广，如通过搜索引擎优化（SEO）、社交媒体营销（SMM）、电子邮件营销（EDM）等方式吸引潜在顾客，提高知名度。同时，三只松鼠还通过大数据分析技术预测市场趋势和顾客需求变化，为产品和服务创新提供方向和支持。

三只松鼠在互联网销售沟通管理方面的实践和创新为我们提供了宝贵的经验和启示。通过拟人化沟通、情感共鸣与互动，以及数字化管理等手段，三只松鼠成功地与顾客建立了紧密的联系，提高了顾客的忠诚度和品牌的美誉度。这些经验对于其他互联网销售企业具有重要的参考价值。

资料来源　郭子赫.基于4C营销理论对互联网食品品牌的营销策略研究——以"三只松鼠"为例[J].现代商贸工业，2020（3）.

任务一　互联网销售沟通管理认知

一、互联网销售沟通

（一）互联网销售沟通认知

互联网销售沟通是指通过互联网平台和技术手段，销售人员与客户之间进行商业信息交流和互动的过程。这种沟通方式主要利用互联网工具（如电子邮件、社交媒体、即时通信软件、在线聊天系统、企业网站等）来传递产品信息、解答客户疑问、促进销售交易以及建立和维护客户关系。互联网销售沟通的核心可以归纳为以下几个方面：

1.明确客户需求

互联网销售沟通的首要任务是明确客户的需求。这包括了解客户的购买意向、产品偏好、预算限制等信息。销售人员可以通过有效的沟通手段（如在线聊天、电子邮件、社交媒体等）与客户进行互动，收集并整理相关信息，以便为客户提供满足其需求的产品或服务。

2.建立信任关系

在互联网销售过程中，建立信任关系是至关重要的。客户往往会对未知的卖家或产品产生疑虑，因此，销售人员要通过展示自己的专业性、诚信度、可靠性等，赢得客户的信任。例如，提供详细的产品信息、解答客户的疑问、处理客户的问题等，都能帮助销售人员与客户建立信任关系。

3.提供优质产品或服务

互联网销售沟通的核心是提供优质的产品或服务。销售人员需要确保所销售的产品或服务具有高质量、高价值、高可靠性等特点。同时，还需要提供良好的客户服务，如及时解答客户的疑问、解决客户的问题、提供售后服务等。这些有助于提高客户满意度和忠诚度，进而促进销售增长。

4.有效沟通与谈判

在互联网销售过程中，有效的沟通与谈判至关重要。销售人员需要运用专业知识和谈判技巧，与客户达成双方都满意的协议。同时，要保持良好的态度和温和的语气，以建立良好的客户关系。在沟通和谈判过程中，销售人员还需要注意语言简洁明了、避免使用过多的技术术语和行业词汇，使客户易于理解和接受。

5.利用技术和数据支持

互联网销售沟通需要充分利用技术和数据支持。例如，使用CRM系统来管理客户信息、跟进销售机会和记录沟通历史，利用数据分析工具来优化销售策略和沟通方式，使用自动化工具来处理和回复常见的客户问题等。技术和数据支持可以提高销售效率，使沟通更加便捷和高效。

综上所述，互联网销售沟通的核心在于明确客户需求、建立信任关系、提供优质产品或服务、有效沟通与谈判以及利用技术和数据支持。这些方面相互关联、相互促进，共同构成了互联网销售沟通的核心体系。

（二）互联网销售沟通的方式

互联网销售沟通的方式多种多样，以下是几种常见的互联网销售沟通方式：

1.即时通信工具

常见的即时通信工具有微信、QQ、企业微信等。优点：实时性强，能够快速处理客户的问题，满足客户需求，提升客户体验。应用场景：客户咨询、售后服务、订单跟踪等。

2.电子邮件

电子邮件是互联网销售中重要的沟通方式之一。优点：信息内容详细且可以持久保留，便于双方查阅和跟进。应用场景：发送产品介绍、报价单、合同文件等正式信息。

3.社交媒体

社交媒体平台如微博、抖音、小红书等，已成为企业与客户沟通的重要渠道。优点：覆盖范围广，能够迅速传播信息，吸引潜在客户。应用场景：品牌宣传、活动推广、与客户互动等。

4.在线聊天系统

许多电商平台和企业网站都配备了在线聊天系统，如淘宝旺旺、京东咚咚等。优点：提供实时在线服务，解决客户疑问，提高客户满意度。应用场景：产品咨询、订单咨询、售后服务等。

5.电话沟通

虽然电话沟通不是纯粹的互联网销售沟通方式，但在互联网销售中仍然占有重要地位。优点：能够直接听到对方的声音，可以更加直观地了解对方的需求和情绪。应用场景：重要订单确认、客户跟进、售后问题解决等。

6.视频会议

随着互联网技术的发展，视频会议已经成为一种常见的远程沟通方式。优点：能够直观地展示产品和服务，增强客户的信任感。应用场景：产品演示、商务谈判、团队协作等。

7.客户留言和评论

客户在电商平台或企业网站的留言和评论也是重要的沟通方式。优点：能够直接了解客户的反馈意见，为产品改进和服务质量提升提供依据。应对方式：及时回复客户留言和评论，展现企业的专业性和良好的服务态度。

8.智能聊天机器人

利用人工智能技术，智能聊天机器人能够24小时在线，快速处理客户的问题，满足客户的需求。优点：降低人工成本，提高响应速度，同时处理大量客户咨询。应用场景：客户初步咨询、常见问题解答、产品信息查询等。

9.客户评价和反馈系统

在企业网站或社交媒体平台上设置客户评价和反馈系统，收集客户的真实意见和建议。优点：直观了解客户的满意度和产品/服务质量，为改进产品和提高服务质量提供依据。应用场景：产品/服务评价、购买后反馈、活动参与反馈等。

10.虚拟现实（VR）和增强现实（AR）技术

利用VR和AR技术，为客户提供沉浸式购物体验，如虚拟试衣、虚拟家居布置等。优点：增强客户对产品的感知和兴趣，提高客户的购买意愿。应用场景：服装、家居、电子产品等行业的销售。

11.视频教程和演示

制作产品使用教程、功能演示视频，通过企业网站或社交媒体平台分享给客户。优点：直观展示产品特点和功能，帮助客户更好地了解和使用产品。应用场景：技术型产品、复杂操作流程的讲解等。

12.客户关系管理软件

使用CRM软件来管理客户信息、销售机会、订单等，实现销售流程的自动化并为企业积累数据。优点：提高销售效率，为客户提供个性化服务，提高客户满意度。应用场景：销售跟踪、客户细分、营销策略制定等。

13.社交媒体广告

在社交媒体平台上投放广告，精准定位目标客户群体，提高品牌曝光度和销售转化率。优点：广告覆盖范围广，定位精准，可量化分析广告效果。应用场景：新产品推广、促销活动、品牌宣传等。

14.网络研讨会和线上活动

举办网络研讨会、线上发布会、产品体验会等活动，邀请潜在客户参加，提供实时互动和交流机会。优点：加强客户对产品和品牌的了解，提高客户参与度和忠诚度。应用场景：新产品发布、行业趋势分享、与客户互动和交流等。

这些互联网销售沟通方式各具特点，企业可以根据自身的需求和目标客户的特点来选择。同时，随着技术的不断发展和创新，未来还会出现更多新的销售沟通方式，企业需要保持敏锐的洞察力和创新精神，不断尝试和探索新的销售沟通方式，以提高销售效率和客户满意度。

（三）互联网销售沟通的基本原则

互联网销售沟通的基本原则可以清晰地分为以下几点：

1.客户至上原则

满足客户需求：互联网销售沟通的核心在于满足客户的需求，从客户的角度出发，理解客户的购买动机、疑虑和期望，从而提供符合其需求的产品或服务。

尊重客户选择：尊重客户的个人喜好和选择，避免强推硬销，以诚恳、专业的态度提供多元化的选项和方案供客户选择。

2.及时响应原则

快速响应：对于客户的咨询、疑问或反馈，应及时、准确地给予回复和处理，提升客户体验和满意度。

实时更新：确保产品信息、促销活动等内容实时更新，避免客户因信息滞后而产生误解或不满。

3.专业诚信原则

提供专业建议：以专业知识和技能为客户提供有价值的产品建议，帮助客户作出明智的购买决策。

保持诚信：在销售过程中，应坚守诚信原则，不夸大产品功能或效果，避免虚假宣传和误导客户。

4.个性化服务原则

定制化服务：根据客户的个性化需求提供定制化的产品和服务，提升客户满意度和忠诚度。

个性化推荐：基于客户的历史购买记录、浏览行为等数据，提供个性化的产品推荐和促销信息。

5.持续优化原则

收集客户数据：通过沟通收集客户的基本信息、购买记录、反馈等数据，为持续优化销售策略和沟通方式提供数据支持。

分析沟通效果：定期分析销售沟通的效果，包括转化率、客户满意度等指标，了解哪些策略有效、哪些策略需要改进，并据此优化销售沟通方法和内容。

以上是在互联网销售沟通中需要遵循的基本原则，通过践行这些原则，可以提高沟通效率、客户满意度和销售业绩。

（四）互联网销售沟通的策略

互联网销售沟通的策略是确保与潜在客户和现有客户有效互动的关键。以下是互联网销售沟通策略：

1.个性化策略

了解客户：通过数据分析和市场调研，深入了解客户的喜好、需求和购买习惯，以便提供个性化的产品和服务。

定制化内容：根据客户的兴趣和需求，发送定制化的电子邮件、社交媒体消息或推送通知，提供他们感兴趣的产品、促销活动等信息。

2.价值传递策略

强调产品价值：在沟通中强调产品的独特优势、功能、品质等，以及它如何满足客户的需求或如何解决问题。

提供有用信息：除了产品本身，还可以提供行业资讯、使用技巧、常见问题解答等有价值的信息，帮助客户更好地了解和使用产品。

3.建立信任策略

展示专业性：通过提供准确、专业的信息和问题解答，展示公司在行业内的专业性和可信度。

消除客户疑虑：及时回应客户的疑虑和不满，并提供合理的解决方案，以增强客户的信任感。

客户评价展示：在官方网站或社交媒体上展示客户的好评和反馈，证明公司的产品和服务得到了客户的认可。

4.互动参与策略

社交媒体互动：利用社交媒体平台与客户互动，回答他们的问题，参与讨论，提高品牌曝光度和客户参与度。

在线活动：组织线上活动，如抽奖、问答、直播等，吸引客户参与并提高品牌曝光度。

客户调研：定期进行客户调研，了解他们的需求和反馈，以便不断优化产品。

5.多渠道沟通策略

整合沟通渠道：利用电子邮件、社交媒体、即时通信软件等多种渠道与客户进行沟通，确保信息准确、及时地传达给目标客户。

优化沟通流程：确保不同渠道的信息流通顺畅，避免客户在不同渠道之间切换时感到困扰或丢失信息。

6.数据分析与优化策略

收集数据：收集并分析客户在沟通过程中的行为数据，如点击率、转化率、满意度等。

评估效果：根据数据分析结果评估沟通策略的有效性，了解哪些策略更有效，哪些策略需要改进。

持续优化：根据评估结果不断优化沟通策略，提高沟通效果和客户满意度。

通过实施以上策略，可以有效地提高互联网销售沟通的效果，建立更好的客户关系，持续提高销售业绩。

（五）互联网销售沟通的过程

1.建立初步联系

使用合适的开场白：以亲切、专业的语气开始沟通，例如，"您好，我是公司的销售代表，看到您对我们的产品感兴趣，想跟您进一步沟通"。

明确沟通目的：简短地介绍自己的身份和目的，让客户了解此次沟通的意义。

2.了解客户需求

积极倾听：在沟通中，要多听少说，了解客户的具体需求和疑虑。

提问技巧：使用开放式问题，如用"您对我们的产品有什么具体的需求吗"这类问题来引导客户分享更多信息。

3.提供有价值的信息

详细介绍产品：根据客户需求，提供详细的产品介绍、功能说明、使用技巧等。

分享成功案例：分享一些成功的客户案例，增强客户对产品的信心。

4.消除客户疑虑

及时回应：对于客户的疑虑和问题，要尽快给出回应和解决方案。

保持耐心：不要急于推销，而是耐心解答客户的问题，建立信任关系。

5.个性化沟通

使用客户的名字：在沟通中，使用客户的名字可以增加亲切感。

定制化推荐：根据客户的需求和偏好，提供定制化的产品推荐。

6.使用有效的沟通技巧

使用感叹词和表情符号：在文字沟通中，适当使用感叹词和表情符号可以增加感情色彩，让客户感到更亲切。

使用图片和视频：通过图片和视频展示产品细节和使用场景，让客户更直观地了解产品。

7.建立信任关系

提供优质的产品和服务：确保产品质量和服务质量，以赢得客户的信任。

分享客户评价：展示其他客户的正面评价，增强客户对产品的信心。

8.实时沟通

利用即时通信工具：如微信、QQ等，实时与客户进行沟通，快速解答客户的问题。

设置在线客服：在企业网站或社交媒体上设置在线客服，方便客户随时咨询。

9.数据分析与优化

根据数据分析结果，评估沟通策略的有效性，优化沟通方法和内容。

二、互联网销售沟通管理认知体系

（一）互联网销售沟通管理内容

互联网销售沟通管理是指在一个企业或组织进行互联网销售活动时，通过制订、实施和监控有效的沟通策略和计划，以确保销售过程中的信息流动畅通无阻，并达到提高销售效率、提升客户满意度和促进销售增长的目的。

互联网销售沟通管理的内容主要包括以下几个方面：

1.明确沟通目标

提升品牌形象：通过有效的沟通策略，展示企业的专业性和可靠性，增强消费者对品牌的信任。

传递产品信息：准确、全面地传递产品的特性、优势和使用方法等信息，帮助消费者了解产品的价值。

促进销售转化：通过沟通激发消费者的购买欲望，引导他们完成购买行为，实现销售目标。

2.选择合适的沟通渠道

社交媒体平台：如微信、微博、抖音等，用于与消费者互动，发布产品信息，提升品牌曝光度。

电子邮件营销：通过发送个性化的电子邮件，向消费者提供产品更新、优惠信息等，保持与消费者的联系。

在线客服系统：提供在线咨询服务，解答消费者的问题，提供购买建议，增强消费者的购买信心。

3.制定沟通策略

个性化定制信息：根据消费者的购买历史、浏览行为等，为他们提供个性化的推荐和服务。

内容营销：通过撰写有价值的文章，发布有意义的视频、图片等，吸引消费者关注，提高品牌知名度。

社交营销：利用社交媒体平台与消费者互动，发布品牌新闻、产品信息等，增强品牌影响力，提高消费者的参与感。

4.保持有效沟通

倾听与回应：认真倾听消费者的需求和反馈，及时回应他们的问题和投诉，提高消费者满意度。

情感连接：在沟通过程中，使用亲切、友好的语言，与消费者建立情感连接，提高他们对品牌的忠诚度。

创造紧迫感：在必要时，使用限时优惠、库存紧张等策略，创造紧迫感，促使消费者尽快下单。

5.优化沟通效果

数据分析：定期分析沟通效果，包括转化率、点击率、反馈数量等关键指标，找出优化空间。

用户反馈：积极收集用户反馈，了解他们对产品和服务的满意度以及改进建议。

持续改进：根据数据分析和用户反馈，不断优化沟通策略和内容，优化沟通效果，提高销售转化率。

6.注意隐私保护

遵守法律法规：在沟通过程中，遵守相关法律法规，保护消费者的隐私和数据安全。

谨慎收集信息：在收集用户信息时，应明确告知收集目的和使用方式，避免过度收集。

加密存储和传输：对收集到的用户信息进行加密存储和传输，确保信息安全。

通过以上六个方面的内容，企业可以更好地进行互联网销售沟通管理，提升品牌形象、传递产品信息、促进销售转化，并与消费者建立长期稳定的关系。

（二）互联网销售沟通管理的核心要素

互联网销售沟通管理的核心要素包括以下几个：

1.明确的沟通目标和计划

互联网销售沟通管理的首要任务是制订明确的沟通目标和计划，这包括确定目标受众、沟通内容、沟通渠道和方式等。通过制订明确的沟通目标和计划，可以确保沟通具有针对性和有效性，避免盲目和无效沟通。

2.有效的信息传达

在互联网销售中，信息传达是沟通管理的核心。企业要通过合适的渠道和方式，将产品和服务信息准确、及时地传达给目标受众。这包括撰写吸引人的产品描述、制作吸引人的图片和视频、发布有价值的博客文章和社交媒体帖子等。有效的信息传达可以提高客户的购买意愿和信任度。

3.良好的互动与反馈机制

互联网销售沟通管理需要建立良好的互动与反馈机制。企业应该积极回应客户的咨询和反馈，及时解答客户的问题，处理客户的投诉和问题。通过积极的互动和反馈，可以增强客户对企业的信任感，提高客户忠诚度和满意度。

4.数据驱动的决策制定

在互联网销售沟通管理中，数据是非常重要的决策依据。企业需要收集和分析客户的行为数据、购买数据、反馈数据等，以了解客户的需求和偏好，评估沟通效果，并据此制定和调整沟通策略。数据驱动的决策制定可以提高沟通管理的科学性和有效性。

5.专业的客户服务团队

互联网销售沟通管理需要一个专业的客户服务团队来执行。这个团队应该具备专业的产品知识和沟通技巧，能够为客户提供及时、准确、友好的服务。客户服务团队的存在可以确保企业在与客户的沟通中始终保持专业和高效，提高客户满意度和忠诚度。

6.持续的沟通优化和创新

互联网销售沟通管理是一个持续的过程，需要不断优化和创新。企业应该根据市场变化、客户需求和技术发展等因素，不断调整和改进沟通策略，引入新的沟通渠道和方式，以提高沟通效果和销售业绩。同时，企业也应该鼓励员工提出创新性的沟通建议，促进沟通管理的持续改进。

（三）互联网销售沟通管理流程

互联网销售沟通管理流程可以清晰地分为如下几步：

1.前期准备

明确沟通目标：确定销售沟通的主要目标，如增加销售额、提升品牌形象、收集客户反馈等。

分析目标受众：深入了解目标客户的特点、需求和购买习惯，以便制定更具针对性的沟通策略。

制订沟通计划：根据目标受众和沟通目标，制订详细的沟通计划，包括沟通内容、渠道、时间节点等。

2.实施沟通

选择合适的沟通渠道：根据目标受众的特点和习惯，选择合适的线上沟通渠道，如社交媒体、电子邮件、在线聊天工具等。

发布信息：通过选定的渠道发布产品和促销活动信息、品牌故事等，吸引目标客户的注意力。

与客户互动：及时回复客户的咨询、建议和投诉，建立良好的客户关系。

产品推荐：根据客户的需求和偏好，推荐合适的产品或服务，提高销售转化率。

利用数据分析工具：追踪客户行为，了解客户反馈，以便调整销售策略。

3.效果评估

收集数据：收集与沟通活动相关的数据，如点击率、转化率、客户满意度等。

评估效果：评估沟通活动的效果，了解哪些策略有效、哪些策略需要改进。

调整策略：根据评估结果，调整沟通策略、内容和渠道，以提高沟通效果。

4.后续跟进

建立客户关系：通过定期的邮件、短信、电话等方式，与客户保持联系，建立稳定的客户关系。

提供售后服务：及时处理客户的售后问题，提高客户满意度。

收集反馈：邀请客户参与满意度调查，收集客户的意见和建议，以便持续改进。

5.持续优化

学习新技能：团队成员应不断学习新的销售沟通技巧，使用新的销售沟通工具，以提高沟通效率。

跟踪市场趋势：密切关注市场动态和竞争对手的情况，及时调整销售策略。

创新沟通方式：尝试引入新的沟通方式和工具，如社交媒体直播、短视频等，以吸引更多潜在客户。

通过以上流程，企业可以进行有效的互联网销售沟通管理，以提高销售业绩和客户满意度。

（四）互联网销售沟通管理工具

互联网销售沟通管理需要一系列工具支持，以确保沟通流程的高效、准确和顺畅。以下是一些常用的工具：

1.客户关系管理系统

CRM系统是综合性客户关系管理平台，用于收集、存储和分析客户数据，以支持销售、市场营销和客户服务等业务流程。

其功能包括：①客户信息管理。存储客户的基本信息、购买记录、沟通记录等。②销售自动化：自动分配销售任务、跟踪销售机会、预测销售趋势等。③数据分析：提供销售报告、客户行为分析等，帮助制定销售策略。

示例：Zoho CRM、Salesforce、纷享销客CRM等。

2.在线协作工具

在线协作工具可以帮助销售团队成员实时共享信息、协同工作和解决问题。

其功能包括：①任务分配与跟踪：如Trello、Asana等，用于分配任务、跟踪进度。

②即时通信：如 Slack、Microsoft Teams 等，实现实时沟通和信息共享。③文件共享与编辑：如 Google Drive、Dropbox 等，方便团队成员共享和编辑文件。

3.社交媒体管理工具

社交媒体管理工具用于帮助企业在社交媒体平台上进行品牌宣传、客户互动和产品推广。

其功能包括：①社交媒体发布：如 Hootsuite、Buffer 等，用于在多个社交媒体平台上发布信息。②客户互动：实时监测并回应客户的评论、消息等。③数据分析：分析社交媒体上的客户行为和反馈。

4.销售自动化工具

销售自动化工具能够自动执行销售过程中的重复性任务，提高销售效率。

其功能包括：①线索管理：用于管理销售线索和机会。②邮件自动化：用于发送自动化的营销邮件。③自动化拨号：用于自动拨打电话或发送短信。

5.数据分析工具

数据分析工具用于收集、整理和分析销售数据，以支持决策制定。

其功能包括：①数据收集与整理：如 Tableau、Power BI 等，用于收集并整理销售数据。②数据可视化：将销售数据以图表、报告等形式展示，便于理解。③预测与决策支持：利用数据分析技术，预测销售趋势、评估销售策略的效果。

综上所述，互联网销售沟通管理需要多种工具支持，包括 CRM 系统、在线协作工具、社交媒体管理工具、销售自动化工具和数据分析工具等。这些工具能够帮助企业实现高效的沟通管理，提升销售业绩和客户满意度。

三、第一印象效应

微课 2-1

第一印象效应

在互联网销售沟通管理中，第一印象效应又称为首因效应、首次效应，是指消费者在互联网上与某个品牌、产品或服务进行首次接触时，所形成的初步印象对后续购买行为和态度产生的深远影响。这种效应强调"先入为主"的作用，即首次接触所形成的印象会占据主导地位，对后续的信息接收和处理产生重要影响。

（一）第一印象效应的作用

在互联网销售沟通管理中，第一印象效应的作用极为显著，对于品牌、产品或服务的后续市场表现具有深远影响。以下是对其作用的详细分析：

1.塑造消费者初步认知

先入为主的印象：第一印象效应强调"先入为主"的作用，消费者在与品牌、产品或服务进行首次接触时形成的初步印象，会在其心中占据主导地位，对后续的信息接收和处理产生重要影响。

快速形成认知：在互联网时代，信息获取极为便捷，消费者往往通过短暂的浏览或交流就能形成对品牌、产品或服务的初步认知。这种快速形成的认知往往基于第一印象效应。

2.影响购买决策

决定购买意愿：良好的第一印象效应能够增强消费者的购买意愿，而不良的第一印象效应则可能导致消费者流失。例如，一个专业、易于导航、视觉吸引力强的网站能够给消费者留下良好的第一印象，从而提高购买转化率。

影响购买行为：第一印象效应还会影响消费者的购买行为。如果消费者对品牌或产品形成了积极的第一印象，他们更可能进行购买，并可能愿意支付更高的价格。

3.建立品牌形象

塑造品牌形象：第一印象是品牌形象塑造的起点。在互联网销售中，网站设计、产品描述、客户服务等都是塑造第一印象的关键因素。通过精心打造这些因素，企业可以向消费者传达出专业、可靠、有价值的形象。

提高品牌知名度：良好的第一印象有助于提高品牌知名度。当消费者对品牌形成了积极的第一印象时，他们更可能主动分享、传播该品牌的信息，从而扩大品牌的影响力。

4.提高客户满意度和忠诚度

提升满意度：良好的第一印象能够提高消费者的满意度。当消费者对品牌或产品形成了积极的第一印象时，他们更可能对产品或服务产生好感，从而提高满意度。

培养忠诚度：第一印象效应还有助于培养消费者的忠诚度。当消费者对品牌形成了积极的第一印象并进行购买后，他们更可能再次购买该品牌的产品或服务，并可能向他人推荐该品牌。

综上所述，在互联网销售沟通管理中，第一印象效应的作用主要体现在塑造消费者初步认知、影响购买决策、建立品牌形象、提高客户满意度和忠诚度等方面。企业应重视第一印象效应的作用，通过精心打造网站设计、产品描述、客户服务等方面来确保在首次接触时给消费者留下积极、正面的印象。

（二）第一印象效应的影响因素

在互联网销售沟通管理中，第一印象效应的影响因素是多方面的，它们共同作用于消费者，使其形成对品牌、产品或服务的初步认知。

1.网站设计与用户体验

界面美观度：网站的外观和界面设计直接影响消费者的第一印象。一个设计精美、布局合理的网站能够迅速吸引消费者的注意力，并留下积极的印象。

易用性：网站的易用性也是影响第一印象的关键因素。消费者希望轻松地浏览网站、找到所需信息并购买产品或服务。如果网站加载速度慢、导航复杂或存在其他用户体验问题，则可能使消费者对品牌产生负面印象。

2.产品展示与描述

高质量的图片：清晰、高质量的产品图片能够直观地展示产品的外观和特点，帮助消费者形成对产品的积极印象。

详细且吸引人的描述：产品的描述应该详细、准确且吸引人。通过突出产品的独特卖点、功能优势以及解决消费者问题的能力，可以增强消费者对产品的兴趣和购买意愿。

3.客户服务与沟通

快速响应：在互联网销售中，消费者希望快速得到回复并解决问题。如果客服团队能够迅速响应消费者的咨询和投诉，并提供有效的解决方案，将有助于形成积极的第一印象。

友好和专业：客服人员的态度和沟通技巧也影响第一印象的形成。友好、专业的服务态度能够增强消费者的信任感和满意度，而冷漠、不专业的态度则可能导致消费者产生负面印象。

4.品牌形象与声誉

品牌故事和价值观：通过展示品牌故事和价值观，可以让消费者更深入地了解品牌，并形成对品牌的积极印象。这有助于建立品牌与消费者之间的情感联系，提高品牌忠诚度。

社交媒体声誉：在社交媒体上维护良好的品牌声誉也是影响第一印象的重要因素。通过积极回应用户的评论和反馈、发布有价值的信息以及与用户互动，可以提升品牌在社交媒体上的影响力和好感度。

在互联网销售沟通管理中，第一印象效应的影响因素包括网站设计与用户体验、产品展示与描述、客户服务与沟通、品牌形象与声誉等。不断优化这些因素，企业就可以在消费者心中形成积极的第一印象，从而提高销售业绩和市场份额。

（三）第一印象效应的策略

在互联网销售沟通管理中，需要制定一系列策略来确保品牌、产品或服务在首次接触时给消费者留下积极、正面的印象。以下是一些具体的建议：

1.提供准确且吸引人的信息

清晰的产品描述：确保产品描述准确、详细，并突出产品的独特卖点。避免使用模糊或夸大的言辞，以免让消费者产生不信任感。

专业的网站设计：网站设计应该简洁、清晰，并且符合品牌的形象。确保网站易于导航，以便消费者能够快速找到所需要的信息。

2.优化用户体验

加载速度：确保网站加载速度够快，以减少消费者的等待时间。加载过于缓慢可能让消费者失去耐心并离开。

响应式设计：确保网站可以在各种设备和浏览器上正常显示。这有助于提供良好的用户体验，并提高消费者对品牌的好感度。

3.提供优质的客户服务

及时响应：对于消费者的咨询和投诉，要及时、专业地回应。这有助于建立消费者对品牌的信任。

解决问题：对于消费者的问题和疑虑，要耐心解答，并提供有效的解决方案。这有助于消除消费者的顾虑，并促使消费者进行购买决策。

4.建立品牌声誉

社交媒体互动：积极参与社交媒体互动，与消费者建立良好的关系。通过回应评论、分享有价值的信息等方式，提高品牌在消费者心中的形象。

口碑营销：鼓励满意的消费者分享他们的购买经验和评价。正面的口碑可以吸引更多潜在消费者，并增强他们对品牌的信任感。

5.持续更新和优化

内容更新：定期更新网站内容，包括产品描述、博客文章、新闻等。这有助于保持消费者对品牌的关注，并提高他们对品牌的认知度。

技术更新：随着技术的发展，不断更新网站和营销工具。这有助于确保企业始终与最新技术同步，并提供更好的用户体验。

6.处理负面反馈

倾听并理解：对于消费者的负面反馈，要耐心倾听并理解他们的需求和期望。这有助于更好地了解问题所在，并采取有效的解决措施。

公开透明地解决：如果出现问题，要公开透明地解决，并向消费者道歉和补偿。这有助于恢复消费者对品牌的信任感，并防止负面影响进一步扩散。

要避免第一印象效应带来的负面影响，就要提供准确且吸引人的信息、优化用户体验、提供优质的客户服务、建立品牌声誉、持续更新和优化、处理负面反馈。通过这些措施，可以确保品牌在互联网销售中给消费者留下积极、正面的第一印象。

（四）如何打造第一印象效应

打造互联网销售沟通管理第一印象效应的方法有以下几个：

1.网站设计与用户体验优化

（1）界面设计：使用简洁、现代的设计风格，确保网站外观美观、易于导航。突出品牌特色，通过色彩、字体和图片等元素增强品牌识别度。

（2）响应式设计：确保网站在不同设备（如手机、平板电脑、台式计算机）上都能良好地显示和运行。提高网站的加载速度，减少用户的等待时间。

（3）用户友好性：简化购买流程，减少不必要的步骤和点击。提供明确的导航和搜索功能，帮助用户快速找到所需信息。

2.产品展示与描述

（1）高质量图片：使用高清、多角度产品图片，展示产品的外观、细节和特点。图片应与实物相符，避免夸大或虚假宣传。

（2）详细且吸引人的描述：编写简洁明了、引人入胜的产品描述，突出产品的独特卖点和功能优势。引用用户评价或评分，增强产品的说服力。

（3）视频展示：制作简短的产品演示视频，让用户更直观地了解产品的使用方法和效果。

3.提供优质的客户服务与沟通

（1）快速响应：设立在线客服系统，确保用户在咨询时能得到及时回复。设定响应时间标准，如24小时内回复用户邮件或留言。

（2）专业与友好：培训客服团队，确保其具备专业的产品知识和良好的沟通技巧。使用亲切、礼貌的语言与用户沟通，增强用户的信任感。

（3）多渠道沟通：提供电话、邮件、社交媒体等多种沟通渠道，方便用户随时联系。

4.塑造积极的品牌形象与声誉

（1）品牌故事：讲述品牌的发展历程、价值观和愿景，增强用户对品牌的了解和认同。

（2）社交媒体互动：在社交媒体上积极回应用户的评论和反馈，积极与用户互动。发布有价值的消息，如行业资讯、产品教程等，提高品牌的影响力。

（3）合作伙伴与客户案例：展示与知名品牌或机构的合作案例，增强品牌的实力，提高品牌的信誉。分享客户的使用心得和成功案例，提高产品的说服力。

5.利用数据分析和反馈

（1）用户行为分析：通过数据分析工具了解用户在网站的行为和偏好，如访问量、转化率等。根据数据分析结果优化网站设计和产品展示，加强用户的购买意愿。

（2）用户反馈收集：设立用户反馈渠道，如调查问卷、在线留言等，收集用户对产品和服务的意见和建议。针对用户反馈进行改进，提高用户满意度和忠诚度。

通过以上方法，可以有效打造互联网销售沟通管理第一印象效应，提高用户对品牌、产品或服务的认知和信任度，从而促进销售业绩的提升。

任务二　掌握互联网销售沟通话术

一、互联网销售沟通话术认知

互联网销售沟通话术是指在互联网环境下，销售人员为了达成销售目标，与客户进行有效沟通时所使用的语言技巧和表达方式。这些话术旨在通过文字、语音或视频等沟通渠道，准确、清晰地传递产品信息、解答客户的疑问、建立信任关系，并引导客户作出购买决策。

（一）互联网销售沟通话术的特点

互联网销售沟通话术的设计和运用需要充分考虑目标客户的需求、心理预期和互联网环境的特点。优秀的话术应该具备以下几个特点：

（1）清晰明了。话术应该简洁明了，避免使用过于复杂或专业的术语，确保客户能够轻松地理解产品信息。

（2）引人入胜。通过生动有趣的表达方式，吸引客户的注意力，激发客户的兴趣和好奇心，使其对产品或服务产生浓厚的兴趣。

（3）建立信任。通过真诚、专业的态度，以及提供有价值的信息和建议，建立与客户的信任关系，增强客户对产品和服务的信任感。

（4）引导购买。在沟通时，要适时引导客户作出购买决策，通过强调产品的优势、提供优惠活动或解答客户的疑虑等，促使客户购买。

（5）个性化沟通。根据客户的个性化需求，调整沟通方式和话术，实现个性化沟通，提高沟通效果和客户满意度。

（二）互联网销售沟通话术的内容

（1）初步接触话术：①打招呼与问候：如"您好，我是公司的销售代表，很高兴能与您沟通"。②自我介绍与目的说明：简短介绍自己的身份和此次沟通的目的。

（2）客户需求了解话术。①开放式问题提问：如"您对我们的产品有什么特别的需求吗"。②倾听与回应：认真倾听客户的需求和疑虑，并给予及时回应。

（3）产品介绍话术。①突出产品优势：强调产品的独特卖点、功能、品质等。②提供详细信息：如产品规格、使用方法、适用场景等。

（4）解决方案提供话术。①针对客户需求提供定制化解决方案。②解答客户的疑问，消除其购买顾虑。

（5）促成交易话术。①提供优惠信息：如限时折扣、满减活动等。②强调购买价值：如产品性价比、售后服务等。

（6）售后服务话术。①感谢客户购买，并提供后续服务支持。②询问客户使用体验，收集反馈以改进产品和服务。

二、设计沟通话术的核心步骤

为了确保沟通的有效性和吸引力，设计互联网销售沟通话术的核心步骤主要包括以下几个方面：

1.明确目标与受众

设定明确目标：在开始设计话术之前，要明确沟通的目标，如提高用户参与度、提高转化率、塑造品牌形象等。

分析目标受众：深入了解目标受众的特点、需求和痛点，以便设计出更符合他们心理预期和需求的话术。

2.研究竞争对手与行业趋势

研究竞争对手：研究竞争对手的沟通方式和话术策略，了解其优势和不足，以便在话术设计中避免重复，并找到差异点。

跟踪行业趋势：关注行业的最新动态和趋势，以便在话术设计中融入最新元素和话题，增强话术的新鲜感和吸引力。

3.构建话术结构与内容

设计引人入胜的开场：使用简洁、有趣或引人入胜的开场，迅速吸引用户的注意力，并激发他们继续阅读或参与的兴趣。

明确传达价值：在话术中清晰地传达产品或服务的价值，强调用户可以获得的好处和利益，以增强用户的购买意愿。

消除用户的疑虑：针对用户可能存在的疑虑或问题，提前准备解决方案，并在话术中进行有效的回应和解答，以增强用户的信任感。

引导用户行动：在话术的结尾部分，使用明确的呼吁性语言，引导用户进行下一步行动，如购买、咨询、注册等。

4.优化话术表达

简洁明了：使用简洁明了的语言，避免冗长和复杂的句子结构，确保用户能够快速理解并接受话术内容。

通俗易懂：使用通俗易懂的语言，避免使用过于专业的术语或词汇，确保话术能够覆盖更广泛的受众群体。

情感化表达：适当运用情感化的词汇和表达方式，增强与用户之间的情感联系，提升用户的参与度。

5.测试与调整

内部测试：在正式使用前，组织同事或专业人士进行测试，评估话术的效果和可行性，并根据测试结果进行必要的调整和优化。

实际应用测试：在实际应用中，观察用户的反应和效果，收集用户反馈，并根据反馈结果对话术进行进一步调整和优化。

6.持续学习与更新

关注行业动态：时刻关注行业的最新动态和趋势，以便及时调整话术内容和策略，保持话术的新鲜感和吸引力。

微课 2-2

设计话术的核心步骤

学习优秀案例：学习其他成功销售人员或品牌的优秀话术案例，分析其成功的原因和技巧，并在自己的话术设计中学习借鉴。

不断实践：通过不断实践和总结，积累经验并不断提升自己的话术设计能力和水平。根据实践经验和用户反馈，对话术进行持续优化和改进。

三、设计互联网销售沟通话术的技巧

微课 2-3

沟通的具体技巧

设计互联网销售沟通话术时，需要运用一些技巧来确保话术既能够准确传达信息，又能吸引用户的注意力并留住用户。以下是设计互联网销售沟通话术的技巧：

1.简洁明了

使用短句：尽量将句子控制在 10~20 个字，便于用户快速阅读和理解。

避免冗余：去除不必要的词汇和句子，使话术更加精炼。

2.通俗易懂

日常用语：使用日常口语化的表达方式，避免使用专业术语和复杂的词汇。

简单结构：采用简单的句子结构，避免使用复杂的从句和长句。

3.情感化表达

情感共鸣：运用情感化的词汇和表达方式，让用户感受到温暖和关怀。

积极正面：传递积极正面的信息和情绪，增强用户的信任感。

4.强调价值

突出优势：明确传达产品或服务的价值和优势，如"节省时间，提高效率"。

解决痛点：针对用户的疑虑和问题，提供解决方案，如"一站式服务，满足您的所有需求"。

5.引导行动

明确呼吁：在话术的结尾部分，使用明确的呼吁性语言，如"立即购买，享受优惠"。

提供激励：如有必要，提供优惠、折扣或采用其他激励措施，增强用户的行动意愿。

6.适应不同场景

多样化话术：根据不同的场景和用户需求，设计多样化的话术版本。

个性化定制：根据用户的个人信息和偏好，提供个性化的话术内容，如"亲，根据您之前的购买记录，我们为您推荐这款产品"。

7.使用数字和数据

具体数字：使用具体的数字来支持话术中的观点和信息，如"90%的用户表示使用后满意度提升"。

数据可视化：如果可能，使用图表、图片等可视化形式展示数据，以便更直观地传达信息。

8.引用客户评价

正面评价：引用客户的正面评价来增强话术的说服力。

展示评价来源：如果可能，展示评价的来源和真实性，增强用户的信任感。

9.不断测试和优化

A/B测试：通过A/B测试来比较不同话术版本的效果，选择效果更好的版本。

根据反馈调整：根据用户的反馈和数据分析结果，不断调整和优化话术内容和策略。

10.遵守法律法规

确保合规性：在设计话术时，要确保遵守相关法律法规和行业规范，避免涉及虚假宣传、误导用户等违规行为。

通过运用以上技巧，可以设计出更加有效、吸引人和用户友好的互联网销售沟通话术，从而提升沟通效果和用户体验。

四、互联网销售沟通话术的注意事项

在互联网销售沟通中，有些话术是要避免使用的，因为这些话术可能影响销售业绩、降低客户满意度或引发误解。以下是一些不能说的互联网销售沟通话术：

微课2-4

坚决不能说的话

1.贬低或质疑客户

鄙视语：如"我说的您是不会理解的""您就直接按照我说的做就行了"等，这类话术会让客户感到被贬低或不被尊重，会严重影响销售业绩。

反诘语：如"您不告诉我，我怎么会知道""那您告诉我您是怎样用的"等，这类话术以质疑的方式对待客户，容易引发客户的不满和反感。

2.过分夸大或虚假宣传

"我们是最好的"：这种夸大的说辞往往让人怀疑，因为绝对化的说法很难得到客观证明。在销售中，应提供具体的数据或案例来支持产品的优势。

过分夸大产品的功能或效果：如"这是一个可以赚大钱的机会"等，这类话术可能让客户产生过高的期望，从而引发后续的失望和不满。

3.使用不雅或冒犯性语言

任何不雅、冒犯或侮辱性的语言都是不应该在销售沟通中出现的。这些语言会严重损害公司的形象和声誉，让客户感到极度不适。

4.主观性话题和隐私问题

主观性话题，如政治、宗教等，容易引起争议和误解，应避免在销售沟通中提及。

隐私问题，如客户的个人信息、家庭情况等，除非客户主动提及，否则不应主动询问或讨论。

5.贬低竞争对手

"我们的竞争对手很差"等话语是不专业的，容易让客户觉得你在恶意抢单；相反，应关注自身产品的优势，并与竞争对手进行客观比较。

6.使用模糊或不确定的语言

如"我不确定"等话语会让客户觉得你不专业或缺乏自信。即使你不确定某个问题的答案，也应承诺补充更多相关信息或寻求专业人士的帮助。

7.使用过多的专业术语

对非专业客户来说，过多的专业术语可能让他们感到困惑和难以理解。应尽量使用通俗易懂的语言来解释产品或服务的特性和优势。

8.打断客户或强行推销

打断客户或强行推销会让客户感到不满和反感。应耐心听取客户的意见和需求，并根据客户的反馈来调整自己的销售策略。

总之，在互联网销售沟通中，应避免使用以上话术；相反，应使用礼貌、尊重、专业且通俗易懂的语言与客户沟通，以建立信任关系、解决问题并促进销售。

五、互联网销售沟通话术案例

当设计互联网销售沟通话术时，结合具体案例可以使话术更具说服力和吸引力。以下是几个设计互联网销售沟通话术的案例，清晰地展示了其结构和核心信息：

【案例分析2-1】

电商产品销售话术

目标：提高产品销量，吸引用户购买

话术：

开场："亲，这款产品是我们店铺的爆款产品，深受用户喜爱哦！"

强调价值："它采用【核心技术/材料】，具有【产品优势】，能帮助您【解决什么问题或实现什么效果】。"

渲染销量："看！仅'双11'当天，就有超过5 000个买家选择了它，销量遥遥领先！"

引导行动："现在下单，还可享受限时优惠哦！别错过机会，赶紧下单吧！"

【案例分析2-2】

社交媒体互动话术

目标：提高用户参与度，提升品牌曝光度

话术：

问候："大家好！今天来聊聊我们的产品/服务吧！"

提出问题："你们最近在使用产品/服务时，有没有什么特别的体验或建议呢？"

引发共鸣："我知道很多小伙伴都遇到过【某个问题】，我们来看看大家是怎么解决的吧！"

呼吁参与："快来评论区留言分享你的想法吧！点赞最多的评论还有机会获得我们的奖品哦！"

【案例分析2-3】

客户服务话术

目标：提供专业、贴心的客户服务，提高用户满意度

话术：

问候与确认："您好！我是公司的客服小王，请问您有什么需要帮助的吗？"

理解问题："我明白您的意思了，您遇到的问题是【具体描述问题】对吗？"

提供解决方案："针对您的情况，我建议您尝试【解决方案】。如果还有其他疑问或需要进一步的帮助，请随时告诉我。"

感谢与告别："非常感谢您的理解和支持！如果以后有任何问题，欢迎随时联系我

们。祝您生活愉快!"

【案例分析2-4】

品牌宣传话术

目标：传递品牌理念和价值观，提升品牌形象

话术：

引入品牌："大家好！欢迎来到【品牌名称】的世界。我们始终秉持【品牌理念】，为您带来优质的产品和服务。"

强调独特性："与其他品牌相比，【品牌名称】有着独特的【特点/优势】。我们始终坚信，【品牌名称】能够为您带来不一样的体验。"

展示成就："在过去的【时间】，我们已经帮助超过10万用户实现了他们的【需求/梦想】。这是我们最大的骄傲和动力。"

知识拓展2-1

邀请加入："如果您也认同我们的理念和价值观，欢迎加入我们的行列。让我们一起创造更美好的未来吧！"

这些案例结合了具体的信息、数字和情感化的表达方式，旨在吸引用户的注意力、提升用户的参与度和信任感。在设计话术时，可以根据具体的目标和受众进行调整和优化。

任务三　熟悉互联网销售沟通心理

一、互联网销售沟通心理认知

互联网销售沟通心理是指在互联网环境下，销售人员与客户之间通过文字、语音、视频等多媒体形式进行的交流互动过程中，销售人员运用心理学原理、方法和技巧，更好地理解客户的需求、情感和决策，以及通过有效的沟通策略影响客户的购买决策，最终实现销售目标的过程。互联网销售沟通心理的特点主要体现在以下几个方面：

微课2-5

互联网销售沟通心理认知

（一）即时性与高效性

互联网销售沟通具有即时性特点，消费者和销售人员之间的交流可以实时进行，不受时间和地点的限制。这种即时性使得消费者能够迅速获得所需信息，销售人员也能立即回应消费者的疑问和需求，从而提高了沟通效率和满意度。

（二）互动性与参与性

互联网销售沟通强调互动性，消费者可以通过社交媒体、在线聊天工具等多种渠道与销售人员进行实时互动，分享购买经验、提供反馈或提出建议。同时，消费者还可以参与到营销活动中，如参与投票、评论或分享内容，这种参与性能够增强消费者的归属感和忠诚度。

（三）个性化与定制化

互联网销售沟通能够利用大数据和人工智能技术，分析消费者的购物行为、偏好和需求，为消费者提供个性化的推荐和服务。销售人员可以根据消费者的具体情况，定制专属的营销策略和服务方案，满足消费者的个性化需求，提升消费者的购物体验。

（四）情感化与信任建立

互联网销售沟通注重情感化的沟通方式，销售人员需要运用情感化的语言和表达方式，与消费者建立情感联系。通过了解消费者的需求，关心消费者的感受，提供贴心的服务和解决方案，能够增强消费者的信任感和归属感。同时，销售人员还需要展现出诚信、专业、贴心的形象，赢得消费者的认可。

（五）数据驱动与精准营销

互联网销售沟通基于大数据分析和分析结果的应用，销售人员可以通过收集和分析消费者的行为数据、购买记录等，了解消费者的需求和偏好，制定更加精准和有效的营销策略。这种数据驱动的方式能够提高营销的转化率，降低营销成本。

（六）多媒体化与可视化

互联网销售沟通可以利用多种媒体形式，如文字、图片、视频等，将产品信息和服务内容以更加生动、直观的方式呈现给消费者。这种多媒体化和可视化的沟通方式能够吸引消费者的注意力，提高信息的传播效率和消费者的理解度。

（七）全球化与跨文化性

互联网销售沟通具有全球化特点，消费者来自世界各地，具有不同的文化背景和语言习惯。销售人员需要具备跨文化沟通能力，尊重并理解不同文化背景下的消费者需求和习惯，采用适当的沟通方式和策略，满足全球消费者的需求。

二、互联网销售沟通心理的内容

（一）消费者心理需求

信息需求：消费者希望获取详细、准确的产品信息，以便作出明智的购买决策。

比较心理：消费者在购买前会对多个产品进行比较，评估性价比和优劣。

占便宜心理：消费者往往希望以更低的价格获得产品，享受优惠和折扣。

信任心理：消费者在购买决策中，对商家和产品的信任度至关重要。

（二）销售人员心理策略

建立信任：通过提供真实的客户评价、展示公司资质和证书、提供完善的售后服务等，建立与消费者之间的信任。

积极回应：及时、积极地回应消费者的疑问和反馈，增强消费者的满意度和忠诚度。

情感共鸣：通过讲故事、分享经验等方式与消费者建立情感共鸣，加强消费者的购买意愿。

（三）沟通心理技巧

简洁明了：用简洁明了的语言传达产品或服务的信息，避免进行冗长和复杂的描述。

强调价值：突出产品的核心优势和特点，强调其满足消费者需求的能力和价值。

处理异议：针对消费者的异议和投诉，积极寻求解决方案，并尽快付诸实施。

（四）消费者心理变化

初始阶段：充满好奇和兴趣，寻求信息和比较产品。

决策阶段：评估性价比、信任度和购买风险，作出购买决策。

购买后阶段：对购买过程的满意度进行评估，形成口碑传播，有了再次购买的意愿。

（五）销售人员心理调适

持续学习：不断学习，提升自己的销售技巧和沟通能力，以适应不断变化的互联网销售环境。

情绪管理：保持积极、乐观的心态，有效管理自己的情绪，避免负面情绪对销售工作的影响。

三、互联网销售沟通心理的分类

互联网销售沟通心理可以根据不同的角度和阶段进行分类。以下是对互联网销售沟通心理的一种分类方式，旨在帮助销售人员更好地理解并满足消费者的心理需求：

（一）初始接触与建立信任阶段

好奇心理：消费者首次接触产品或服务时，往往充满好奇，希望了解产品的特点、优势等。销售人员应利用消费者的好奇心理，提供清晰、吸引人的产品介绍，激发消费者的购买欲望。

信任心理：在互联网销售沟通中，建立信任是成交的关键。消费者往往对未知的商家和产品持怀疑态度。

（二）需求分析与产品推荐阶段

比较心理：消费者在进行购买决策时，往往会对多个产品进行比较，以找到性价比最高的产品。销售人员应提供详细的产品对比信息，突出自家产品的优势，帮助消费者作出明智的购买决策。

从众心理：消费者在进行购买决策时，往往会受到周围人的影响，特别是朋友、家人或网络的意见领袖。销售人员可以利用消费者的从众心理，展示产品的热销情况、客户评价等，增强产品的吸引力。

（三）议价与成交阶段

占便宜心理：消费者在购买过程中，往往希望以更低的价格获得产品，即占便宜心理。销售人员可以通过促销活动、优惠券、给赠品等方式，满足消费者的占便宜心理，促进成交。

害怕后悔心理：消费者在购买过程中，往往会担心自己作出错误的选择，即害怕后悔心理。销售人员应告知其公司有完善的售后服务和退换货政策，降低消费者的购买风险，消除其害怕后悔的心理。

（四）售后服务与关系维护阶段

满意度心理：消费者在购买产品后，会对其满意度进行评估。满意的消费者更容易成为回头客，并树立产品的正面口碑。销售人员应关注消费者的满意度，及时解决消费者的问题和投诉，提高消费者的满意度。

忠诚度心理：忠诚的消费者会持续关注并购买同一品牌或商家的产品，为企业带来稳定的收益。销售人员应通过提供优质的产品和服务、定期与客户保持联系、提供个性化关怀等方式，培养消费者的忠诚度。

四、互联网销售沟通心理策略

（一）树立积极的品牌形象

一致性原则：确保品牌在各个渠道的信息和宣传风格一致，从视觉上强化消费者对品牌的认知和记忆。

用户评价和推荐：展示真实的用户评价和推荐，通过数字（如好评率、销量等）来增强潜在客户的信任感。

（二）运用数据驱动策略

个性化推荐：基于用户行为数据，提供个性化的推荐和服务，提高用户满意度和购买意愿。例如，亚马逊的推荐系统就是一个很好的例子。

精准营销：通过数据分析，精准定位目标用户群体，并制定相应的营销策略，不断增加销量。

（三）优化用户体验

快速响应：对于用户的咨询和反馈，快速响应并提供解决方案，提高用户满意度。

简洁明了的界面：设计简洁明了的网站或应用界面，方便用户浏览和购买，降低用户的学习成本。

（四）创造紧迫感与紧迫感管理

限时优惠：设定优惠活动的截止时间，创造紧迫感，促使消费者尽快下单。这种策略能够显著提高转化率。

库存紧张：通过"仅剩最后几件"等话术，营造产品稀缺的紧迫感，激发消费者的购买欲望。

（五）情感化营销

讲述故事：通过讲述引人入胜的故事，将产品或服务的特点融入其中，加强与消费者之间的情感联系。

情感化的语言：在互联网销售沟通过程中，使用情感化的语言，如"亲""您"等，增强与消费者的情感连接。

（六）提高用户参与度和互动性

社交媒体互动：通过社交媒体平台与用户互动，回答用户的问题，分享产品和优惠活动等信息。

用户评价系统：建立用户评价系统，鼓励用户分享购买体验和评价，提高产品的透明度和客户对产品的信任度。

（七）利用即时通信工具

在线客服：提供在线客服服务，及时解答用户的疑问，提供购买建议。

虚拟导购和专家：设置虚拟导购和产品专家，为用户提供专业的购买建议和解决方案。

互联网销售沟通心理的策略多种多样，企业可以根据自身的情况和目标受众的特点选择合适的策略。同时，不断学习和探索新的策略也是保持竞争力的关键。

五、互联网销售沟通心理的技巧

以下是一些关键的互联网销售沟通心理技巧：

（一）倾听与理解

耐心倾听：在与客户沟通时，耐心倾听他们的需求和问题，不要急于打断或推销产品。

深入理解：通过客户的反馈，深入理解他们的真正需求，确保提供的解决方案符合其期望。

（二）情感共鸣

建立情感连接：在沟通中尝试与客户建立情感连接，让他们感受到你的关心和理解。

使用情感化语言：在描述产品或服务时，使用情感化的语言，激发客户的购买欲望。

（三）明确表述

简洁明了：用简洁明了的语言描述产品或服务，避免使用过于复杂或专业的术语。

突出重点：在沟通中突出产品或服务的核心优势，让客户迅速了解其价值。

（四）提问技巧

开放式问题：使用开放式问题引导客户分享更多的信息，从而更深入地理解他们的需求。

封闭式问题：在关键时刻使用封闭式问题，确认客户的决定或偏好。

（五）处理异议

积极回应：当客户提出异议时，积极回应并展示解决问题的能力和意愿。

提供解决方案：针对客户的异议，提供合理的解决方案或替代方案，提高客户的满意度。

（六）建立信任

通过专业的知识和长期积累的经验展示自己在该领域的权威性。利用成功案例，增强客户对产品的信任感。

（七）适时引导

引导话题：在沟通中适时引导话题，确保对话始终围绕产品或服务展开。

引导决策：在关键时刻给予客户一定的决策指导，但不要代替他们做决定。

（八）保持积极态度

乐观面对挑战：沟通中遇到问题时，保持积极乐观的态度，寻求解决方案。

传递正能量：通过积极的言语和态度向客户传递正能量，提高他们的购买信心。

（九）灵活应变

适应不同客户：根据不同客户的性格和需求调整沟通策略。

应对突发情况：沟通中遇到突发情况时，能够迅速应对并找到解决方案。

（十）后续跟进

持续联系：在交易完成后，持续与客户保持联系，提供后续服务和支持。

收集反馈：定期收集客户的反馈和建议，不断改进自己的沟通技巧和方式。

掌握这些互联网销售沟通心理的技巧，销售人员可以更有效地与客户建立联系、传递信息并促成交易。同时，这些技巧也有助于提高客户满意度和忠诚度，为企业的长期发展奠定坚实的基础。

六、互联网销售沟通心理的应用场景

互联网销售沟通心理的应用场景十分广泛，它涉及在线销售、电子商务、社交媒体营销等多个领域。以下是几个具体的应用场景：

（一）在线聊天和即时通信

销售人员可以通过在线聊天工具（如企业微信、钉钉、QQ、微信等）或即时通信软件与客户进行实时沟通。

应用：运用心理学原理分析客户的即时反馈，理解其购买动机和疑虑，并据此提供个性化的解答和推荐。

案例：在聊天中，客户可能表现出对价格的敏感，销售人员可以运用"失落规避"心

理，强调错过优惠的遗憾，促使客户下单。

（二）电子邮件营销

销售人员可以通过电子邮件向潜在客户或现有客户发送营销信息。

应用：运用心理学原理设计邮件标题和内容，以吸引客户的注意力，提高点击率和转化率。

案例：电子邮件标题可以使用"限时优惠"等字眼，制造紧迫感；电子邮件内容则可以通过故事讲述、用户评价等方式，建立客户对产品信任感并激发客户的购买欲望。

（三）社交媒体营销

社交媒体营销是利用社交媒体平台与用户建立联系、推广品牌、促进销售、提升客户忠诚度的营销方式。

应用：通过发布有吸引力的内容、与用户互动等方式，了解用户的心理需求，并据此调整营销策略。

案例：在社交媒体上发布案例、产品使用教程等有价值的内容，提高用户对产品的认知度；同时，通过评论、私信等方式与用户互动，解答疑问，建立信任。

（四）产品页面优化

这是指通过优化产品页面的布局、文案、图片等，提高用户的购买意愿。

应用：运用心理学原理对产品页面进行设计和优化，如使用"社会认知"原理来加强用户对品牌的认同感和信任感。

案例：在产品页面展示用户评价、专家推荐等内容，利用社会认同心理影响用户的购买决策；同时，通过清晰的图片和简洁的文案，降低用户的认知负荷，提高转化率。

（五）客户服务和售后支持

这是指为客户提供售前咨询、售后服务等支持。

应用：运用心理学原理提高客户服务的质量和效率，如通过"同理心"理解客户的需求和情绪，提供个性化的解决方案。

案例：在客户咨询时，销售人员可以通过积极倾听，理解客户的需求和疑虑，并提供有针对性的解决方案；在售后服务中，则可以通过及时响应和真诚道歉来化解客户的不满和投诉。

（六）移动营销

这是指利用移动设备（如智能手机、平板电脑等）进行的营销活动。

应用：运用心理学原理优化用户体验、提升用户参与度和转化率。

案例：通过移动设备，企业可以将产品或品牌信息植入移动应用中，利用用户主动下载和使用的过程达到信息传播的目的。相较于传统移动媒体营销，这种方式的用户参与度更高、传播效果更佳。

（七）个性化推荐系统

这是指基于用户的历史行为和偏好，为用户推荐其感兴趣的产品或服务。

应用：运用心理学原理分析用户的购买决策过程，提高推荐系统的准确性和用户满意度。

案例：利用大数据分析技术进行数据挖掘，追踪消费趋势和行为模式，实现个性化营销。例如，通过分析用户的浏览记录、购买历史等数据，可以为用户提供符合其兴趣爱好的商品推荐，从而提高用户的购买意愿和转化率。

（八）营销文案撰写

这是指撰写用于宣传产品或服务的文字内容。

应用：运用心理学原理增强文案的吸引力、感染力和说服力。

案例：在文案中运用"情感制约"理论，通过情感化的表达方式来触动用户的内心，激发其购买欲望。同时，利用"社会认知"原理，强调产品或服务的社交价值，加强用户的购买意愿。

（九）线上活动策划

企业可以组织在线活动（如抽奖、秒杀、团购等），吸引用户参与和购买。

应用：在策划线上活动时，运用心理学原理来设计活动规则和奖励机制，提高用户的参与度和购买意愿。

案例：在抽奖活动中，通过设计高价值的奖品和诱人的中奖概率来吸引用户参与；在团购活动中，则可以通过设定优惠的团购价格和限时抢购规则来激发用户的购买欲望。

（十）用户反馈处理

这是指对用户在使用产品或服务过程中提出的反馈进行收集、分析和处理。

应用：在处理用户反馈时，运用心理学原理来理解用户的真实需求和期望，从而提供更加符合用户需求的解决方案。

案例：当用户表示对产品不满或进行投诉时，销售人员可以通过积极倾听和同理心来理解用户的情绪和需求，并提供有针对性的解决方案；同时，通过及时响应和真诚道歉来化解用户的不满，提高用户满意度和忠诚度。

总之，互联网销售沟通心理的应用场景十分广泛，涉及在线聊天和即时通信、电子邮件营销、社交媒体营销、产品页面优化、客户服务和售后支持、移动营销、个性化推荐系统、营销文案撰写、线上活动策划和用户反馈处理等多个领域。在这些场景中，销售人员需要运用心理学原理和方法来更好地理解和满足用户的需求，从而提高销售效果和客户满意度。

【案例分析2-5】

京东"海上睡眠"事件营销

在国际睡眠日到来之际，京东携手顾家家居、亚朵星球两大家居品牌，策划了一场别开生面的"海上睡眠"事件营销活动。该活动旨在通过创新的体验方式，唤起公众对健康睡眠的关注，并推广京东的优质睡眠产品。

一、心理策略分析

策略描述：京东在大海上打造巨型体验吊床、漂浮枕头等超现实睡眠体验装置，为路过的人们提供免费的助眠产品，并邀请睡眠困难户放松紧绷的神经。同时，京东还上线了以海子经典诗歌为文案灵感的活动短片，通过抚慰人心的旁白和海浪声，为疲惫的人们助眠。

心理分析：在现代社会，许多人面临巨大的工作和生活压力，导致睡眠质量下降。京东通过打造独特的睡眠体验，触动了消费者对健康睡眠的渴望和对美好生活的向往，引发了强烈的情感共鸣。这种情感共鸣促使消费者更加关注自身的睡眠质量，并愿意尝试京东推荐的睡眠产品。

二、场景化营销

策略描述：京东将营销活动置于大海这一自然环境中，通过超现实的睡眠体验装置，营造出一种放松、舒适的氛围。这种场景化的营销方式让消费者仿佛置身于一个远离喧嚣的睡眠天堂，从而更容易接受和认可产品。

心理分析：人类天生对自然环境有着强烈的亲近感。京东通过场景化营销，将产品与自然环境相结合，为消费者创造了一种全新的购物体验。这种体验不仅满足了消费者的物质需求，还满足了他们的精神需求，进一步提升了产品的吸引力和消费者的购买意愿。

三、社会责任感

策略描述：京东在营销活动中强调对公众身心健康的关注，通过提供免费的助眠产品和活动短片，呼吁大家关注自己的睡眠质量。这种社会责任感的展现提升了京东的品牌形象和美誉度。

心理分析：随着社会的进步和消费者健康意识的提高，越来越多的消费者开始关注企业的社会责任感。京东通过此次营销活动，展现了自己对公众健康的关注和对社会责任的担当，赢得了消费者的信任和尊重。这种信任和尊重进一步转化为对产品的购买力和忠诚度。

四、成效

通过此次"海上睡眠"事件营销活动，京东成功吸引了大量消费者。该活动不仅提升了京东的品牌知名度和美誉度，还促进了其睡眠产品的销售。同时，该活动也引发了公众对健康睡眠的广泛讨论和关注，为京东赢得了良好的社会声誉。

项目总结

五、总结

京东"海上睡眠"事件营销活动充分展示了互联网销售沟通中情感共鸣、场景化营销和社会责任感等心理策略的有效运用。这些策略不仅满足了消费者的物质需求和精神需求，还提升了品牌形象和美誉度，为企业的长期发展奠定了坚实的基础。

【项目实训】

互联网销售沟通管理综合实训

项目背景：

随着互联网技术的飞速发展，线上销售已成为企业拓展市场、提升品牌影响力的重要渠道。为了培养销售人员在网络环境中的高效沟通能力，我们设计了"互联网销售沟通管理综合实训"项目，旨在通过模拟真实的销售场景，提升学员对互联网销售沟通管理的认知、话术设计技巧及心理策略应用能力。

项目目标：

认知提升：使学员深入理解互联网销售沟通的特点、管理要点及重要性。

话术精通：掌握设计高效、有吸引力的互联网销售沟通话术的技巧和注意事项。

心理策略：学会运用互联网销售沟通心理策略，有效引导客户需求，消除客户疑虑，提升成交率。

实战演练：通过模拟真实的销售场景，提升学员在复杂多变的网络环境中的沟通应变能力和销售业绩。

实训内容：

一、互联网销售沟通管理认知培训

理论讲解：介绍互联网销售沟通的基本概念、特点、管理要点及成功案例分享。

小组讨论：围绕"互联网销售沟通的优势与挑战"进行分组讨论，每组要提出至少三项改进建议。

二、互联网销售沟通话术设计实践

话术设计工作坊：引导学员根据目标客户群体和产品特点，设计一套具有吸引力的沟通话术。

话术评审：组织专家团队对学员设计的话术进行评审，指出其优点与不足，并提出改进建议。

话术演练：学员两两一组，模拟销售场景，进行话术演练，相互点评，共同提升。

三、互联网销售沟通心理策略应用

心理策略讲解：详细解析互联网销售沟通中的客户心理变化与行为模式，介绍相应的沟通心理策略。

案例分析：选取典型销售案例，分析销售人员如何成功运用心理策略，引导客户需求、消除疑虑并最终促成交易。

实战模拟：设置多个模拟销售场景，要求学员根据场景特点选择合适的心理策略进行沟通，并记录沟通过程及结果。

实训评估：

过程评估：根据学员在小组讨论、话术设计、话术演练及实战模拟中的表现进行过程评估。

成果展示：每组选择一名学员作为代表，向全班展示其设计的沟通话术及在实战模拟中的应用效果。

自我反思：学员撰写实训总结报告，总结自己在实训中的收获与不足，提出未来改进方向。

四、实训成果

通过本次实训，学员将全面掌握互联网销售沟通管理的核心知识、话术设计技巧及心理策略应用方法，能够在复杂多变的网络环境中自信、高效地进行销售沟通，为企业创造更多价值。

基本训练

一、选择题

基本训练

1."互联网销售沟通管理"中的第一个任务是（　　　）。

A.互联网销售技巧培训　　　　　　B.互联网销售沟通管理认知

C.客户关系管理　　　　　　　　　D.电子商务法律法规

2.在互联网销售沟通中，下列各项中不是其独特性的是（　　　）。

A.跨越时空限制　　　　　　　　　B.多媒体交互性强

C.面对面地即时反馈　　　　　　　D.客户行为数据可追踪

3.设计互联网销售沟通话术时，首先需要做的是（　　　）。

A.确定销售目标　　　　　　　　　　　B.了解客户需求

C.选择合适的沟通工具　　　　　　　　D.编写话术脚本

4.以下（　　　）不属于互联网销售沟通话术的注意事项。

A.避免过度推销　　　　　　　　　　　B.忽视客户感受

C.保持专业性和礼貌　　　　　　　　　D.频繁使用行业术语以增加专业性

5.互联网销售沟通心理的任务主要关注（　　　）。

A.产品特性介绍　　　　　　　　　　　B.客户需求分析

C.客户心理变化与行为模式　　　　　　D.销售业绩统计

6.下列（　　　）是建立客户信任的有效沟通心理策略。

A.夸大产品优点　　　　　　　　　　　B.频繁打扰客户

C.提供真实可靠的信息　　　　　　　　D.使用模糊性语言

7.在互联网销售中，客户需求探索心理主要体现为（　　　）。

A.客户对价格的敏感度　　　　　　　　B.客户主动询问产品详情

C.客户对售后服务的要求　　　　　　　D.客户对品牌忠诚度的建立

8.以下（　　　）沟通心理分类与疑虑消除不直接相关。

A.信任建立心理　　　　　　　　　　　B.竞争对比心理

C.风险偏好心理　　　　　　　　　　　D.社会认同心理

9.互联网销售沟通管理的最终目的是（　　　）。

A.提高产品价格　　　　　　　　　　　B.增加销售人员数量

C.提升销售效率和客户满意度　　　　　D.降低沟通成本

10.在设计互联网销售沟通话术时，（　　　）能更好地引导客户需求。

A.直接推销产品功能

B.询问客户具体需求并提供解决方案

C.强调产品销量高

D.忽略客户反馈，坚持既定话术

二、判断题

1.互联网销售沟通的唯一优势在于可以跨越地理限制。（　　　）

2.设计互联网销售沟通话术时，必须遵守法律法规，避免虚假宣传。（　　　）

3.在互联网销售中，销售人员可以随意使用行业术语来显示专业性。（　　　）

4.互联网销售沟通心理的任务主要是研究如何控制客户思维。（　　　）

5.建立信任是互联网销售沟通中消除客户疑虑的重要手段。（　　　）

6.客户需求探索心理只出现在客户主动询问产品详情时。（　　　）

7.互联网销售沟通管理的目标是降低销售成本而非提升客户满意度。（　　　）

8.沟通话术的设计应充分考虑客户的文化背景和习惯。（　　　）

项目三

互联网销售管理策略制定

学习目标

★ 知识目标

（1）理解互联网销售管理的基本概念与重要性。

（2）熟知互联网销售管理策略的制定流程与关键要素。

（3）掌握互联网销售管理策略与企业战略目标的关联。

（4）掌握多种互联网销售成交策略及其应用场景。

（5）理解客户维护在互联网销售管理中的重要性。

（6）熟知多种互联网销售客户维护策略及其效果。

★ 能力目标

（1）能够根据市场环境和企业实际情况，制定有效的互联网销售管理策略。

（2）能够评估并优化互联网销售管理策略，以适应市场的变化。

（3）能够将销售管理策略与企业整体战略相结合，推动企业的发展。

（4）能够运用多种客户维护策略，增强客户黏性和品牌认同感。

★ 素养目标

（1）责任担当与敬业笃行：对互联网销售管理策略制定工作满怀热忱，秉持高度的责任心与敬业精神。

（2）团队协作与大局意识：鉴于互联网销售管理策略制定涉及多个部门，需具有强烈的团队合作精神与大局意识。

（3）诚信守规与道德自律：在互联网销售管理策略制定过程中，坚守诚信经营的原则，严格遵守行业规范、法律法规以及企业的道德准则。

（4）创新进取与社会责任：具备创新思维和进取精神，勇于突破传统销售思维模式，积极探索适合互联网销售特点的新策略、新方法。

项目导入

智领未来，策动销售

销售管理策略的变革对消费者产生了深远而积极的影响。在这场变革中，消费者享受到了前所未有的购物乐趣，信息透明度不断提升。数字化与智能化工具的应用让消费者能够轻松获取产品详情、用户评价及价格比较，使消费者的购买决策更加理性与明智。同时，创新的成交策略，如直播互动、限时优惠等，不仅激发了消费者的购买欲望，还增强了购物的趣味性，让购物过程不再单调乏味。此外，企业在售后服务方面的持续改进，如建立完善的客户服务体系、提供便捷的退换货服务等，进一步提升了消费者的满意度和忠诚度。更为重要的是，这场变革促进了品牌与消费者之间的深度连接，通过社群运营、互动营销等方式，让消费者更加了解品牌理念，增强了消费者对品牌的认同感和归属感。综上所述，销售管理策略的变革不仅提升了消费者的购物体验与决策质量，还加强了品牌与消费者之间的情感纽带，为消费者带来了更加全面、优质、个性化的消费体验。

任务一　互联网销售管理策略认知

一、互联网销售管理策略的认知体系

微课 3-1

互联网销售管理策略

互联网销售管理策略是指企业在互联网环境下，为达成销售目标而制定的一系列管理规划、执行方法和优化措施。它涵盖了市场分析、目标设定、销售策略、客户关系管理、团队协作等多个方面，旨在通过有效的互联网渠道和工具，提升销售效率、扩大市场份额并增强客户满意度。

（一）互联网销售管理策略的特点

互联网销售管理策略的特点可以概括为以下几个方面，它们体现了在互联网环境下进行销售管理的独特性和优势：

1.广泛的覆盖面与低成本高效率

广泛的覆盖面：互联网的普及使得销售管理可以触达全球范围的目标受众，覆盖更广泛的潜在客户群体。

低成本高效率：相对于传统销售手段，网络营销成本较低，且能够实时根据市场反馈调整策略，提高销售效率。

2.个性化与定制化

个性化：通过收集和分析客户数据，可以准确了解目标客户的需求和偏好，从而进行个性化的销售服务。

定制化：根据客户的个性化需求，提供定制化的产品和服务，提高客户满意度和忠诚度。

3.实时性与互动性

实时数据分析：利用互联网工具可以实时收集和分析销售数据，为决策提供及时的数据支持。

互动沟通：通过互联网平台，销售人员可以与客户进行实时互动沟通，快速响应客户需求，提高客户满意度。

4.数据驱动决策

数据收集：利用CRM系统和其他数据工具，收集客户数据、销售数据等关键信息。

决策优化：基于数据分析的结果，优化销售策略、产品组合和价格策略等，提高销售效率。

5.多元化销售渠道

线上渠道：包括官方网站、电商平台、社交媒体等，提供多样化的线上购买途径。

线下渠道：与线上渠道相结合，通过合作伙伴、实体店铺等拓展线下销售渠道。

6.创新性与适应性

创新策略：鼓励团队成员提出新的销售策略和想法，进行尝试和验证，不断提高销售业绩。

快速适应：面对市场变化、竞争对手动态和技术更新等挑战，能够快速调整销售策略，适应环境的变化。

7.团队协作与沟通

跨部门协作：加强销售团队、市场团队、技术团队之间的协作和沟通，确保各部门之间的信息畅通和协同工作。

高效沟通：利用互联网工具进行高效沟通，如在线会议、即时通信等，提高工作效率。

8.持续优化与改进

定期评估：定期评估销售策略的有效性，找出改进的机会。

持续创新：不断探索新的销售方法和手段，持续优化销售流程和管理模式。

这些特点共同构成了互联网销售管理策略的独特优势和价值，帮助企业更好地利用互联网资源进行销售管理活动，提升销售业绩和市场竞争力。

（二）互联网销售策略制定的因素

在制定互联网销售策略时，需要考虑以下因素以确保策略的有效性和针对性：

1.目标市场与受众

明确产品或服务所针对的细分市场，确定目标受众的特征，如年龄、性别、地理位置、兴趣爱好等。通过市场调研和数据分析，深入了解目标客户的需求、购买习惯和偏好，以提供满足其需求的产品或服务。

2.竞争情况分析

明确主要竞争对手，分析其市场份额、产品特点、定价策略、营销策略等。评估自身与竞争对手相比的优势和劣势，找出差异化的竞争点，以制定独特的销售策略。

3.产品策略

确定产品在目标市场中的定位，如高端、中端、性价比等。根据市场需求和竞争情况，选择合适的产品组合，以满足不同客户的需求。基于产品成本、市场需求和竞争状况，制定具有竞争力的定价策略，如成本加成定价、市场渗透定价等。

4.渠道策略

评估并选择合适的线上销售渠道，如官方网站、电商平台、社交媒体等，并制定相应的运营策略。考虑线上与线下渠道的整合，实现多渠道销售，提高市场覆盖率，使客户购买更加便利。

5.营销策略

通过提供有价值、有趣、有用的内容（如文章、视频、图片等）吸引目标受众的关注力。借助微博、微信、抖音等社交媒体渠道，开展品牌传播、产品营销以及客户服务工作。

通过搜索引擎广告（如谷歌广告、百度推广等）提高品牌曝光度和网站流量。通过发送电子邮件向潜在客户和现有客户推广产品，发布活动或优惠信息等。

6.销售目标与关键绩效指标（KPIs）

制定具体的销售目标，如销售额、市场份额、新客户数量等，并确保目标具有可衡量性、可达成性和挑战性。设定一系列关键绩效指标，用于衡量销售团队的绩效，如转化率、客户满意度、客户留存率等。

7.客户关系管理

收集和整理客户的基本信息、购买记录、反馈意见等数据，以便更好地了解客户需求和购买行为。根据客户数据分析结果，将客户细分为不同的群体，如新客户、老客户、潜在客户等，以便制定有针对性的销售策略。

8.数据分析与优化

定期收集和分析销售数据，评估销售策略的有效性，并找出改进的机会。关注市场趋势、新兴技术和竞争对手的动态，及时调整销售策略以适应市场的变化。

9.预算与资源分配

根据销售策略和目标，制定合理的预算规划，确保营销活动资金充足。根据销售渠道、营销策略等实际情况，合理分配人力资源和营销资源，以达到最佳的销售效果。

10.法律与合规性

企业要确保销售活动符合相关法律、法规的要求，如《中华人民共和国消费者权益保护法》（以下简称《消费者权益保护法》）、《中华人民共和国电子商务法》（以下简称《电子商务法》）等，保护客户数据的隐私和安全，避免数据泄露和滥用等风险。

通过综合考虑这些因素并制定相应的策略，可以提高销售业绩并实现企业的长期发展目标。

二、互联网销售管理策略制定的原则

互联网销售管理策略制定的原则旨在确保企业在数字经济时代高效进行销售活动并达到业务目标。以下是制定互联网销售管理策略时应该遵循的一些原则：

（一）用户导向原则

所有策略应围绕用户的需求、期望和购买行为展开。通过深入了解用户，优化产品、服务和营销策略以满足他们的需求。

（二）数据驱动原则

利用数据分析结果指导决策过程，确保策略基于可靠的数据和趋势分析。监控关键绩效指标，以评估策略的有效性并进行必要的调整。

（三）多渠道整合原则

整合线上和线下销售渠道，提供顺畅的用户体验。利用不同的互联网平台和工具（如社交媒体、搜索引擎、电子邮件等）进行多渠道营销。

（四）创新原则

鼓励创新思维和尝试新的销售方法、技术和工具。跟踪行业趋势和新兴技术，以便时调整策略以保持竞争力。

（五）客户体验优先原则

提供良好的客户体验，从产品浏览、购买到售后服务的整个过程，都要考虑用户的感受。简化流程、提供个性化服务、快速响应客户反馈，以提高客户满意度和忠诚度。

（六）品牌一致性原则

在所有销售渠道和营销活动中保持品牌的一致性。通过统一的品牌形象、信息和价值观来提升品牌的认知度和影响力。

（七）持续改进原则

定期对销售策略和流程进行评估和审计，以便发现改进的机会。鼓励团队成员提供反馈和建议，以持续优化销售过程和策略。

（八）合规性原则

确保所有销售策略和活动都符合相关法律法规和行业准则。保护用户隐私和数据安全，避免任何不当的营销活动或行为。

遵循这些原则，企业可以在互联网环境下制定有效的销售管理策略，提高销售业绩和客户满意度。同时，这些原则也强调了用户导向、数据驱动、多渠道整合、创新、客户体验、品牌一致性、持续改进和合规性在销售管理中的重要性。

三、互联网销售管理策略制定的总体思路

互联网销售管理策略制定的总体思路可以归纳如下：

（一）明确目标与愿景

确定企业的总体目标，如增加网站流量、提高转化率、提升品牌知名度等。确保这些目标与企业的长期愿景和战略相一致。

（二）市场分析

进行深入的市场调研，了解目标市场的受众特征、需求和消费习惯。分析竞争对手的营销策略、市场份额及优势和劣势。

（三）确定目标客户

根据市场分析结果，明确目标客户的特征和行为，如年龄、性别、地域、职业等。进行精准的客户画像，以便更好地满足客户的需求。

（四）制定互联网营销目标

基于目标市场分析和目标客户特征，设定具体的、可量化的互联网营销目标。例如，设定"利润比去年增长15%"或"品牌知名度达到40%"等目标。

（五）选择合适的互联网营销工具

根据目标市场的特点和营销目标，选择合适的互联网营销工具。例如，搜索引擎优化、社交媒体营销、电子邮件营销等。考虑每种工具的优势和适用范围，合理选择和组合使用。

（六）制定具体的营销策略

在选择了互联网营销工具之后，还要制定具体的营销策略。营销策略应包括定价策略、产品定位、产品宣传等方面。例如，通过制定合理的价格激励消费者购买产品，通过精准的定位和创意宣传吸引目标受众。

（七）确定预算

根据营销策略和目标，确定适当的营销预算。预算应包括广告费用、人力成本、推广费用等。确保预算的合理性，避免过度投入或投入不足。

（八）执行与监测

将营销计划付诸实施，确保策略的有效执行。通过数据分析等手段对营销效果进行监测和评估。根据市场反馈及时调整营销策略和预算，提高营销效率。

（九）持续优化与调整

不断收集和分析市场数据，了解市场变化和客户需求变化。保持对新技术和新趋势的敏感度，及时将新技术和新趋势应用到互联网销售管理策略中。

通过遵循以上总体思路，企业可以制定出符合自身情况和市场需求的互联网销售管理策略，为销售活动提供有力的支持。

四、互联网销售管理策略制定的常用工具

（一）数据分析工具

Google Analytics：作为全球知名的网站数据分析工具，Google Analytics 能帮助企业深入了解网站的访问量、用户行为、转化率等关键指标。通过这些数据，企业可以评估网站的性能，并据此调整销售策略。

百度统计（针对中国市场）：与 Google Analytics 相类似，百度统计提供了中国市场的详细数据分析，包括用户来源、搜索关键词、页面浏览量等，有助于企业更好地了解用户行为和市场趋势。

（二）销售管理软件

CRM 系统：客户关系管理系统是企业进行销售管理的重要工具，它可以帮助企业跟踪客户信息、销售机会、销售流程等，从而优化销售过程，提高销售效率。例如，Salesforce、HubSpot 等都是使用广泛的 CRM 系统。

ERP 系统：ERP 系统是一个更为全面的管理工具，它不仅涵盖了销售管理，还包括采购、库存、财务等多个方面。通过 ERP 系统，企业可以实现资源的优化配置，提高整体运营效率。

（三）市场研究工具

市场调研工具：如问卷星、腾讯问卷等在线调研工具，可以帮助企业快速收集和分析用户反馈，了解市场需求和竞争态势。

行业报告和分析：通过订阅行业报告或购买分析服务，企业可以获取最新的市场趋势、竞争分析和行业洞察，为销售策略的制定提供有力支持。

（四）内容营销工具

内容管理系统（CMS）：可以帮助企业快速搭建和管理网站，发布高质量的内容，吸引和留住潜在客户。

社交媒体管理工具：可以帮助企业在一个平台上管理多个社交媒体账号，提高内容发布的效率和质量。

（五）团队协作与项目管理工具

Worktile、Teambition 等：这些工具可以帮助企业实现团队之间的协作和项目管理，确保销售策略顺利执行。

思维导图工具：可以帮助企业梳理运营思路，制订详细的销售策略和计划。

（六）广告投放与优化工具

广告平台：如百度推广、腾讯广点通等，可以帮助企业精准投放广告，提高品牌知名

度，增加销售额。

广告优化工具：如 AdWords 优化器、Facebook 广告管理器等，可以帮助企业实时监控广告效果，调整投放策略，优化广告效果。

通过综合运用这些工具，企业可以更加科学、高效地制定互联网销售管理策略，提高市场竞争力。

【案例分析 3-1】

互联网销售管理策略制定

随着智能家居市场的蓬勃发展，消费者对智能家居产品的需求日益增长。某电商平台智能家居产品部门意识到，要在这个竞争激烈的市场中脱颖而出，必须依托互联网的力量，优化销售管理策略，提升用户体验和品牌影响力。该部门深刻认识到，互联网销售管理不仅是产品展示和在线交易，更是涵盖市场调研、用户画像构建、精准营销、供应链优化、售后服务等多个环节的综合管理体系。通过运用大数据、人工智能等先进技术，实现销售管理的智能化、个性化和高效化，是提升竞争力的关键。

一、该部门互联网销售管理策略制定的原则

用户中心：始终将用户需求放在首位，通过数据分析了解用户的偏好，提供定制化的产品和服务。

数据驱动：充分利用大数据和人工智能技术，对市场趋势、用户行为、销售数据等进行深入分析，指导策略的制定和优化。

快速迭代：保持策略的灵活性和创新性，根据市场反馈和用户需求快速调整和优化。

品质保证：确保产品质量和服务质量，建立良好的品牌形象和口碑。

二、互联网销售管理策略制定的总体思路

市场细分与定位：根据消费者需求和市场趋势，对智能家居市场进行细分，明确目标用户群体，制定差异化的产品定位和营销策略。

内容营销与品牌建设：通过高质量的内容创作和传播，提升品牌知名度和美誉度，建立客户对品牌的信任感。

全渠道融合：整合线上线下资源，构建多渠道、全场景的购物体验，提高用户触达率和转化率。

个性化推荐与精准营销：利用大数据和人工智能技术，分析用户行为数据，实现个性化产品推荐和精准广告投放，提升用户体验和销售效率。

供应链优化与库存管理：建立高效的供应链管理体系，快速响应市场需求，降低库存成本，提升运营效率。

三、互联网销售管理策略制定的常用工具

CRM 系统：用于管理客户信息、跟踪销售过程、分析用户行为，为个性化推荐和精准营销提供数据支持。

大数据分析平台：如 Hadoop、Spark 等，用于处理和分析海量数据，挖掘市场趋势和用户行为模式。

AI 智能推荐系统：基于用户历史行为数据，利用机器学习算法进行个性化产品推荐，提升用户的购买意愿。

社交媒体营销工具：如微博、微信、抖音等，用于发布产品信息、开展互动营销、吸引潜在客户。

电商平台管理工具：如ERP系统、WMS系统等，用于管理订单、库存、物流等业务流程，提升运营效率。

四、案例实施效果

通过实施上述互联网销售管理策略，该电商平台的智能家居产品部门取得了显著成效。一方面，通过精准的市场定位和个性化的营销策略，成功吸引了大量目标客户，销售额和市场份额持续增长；另一方面，通过优化供应链管理和提升售后服务质量，降低了运营成本并提高用户满意度。同时，品牌知名度和美誉度也得到了显著提升，为企业的长远发展奠定了坚实的基础。

任务二　熟悉互联网销售管理的成交策略

一、氛围策略

微课 3-2

氛围策略

互联网销售管理策略中的氛围策略是一个关键组成部分，它主要关注通过营造特定的在线环境或情境，增强用户的购买意愿。

氛围策略指的是在互联网销售过程中，通过创造和维持一种特定的环境或情境，提升用户的购物体验，从而提高销售转化率和客户满意度。这种策略强调与用户的情感连接，通过创造积极的购物氛围来激发用户的购买欲望。

（一）氛围策略的手段

营造氛围的手段多种多样，取决于目标受众、所处的行业以及希望的氛围类型。以下是一些常见的营造氛围的手段：

1.视觉设计

色彩运用：选择合适的色彩搭配可以迅速营造出特定的氛围。例如，蓝色可以带来平静和信任感，红色则能带来激情和紧迫感。

布局和排版：清晰、简洁的布局和排版能够提升用户体验，增强互动。

图片和视频：高质量的图片和视频能够直观地展示产品或服务，增强用户的代入感和沉浸感。

2.内容创作

故事叙述：通过讲述与品牌或产品相关的故事，能够引发用户的情感共鸣，营造特定的氛围。

幽默感：适度的幽默可以拉近与用户的距离，使氛围更加轻松和愉悦。

专业性和权威性：展示专业知识和经验，能够营造权威和可靠的氛围。

3.互动和体验

用户参与：鼓励用户评论、分享和投票，增强用户与品牌的互动，营造活跃的氛围。

虚拟现实和增强现实：利用这些技术为用户提供沉浸式体验，以营造身临其境的氛围。

线上活动：组织线上活动，如抽奖、游戏、竞赛等，吸引用户参与，增强用户黏性。

4.音乐和声音

背景音乐：选择合适的背景音乐能够迅速营造出特定的氛围，如轻松、欢快、紧张等。

声音效果：利用声音效果增强用户的沉浸感，如自然声音、环境声音等。

5.社交媒体和社区建设

社交媒体互动：通过社交媒体平台与用户互动，回复评论、分享有趣的内容，营造积极的社交氛围。

社区建设：建立用户社区，鼓励用户之间的交流和分享，形成积极的社区氛围。

6.情感连接

情感共鸣：通过内容、故事或活动引发用户的情感共鸣，增强用户对品牌的认同感和归属感。

个性化服务：向用户提供个性化服务，让用户感受到被重视，营造温暖和贴心的氛围。

7.环境和场所

实体店铺装饰：通过店铺的装饰和布局，营造出特定的氛围，如时尚、复古、科技感等。

线上虚拟环境：通过网站或应用的界面设计，营造出符合品牌调性的线上环境。

综上所述，营造氛围的手段多种多样，可以根据具体需求和目标受众进行选择和组合。重要的是，要确保所选择的手段与品牌的调性和目标相一致，进而有效地营造出所希望的氛围。

（二）氛围策略的具体步骤

1.明确目标与定位

设定销售目标：明确互联网销售部门的年度、季度和月度销售目标，确保所有团队成员对目标有清晰的认识。

分析目标受众：通过市场调研和数据分析，深入了解目标客户的年龄、性别、职业、兴趣等信息，为制定有针对性的销售策略提供依据。

2.营造积极的工作氛围

建立沟通与反馈机制：鼓励团队成员之间进行积极的沟通和反馈，分享成功经验和遇到的挑战。定期召开团队会议，如每周或每月一次，以便团队成员之间定期交流工作进展，解决遇到的问题。提供匿名反馈箱或在线调查工具，让团队成员能够自由地表达意见和建议。

建立激励机制：建立明确的奖励制度，如销售冠军、最佳服务奖等，以表彰表现优秀的团队成员。根据团队成员的业绩和贡献，提供适当的奖金、晋升机会或其他形式的激励。

培养积极的工作态度：强调积极乐观的工作态度的重要性，鼓励团队成员在面对挑战时保持积极的心态。提供定期培训和发展机会，帮助团队成员提升销售技巧，熟悉产品知识，具有行业洞察力。

3.制订销售策略与计划

研究竞争对手：分析竞争对手的产品、价格、营销策略等信息，找出自身的优势和不足。借鉴竞争对手的成功经验，结合自身特点，制定有针对性的销售策略。

选择合适的网络渠道：根据目标受众和产品特点，选择合适的网络销售渠道，如自建网站、电商平台、社交媒体等。确定不同渠道的优先级和预算分配，确保资源得到充分利用。

制定具体策略：制订详细的产品推广计划，包括推广内容、时间、预算等。制定客户关系管理策略，包括客户回访、投诉处理、售后服务等，以提高客户满意度和忠诚度。

4. 执行与监控

分配销售任务：将销售任务分配给每个团队成员，确保他们了解并执行销售策略。定期检查销售任务的完成情况，并提供必要的支持和帮助。

监控销售进度：通过销售报告、数据分析等，实时监控销售进度和目标完成情况。设定关键绩效指标，对团队成员的绩效进行定期评估。

提供反馈与指导：根据销售数据和团队成员的绩效，提供及时的反馈和指导。鼓励团队成员提出改进意见和建议，共同推动销售管理的持续改进。

5. 优化与调整

分析销售数据：收集和分析销售数据，如销售额、转化率、客户反馈等。找出销售过程中存在的问题，如产品缺陷、服务不足等。

调整销售策略：根据销售数据和市场变化，及时调整销售策略和计划。与团队成员共同讨论并制订新的销售策略和计划，以确保其有效性和可行性。

持续改进：鼓励团队成员持续学习和创新，以应对不断变化的市场环境。定期组织培训和分享会等，提高团队成员的专业素养和综合能力。

通过以上步骤，可以高效地制定互联网销售管理的氛围策略，提升销售团队的凝聚力和工作效率，从而实现销售目标。

（三）氛围策略的效果评估与优化

在互联网销售管理中，氛围策略的效果评估与优化是一个持续的过程，旨在确保氛围策略与销售目标相一致，并不断提升销售团队的工作效率和业绩。以下是具体的评估与优化方法：

1. 效果评估

销售数据分析：监控销售数据，如销售额、成交量、转化率等，分析这些指标在氛围策略实施前后的变化情况。使用数据分析工具，对销售数据进行深入挖掘，找出与氛围策略相关的关键指标和影响因素。

客户满意度调查：通过调查问卷、在线评价等方式收集客户对销售氛围的反馈，了解客户对氛围策略的满意度和需求。分析客户反馈，识别氛围策略中可能存在的问题和改进点。

团队士气评估：通过定期开展团队建设活动、进行员工满意度调查等方式评估销售团队对氛围策略的接受度和执行力度。鼓励团队成员分享对氛围策略的看法和建议，以便更好地了解团队士气的变化。

竞争对手分析：定期对竞争对手的氛围策略进行分析，了解其优势和不足，以便及时调整自身的策略。

2.优化策略

根据数据分析调整策略：根据销售数据分析结果，对氛围策略进行调整和优化，以提高销售效率和业绩。例如，如果发现某个时间段内销售额较低，可以考虑通过增加促销活动、优化产品展示等方式来调整和优化氛围。

提升客户满意度：根据客户满意度调查结果，针对客户反馈的问题进行改进，提升客户对销售氛围的满意度。例如，优化客户服务流程、提供个性化的购物体验等。

增强团队凝聚力：通过团队建设活动、激励制度等增强团队凝聚力，提高团队成员对氛围策略的执行力度。鼓励团队成员提出创新性的想法和建议，为氛围策略的优化提供源源不断的动力。

引入新技术和工具：引入先进的销售管理系统、数据分析工具等，提高销售管理的效率和准确性。利用社交媒体、短视频等新媒体平台拓展销售渠道，营造更加多元化的销售氛围。

持续监控与优化：定期对氛围策略的效果进行评估和优化，确保氛围策略始终与销售目标保持一致。了解竞争对手的动态，及时调整自身的氛围策略，保持竞争优势。

通过以上效果评估与优化方法，企业可以不断提升互联网销售管理成交氛围策略的效果，从而使销售业绩持续提高。

二、紧迫感策略

紧迫感策略是一种营销手段，通过创造一种时间紧迫或机会难得的情境，来激发消费者的购买欲望，促使他们尽快作出购买决策。这种策略通常涉及对时间、数量或优惠条件的限制，以引发消费者的紧迫感，从而增加销售量和转化率。紧迫感策略的核心在于通过制造一种紧张的氛围，让消费者感受到错过机会的成本，进而促使他们采取行动。它可能涉及倒计时、限量销售、限时优惠、库存紧张提示等，这些元素共同营造出一种"现在不买就亏了"的情境。

微课 3-3
紧迫感策略和
零风险策略

（一）紧迫感策略的内容

互联网销售管理成交紧迫感策略的内容主要涵盖一系列旨在激发消费者购买意愿、提高转化率和促进销售增长的方法。这种策略的核心在于创造一种紧迫感，使消费者感到需要立即行动以避免错过优惠、限量产品或服务。以下是一些具体的互联网销售管理成交紧迫感策略的内容：

1.限时优惠

设定明确的优惠时间段，如"1小时内下单享受折扣"或"5月1日前购买有优惠"。强调优惠的限时性，让消费者感到如果现在不购买，将来可能错过优惠。

2.库存告急

突出产品的稀缺性，如"仅剩最后10件"或"库存紧张，售完即止"。通过实时更新库存数量，让消费者感受到紧迫感。

3.倒计时营销

在产品页面或广告中使用倒计时器，显示优惠或活动的剩余时间。倒计时器的使用能够直观地展示时间的流逝，增强消费者的紧迫感。

4.会员专享优惠

为会员提供独家优惠或提前购买的机会。通过强调会员的特权和优势，激发消费者的购买欲望和紧迫感。

5.竞争压力

展示其他消费者的购买行为或好评，如"已有1 000人购买"或"好评如潮"。通过社交媒体平台上的好评、分享等使消费者感受到压力，让消费者感到需要尽快行动，以避免错过热门产品或服务。

6.附加福利与奖励

提供限时附加福利或奖励，如"购买即送赠品"或"积分翻倍"。通过额外的奖励或福利，增强购买的吸引力和紧迫感。

7.限时促销组合

将多个产品组合成套餐进行限时促销。通过组合优惠和限时，促使消费者一次性购买更多的产品。

8.提前预购与预售

提前发布新产品或服务的预售信息，设定预售期限。通过预售，让消费者提前感受到产品的稀缺性和购买的紧迫感。

9.营造节日氛围

利用节假日或特殊日期（如"双11"、黑色星期五等）进行促销活动。通过营造节日氛围和限时优惠，激发消费者的购买欲望和紧迫感。

10.强调机会难得

强调产品（或服务）优惠的独特性、限量性或稀缺性。通过强调机会难得，让消费者感到需要立即行动，以避免错过。

这些策略可以根据不同的产品（或服务）和市场情况进行调整和组合，以最大限度地提高销售效果和客户满意度。同时，在实施紧迫感策略时，需要注意保持信息的真实性和透明度，避免误导消费者或产生负面影响。

（二）紧迫感策略的实施方法

根据具体情况进行选择和组合，以便更好地管理紧迫感并推动工作目标的实现。

1.精确的目标群体定位

策略内容：在网络营销的初步阶段，精准确定目标群体，并深入了解他们的兴趣、需求和行为习惯。

实施方法：通过市场调研、数据分析和用户反馈，了解目标群体的特征，将资源和精力投放在最有潜力的人群上。

效果：提高营销活动的针对性和有效性，确保信息能够精准触达潜在消费者，增强他们的购买紧迫感。

2.设定明确的目标和计划

策略内容：设定明确、具体的目标，并将目标细化为可执行的具体步骤和计划。

实施方法：设定短期和长期目标，如"本周完成100笔订单"或"本季度提高销售额20%"。制订详细的计划，包括时间表、任务分配和优先级排序。

效果：通过明确的目标和计划，团队成员能够清晰地了解自己的工作方向，增强紧迫感，提高工作效率。

3.分解复杂任务

策略内容：将复杂任务分解成更小、更易于管理的子任务。

实施方法：分析任务的复杂性和难度，确定需要分解的部分。将任务分解为若干个子任务，并为每个子任务设定明确的目标和完成时间。

效果：通过分解任务，降低任务的难度和复杂度，使团队成员更容易产生紧迫感，并集中精力完成每个子任务。

4.确定优先级和时间分配

策略内容：根据任务的重要性和紧急性，确定优先级，并合理分配时间。

实施方法：使用四象限法（紧急重要、重要不紧急、紧急不重要、不紧急不重要）对任务进行分类。根据分类结果，为不同优先级的任务分配相应的时间和资源。

效果：通过确定优先级和时间分配，确保重要的任务得到优先处理，提高工作效率，减少不必要的拖延。

5.使用时间管理工具

策略内容：利用时间管理工具辅助时间管理，提高工作效率。

实施方法：使用番茄钟法、时间块法等时间管理工具，将工作时间划分为若干个时间段，并在每个时间段内专注处理一项任务。使用任务管理软件、日历等工具来跟踪任务进度和安排时间。

效果：使用时间管理工具，团队成员可以更好地掌控自己的时间和任务，提高工作效率和紧迫感。

6.创造高质量的内容

策略内容：创造高质量、有吸引力的内容，以吸引用户的注意力并留住用户，提升品牌的声誉和知名度。

实施方法：利用生动的故事、独特的观点和实用的信息，与目标群体建立紧密联系。同时，注意内容的多样性和更新频率，以满足不同用户的需求。

效果：通过高质量的内容吸引用户，增强用户黏性和转化率，进一步促进销售增长。

7.优化搜索引擎排名

策略内容：通过搜索引擎优化提高网站在搜索引擎结果页面中的排名，增加流量，提高曝光度。

实施方法：针对关键词进行优化，包括合理的标题、描述和关键词密度等。同时，注意网站结构的设计和内容的质量，确保搜索引擎能够准确理解和收录网站的内容。

效果：提高网站的可见性和访问量，增加潜在消费者的数量，为销售增长提供更多机会。

8.社交媒体营销

策略内容：利用社交媒体平台与用户互动，收集用户反馈，发布与产品（或服务）相关的内容，提高品牌的影响力，扩大用户数量。

实施方法：在社交媒体平台建立品牌官方账号，定期发布有价值的内容，与用户互动。同时，利用社交媒体广告和合作推广，提高品牌曝光度，扩大用户覆盖范围。

效果：通过社交媒体营销，提高品牌知名度和用户黏性，促进销售增长，提高用户忠诚度。

9.数据分析与优化

策略内容：通过收集和分析用户行为数据、市场趋势和运营指标等，深入了解用户需求和市场变化，有针对性地优化营销策略。

实施方法：利用数据分析工具对用户数据和市场趋势进行深入研究，发现潜在机会和问题，并及时作出调整和改进。

效果：通过数据分析，提高营销活动的针对性，确保资源投入得到最大回报，同时提升客户满意度和忠诚度。

10.借助影响者的力量

策略内容：找到与产品或服务相关的影响者，与其合作推广，借助其影响力和粉丝基础，向更多潜在客户传递品牌信息。

实施方法：与知名博主、明星或其他具有影响力的人物建立合作关系，让他们为产品或服务进行宣传和推广。

效果：通过影响者的自然推广和高可信度，增强用户对产品的认知和购买意愿，提高销售转化率。

11.建立奖惩机制

策略内容：建立明确的奖惩机制，激励团队成员按时完成任务。

实施方法：设定明确的奖励标准，如按时完成任务可以获得奖金、晋升机会等。

采取惩罚措施：如未能按时完成任务，可能面临罚款、批评等后果。

效果：通过建立奖惩机制，能够激发团队成员的紧迫感和责任心，促进任务按时完成。

12.及时反馈和调整

策略内容：在工作过程中及时进行反馈和调整，以确保计划顺利进行。

实施方法：定期回顾工作进度，评估工作效果，发现问题及时解决。鼓励团队成员之间互相反馈和提出建议，以便更好地优化工作计划和策略。

效果：通过及时反馈和调整，能够确保工作计划与实际情况相符，提高工作效率和紧迫感。

这些策略可以根据企业的实际情况和市场环境灵活选择和组合，以达到最佳的营销效果。同时，在实施过程中，需要保持对市场和用户动态的持续关注和分析，以便及时调整策略并应对市场的变化。

（三）实施紧迫感策略的注意事项

实施互联网销售管理成交紧迫感策略时，有以下一些注意事项，这些注意事项旨在确保紧迫感策略的有效性和合规性，同时优化用户体验和提高转化率：

1.精准定位目标用户

明确目标：了解目标用户的兴趣、需求和购买行为，确保紧迫感策略精准地触达用户。

数据支持：通过市场调研、用户画像分析等方式，获取目标用户的详细数据，为紧迫感策略的调整和优化提供有力支持。

2.信息真实透明

避免误导：确保宣传内容真实准确，不夸大产品效果或隐瞒重要信息。

清晰展示：清晰明了地展示优惠活动的条件、时间和范围，例如"限时24小时优惠"或"前100名用户享受特价"等。

3.合理设置紧迫感时间

时间控制：根据产品特性和市场情况，合理设定限时优惠、抢购等活动的持续时间。避免时间过长导致紧迫感降低，或时间过短导致消费者来不及反应。

数据参考：可以参考历史数据或行业平均数据，设定合理的紧迫感时间。

4.优化用户体验

界面设计：确保网站或App界面简洁明了，方便用户浏览和购买。避免过多的弹窗和广告干扰，以免损害用户体验。

客户服务：提供快速、准确的客户服务，解决用户在使用过程中遇到的问题。可以设置在线客服、电话客服等多种联系方式，方便用户随时咨询。

5.实时跟踪与数据分析

数据监测：利用数据分析工具，实时监测销售数据、用户行为等信息。

策略调整：根据数据分析结果，对紧迫感策略进行调整和优化。例如，如果发现某个时间段内用户活跃度较低，可以调整活动时间或增强优惠力度。

6.保持策略一致性和连贯性

多渠道统一：在不同渠道和平台上，保持紧迫感策略的一致性和连贯性。确保用户在不同渠道上获得的信息是一致的。

品牌形象：通过具有一致性的紧迫感策略，强化品牌形象和用户认知。

7.遵守法律法规和行业规范

法律合规：深入了解并遵守相关的法律法规和行业规范，确保企业行为的合法性和合规性。

风险规避：避免在紧迫感策略中涉及敏感或违法内容，如虚假宣传、误导性信息等。

8.风险管理

风险预测：对可能出现的风险进行预测和评估，制定应对措施。例如，对于可能出现的系统故障或网络攻击，提前制定应急预案。

实时监控：监控活动的实时情况，及时发现并处理潜在问题。确保活动顺利进行，使用户获得良好的购买体验。

牢记以上注意事项，企业可以更加高效地实施互联网销售管理成交紧迫感策略，提高工作效率和用户满意度。

（四）紧迫感策略的效果评估方法

紧迫感策略的效果评估需要综合考虑多个方面，以确保对策略实施结果的全面理解和准确评估。以下是一个清晰、分点表示的紧迫感策略效果评估方法：

1.销售数据对比

销售额和成交量：比较实施紧迫感策略前后的销售额和成交量数据。如果销售额和成交量有显著提升，那么，可以初步判断紧迫感策略是有效的。

转化率：分析从访客到客户的转化率，即在实施紧迫感策略后，网站或应用的访客中有多大比例转化为实际购买者。如果转化率有明显提高，那么，紧迫感策略在促使用户作出购买决策方面发挥了积极作用。

2.用户行为分析

页面停留时间：观察用户在实施紧迫感策略后的页面停留时间。如果页面停留时间缩短但转化率提高，可能是因为紧迫感策略促使用户更快地作出了购买决定。

跳出率：分析跳出率的变化，即用户在没有进行任何交互的情况下就离开页面的比例。如果跳出率降低，说明用户更有可能被紧迫感策略吸引并停留在页面上。

购物车转化率：电商平台特别关注购物车转化率的变化。如果购物车转化率提高，那么，紧迫感策略在促使用户完成购买流程方面起到了作用。

3.用户反馈收集

调查问卷：设计调查问卷，收集用户对紧迫感策略的看法和感受。通过用户反馈了解该策略是否有效，以及哪些方面可以进一步优化。

在线评价和社交媒体互动：关注用户的在线评价和通过社交媒体与用户的互动情况，了解用户对紧迫感策略的反应。

4.定量与定性评估结合

定量评估：通过数字指标，如销售额、转化率等量化紧迫感策略的实施效果。这些数字指标能够提供直观、可比较的结果。

定性评估：通过用户反馈、案例分析等方式深入了解紧迫感策略的实际效果和影响。定性评估能够提供更丰富、深入的信息，帮助完善和优化策略。

5.评估周期与频率

定期评估：设定固定的评估周期，如每周、每月或每季度进行一次评估。这有助于跟踪紧迫感策略的长期效果，并可以根据需要进行调整和优化。

灵活调整：根据市场环境和用户需求的变化，灵活调整评估周期和频率。例如，在促销活动期间或新产品发布时，可以更加频繁地进行评估。

6.注意事项

数据准确性和一致性：确保收集到的数据准确、可靠，并保持数据的一致性，以便对比和分析。

控制变量：在评估紧迫感策略的效果时，尽量控制其他可能影响销售和用户行为的变量，以确保评估结果的准确性。

多维度分析：从多个维度分析紧迫感策略的效果，如销售渠道、用户群体、产品类别等，以获得更全面的评估结果。

通过以上方法综合评估紧迫感策略的效果，企业可以更加准确地了解该策略的实际影响，并根据评估结果进行优化和调整，以进一步提升销售业绩和用户满意度。

三、货到付款策略

互联网销售管理的货到付款（Cash on Delivery，COD）策略是指在电子商务交易中，消费者在线下单并选择"货到付款"支付方式，当商品送达消费者手中时，消费者以现金形式支付给快递员或指定的收款人员，从而完成交易的一种策略。

这种策略允许消费者在不使用在线支付工具（如信用卡、电子钱包等）的情况下购买商品，为消费者提供了更多的支付方式和灵活性。对于没有信用卡或担心在线支付安全性的消费者来说，货到付款策略是一种安全、可靠的支付方式。

（一）货到付款策略的内容

互联网销售管理的货到付款策略主要内容通常包括以下几个方面：

1.选择合作快递公司

选择信誉良好、服务稳定的快递公司进行合作，确保商品准时、安全地送达客户手中。要与快递公司建立长期的合作关系，确保在实施货到付款策略时得到快速响应和优质服务。

2.支付方式

提供现金支付方式，方便没有网银或信用卡的客户进行支付。可以引入移动支付作为货到付款策略的补充方式，如支付宝、微信支付等，提高支付的便捷性和安全性。

3.验货与签收

明确告知客户在签收前有权验货，确保商品与描述一致、质量符合要求。提供详细的验货指导，帮助客户正确评估商品质量，减少因质量问题导致的退货或纠纷。

4.费用与结算

根据商品价值、运输距离等因素，合理确定货到付款的服务费用，确保费用透明、合理。与快递公司协商结算周期和方式，确保商家能够及时收到货款。

5.风险控制

建立完善的风险控制机制，对恶意拒收、物流卷款私逃等行为进行预防和打击。加强对客户信息的审核和验证，降低欺诈风险。与快递公司建立紧密的合作关系，共同应对可能出现的风险和问题。

6.售后服务

提供完善的售后服务，确保客户在付款后享受到与在线支付相同的权益保障。对于因商品质量问题导致的退货或换货，提供明确的解决方案和流程，确保客户的问题得到及时解决。

7.营销策略

在网站或App上明确标注支持货到付款的商品和服务，吸引更多潜在客户。结合节假日、促销活动等时机，推出货到付款优惠活动，提高客户的购买意愿和忠诚度。

8.客户教育与沟通

加强客户对货到付款策略的了解和认识，提高客户的购买欲望和满意度。建立客户反馈机制，及时收集和处理客户对货到付款服务的意见和建议，不断优化服务质量，提升客户体验。

以上是互联网销售管理货到付款策略的主要内容，通过合理规划和实施，企业可以提高客户的购物体验、降低风险并促进电商平台的持续发展。

（二）货到付款策略的步骤

互联网销售管理货到付款策略的步骤可以分为以下几个：

1.策略规划

确定目标市场与受众：分析目标市场的消费者习惯和需求，确定货到付款策略的适用人群。考虑不同地区的支付习惯，改进服务流程，满足用户需求。

选择合作快递公司：评估快递公司的服务质量和稳定性，选择能够提供代收货款服务的合作伙伴。要考虑快递公司的覆盖范围、配送速度和售后支持能力。

制定费用与结算策略：根据商品价值、运输距离和快递公司的收费标准，制定合理的货到付款服务费用。设定清晰的结算周期和结算方式，确保资金流转顺畅。

2.实施准备

系统开发与测试：根据货到付款策略的要求，开发相应的订单处理、支付和结算系统。

对系统进行全面测试：确保稳定性和安全性。

人员培训与准备：对客服、仓储和配送等人员进行货到付款服务培训，确保他们熟悉操作流程和注意事项。准备充足的现金或移动支付设备，以应对客户的支付需求。

3.执行流程

客户下单：客户在网站或App上选择"货到付款"方式，并完成订单信息的填写。

订单处理：系统自动处理订单，生成发货信息并通知仓库配货。

商品准备与发货：仓库根据订单信息准备商品，并进行打包和发货。将发货信息同步给合作的快递公司，确保及时配送。

配送与收款：快递公司按照发货信息进行配送，并在客户签收时收取货款。快递公司确保货款的准确性和安全性，及时将货款结算给商家。

售后处理：若客户收到的商品有质量问题或需要退货，应建立完善的售后处理机制。商家与快递公司共同处理售后问题，使客户的权益得到保障。

4.监控与优化

数据监控：实时监控货到付款服务的各项指标，如订单量、签收率、拒收率等。分析数据变化，找出潜在问题和改进空间。

服务优化：根据数据分析结果，优化货到付款服务流程，提高服务质量。加强与客户沟通，收集客户反馈，不断改进服务以满足客户需求。

通过以上步骤，企业可以确保互联网销售管理货到付款策略顺利执行和持续优化，提高客户的购物体验和满意度。

（三）货到付款策略的风险及应对措施

货到付款策略也会带来一些挑战和风险，如拒收与退货风险、支付风险、售后服务风险等。因此，在实施货到付款策略时，电商企业需要与物流公司建立紧密的合作关系，确保商品准确、及时地送达消费者手中，并加强风险管理，降低潜在的风险损失。货到付款策略的风险主要体现在以下几个方面：

1.买家风险

售后服务受限：实施货到付款策略后，一旦买家签收商品，通常意味着售后服务的结束。与通过第三方平台交易相比，"货到付款"方式缺乏第三方平台的保障，买家在商品出现问题时，可能难以获得有效的售后支持。

商品质量问题：由于这种策略是买家在收到商品后才付款，如果商品存在质量问题或与实际描述不符，买家虽然可以拒签，但也会面临一定的时间成本和心理压力。

支付安全风险：虽然货到付款策略避免了在线支付的安全风险，但买家需要向送货员支付现金或移动支付，这可能有一些支付安全方面的问题，如假钞、支付信息泄露等。

2.卖家风险

恶意拒收：货到付款策略对卖家来说存在一定的风险，尤其是当买家恶意拍下商品并拒收时，卖家将面临损失。由于快递公司需要向买家收取货款，如果买家拒收商品，卖家可能需要承担运费和退货成本。

物流风险：在货到付款情况下，卖家需要依赖快递公司的服务质量来确保商品安全、准时地送达买家手中。如果快递公司出现延误、商品丢失或损坏等情况，就可能对卖家造成不良影响。

3.快递公司风险

资金安全风险：快递公司作为货款的代收方，需要承担一定的资金安全风险。如果快递公司管理不善或遭遇欺诈，可能会导致货款损失。

服务质量风险：快递公司的服务质量直接影响货到付款策略的顺利实施。如果快递公司在配送过程中出现问题，如送错地址、服务态度差等，可能对货到付款策略造成不良影响。

4.欺诈风险

虚构信息：不法分子可能填写虚假的姓名、联系电话或地址等进行欺诈。当卖家发现被骗后，由于信息不真实，可能难以追查和维权。

高价值商品欺诈：一些不法分子会针对高价值商品进行货到付款欺诈。他们可能通过伪造商品信息或虚假宣传等方式诱骗买家购买，并在收到货款后消失。

为了降低货到付款策略的风险，买家和卖家可以采取以下措施：

（1）买家：在签收商品前仔细检查商品的质量和数量，确保与描述一致；尽量选择有信誉的商家和快递公司；保留好交易凭证，以便在出现问题时维权。

（2）卖家：确保商品质量与描述准确性；选择有信誉的快递公司作为合作伙伴；及时关注物流信息，确保商品安全、准时送达买家手中。

（3）快递公司：加强内部管理，确保资金安全；提高服务质量，减少配送过程中的问题；加强与商家和买家的沟通，及时解决问题。

此外，电商平台也可以采取一些措施来降低货到付款策略的风险，如建立信用评价体系、加强交易监管等。

四、零风险策略

互联网销售管理零风险策略是指在互联网销售环境下，通过一系列措施和承诺，最大程度地降低或消除消费者在购买过程中面临的风险，从而增强消费者的购买信心，促进销售增长的一种营销策略。

（一）零风险策略的要素

互联网销售管理零风险策略的要素主要包括以下几个：

1.产品质量与描述准确性

高品质产品：确保所销售的产品质量上乘，符合行业标准和消费者期望，减少因产品质量问题导致的退货和投诉。

准确、详细的产品描述：清晰、准确、详细地描述产品，包括产品规格、材质、功能、使用方法等，避免使消费者因信息不全或误解而产生购买风险。

2.透明、公开的定价策略

明码标价：所有商品均标明清晰的价格，避免价格欺诈或误导消费者。

透明费用说明：在销售过程中，向消费者明确说明所有可能产生的费用，如运费、税费、关税等，让消费者在购买前清楚地了解总费用。

3.完善的客户服务体系

快速响应：建立快速响应的客户服务体系，确保消费者在遇到问题时及时得到解答和帮助。

专业售后服务：提供专业的售后服务，包括产品安装、使用指导、故障排查等，解决消费者在使用过程中遇到的问题。

多渠道沟通：提供多种沟通渠道，如在线客服、电话、电子邮件等，方便消费者随时与商家联系。

4.灵活的退换货政策

无理由退换货：提供无理由退换货服务，让消费者在购买后无后顾之忧。

简化退换货流程：优化退换货流程，降低消费者的操作难度和时间成本。

明确退换货条件：明确退换货的条件和期限，避免产生不必要的纠纷。

5.安全的支付环境

多种支付方式：提供多种支付方式，满足不同消费者的需求。

支付安全保障：采用先进的支付安全技术，确保消费者的支付信息不被泄露或滥用。

合作可靠的支付机构：与知名支付机构合作，提供安全可靠的支付服务。

6.建立客户信任与口碑

客户评价与反馈：鼓励客户在购买后进行评价和反馈，展示其他消费者的购买体验和满意度。

案例分享：分享成功的客户案例，增强潜在消费者对企业的信任。

积极参与公益活动：通过参与公益活动，提升品牌形象，增强消费者的认同感和归属感。

综上所述，互联网销售管理零风险策略的要素涵盖产品质量、定价策略、客户服务、退换货政策、支付环境和客户信任等。实施零风险策略，可以降低互联网销售管理中的风险，增强消费者的购买信心，提高客户满意度，从而推动销售增长。

（二）零风险策略的实施步骤

1.确定零风险策略的核心目标

企业需要明确零风险策略的核心目标，如提升客户满意度、增强品牌信任度、促进销售增长等。将目标量化，如设定目标为"提高客户满意度至90%以上"，或"实现月销售额增长20%"等。

2.分析目标受众与市场需求

深入了解目标受众的需求、偏好和购买习惯，以便更好地实施零风险策略。通过市场调研，了解竞争对手的情况以及消费者对于该策略的期望和反馈。

3.确定零风险策略的具体内容

明确无条件退货退款的期限（如7天无理由退货）、退换货条件、退款方式等。对于适合的产品，提供试用期或试用装，让消费者在购买前体验产品效果。提供"货到付款"选项，让消费者在收到商品并确认满意后再进行支付。提供明确的产品质量保证，确保消费者购买的商品符合质量标准。

4.营销宣传与推广

通过官方网站、社交媒体、电子邮件等多种渠道宣传零风险策略，提高消费者对该策略的知晓度和接受度。展示其他消费者成功实施零风险策略的案例，增强消费者的信任感和购买意愿。

5.实施与监控

确保所有相关部门和人员理解零风险策略。实时监控退货率、客户满意度、销售额等关键指标，以便及时发现问题并进行调整。

6.评估与优化

定期对零风险策略的实施效果进行评估，包括客户满意度、退货率、销售额等指标。根据评估结果，对零风险策略进行优化和调整，以更好地满足消费者需求。

7.风险管理

通过提高产品质量和服务质量等方式降低退货率。确保有足够的资金和资源来应对可能发生的退货和退款请求。

通过以上步骤，企业可以高效地实施互联网销售管理零风险策略，提高消费者满意度和忠诚度，促进销售增长。同时，企业还需要不断关注市场和消费者需求的变化，持续优化零风险策略的内容和执行方式。

（三）零风险策略的注意事项

互联网销售管理零风险策略的注意事项可以归纳如下：

1.策略制定方面

明确策略目标：在制定零风险策略时，要明确策略目标，如提高客户满意度和忠诚度、促进销售等。目标应该具体、可量化，以便进行估和优化。

制定合理的退货退款政策：退货退款政策是零风险策略的核心内容之一，应合理设置退货期限、退款方式等，既满足客户需求，又不给企业带来过大负担。例如，可以设定7天无理由退货、全额退款并承担运费等。

考虑产品特性和客户需求：针对不同类型和特点的产品，零风险策略应有所不同。例如，对于易耗品或定制产品，退货退款政策可能要更加灵活。同时，要充分考虑客户的需求和期望，确保该策略真正满足客户的购物需求。

2.执行与监控方面

全员培训：所有涉及销售和客服的员工都要充分理解并熟悉零风险策略的内容和执行方式。通过培训提高员工的服务意识和应对能力，确保该策略得到有效实施。

数据监控与分析：建立完善的数据监控系统，实时监控退货率、客户满意度等关键指标。定期对数据进行分析和评估，发现潜在问题并及时处理。

快速响应与处理：对于客户的退货、退款等请求，要迅速响应并妥善处理。建立高效的客户服务流程，确保客户的问题得到及时解决。

3.风险管理方面

退货率控制：对于高退货率产品，要进行深入分析并寻找改进措施。

资金流管理：建立合理的资金流管理机制，确保企业稳健运营。

法律合规性：在制定和实施零风险策略时，要符合相关法律法规的要求。对于涉及法律风险的环节，要进行充分的法律咨询和风险评估。

4.持续优化方面

定期评估实施效果：通过评估发现该策略的优点和不足，为后续优化提供依据。

根据市场变化调整策略：密切关注市场动态和客户需求变化，及时调整零风险策略的内容和执行方式。保持灵活性和适应性，以应对不断变化的市场环境。

持续创新和改进：在实施零风险策略的过程中，要不断探索新的方法和手段，以提高工作效率。通过改进和优化，不断提升企业的竞争力和市场地位。

五、ABC法则

（一）ABC法则认知

微课3-4

ABC法则

互联网销售管理的ABC法则定义是：一种根据商品、客户或销售活动的价值或重要性进行分类的管理方法。使用这种方法时，商品、客户或销售活动被分为A、B、C三类，其中A类为最重要的、B类次之、C类为最不重要的。通过明确的分类，企业可以更有效地分配资源和精力，优化销售策略，提高销售效率和客户满意度。具体来说，ABC法则在互联网销售管理中的应用包括：

（1）商品分类：根据商品的销售量、利润贡献、库存周转率等指标，将商品分为A类（高价值、高销售量的商品）、B类（中价值、中销售量的商品）和C类（低价值、低销售量的商品）。针对不同类别的商品，企业可以采取不同的销售策略，如重点推广A类商品、优化B类商品的供应链、清理C类商品的库存等。

（2）客户分类：根据客户的购买频率、购买金额、忠诚度等指标，将客户分为A类（高价值、高忠诚度的客户）、B类（中价值、中忠诚度的客户）和C类（低价值、低忠诚度的客户）。针对不同类别的客户，企业可以采取不同的客户关系管理策略，如为A类客户提供个性化的服务和优惠、维持B类客户的现状并寻求增加价值的机会、对C类客户进行关系维护或寻找增加价值的可能性。

（3）销售活动分类：根据销售活动的重要性、预期收益、成本投入等指标，将销售活动分为A类（重要且预期收益高的活动）、B类（次要或预期收益中等的活动）和C类（不重要或预期收益低的活动）。针对不同类别的销售活动，企业可以合理分配资源和人力，确保重要活动顺利进行，同时控制成本和风险。

通过ABC法则在互联网销售管理中的应用，企业可以更加明确销售目标和重点，优化资源配置，更好地管理商品、客户和销售活动，提高销售效率和客户满意度，取得更好的销售业绩。

（二）ABC法则适用场景

在互联网销售管理中，ABC法则适用于多种场景。以下是主要的适用场景：

1.直播带货：通过"人货场"协同提升转化率

A的角色：主播（作为产品"体验专家"）、品牌方代表（如厂长/设计师），同时伴有实时弹出的"权威信息"（如质检报告截图、销量数据）。

B的角色：直播运营团队（负责在评论区引导互动："点击小黄车1号链接""提问的朋友可以看A刚刚演示的效果"）、场控（控制节奏，突出A的讲解重点）、算法推荐（将直播推给精准用户C）。

C的角色：直播间观众（多为碎片化浏览，注意力易分散）。

应用：B需提前铺垫C的需求（如在直播预热时收集用户疑问），引导A进行针对性讲解（如"很多朋友问防水性，A在现场测试"）；同时，通过福利话术（前100单由A额外签名）强化A的影响力，推动C下单。

2.社群营销：用"圈层信任"降低决策成本

A的角色：品牌专业内容（如产品原理视频、行业白皮书）提供商、社群内的"资深用户"（分享真实体验）。

B的角色：社群管理员（筛选A的内容、结合C的日常提问"翻译"A的价值，如"刚发的测评里提到的续航，正好满足大家昨天说的出差需求"），主要是活跃用户（带动互动，强化A的可信度）。

C的角色：社群成员（多为对品牌有初步兴趣的用户，需持续培育）。

应用：B需通过日常互动摸清C的痛点（如"宝妈群体更关注安全性"），再定向推送匹配的A内容（如"儿科医生推荐视频"）；同时鼓励A（资深用户）分享真实案例，用"Peer Influence（同伴影响）"替代硬推销，降低C的抵触感。

3.电商详情页：用"信息分层"缩短决策路径

A的角色：产品参数表、质检报告、明星/KOL推荐语、用户评价（尤其是带图/视频的优质评价）、权威机构认证（如"国家专利"）。

B的角色：详情页设计师（通过排版突出A的核心信息，如"将'99%的用户好评'放在首屏"）、客服（当C咨询时，快速引用A的内容解答，如"您看详情页第3张图的检测报告，确实不含酒精"）。

C的角色：商品浏览者（平均停留时间仅10～15秒，需快速获取关键信息）。

应用：B需将A的信息"场景化翻译"，如将"含30%的氨基酸"转化为"敏感肌用户实测3天不泛红"（结合A的用户证言），让C快速理解其价值；同时，通过"关联推荐"（如"购买过的用户还买了××"，即A的行为数据），引导C追加购买。

4.私域运营：用"个性化链接"激活复购与裂变

A的角色：品牌专属福利（如老客户专属折扣）、定制化内容（如"根据您上次购买的XX，推荐配套的YY"）、用户专属的"成长体系"（如会员等级权益）。

B的角色：私域顾问（如企业微信客服，通过标签记录C的偏好，精准推送A的内容）、自动化工具（如根据C的行为触发消息"您收藏的商品降价了"）。

C的角色：已成交用户（核心目标是提升复购率与转介绍）。

应用：B通过长期互动建立与C的情感链接（如"记得您说孩子喜欢草莓味，这次新口味优先给您留了试吃装"），再借助A的专属福利（如"老客户邀请好友下单，双方各得20元券"），让C从"消费者"转化为"新的B"，推动裂变。

综上所述，ABC法则在互联网销售管理中具有广泛的应用场景，可以帮助企业更好地管理产品、制定销售策略、维护客户关系、建设销售团队、进行数据分析以及策划营销活动。

（三）ABC法则的优缺点

在互联网销售管理中，ABC法则的优缺点可以归纳如下：

1.优点

明确优先级：ABC法则帮助销售人员和管理者明确哪些商品、客户或活动具有更高的优先级。通过分类，可以将资源和精力集中在最重要的事项上，从而提高整体销售效率。

优化库存管理：在库存管理中，ABC法则可以帮助企业识别出哪些商品具有高库存和高转化率（A类商品），从而进行更有效的库存管理。这有助于减少库存积压和资金占用，提高库存周转率。

提高客户满意度：运用ABC法则对客户进行分类，企业可以更好地了解不同客户的需求和偏好，从而提供个性化的服务和产品。这有助于提高客户满意度和忠诚度。

简化决策过程：在面临多个选择时，ABC法则可以帮助销售人员和管理者快速作出决策。通过明确各个选项的优先级，可以更快地确定最佳方案。

2.缺点

忽视低价值项目：ABC法则主要关注高价值项目（如A类商品或客户），可能导致低价值项目（如C类商品或客户）被忽视。然而，在某些情况下，低价值项目也可能具有潜在的价值或影响。

静态分类：ABC法则通常基于历史数据进行分类，可能无法反映当前市场变化或需求波动。在快速变化的市场环境下，静态分类可能不再适用。

数据要求高：ABC法则需要准确和详细的数据支持，以便进行准确的分类和决策。如果数据不准确或不完整，分类结果可能不准确，从而影响决策的有效性。

应用限制：虽然ABC法则在销售管理中具有广泛的应用场景，但它不适合所有情况。例如，在某些复杂的销售场景中，可能需要更精细的分类和管理方法。

综上所述，在互联网销售管理中，ABC法则的优点在于明确优先级、优化库存管理、提高客户满意度和简化决策过程，其缺点则包括忽视低价值项目、静态分类、数据要求高以及应用限制等。在实际应用中，企业需要根据自身情况和市场环境灵活运用ABC法则，并结合其他管理工具和方法，提升销售管理的效率。

（四）ABC法则的实施过程

在互联网销售管理中，ABC法则的实施过程可以分为以下几个步骤：

1.数据收集与整理

商品数据：收集各类商品的销售量、利润贡献、库存周转率等信息，这些数据可以从电商平台后台、企业销售管理系统和库存管理系统等获取。例如，通过电商平台的交易数据报表，能精确统计出每件商品在特定时间段的销售数量。结合商品的进价与售价，可以计算出利润贡献；依据库存变动记录及销售数据，可以得出库存周转率。

客户数据：从客户关系管理系统、订单系统等收集客户的购买频率、购买金额以及忠诚度等数据。例如，CRM系统能记录客户每次购买的时间、金额等，通过计算两次购买之间的平均时间间隔可以得到购买频率；将客户在一定周期内的所有购买金额相加，可以得出购买金额；通过客户是否重复购买、是否参与品牌互动等，可以得知客户忠诚度。

销售活动数据：记录销售活动的重要性评估、预期收益预测、实际成本投入等数据。重要性可以根据销售活动对品牌形象塑造、市场份额拓展等的影响程度来评估，预期收益可以通过市场调研、过往类似活动数据及目标客户群体规模等预测，成本投入则包括活动策划费用、广告投放费用、人力成本等各项开支。

2.分类标准制定

商品分类标准：确定划分商品的具体数值。例如，设定销售量排名前20%且利润贡献排名前30%的商品为A类，销售量和利润贡献排名处于中间40%的商品为B类，销售量排名后40%且利润贡献排名后30%的商品为C类。库存周转率也可以作为参考，对于库存周转率极高且符合其他高价值指标的商品优先划分为A类，周转率低的商品在划分C类时予以重点考虑。

客户分类标准：根据购买频率、购买金额和忠诚度设定具体门槛。例如，将每月购买超过3次且累计金额超过5000元，同时积极参与品牌互动（如评论、分享等）的客户归为A类；将购买频率为每月1~2次，金额在1000~5000元之间，有一定品牌互动的客户归为B类；将购买频率低、购买金额少且很少参与品牌互动的客户归为C类。

销售活动分类标准：基于重要性、预期收益和成本投入比例来划分。将对品牌战略有重大影响、预期收益超过成本3倍的活动设为A类，将对业务有一定推动作用、预期收益在成本1~3倍之间的活动设为B类，将对品牌和业务影响较小、预期收益低于成本的活动设为C类。

3.分类执行

商品分类执行：依据制定的分类标准，对所有商品进行评估和分类。可以利用数据分析软件，将收集到的商品数据按照标准进行自动化分类，生成A、B、C三类商品清单。对于一些边界模糊的商品，可组织销售、财务、运营等多部门人员进行讨论，综合考虑各方面因素后确定其类别。

客户分类执行：运用CRM系统中的数据分析工具，根据客户分类标准，对客户数据进行筛选和分类。系统可以自动标记出A、B、C类客户，同时生成客户分类报表，方便企业全面了解不同类别客户的数量、分布等情况。对于新客户，在其首次购买及后续交易过程中，实时收集数据并进行分类判断。

销售活动分类执行：在销售活动策划阶段，按照分类标准对活动进行初步评估和分类。在销售活动进行过程中，持续跟踪重要性、收益和成本数据，若实际情况与初步评估有较大偏差，应及时调整。在销售活动结束后，再次根据最终数据确定所属类别，并记录在销售活动管理档案中。

4.策略制定与执行

商品策略：对于A类商品，加大推广资源投入，如在电商平台首页推荐、社交媒体广告精准投放等；优化库存管理，确保充足的库存；与供应商协商更有利的采购价格和条件。对于B类商品，优化供应链流程，降低采购成本和物流成本；开展适度的促销活动，提升销售量。对于C类商品，通过降价促销、组合销售等方式清理库存；评估是否继续保留该商品，若其价值在较长一段时间较低，可考虑淘汰。

客户策略：针对A类客户，组建专属客服团队，定制个性化产品推荐和优惠套餐；邀请参与新品试用和品牌活动。对于B类客户，定期推送有针对性的营销邮件，发送优惠券，鼓励其提高购买频率，增加购买金额；开展客户满意度调查，收集客户意见和建议。对于C类客户，发送通用促销信息，尝试通过低成本营销手段提高其购买意愿；分析其潜在需求，挖掘增加价值的可能性。

销售活动策略：对于A类活动，调配最好的人力和物力资源，确保活动顺利进行；密切监控活动效果，及时调整策略以获得最大收益。对于 B 类活动，合理安排资源，保证活动达到预期目标；总结活动经验，为后续类似活动提供参考。对于 C 类活动，精简活动流程，控制成本；若活动效果不佳，及时终止或调整方向。

5.监控与调整

建立监控指标体系：为商品、客户和销售活动分别设立监控指标。如商品方面，监控销售量、利润贡献、库存周转率等指标；客户方面，关注购买频率、购买金额、客户流失率等指标；销售活动方面，监测活动参与人数、转化率、实际收益等指标。

定期评估：按一定周期（如每月、每季度）对 ABC 分类结果及相应策略实施效果进行评估。对比分类前后各指标的变化，分析策略是否有效。例如，观察 A 类商品推广后销售量和利润是否有显著提升，B 类客户在实施新的营销策略后购买金额是否增加等。

动态调整：根据评估结果，及时调整分类标准、分类结果以及相应的策略。若市场环境发生重大变化，导致原有的商品分类标准不再适用，需重新制定分类标准并对商品重新分类；若发现某类客户对特定营销策略反应不佳，应及时调整方向。

六、信息预埋策略

（一）信息预埋策略认知

信息预埋策略是一种预先计划和发布信息的策略，通过预先发布相关信息，在需要的时候迅速、有效地传达给目标受众。这种策略的核心在于提前准备，在关键时刻能够迅速传递关键信息。

1.信息预埋策略的核心思想

围绕用户需求：信息预埋策略的首要任务是深入了解目标用户的需求和兴趣点，确保发布的内容能够精准地满足这些需求。

提前布局：提前将相关信息发布在互联网上，确保用户在搜索时能够迅速找到，提高信息的曝光度，增加用户的访问量。

引导用户行为：通过精心策划，引导用户采取进一步行动，如购买产品、注册账号、关注公众号等。

2.信息预埋策略可以埋什么

企业信息：包括企业全称、企业简称、品牌名称、企业高管名等，确保用户在搜索时能够找到企业的正向信息，并提高企业的曝光度。

产品功效、原理：针对用户选购商品时最关心的功效问题，大力传播产品的特点和原理，增强用户的信任感。

人物事迹：挖掘企业中的感人故事、企业与客户之间的故事等，增强用户对企业的认同感和好感度。

用户评价：真实的用户评价对于潜在用户具有极大的参考价值，因此预埋正面评价也是信息预埋策略的重要一环。

（二）信息预埋策略的应用场景

信息预埋策略在多个领域和场景中都有广泛应用，以下是几个具体的应用场景：

1.企业品牌与形象塑造

应用场景：企业希望通过互联网提升品牌知名度和美誉度。

策略实施：发布企业新闻、软文等，内容包含企业全称、企业简称、品牌名称等，确保用户在搜索相关关键词时，企业的正向信息能够出现在首页。

效果：通过信息预埋，企业可以塑造良好的品牌形象，提高品牌知名度。

2.产品推广与营销

应用场景：企业推出新产品或希望增加某一产品的销量。

策略实施：围绕产品的功能功效、研发背景等，大力传播产品的特点，让用户深入了解产品。通过用户评价预埋，展示产品的好评度和满意度，增强用户的信任感。在搜索引擎中优化产品关键词，确保用户在搜索相关产品时能够找到自己的产品。

效果：通过信息预埋，产品能够在潜在用户中建立良好口碑，提高产品的曝光度，增加产品销量。

3.技术专利与研发成果展示

应用场景：企业拥有独特的技术专利或研发成果，希望展示给潜在客户和合作伙伴。

策略实施：精心编写相关内容，大力传播企业的技术专利和研发成果，包括研发背景、投入的资金和人力、技术优势等。在权威网站和平台上发布相关内容，提高信息的可信度，扩大企业的影响力。

效果：通过信息预埋，企业能够展示其技术实力和研发成果，吸引潜在客户的关注，增强合作伙伴的信任感。

4.搜索引擎优化

应用场景：企业希望提高网站在搜索引擎中的排名和曝光度。

策略实施：围绕企业的关键词进行内容创作和发布，确保网站在搜索引擎中具有较高的权重和排名。监测关键词的排名和访问量等数据，根据数据分析结果调整内容。与SEO人员合作，优化网站的结构和内容，提高网站的可访问性和用户体验。

效果：通过信息预埋和SEO，企业网站能够在搜索引擎中获得更高的排名和曝光度，吸引更多的潜在用户。

通过精心策划和实施信息预埋策略，企业能够在互联网上提高曝光度，扩大影响力，吸引更多的潜在用户。

（三）信息预埋策略的实施步骤

信息预埋策略的实施步骤有以下几个：

1.确定目标与受众

企业要确定信息预埋策略的具体目标，如提升品牌知名度、推广新产品、提高搜索引擎排名等。深入了解目标受众的需求、兴趣和行为习惯，以便制定更符合他们需求的信息内容。

2.准备关键词

使用关键词挖掘工具（如爱站、站长之家等），针对行业和产品特点，挖掘出与目标受众搜索习惯相关的关键词。从挖掘出的关键词中筛选出与目标受众最匹配的关键词，作为信息预埋的基础。

3.准备素材与撰写内容

根据选定的关键词，准备相关的素材，如图片、视频、数据等，以丰富信息内容。撰写与关键词相关的内容，确保内容具有高质量、高价值、有吸引力等特点。内容包括企业新闻、产品介绍、用户评价等。

4.发布内容

选择合适的平台：根据目标受众和内容的特点，选择合适的平台发布内容，如社交媒体、行业论坛、博客等。

发布频率与时间：根据企业的需要，确定内容的发布频率和时间，确保内容能够在关键时刻及时传达给目标受众。

5.监测与优化

定期监测关键词排名、内容访问量、转化率等数据，以评估信息预埋策略的效果。根据监测结果，对信息预埋策略进行优化。如果关键词排名不理想，可以增加内容发布量、更换发布渠道或对重点内容进行搜索引擎优化。

6.持续改进

根据反馈，对信息预埋策略进行持续改进和优化，提高工作效率。

（四）信息预埋策略实施的注意事项

信息预埋策略在实施过程中需要注意以下事项：

1.明确目标与受众

企业要清晰地定义信息预埋的目标，如提高品牌知名度、推广新产品等。深入了解目标受众的需求、兴趣和行为习惯，确保预埋信息能够准确触达并吸引他们。

2.关键词策略

使用关键词挖掘工具，如爱站、站长之家等，找出与业务相关的关键词。确保关键词与目标受众紧密相关，并在内容中合理使用，以提高搜索引擎排名。

3.内容质量

发布的内容必须具有高质量、高价值、有吸引力等特点。内容应真实、准确、客观，避免夸大其词或虚假宣传。使用图片、视频等多媒体素材，丰富内容形式，提高受众的阅读体验。

4.平台选择

一般来说，企业会选择权威网站和平台发布内容，如新浪、网易、头条等。考虑到不同平台的受众特点和传播效果，可以选择合适的平台发布内容。

5.发布频率与时间

根据企业的需要，确定合适的发布频率和时间。确保内容在关键时刻能够及时传达给目标受众，避免错过最佳时机。

6.监测与优化

定期监测关键词排名、内容访问量、转化率等数据，以评估信息预埋策略的效果。根据监测结果，对信息预埋策略进行优化。

7.注意法规与道德

在实施信息预埋策略时，必须遵守相关法律法规和道德规范，避免使用不正当手段进行信息预埋，如恶意刷单、刷评论等。

8.持续学习与改进

密切关注市场和受众的变化，不断学习和掌握新的营销技术。根据实际情况和反馈结果，对信息预埋策略进行持续改进和优化。

9.与SEO策略结合

信息预埋策略与搜索引擎优化策略应紧密结合。通过优化网站结构、提高内容质量等方式，提升网站在搜索引擎中的排名和曝光度。

10.风险预防

在实施信息预埋策略时，要考虑可能存在的风险和挑战，如竞争对手的恶意攻击、网络舆情等。制定相应的预防措施和应对策略，确保信息预埋策略顺利实施并取得预期的效果。

七、销售海报策略

（一）销售海报策略认知

销售海报策略是指在互联网环境下，通过设计和发布具有吸引力的海报来推广与销售产品或服务的一种营销策略。销售海报策略旨在通过视觉元素、文字信息、布局设计等要素的组合，吸引潜在客户的注意力，激发他们的购买欲望，并最终促使他们作出购买决策。

微课 3-5

销售海报策略

销售海报策略的关键在于将品牌或产品的核心卖点以简洁明了、具有视觉冲击力的形式展现给目标受众。它涉及海报的创意构思、视觉设计、内容编写、发布渠道选择等多个方面，需要综合考虑目标受众的喜好、购买习惯、心理需求等因素。

在制定销售海报策略时，首先，需要明确目标受众和市场定位，确定销售海报的设计风格和内容重点。其次，通过创意设计来突出产品的独特性和卖点，运用吸引人的图像、色彩、文字等元素来吸引受众的眼球。最后，需要注意销售海报的布局和设计，使其符合目标受众的审美习惯和阅读习惯，提高信息的可读性和可理解性。

此外，销售海报策略还需要选择合适的发布渠道，如社交媒体平台、电商平台、企业官网等，以便将销售海报传达给更广泛的受众。同时，通过数据监测和分析，了解销售海报的曝光量、点击率、转化率等指标，评估该策略的效果，并根据反馈进行优化和调整。

总之，销售海报策略是一种利用海报进行产品或服务推广和销售的有效手段。它通过创意设计和视觉冲击力强的海报来吸引潜在客户的注意力，激发他们的购买欲望，并最终实现销售目标。

（二）销售海报策略的核心要素

销售海报策略的核心在于有效地吸引目标受众的注意力，并引导他们产生购买意愿或进一步了解产品的兴趣。以下是销售海报策略的核心要素：

微课 3-6

撰写销售海报的核心步骤

1.引人注目的视觉设计

突出主题：销售海报的设计应突出产品、服务或促销活动的主题，使受众迅速捕捉到关键信息。

色彩搭配：使用醒目的色彩搭配，以吸引受众的眼球，并与品牌形象保持一致。

简洁明了：避免设计过于复杂，确保信息简洁明了，使受众迅速理解销售海报的内容。

2.吸引人的内容策划

引人注目的标题：使用简洁有力、具有吸引力的标题，以引起受众的兴趣。

清晰的产品或服务描述：提供关于产品或服务的详细信息，包括特点、优势、用途等，使受众充分了解产品。

明确的呼吁行动：在销售海报中明确告诉受众下一步应该做什么，如点击链接、扫描二维码、访问店铺等。

3.精准的目标受众定位

了解目标受众：深入研究目标受众的需求、兴趣、购买习惯等，确保销售海报的内容和设计符合他们的喜好。

定制化的内容：根据目标受众的特点，定制销售海报的内容，以提高受众的参与度和转化率。

4.有效的传播渠道选择

社交媒体平台：利用社交媒体平台的广泛覆盖性和互动性，将销售海报分享给更多的潜在受众。

电子邮件营销：向目标受众发送包含销售海报的电子邮件，提高受众的参与度和购买意愿。

合作伙伴渠道：与合作伙伴共享销售海报，扩大传播范围，吸引更多的潜在受众。

5.数据驱动的优化与调整

监测和分析：通过数据监测和分析工具，了解销售海报的曝光量、点击率、转化率等关键指标，评估销售海报策略的效果。

优化与调整：根据数据分析结果，对销售海报的内容、设计、发布渠道等进行优化和调整，以提高转化率和营销效率。

6.强调品牌价值和独特性

品牌一致性：确保销售海报的设计和内容与品牌形象保持一致，传递品牌的价值观和独特性。

差异化策略：在销售海报中强调产品或服务与竞争对手的区别，以吸引潜在受众的注意力。

综上所述，销售海报策略的核心在于通过引人注目的视觉设计、吸引人的内容策划、精准的目标受众定位、有效的传播渠道选择、数据驱动的优化与调整，以及强调品牌价值和独特性来提高目标受众的参与度和转化率。

（三）销售海报策略的实施过程

销售海报策略的实施是一个系统工程，需要精心策划、设计、发布和监测。以下是销售海报策略的实施过程：

1.前期准备

明确目标与定位：确定销售海报的主要目标，如提升品牌知名度、推广新产品、促进销售等。分析目标受众，包括他们的年龄、性别、兴趣、购买习惯等，确保销售海报的内容吸引他们。

了解市场与竞品：研究市场变化趋势，了解目标受众的需求和期望。分析竞争对手的销售海报策略，找出自己与竞争对手的差异。

2.设计与制作

设计主题与风格：根据产品或服务的特点，设计吸引人的销售海报主题。选择与目标受众喜好相符的设计风格，如清新、科技、复古等。

强调产品特点与优势：突出产品的特点，如功能、性能、材质等。强调产品相对于竞品的优势，如价格、品质、服务等。

引发情感共鸣：融入与目标受众相关的情感元素，如亲情、友情、爱情等。通过故事性的叙述方式，让目标受众更好地理解产品并产生共鸣。

简洁明了的设计：避免销售海报的内容过于复杂或混乱，确保信息传达简洁明了。使用醒目的颜色、图像和布局，创造强烈的视觉冲击力。

包含明确的呼吁行动：提供购买方式，如网站链接、电话号码、二维码等。强调限时优惠或促销活动，激发消费者的购买欲望。

3.发布与推广

选择合适的发布渠道：根据目标受众的需求和偏好，选择合适的社交媒体、论坛、博客等渠道发布销售海报。在多个平台进行广告投放，提高销售海报的曝光度。

利用社交媒体：展示真实的客户评价和使用反馈，提升产品的信誉度和美誉度。

引导分享与传播：设计互动小游戏或活动，鼓励用户分享销售海报。利用用户生成内容，鼓励用户在销售海报下面评论、点赞或分享。

4.监测与优化

数据监测：利用数据分析工具监测销售海报的曝光量、点击量、转化率等指标。跟踪用户的行为路径和反馈，了解销售海报策略的效果。

效果评估：根据数据监测结果评估销售海报策略的效果，包括吸引力、转化率等。与预期目标进行对比，找出成功和不足之处。

优化与调整：根据评估结果对销售海报策略进行优化与调整，如修改设计、调整发布渠道等。持续关注市场变化和竞争对手动态，提高销售海报策略的时效性和竞争力。

通过以上步骤，可以确保销售海报策略的有效实施并达成预期目标。同时，在实施过程中，要持续关注数据反馈和用户反馈，不断优化和调整销售海报策略，以适应不断变化的市场环境。

（四）增强销售海报设计的视觉冲击力

在销售海报设计中，增强视觉冲击力是吸引观众注意力和传达信息的关键。以下是一些可以增强销售海报视觉冲击力的方法：

1.使用大胆的色彩

使用鲜艳、对比强烈的颜色，它们能迅速抓住观众的眼球。可以考虑使用品牌专用色，以确保销售海报与品牌形象的一致性。

2.使用高质量的图片和图像

高分辨率的图片和图像能够展现更多的细节，从而增强视觉吸引力。选择与主题紧密相关的图片和图像，以便更好地传达信息。

3.使用大胆的字体和排版

选择易于阅读且具有视觉吸引力的字体，如粗体、手写体或艺术字体。使用大胆的字号和排版方式，如放大标题、使用斜体或加粗等，以突出关键信息。

4.创造强烈的对比

利用颜色、大小、形状等元素的对比来突出销售海报的重点。例如，使用深色背景与浅色文字、大尺寸图像与小尺寸文字进行对比。

5.使用动态元素

在销售海报中引入动态元素，如飘逸的线条、爆炸效果或动态图像，可以增强视觉动感。动态元素能够吸引观众的注意力并引导他们关注销售海报的关键信息。

6.使用负空间

负空间（也称空白空间）是销售海报设计中不可或缺的元素。适当地使用负空间，可以使销售海报更加清晰、易于阅读，并能突出关键信息。

7.采用独特的构图

采用独特的构图来吸引观众的注意力。例如，使用斜线构图、对称构图或放射性构图等，增强销售海报的创意性和吸引力。

8.使用视觉隐喻和象征

通过视觉隐喻和象征来传达销售海报的主题和信息。例如，使用鸽子象征和平，使用火焰象征热情等。

9.保持简洁明了

避免销售海报的内容过于复杂或混乱，以确保观众快速获取关键信息。使用简洁明了的语言和图像来传达信息，以提高销售海报的可读性和吸引力。

10.考虑目标受众

在设计销售海报时，要始终考虑目标受众的喜好、需求和期望。根据目标受众的特点选择合适的颜色、字体、图像等，确保销售海报吸引他们的注意力并准确传达信息。

记住，每张销售海报都是独特的，需要根据具体情况，灵活运用这些方法来增强视觉冲击力。不断尝试新的设计元素和技巧，找到最适合企业的销售海报视觉表达方式。

八、销售视频策略

（一）销售视频策略认知

微课3-7

销售视频管理策略

销售视频策略是指企业在互联网环境下，通过制作、发布和传播视频内容，达到销售产品、推广品牌、增强客户互动等目的的一种营销策略。这种策略充分利用了视频的直观性、生动性和互动性，通过视觉、听觉等多种感官刺激，吸引并影响目标受众，从而推动销售增长。

销售视频策略旨在通过视频，有效推广和销售产品或服务。其内容主要包括以下几个方面：

1.视频内容制作

（1）产品演示视频。直观地展示产品的功能和特点，帮助消费者更好地了解产品。通过生动的图像和声音，将产品的核心卖点直观地呈现出来，激发消费者的购买欲望。

（2）优惠促销视频。企业制作关于优惠促销的视频，如限时折扣、赠品等，吸引消费者的关注并提高消费者的购买意愿。视频应突出优惠的独特性和限时性，创造紧迫感，促使消费者采取行动购买产品。

（3）用户生成内容视频。鼓励用户创作与品牌相关的视频，并分享到社交平台上。可以通过举办有奖活动、邀请用户参与剧情创作等方式，激发用户的创作热情，扩大品牌的影响力。

（4）故事性视频。制作能够打动观众并传递品牌信息的故事性视频。故事要紧扣品牌核心价值和目标受众需求，让观众在观看视频的过程中产生共鸣，提高品牌美誉度。

2.视频推广与分发

（1）社交媒体营销。利用社交媒体平台分享视频，提高视频的曝光度。在视频中引导观众关注、分享和评论，扩大品牌的影响力。

（2）视频广告。在多个平台投放视频广告，吸引潜在客户的注意力。通过精准定位目标受众、选择适当的广告平台，提高广告的转化率和投资回报率。

（3）电子邮件营销。将视频嵌入电子邮件中，通过电子邮件向目标客户发送视频链接。这种方式可以让受众方便地查看视频，提高视频的观看率和分享率。

3.视频优化与数据分析

（1）视频优化。在社交媒体和视频平台上优化视频的标题、描述和标签，提高视频的搜索排名和曝光度。根据不同平台的特点，调整视频的格式、大小和加载速度，确保视频在不同平台都能顺利观看。

（2）数据分析。对视频的观看量、点赞量、分享量等进行分析，了解视频的受众反馈和效果。根据数据分析结果，调整视频内容和推广策略，以获得更好的营销效果。

4.其他策略

（1）互动营销。在视频中设置互动环节，如抽奖、投票、问答等，吸引观众参与，增强视频的互动性和分享性。

（2）情感营销。运用情感元素，如幽默、感动、悬念等，吸引观众的注意力，塑造积极的品牌形象，加强品牌与受众的情感连接。

（3）品牌故事营销。通过讲述品牌背后的真实故事，引发消费者的情感共鸣和好奇心，从而建立起品牌形象，提高用户忠诚度。

（4）用户体验营销。在视频中展示产品或服务的用户体验场景，使消费者直观感受到产品或服务的与众不同，从而提高购买欲望和满意度。

综上所述，销售视频策略涵盖了视频内容的制作、视频推广与分发、视频优化与数据分析以及其他策略等多个方面。这些方面相互补充、相互支持，共同构成了完整的销售视频策略。

（二）销售视频策略的特点

销售视频策略的特点主要有以下几个：

1.直观性与生动性

销售视频作为一种多媒体形式，能够直观地展示产品、服务或品牌的特点和优势。它通过生动的画面、音效和叙事方式，能够快速吸引目标受众的注意力，提高信息的传播效率。

2.互动性

销售视频策略强调与观众互动。通过评论、点赞、分享等功能，观众可以积极参与讨论，表达对销售视频的看法和感受。这种互动性有助于增强观众对品牌的认知度和忠诚度，并提高转化率。

3.可定制性

销售视频策略可以根据目标受众的需求和偏好进行定制。通过选择合适的视频平台、调整视频内容、添加特定元素等方式，可以确保销售视频更准确、快速地传达给目标受众，提高营销效率。

4.可量化与可追踪

销售视频策略可以通过数据分析和追踪工具来评估其效果。企业可以获取关于销售视频观看量、点赞量、分享量、转化率等关键指标的数据，从而了解销售视频策略的效果，并根据数据分析结果进行优化和调整。

5.创意性

在销售视频策略中，创意是关键因素之一。通过独特的创意和表现形式，企业可以吸引观众的注意力，并在众多竞争对手中脱颖而出。创意性不仅体现在销售视频的内容上，还体现在制作技术、配乐、特效等方面。

6.多渠道传播

销售视频可以通过多种渠道进行传播，如社交媒体、视频网站、企业官网等。多渠道传播能够覆盖更广泛的受众群体，提高品牌的知名度和曝光度。同时，企业还可以根据目标受众的特点和偏好选择合适的传播渠道，获得更精准的营销效果。

7.即时性

销售视频策略具有即时性特点。企业可以迅速制作并发布销售视频，以适应市场变化和用户需求。同时，观众也可以即时观看和分享销售视频的内容，达到快速传播的效果。

8.可重复利用性

一旦制作完成，销售视频就可以在多种场合和多个平台重复使用。这不仅节省了制作成本和时间，还可以持续为品牌带来曝光度和流量。通过不断更新和优化销售视频的内容，企业可以保持其时效性和吸引力。

这些特点使得销售视频策略成为企业推广品牌、提高销售转化率的重要手段之一。

（三）销售视频策略的优缺点

1.优点

（1）传播速度快。随着社交媒体的兴起，销售视频可以迅速在网络上传播，通过用户的分享和转发，迅速扩大受众范围。销售视频的直观性和趣味性使其更容易被用户接受和分享。

（2）成本低廉。相比传统的电视广告，销售视频的整体成本较低。这一点对于中小企业来说很重要。用户自己制作销售视频的传播成本更低，有时候独特的创意和简单的制作就能获得很高的曝光度。

（3）提升用户参与度。销售视频更容易引起用户的兴趣，用户可以通过评论、点赞、分享等方式与品牌互动。这种互动不仅提高了用户的参与度，还增强了用户对品牌的忠诚度。

（4）提高转化率。销售视频在提高转化率方面表现出色。通过生动的画面和情感共鸣，销售视频能够诱导用户进行购买。根据市场调研的结果，销售视频在提升转化率方面有显著效果。

（5）目标精准。销售视频可以精准地送达目标受众。通过选择适当的平台和关键词，销售视频中隐含的广告能够触达潜在消费者。这种精准性有助于提高广告的投放效果和投资回报率。

（6）易于分享。销售视频很容易通过社交媒体、电子邮件和网站进行分享，这种易于分享的特性有助于扩大销售视频的观众范围。用户可以通过分享销售视频，帮助企业进一步推广品牌和产品。

（7）数据追踪和分析。销售视频允许企业收集观看者的行为数据，如观看时间、点击率和转化率等。这些数据有助于企业了解观众的偏好和行为模式，从而优化未来的销售视频策略。

2.缺点

（1）广告免疫性。频繁观看销售视频的观众可能对其中的广告产生抵触情绪，导致广告效果不佳。特别是当销售视频中的广告重复出现时，观众的兴趣和接收效果会进一步下降。

（2）缺乏持久性。销售视频的传播速度快，但是持久性较低。在快节奏的信息社会中，所谓"流行"往往只局限于短时间内。这对于品牌的长期影响力和持续营销效应来说，是一个挑战。

（3）时间限制。销售视频的时长通常较短，限制了传达信息的深度和广度。对于某些复杂的产品或服务来说，可能无法在短时间内完整呈现其特点和优势。

（4）视频制作成本高。高质量的销售视频制作需要专业的团队和设备，成本可能较高。对小型企业或初创企业来说，这可能是一个负担。

（5）信息过载。销售视频内容简洁、以图像为主导，可能导致信息过载。观众在短时间内接收到大量信息，但是没有足够的时间和精力进行理解和记忆。

（6）安全和信任问题。互联网营销管理存在安全和信任问题，如黑客攻击、用户信息泄露、虚假宣传和欺诈等。这些问题可能影响企业的声誉和品牌形象。

企业在实施销售视频策略时，需要综合考虑这些优缺点，不断调整和优化销售视频策略，使其效果最大化。

（四）销售视频的类型

销售视频的类型多种多样，以下对其进行分类：

1.产品演示视频

这类视频主要用于展示产品的外观、特点和实际应用场景，吸引潜在客户的注意力，并帮助他们更好地了解产品。通过详细的演示，客户可以清晰地看到产品的功能和优势，从而增加购买的意愿。

2.宣传片或广告视频

这类视频旨在向受众传达特定信息，如品牌理念、产品推广或活动宣传等。它们通常通过生动的画面、引人入胜的故事情节或动人的情感表达来吸引受众，以便达到营销目的。

3.用户案例或见证视频

这类视频通过客户的亲身经历和反馈来展示产品或服务的价值和效果，往往极具说服力。它们展现了用户的使用结果和体验，能够增强潜在客户的信任感，促使其尽快作出购买决策。

4.教育或培训视频

这类视频旨在向受众传授知识、技能或经验，如产品使用技巧、行业知识等。它们可以树立品牌在受众中的专业形象，并为客户提供有价值的信息。

5.公关或危机处理视频

这类视频用于回应公众关心的问题或解释公司的立场。它们在处理负面事件或传播积极的品牌信息时特别有用，可以维护企业的声誉和社会形象。

6.品牌故事或文化视频

这类视频通过讲述企业的创立过程、核心价值观或文化传统来建立客户与品牌的情感连接。它们可以加深受众对品牌的认知和情感认同，帮助企业与客户建立更加紧密的关系。

7.开箱视频

这类视频展示商品到达购物者家门口时被打开的样子。它们满足了消费者对商品细节的好奇心，可以增强其购买欲望。

8.操作视频

这是向客户展示产品功能的视频，通常比开箱或评价视频更长、更深入。它们演示了产品的使用方法，帮助购物者想象自己使用这些产品的感受。

9.测评视频

这类视频对同一类别中的两种或多种产品进行比较，这些产品通常具有相似的功能和规格。它们展示每种产品独特的、适合不同人群的细节和产品之间的差异，帮助购物者作出更明智的购买决策。

10.直播视频

直播视频作为一种新的营销方式，结合了视频和直播的特点。直播视频可以实时与受众互动，展示产品、解答问题，并通过限时优惠等方式刺激销售。

以上视频类型均有助于企业在互联网销售管理中更有效地推广品牌、产品和服务。企业在选择视频类型时，应根据自身需求、目标受众和市场趋势进行合理搭配。

（五）销售视频的应用场景

销售视频的应用场景十分广泛，涵盖多个行业和领域。以下是销售视频的主要应用场景：

1.电商行业

产品演示：通过销售视频展示产品的功能、用途和使用效果，让潜在客户深入了解产品。这种形式在介绍复杂或高价商品时尤为重要，如电子产品、家具等。

直播带货：电商平台和社交媒体上的直播带货功能让卖家可以直接与买家互动，展示产品细节、解答疑问，并实时推出促销活动，提高转化率。

2.餐饮与食品行业

美食展示：通过销售视频展示美食的制作过程、食材来源和用餐体验，吸引食客。这种形式能够激发观众的食欲，增强客户对餐厅或食品品牌的兴趣。

3.教育行业

在线教学：利用销售视频播放部分在线教学、远程培训等内容。无论是语言学习、技能培训还是各种形式的教育，销售视频都能提供直观、互动的教学方式。

课程推广：通过销售视频介绍课程的内容和特点，吸引潜在学员报名。这种方式可以直观地展示课程的价值和效果。

4.金融行业

理财产品推广：通过销售视频向客户展示理财产品的详细信息、风险和预期收益，消除客户疑虑，提高销售效率。

金融知识普及：利用销售视频播放金融培训、金融科普的部分内容，提高公众对金融知识的了解和应用能力。

5.汽车行业

车型推介：通过销售视频展示车型的特点、性能和设计理念，吸引潜在购车者。这种形式能够直观地展示汽车的外观和内饰，以及驾驶体验。

品牌宣传与推广：如品牌故事视频，通过销售视频讲述品牌的发展历程、设计理念和制造过程，帮助品牌与客户建立情感连接，提高客户忠诚度。

品牌形象展示：展示品牌的不同方面，吸引客户的注意力。这种视频通常短而精，极具创新性，能够间接推广商品并提高转化率。

6.社交媒体与短视频平台

用户生成内容：消费者通过创作和分享与产品内容相关的视频，提高品牌曝光度并推动销售。这种形式能够通过用户的口碑扩大品牌的影响力。

短视频广告：在视频平台上投放短视频广告，通过精准定位和定向投放吸引目标受众的注意力。这种广告形式能够提高品牌曝光度和点击率，进而获得更高的商业价值。

7.其他行业

游戏、旅游、美妆、健康等众多行业都可以利用销售视频进行产品推广、活动宣传和客户互动。通过销售视频展示产品和服务的特点、使用场景和优势，吸引潜在客户。

总之，销售视频的应用场景丰富多样，涵盖了大多数需要在线推广和销售的行业。随着技术的不断发展和用户需求的不断变化，销售视频的应用场景也将继续扩展。

九、直播策略

（一）直播策略认知

互联网销售管理的直播策略是指在互联网销售环境下，通过直播形式进行产品或服务推广、销售和客户互动的一种管理策略。它涵盖了从直播前的准备、内容策划、执行监控，到直播后的跟进和数据分析等全过程，旨在通过直播这种直观、互动的方式，增强品牌与消费者之间的情感连接，提升销售转化率和客户满意度。

微课 3-8

直播策略

制定直播策略需要考虑目标受众的需求、兴趣和行为习惯，结合产品的特点和市场趋势，设计具有吸引力和互动性的直播内容。同时，需要选择合适的直播平台和主播，确保直播的流畅性和专业性。在执行过程中，需要实时监控直播效果，根据数据反馈及时调整和优化，以实现销售目标。

直播策略具有实时性、互动性和可视化等特点，能够有效地吸引消费者的注意力，提高品牌曝光度和用户参与度。通过直播，企业可以更加直观地展示产品的特点、使用方法和用户评价，增强消费者对产品的信任感和购买意愿。同时，直播也是一种有效的客户服务渠道，可以实时解答消费者的问题和疑虑，提升客户满意度和忠诚度。

因此，直播策略是企业实现数字化转型、提升销售效率和品牌价值的重要手段之一。

（二）直播策略的优势

互联网销售管理的直播策略具有多方面优势，使得直播成为企业在线销售和推广的重要工具。以下是直播策略的主要优势：

1.实时互动与沟通

直播提供了实时互动的机会，观众可以在直播过程中提问、评论或参与互动游戏，这种即时反馈增强了观众的参与感和体验感。企业可以即时回答观众的问题，消除他们的疑虑，从而提高转化率。

2.视觉化展示

直播能够直观地展示产品，包括产品的外观、功能、使用方法等，帮助观众更全面地了解产品。视觉化展示有助于吸引观众的注意力，提升他们对产品的兴趣和购买意愿。

3.增强品牌认知和信任感

直播可以展示企业的专业性和品牌形象，通过真实、生动的直播增强观众对企业的信任感。企业可以利用直播与观众建立更加紧密的联系，提高品牌忠诚度。

4.扩大市场覆盖面

直播有广泛的受众，可以覆盖更多的潜在客户。通过社交媒体、短视频平台等渠道的分享和传播，直播内容可以迅速扩散，提高品牌的曝光度。

5.提高销售转化率

直播的实时互动性和视觉化展示有助于激发观众的购买欲望，提高销售转化率。企业可以在直播中采用发放优惠券、限时折扣等促销手段，进一步刺激观众购买。

6.数据驱动优化

在直播过程中，企业可以收集大量观众数据，如观看时长、互动行为、购买行为等，这些数据有助于企业更准确地了解观众的需求和喜好。基于数据分析，企业可以优化直播内容，提高直播效率和销售业绩。

7.降低营销成本

相比传统的营销活动，直播具有较低的成本和较高的效率。企业可以通过直播进行新品发布、产品推广、客户服务等活动，降低营销成本并提升营销效率。

8.创新营销手段

直播作为一种新的营销手段，具有创新性和趣味性，能够吸引更多年轻消费者的关注。企业可以通过创新直播内容、进行跨界合作等方式，打造独特的品牌形象和营销风格。

（三）直播策略的表现形式

互联网销售管理的直播策略表现形式多样，以下介绍几种常见的表现形式，并辅以相关细节说明：

1.品牌+直播+明星

表现形式：利用明星的影响力，结合品牌宣传，进行直播带货。明星通过直播向粉丝推荐产品或服务，提高产品的曝光度和认知度。

优势：明星拥有庞大的粉丝基础，能够快速吸引大量观众，提高直播的观看量和转化率。

注意事项：选择合适的明星至关重要，明星的形象和品牌定位要匹配，避免产生负面效应。同时，明星的直播时间、频率和内容也需要精心策划，以最大化直播效果。

2.品牌+直播+企业日常

表现形式：通过直播展示企业的日常运营、产品制造过程、企业文化等，让消费者更深入地了解企业。

优势：能够增强消费者对企业的信任感，提升品牌形象。同时，企业的日常工作内容也更容易引起观众的兴趣和共鸣。

注意事项：确保直播内容的真实性和趣味性，避免过于枯燥或虚假的内容。同时，也要保护企业的商业机密和知识产权。

3.品牌+直播+活动

表现形式：结合各类促销活动、节日庆典、新品发布等进行直播。在直播中采用优惠折扣、限时特价等促销手段，吸引消费者购买。

优势：能够增强直播的趣味性和互动性，提高观众的参与度和购买意愿。同时，活动本身也具有一定的传播效应，能够扩大品牌的影响力。

注意事项：确保活动的真实性和合法性，避免虚假宣传和误导消费者。同时，也要合理安排活动时间和内容，避免对消费者造成困扰或引起消费者的不满。

4.品牌+平台+直播

表现形式：企业与电商平台或社交媒体平台合作，进行直播带货。利用平台的流量优势，将直播内容推送给更多潜在消费者。

优势：能够迅速扩大直播的覆盖面，提高品牌的曝光度和知名度。同时，电商平台和社交媒体平台也提供了丰富的营销工具和资源支持。

注意事项：选择合适的平台至关重要，需要考虑平台的用户群体、流量规模、营销工具等因素。同时，也要与平台保持良好的合作关系，确保直播内容的合规性和传播效果。

5.专家讲座直播

表现形式：邀请行业专家或专业人士进行直播讲座，分享行业趋势、产品知识、使用技巧等内容。通过专家的权威性和专业性提升产品的可信度和吸引力。

优势：能够提高直播的专业性和权威性，提高观众对产品的认知度和信任度。同时，专家讲座本身也具有一定的吸引力和传播效应。

注意事项：确保专家的权威性和专业性，避免虚假宣传和误导消费者。同时，也要合理安排讲座时间和内容，确保观众能够从中获得有价值的信息和启示。

综上所述，互联网销售管理的直播策略表现形式多样，企业可以根据自身情况和目标受众，选择适合的表现形式进行直播。无论选择哪种表现形式，都要确保直播内容的真实性、趣味性和互动性，以吸引更多观众并提高转化率。

（四）直播策略的具体实施步骤

1.前期准备

目标设定：明确直播的目标，如增加销售额、提高品牌曝光度、提升用户参与度等。设定具体的量化指标，如"销售额增加20%"等。

市场分析：分析目标用户的需求和喜好，以便选择合适的直播内容和形式。

精确的市场调研：了解用户需要什么、企业能够提供什么，避免同质化竞争。

平台选择：选择合适的直播平台，要考虑平台流量、用户画像、付费方式等。根据属性，可以将平台划分为不同的领域，如电商类、娱乐类等。

内容策划：确定直播内容。根据目标用户的需求和喜好，确定直播内容的主题和形式。策划直播利益点、直播形式等，确保直播具有吸引力和新鲜感。

团队搭建：招募具有专业知识和吸引力的主播和演讲人，提高直播质量和吸引力。可以与KOL合作，提高直播的曝光度和参与度。

2.宣传推广

制作宣传素材：制作宣传视频和图片，撰写文章，突出直播的亮点和吸引用户的特点。设计有吸引力的宣传素材，在微信公众号、朋友圈等渠道推广。

社交媒体预热：在社交媒体平台提前发布直播预告，吸引用户关注和参与。与粉丝互动，了解他们的需求和征求反馈意见，对直播内容进行优化。

3.直播准备

直播环境搭建：设计专业的直播背景，营造良好的视觉效果。检查摄像机、麦克风和网络连接等，确保直播过程不出现技术故障。

直播道具准备：根据直播内容，准备好相关的道具和展示品，增强直播的趣味性和吸引力。

4.直播执行

提前宣传：在直播开始前一段时间，通过视频、文字和图片等方式再次进行宣传，吸引更多用户关注和参与。

直播互动：在直播过程中设置互动环节，如抽奖、问答等，增强用户的参与度和黏性。及时回答用户的问题、回应用户评论和留言，提高用户满意度。

产品展示：详细介绍产品的特点、功能和使用方法，通过演示和讲解让观众更直观地了解产品。

5.后期跟进

数据分析：对直播的观看量、互动量、转化率等数据进行深入分析，了解直播效果和用户反馈。根据数据分析结果，优化直播内容。

客户关系维护：通过社交媒体、电子邮件等方式与观众保持联系，提供售后服务和支持。鼓励观众分享直播内容和购买体验，扩大品牌影响力和用户群体。

内容复用：将直播内容整理成视频、图文等形式，发布到其他平台或通过其他渠道进行二次传播。

以上步骤为互联网销售管理的直播策略的具体流程，每一个步骤都至关重要，需要精心策划和执行。

十、连环策略

（一）连环策略认知

互联网销售管理连环策略是指通过精心规划和设计，将多个互联网销售活动、策略和方法有机结合起来，形成一个连贯、协同作用的销售链条，以提高销售效率、强化品牌传播和增强用户黏性。互联网销售管理连环策略的关键要点如下：

1.策略组合

连环策略由多个互联网销售管理策略组成，如搜索引擎优化、社交媒体营销、内容营销、电子邮件营销等。这些策略相互关联、相互支持，共同形成一个有机的整体。

2.逻辑关联

各个策略按照一定的逻辑关系组合在一起，如从吸引用户到转化用户，再到用户留存和复购。每个策略都为实现整体销售目标贡献力量，确保销售链条顺畅运行。

3.时间或空间序列

不同策略的实施要遵循特定的时间或空间序列，如按照用户购买周期的不同阶段实施不同的策略。确保在正确的时间或地点向用户展示最相关的信息。

4.相互依存

连环策略中的每个策略都与其他策略的成功实施相辅相成。例如，SEO策略可以吸引更多用户访问网站，而社交媒体营销策略可以帮助建立品牌形象和增强用户黏性。

5.相互促进

通过合理的布局和安排，各个策略可以相互促进，形成良性循环。例如，内容营销可以吸引用户关注，而电子邮件营销则可以进一步促进用户转化和复购。

6.系统性和全面性

连环策略强调从整体上把握互联网销售管理过程，通过系统分析和规划，确保各个策略协调一致地发挥作用。考虑到用户的不同需求和购买习惯，企业要制定全面而具体的销售策略。

7.数据驱动

互联网销售管理连环策略的实施依赖数据分析和用户反馈。通过收集和分析用户数据，了解用户的行为和需求，优化销售策略，提高销售效率。

8.持续优化

互联网销售环境变化迅速，企业要不断对连环策略进行优化和调整。根据市场趋势、竞争对手动态和用户反馈，持续改进和创新销售策略。

案例：小米科技有限责任公司（以下简称小米）通过"口碑营销"和"邀请制"购买策略吸引了大量用户的关注，并通过社交媒体和内容营销扩大了品牌影响力。这些策略相互关联、相互促进，形成了小米独特的互联网销售管理连环策略。

通过实施互联网销售管理连环策略，企业可以更好地把握互联网销售的机会，提高销售效率、促进品牌传播、增强用户黏性。

（二）连环策略的实施步骤

互联网销售管理连环策略的步骤有以下几个，每个步骤都包含了具体的策略和行动项：

1.前期筹备

（1）锚定销售目标。精准设定清晰、可衡量的销售目标及关键绩效指标，为销售团队明确前进方向，确保各项工作围绕目标有序开展。

（2）深耕目标客户。借助全面的市场调研与先进的数据分析手段，洞察目标客户群体的需求痛点、购买习惯以及个人偏好，为后续策略制定筑牢根基。

（3）合理规划营销预算。依据既定的销售目标，科学合理地分配营销预算，确保营销资源在销售过程中发挥最大效能，避免资源浪费与错配。

2.市场定位与策略矩阵

（1）精准市场定位。清晰界定产品或服务在市场上的定位，深入挖掘与竞争对手的差异化优势，以此塑造产品或服务在目标客户心目中的独特形象。

（2）定制营销策略矩阵。立足精准的市场定位与对目标客户的深刻理解，制定多元化且具有针对性的营销策略，涵盖内容营销、社交媒体营销、搜索引擎优化等，多管齐下，精准触达目标客户。

3.产品与服务

（1）制定产品核心策略。明确阐述产品或服务的核心特点与显著优势，持续优化产品或服务，确保产品或服务精准契合目标客户的需求。

（2）构建优质服务体系。全方位打造售前、售中及售后服务体系，从客户咨询回应、订单高效处理到售后问题妥善解决，全流程提升客户满意度，培育客户忠诚度。

4.销售流程精细化管控

（1）多元流量引入。综合运用社交媒体平台推广、搜索引擎营销、广告投放等多种渠道，广泛吸引潜在客户，为销售转化积累充足客源。

（2）高效线索跟进。对获取的潜在客户线索，建立快速响应机制，及时、精准跟进每一条线索，不错过任何可能的销售机会，提高转化率。

（3）强力转化。销售团队运用专业且有效的销售技巧与策略，深入挖掘客户需求，精准呈现产品或服务的价值，消除客户疑虑，推动潜在客户转化为购买者。

（4）稳固客户关系维系。针对已购买产品或服务的客户，持续开展关系维护工作，提供贴心、周到的售后服务，积极促成客户二次购买，并借助良好的口碑进行品牌传播与新客户拓展。

5.数据分析驱动优化

（1）全面数据采集。系统性收集销售过程中的各类数据，包括流量来源数据、潜在客户线索数据、实际销售成果数据等，为后续分析提供丰富的素材。

（2）深度数据分析洞察。运用科学的数据分析方法对采集到的数据进行深度剖析，精准识别销售流程中存在的问题以及潜藏的机会，为策略调整提供有力支持。

（3）适时策略优化调适。依据数据分析结论，迅速、灵活地对销售策略进行适时调整与优化，持续提升销售效率与业绩，实现销售工作的动态改进。

6.团队协作与能力进阶

（1）搭建高效协作架构。建立健全高效的团队协作机制，打破部门壁垒，使销售团队成员之间的信息流畅通无阻、协同工作无缝对接，提升团队整体执行力。

（2）强化培训与发展体系。定期组织销售团队成员参加专业培训与技能提升活动，持续更新知识储备、提升业务能力，全面提升销售团队的综合素质与战斗力。

7.持续改进与创新驱动

（1）敏锐捕捉行业动态。时刻关注互联网销售管理的前沿动态与发展趋势，及时掌握市场变化与竞争对手动向，为互联网销售管理策略的前瞻性调整提供有力支撑。

（2）积极鼓励创新实践。营造开放包容的团队氛围，鼓励团队成员大胆提出新颖的销售思路与方法，并积极付诸实践验证，通过持续创新为销售工作注入源源不断的活力。

系统、有序地推进以上七个步骤，企业能够构建起完整、闭环且不断迭代优化的互联网销售管理连环策略体系，有力推动销售效率与效果双重提升，实现销售业绩的稳健、持续增长。

十一、页面引导策略

（一）页面引导策略认知

页面引导策略是指在互联网销售平台上，为了优化用户体验、提高用户参与度并促进销售转化而采取的一系列有针对性的页面设计和内容展示方法。这种策略旨在优化页面布局、内容呈现、交互设计等方面，引导用户浏览、了解、选择和购买商品。互联网销售管理页面引导策略的内容主要包括以下几方面：

1.页面布局优化

简洁明了：确保页面设计简洁，避免过多的冗余元素干扰用户的视线。

突出核心：将重要信息，如产品图片、价格、优惠活动等置于页面的显眼位置，吸引用户的注意力。

导航清晰：提供明确的导航菜单和搜索功能，方便用户快速找到所需商品。

2.内容展示

详细介绍：提供详细的产品描述、规格参数、使用说明等，帮助用户全面了解产品。

真实评价：展示真实的客户评价，增强说服力和用户对产品的信任度。

优惠信息：突出显示限时优惠、促销活动等信息，激发用户的购买欲望。

3.交互设计

便捷购物：提供简洁的购物流程，减少用户操作步骤，提高购物效率。

实时互动：提供在线客服功能，解答用户的疑问，增强用户的购买信心。

4.信任建立

安全支付：提供多种安全支付方式，确保用户交易安全。

隐私保护：明确告知用户隐私政策，保护用户信息安全。

5.数据驱动

数据分析：收集和分析用户行为数据，了解用户需求和偏好，为优化页面和引导购买提供依据。

A/B测试：通过A/B测试等方式不断优化页面设计和内容展示，提高转化率。

6.移动设备优化

响应式设计：确保页面在不同设备和屏幕尺寸都能正常显示和使用。

加载速度优化：加快页面加载速度，提高移动端用户体验。

综上所述，互联网销售管理页面引导策略通过页面布局优化、内容展示、交互设计、信任建立、数据驱动、移动设备优化等，为用户提供更加便捷、安全的购物体验，进而提升销售转化率。

（二）页面引导策略的方法

互联网销售管理页面引导策略在实施过程中，通常会采用多种策略和设计原则来确保用户体验的流畅性和购买的便捷性。以下是一些引导消费者的方法：

1.简洁明了的页面布局

突出核心产品和品牌形象，提供简洁明了的搜索和导航功能，方便用户快速找到所需商品。

商品展示页面以图片为主，配以简要的商品介绍和购买方式，增强用户对商品的了

微课3-9

增强页面说服力的四个核心要素

解，提高购买的便利性。

2.清晰的导航设计

在页面顶部或侧边栏设置主导航，包括首页、分类、搜索等重要入口。

提供"面包屑导航"，让用户清晰了解自己的浏览路径和位置。

在商品展示页面提供筛选和排序功能，方便用户快速找到符合自己需求的商品。

3.合理的色彩搭配和字体选择

色彩搭配以品牌色为基调，辅以少量的亮色和中性色，突出商品的特色和品牌形象。

使用的字体应具有良好的易读性，字号大小合适，排版合理，避免文字过小或过大而影响视觉体验。

4.高质量的图片应用

使用高质量、高清晰度的商品图片，给用户带来愉悦的视觉享受。

选择适当的图片大小，减少加载时间，加快页面的加载速度。

5.醒目的广告位和商品展示区

广告位设计应简洁明了、引人注目，如采用多张图片轮播方式展示热门商品或优惠活动。

商品展示区布局合理，商品主图、价格和简要描述等信息清晰可见。

6.注重页面的可视性和交互性

使用高质量的图片和图标，提高页面的美观度。

提供商品评价、客户留言等功能，增强互动和交流。

设置购物车图标，提供清晰的购物车页面，方便用户查看和管理购物记录。

7.避免误导和欺诈行为

不使用"扫码、抽奖"等不明链接诱导消费者输入个人信息。

不使用"0元、免息"等销售陷阱误导消费者。

不采用默认勾选等默认选项使消费者在不知情的情况下被捆绑搭售。

8.清晰的合同和条款

在签订合同时，务必就缴费时间、方式、渠道等问题仔细确认，以免造成经济损失。

详细阅读合同条款，避免被某些宣传"噱头"所误导。

9.移动端优化

针对移动端用户，进行页面优化，提高页面加载速度和用户体验。

综上所述，互联网销售管理页面引导策略在实施过程中，需要综合考虑页面布局、导航设计、色彩搭配和字体选择、图片应用、广告位和商品展示区、页面的可视性和交互性、避免误导和欺诈行为、合同条款、移动端优化等多个方面，为客户提供良好的购物体验和便捷的购买流程。

（三）增强销售页面的说服力

增强销售页面的说服力需要从多个方面入手，有效结合多种策略，吸引更多的潜在客户并促进销售转化。

1.明确的产品介绍和定位

清晰、详细的产品描述：提供产品的详细规格、功能、用途等信息，帮助用户全面了解产品。

强调产品优势：突出产品的独特卖点、企业产品与其他产品的区别，以及产品为用户带来的价值。

2.高质量的图片和视频展示

使用高分辨率、清晰的产品图片：确保用户能够清晰地看到产品的细节和质量。

视频展示产品使用场景：通过视频向用户展示产品在不同场景中的使用效果，增强用户对产品的信任感。

3.客户评价和案例展示

展示真实的客户评价：将客户的正面评价展示在页面上，增强产品的可信度。

成功案例展示：展示一些知名人士或企业使用产品的成功案例，增强说服力。

4.营造紧迫感

限时优惠：在有限时间内提供折扣或进行促销活动，刺激用户尽快下单。

库存紧张：展示产品的库存数量，营造抢购氛围，增强用户的购买欲望。

5.提供信任保障

安全支付方式：提供多种安全、便捷的支付方式，如支付宝、微信支付等，增强用户的购买信心。

售后服务承诺：明确显示售后服务政策，如退换货政策、质保服务等，让用户购买无忧。

6.优化页面设计和布局

简洁明了的页面设计：确保页面设计简洁明了，避免过多的干扰元素，让用户能够迅速找到所需信息。

醒目的标题和按钮：使用醒目的颜色和字体设计标题和按钮，吸引用户的注意力并引导他们进行下一步操作。

7.提供个性化推荐

根据用户的浏览和购买历史，提供个性化的产品推荐，提高用户的购买兴趣和满意度。展示与当前产品相关的其他商品，提高用户的购买可能性。

8.利用社交媒体和口碑营销

在社交媒体平台上分享产品信息、优惠活动等，提高品牌曝光度和用户参与度。鼓励用户分享购买心得、评价等，形成口碑传播效应，提高产品的说服力。

9.数据分析和优化

根据数据分析结果，不断调整和优化页面设计、内容展示等，提高页面的转化率和说服力。

10.提升品牌形象和认知度

建立独特的品牌形象和视觉识别系统，提高用户对品牌的认知度和信任感。强调品牌理念和价值观，让用户产生情感共鸣和认同感，从而增强购买意愿。

11.使用明确的行动号召

在页面的关键位置，如产品描述下方或购物车旁边，使用明确的行动号召（CTA）按钮，如"立即购买""加入购物车"等。确保CTA按钮与页面其他元素在色彩和设计上形成对比，以吸引用户的注意力。

12.展示产品的生产过程

对于某些产品，如手工制品或高科技产品，展示其生产过程可以增强用户的信任感和购买欲望。通过图片、视频或实时直播的方式，向用户展示产品从原材料到成品的完整加工过程。

13.提供详细的比较信息

如果产品与市场上的其他产品存在竞争关系，提供详细的比较信息可以帮助用户更好地了解产品的优势。使用表格、示意图或对比图片等方式，清晰地展示自己的产品与竞争对手产品的区别。

14.强调产品的附加值

除了产品本身的功能和优势外，强调产品的附加值也是增强说服力的有效方法。例如，提供免费的配送服务、延长质保期限、有专业的售后服务等，都可以提高用户对产品的满意度和信任感。

15.利用故事和案例

讲述真实的用户故事或案例，展示产品如何帮助用户解决问题或实现目标。用户故事和案例能够拉近用户与产品之间的距离，让用户更加信任并愿意购买产品。

16.提供易于理解的解释和说明

对于复杂的产品或功能，提供易于理解的解释和说明可以帮助用户更好地理解产品的价值和优势。使用简单明了的语言和图表，向用户解释产品的工作原理、使用方法等关键信息。

17.展示信任标识和证书

在页面展示相关的信任标识和证书，如ISO认证、行业奖项、用户评价等。这些标识和证书能够增强用户对产品的信任感和购买信心。

18.提供个性化的推荐和定制服务

根据用户的浏览和购买历史，提供个性化的产品推荐和定制服务。这能够提高用户的购买兴趣和满意度，提高页面的转化率。

19.优化页面的加载速度和响应性

确保页面能够快速加载并响应用户的操作，以提高用户体验和满意度。优化图片、视频等多媒体元素的加载方式，减少不必要的等待时间。

20.定期更新页面内容及开展优惠活动

定期更新页面内容，如添加新的产品、发布优惠活动等，保持页面的新鲜感和吸引力。通过定期更新优惠活动，刺激用户的购买欲望并提高页面的转化率。

（四）销售页面信息呈现要注意的问题

微课 3-10

销售页面中必须要说清楚的五个问题

在互联网销售页面中，为了确保消费者清晰、准确地了解产品信息并作出购买决策，有一些必须注意的问题：

1.产品描述

详细描述产品的特点、功能、用途和优势。使用简洁明了的语言，避免使用过于复杂或专业的术语。可以通过图片、视频等多种形式展示产品，使消费者更直观地了解产品。

2.价格信息

明确标注产品的价格，包括原价、优惠价等。如果涉及多个规格或版本，需要明确不同规格或版本的价格差异。

3.支付方式

列出所有可用的支付方式，如支付宝、微信支付、信用卡等。如有任何支付限制或条件，需要明确告知消费者。确保支付流程简单、安全、快速。

4.物流配送

提供详细的配送政策，包括配送范围、配送时间、配送费用等。如涉及跨境销售，需要说明国际物流的相关信息，如税费、海关政策等。确保物流配送可靠、高效。

5.售后服务

明确显示售后服务政策，如退换货政策、维修政策等。提供客服联系方式，如电话、电子邮箱、在线客服等，方便消费者咨询和投诉。确保售后服务及时、专业、高效。

6.用户评价

展示用户的评价和使用体验，帮助潜在消费者了解产品的真实情况。确保评价真实、客观、公正。

7.隐私和安全

明确显示如何保护消费者的隐私和数据安全，包括数据加密、隐私政策等。确保网站或销售平台符合相关隐私和安全标准。

8.使用说明和注意事项

提供详细的产品使用说明和注意事项，帮助消费者正确使用产品。如果有潜在的安全风险，需要明确告知消费者。

9.产品认证和资质

如果产品涉及特殊行业或需要特定认证，需要明确展示相关的产品认证和资质信息。这有助于增强消费者对产品的信任感和购买意愿。

10.其他重要信息

根据产品特性和目标消费者的需求，提供其他重要信息，如产品材质、尺寸、颜色选择等。确保所有信息都准确无误，避免误导消费者。

通过清晰地显示这些必须注意的问题，互联网销售页面可以更有效地吸引和留住消费者，提高转化率和销售额。

（五）通过多种工具提升页面消费者咨询率

要提升消费者的咨询率，可以通过多种工具和方法来实现。以下是一些具体的建议：

1.全渠道在线客服系统

使用全渠道在线客服系统，可以确保无论用户来自哪个渠道，如社交媒体、网站、电子邮件等，都能实时引流到客服端，进行及时的沟通对接。

优点：提高客户服务的响应速度和效率，优化用户体验。

2.网站在线客服推广

在网站上提高在线客服的曝光度，如设置明显的咨询按钮或图标，让客户快速了解在线客服的便利。

优点：提高客户对在线客服的感知度，增加咨询意愿。

微课3-11

通过多种工具提升消费者咨询率

3.自定义设置与自助式选择

为客户着想、以客户需求为先，提供自定义设置选项，让用户能够选择自己想了解的内容，不做强制性要求。

优点：提高客户满意度，降低用户抵触感。

4.自动邀请功能

开启自动邀请功能，主动联系客户，让客户感受到贴心的服务。同时，设置恰当的自动邀请弹出时间，给用户考虑时间。

优点：提高访客的点击率，增加咨询机会。

5.网络推广增加网站流量

加强企业的网络推广，增加网站的访问量。进入企业网站的访客越多，带来的商机也就越多。

优点：增加潜在客户基数，提高咨询率。

6.专业的客服人员

确保客服人员的专业性，及时、准确地解决客户的问题，提供高效、快速的服务。

优点：增强客户信任感，提高客户满意度和忠诚度。

7.利用消费者调研工具

使用在线问卷、社交媒体分析等消费者调研工具，深入了解客户需求和偏好，为提升咨询率提供数据支持。

优点：提高调研的准确性和有效性，为制定营销策略提供有力支持。

8.优化咨询工具设置

根据不同设备和页面布局，优化咨询工具设置，如咨询框、邀请框、沟通窗口等，提高对话率。

优点：提升用户体验，增加咨询机会。

9.利用社交媒体平台

在社交媒体平台上积极互动，回应用户的疑问和反馈，提高用户对企业和产品的知晓度。

优点：扩大企业影响力，提高品牌知名度。

10.饥饿营销与增加产品价值

通过放大产品需求和增加附加值，刺激消费者的购买欲和咨询欲。例如，使用"限时限量""限时半价"等饥饿营销策略、强调产品的独特性和优势，刺激消费者购买。

优点：提高产品吸引力，促进销售，增加咨询机会。

通过以上工具和方法的综合运用，可以有效提升网络消费者的咨询率，为企业带来更多的商机和收益。

【案例分析3-2】

智能家居产品部门直播方案

一、直播目标

提升品牌知名度：通过直播，向更多潜在消费者展示智能家居产品的优势和特色，提高品牌曝光度。

促进产品销售：利用直播的即时互动性和现场感，激发观众的购买欲望，直接促进产品销售。

增强用户黏性：利用直播内容的趣味性和实用性，增强用户对智能家居产品的了解和兴趣，强化用户黏性。

收集市场反馈：通过直播过程中的观众互动，收集用户对产品的意见和建议，为产品优化提供参考。

二、直播主题与内容规划

直播主题：智启未来，家享便捷——智能家居生活体验日。

内容规划：开场介绍（5分钟）：简短介绍品牌背景、直播目的及当天直播的亮点。

产品展示（40分钟）：按照生活场景（如客厅、卧室、厨房等），逐一介绍智能家居产品（如智能音箱、智能灯光、智能安防等）。

通过现场演示，展示产品的智能化功能、操作便捷性以及对生活的改善。

场景模拟（20分钟）：设定不同的生活场景（如早晨起床、夜晚归家、家庭聚会等），模拟智能家居产品的应用场景，增强观众的代入感。

互动问答（15分钟）：邀请观众提问，针对产品功能、使用方法、价格优惠等方面进行详细解答。

设置抽奖环节，鼓励观众参与互动，增强直播的趣味性。

优惠活动（10分钟）：宣布直播期间的专属优惠、限时折扣、赠品等促销活动，激发观众购买欲望。

结束总结（5分钟）：总结直播亮点，感谢观众参与，并预告下次直播时间。

三、直播准备

直播设备：确保高清摄像头、稳定器、麦克风等直播设备齐全且性能良好。

直播场地：选择光线充足、布局合理、背景整洁的场地进行直播，展现产品的外观和细节。

产品准备：确保所有展示产品处于最佳状态，准备充足的演示素材和道具。

人员分工：明确主播、产品经理、技术支持等人员的职责分工，确保直播流程顺畅。

预热宣传：通过社交媒体、电商平台、企业官网等多种渠道进行直播预热宣传，吸引更多观众关注。

四、直播执行

准时开播：按照预定时间准时开播，确保观众准时进入直播间。

互动引导：主播应积极与观众互动，引导观众提问、参与抽奖等活动，增强直播的参与感。

灵活应对：面对突发情况（如技术故障、观众质疑等），主播应保持冷静，灵活应对，确保直播顺利进行。

数据分析：利用数据分析工具监测直播过程中的观众行为、互动情况等数据，为后续优化提供参考。

五、直播后续

用户反馈收集：通过直播间的观众留言、私信等方式收集用户对产品的反馈意见。

销售跟进：对直播期间下单的用户，要及时跟进，确保订单信息准确与完整。

内容复盘：对直播内容进行复盘，总结经验教训，为下次直播提供方向。

宣传延续：将直播精彩片段剪辑成短视频或图文形式，在社交媒体等渠道进行二次传播，延续直播热度。

任务三　熟悉互联网销售管理的维护策略

一、场景策略

（一）场景策略认知

微课3-12

场景策略

互联网销售场景策略是指在网络环境中，根据目标用户的心理和行为特征，结合产品特点和市场环境，通过构建与消费者日常生活或特定身份场景紧密相关的营销环境，制定的一系列具有针对性和实效性的营销策略。这些策略旨在提高消费者的购买意愿，促进产品的销售。互联网销售场景策略的内容如下：

1.场景体验主导型策略

这类策略的发力点主要集中在线下，通过在产品的销售或宣传现场，1∶1复刻大型的体验项目，让附近的消费者有机会深入到项目中，感受产品的魅力。

这类策略包括在商场、购物中心等人流量较大的地方设置产品体验区，提供真实的场景体验，让消费者能够直观地了解产品的特点和优势。

2.虚拟情境代入型策略

这类策略不需要真实场景的搭建，而是通过视频、文案等，为消费者勾勒一个虚拟的场景，使消费者能够在观看过程中代入自己的人设，形成对产品深入的认知。

这类策略包括通过制作与产品相关的视频内容，展示产品在不同场景下的应用效果，以及通过文案引导消费者想象自己在使用产品时的情景。

3.主动邀请互动型策略

这类策略是针对固定人群而展开的，通过大数据分析划分产品的目标推广人群，并通过小程序、视频、推文等方式与这些目标人群建立主动的联系。

这类策略包括利用大数据分析出目标人群的需求和痛点，通过定向推送、互动游戏等方式邀请目标人群参与体验，以满足他们的需求并助力产品的销售。

4.基于用户画像的个性化营销策略

这类策略是指根据用户画像，对目标用户进行细分，并针对不同用户群体制定个性化的营销策略。

其包括根据用户的年龄、性别、地域、兴趣等信息，推送符合其需求的产品信息和优惠活动，以提高营销的精准度和效果。

5.社交媒体营销策略

社交媒体营销策略是指利用社交媒体平台进行产品推广和销售，通过社交互动吸引用户的关注和参与。

这类策略包括在微博、微信、抖音等社交媒体平台上发布产品信息、优惠活动等内容，与用户进行互动和交流，提高品牌的知名度和用户黏性。

6.内容营销策略

内容营销策略通过创作有价值的内容来吸引用户的关注，提高用户对产品的兴趣和购买意愿。

其包括撰写与产品相关的文章、制作视频教程、发布行业报告等，为用户提供有价值的信息和帮助，同时展示产品的特点和优势。

互联网销售场景策略涵盖了多个方面，这些策略的共同目标是通过构建与消费者日常生活或特定身份场景紧密相关的营销环境，提高消费者的购买意愿，促进产品的销售。

（二）场景对客户关系的影响

互联网销售场景对客户关系的影响主要体现在以下几个方面：

1.增强客户体验

互联网销售场景通过虚拟现实、增强现实等技术手段，为消费者提供了更加真实、生动的购物体验。这种体验不仅能够吸引消费者的注意力，还能增加他们对产品的兴趣和购买欲望。

2.提高客户互动频率

互联网销售场景利用社交媒体、在线聊天等工具，使客户与企业之间的互动更加频繁和便捷。

客户可以随时随地与企业进行沟通交流，提出问题和建议，企业也能及时回应客户需求，提供解决方案。这种高频率的互动有助于建立更加紧密的客户关系，增强客户对企业的信任感和归属感。

3.实现客户数据的数字化管理

互联网销售场景使企业能够方便地收集和存储客户数据，包括购买记录、浏览行为、偏好等。这些数据可以帮助企业更深入地了解客户的需求和行为，为制定更加精准的营销策略提供支持。通过数字化管理客户数据，企业可以更加有效地进行客户细分和个性化营销，提高营销效率和客户满意度。

4.提升客户服务的个性化水平

互联网销售场景使企业能够根据客户的个人信息和购买历史提供个性化的服务。例如，通过向客户发送定制化的产品推荐、优惠信息等内容，企业可以更加精准地满足客户的需求，提高客户满意度和忠诚度。个性化的服务还能够增强客户与企业之间的情感联系，使客户更加愿意与企业保持长期的合作关系。

5.促进客户关系的维护和发展

互联网销售场景为企业提供了更多的机会来维护和发展客户关系。通过定期与客户进行互动、提供优质的售后服务等方式，企业可以加强与客户的联系，提高客户忠诚度。同时，企业还可以利用互联网销售场景中的社交元素，如客户评价、分享等功能，鼓励客户分享自己的购物体验和感受，吸引更多潜在客户关注和参与，从而扩大企业的市场影响力。

互联网销售场景对客户关系的影响有助于企业建立更加紧密、稳定的客户关系，提高客户满意度和忠诚度，进而推动企业的持续发展。

（三）场景策略实施的步骤

互联网销售场景策略的实施过程可以概括为以下几个关键步骤：

1. 明确目标与定位

该步骤确定服务对象以及服务方式，确保方案明确、可执行，让用户一目了然，同时深入分析定位市场的特点和需求，为其量身打造场景内容。

2. 细分用户群体

该步骤通过对用户数据的洞察，分析用户的年龄、性别、职业、地域等基本信息，将用户进行类别细分。根据不同的用户群体来深度挖掘用户痛点，了解他们的需求和期望。

3. 场景设置与构建

该步骤基于用户需求和痛点，构建与产品相关的场景，制造代入感，让消费者能够迅速与品牌或产品定位产生关联。

场景设置要注重互动性和心理反馈，确保消费者能够真正进入到场景中，并连接用户与产品。

4. 把控场景节奏

该步骤根据消费者的心理反馈和行为，适时调整场景节奏，确保场景体验的连贯性和吸引力。激发消费者的需求动机，引导他们进一步了解和购买产品。

5. 文案创作与呈现

该步骤创作具有吸引力和感染力的文案，突出产品的特点和优势，增强消费者的购买欲望。文案要简洁明了，易于理解，同时要注重情感共鸣和价值观的传递。

6. 选择合适的平台和工具

该步骤根据目标受众和场景特点，选择合适的互联网平台和工具进行营销和推广。利用搜索引擎优化（SEO）、社交媒体广告、内容营销等多种手段提高品牌知名度和曝光率。

7. 制作有效的营销素材

该步骤制作有吸引力和信息量大的营销素材，如宣传海报、产品宣传视频、文章等，确保营销素材与场景策略相匹配，能够迅速吸引目标受众的注意力。

8. 行为引导与转化

在成功将消费者带入到某种心理状态后，启动消费者的行为链条，引导他们进行购买或参与其他营销活动。提供便捷的购买渠道和优质的客户服务，确保消费者能够顺利完成购买过程并获得良好的购物体验。

9. 监测与优化

通过数据分析工具监测场景策略的实施效果，包括用户参与度、转化率等指标。根据数据分析结果及时调整和优化场景策略，确保其能够持续有效地吸引和转化目标受众。

总之，只有不断优化和完善这些环节，才能确保场景策略能够真正发挥作用并取得良好的销售业绩。

二、互动策略

（一）互动策略认知

微课 3-13

互动策略

互联网销售互动策略是指在互联网销售过程中，通过一系列设计精心的互动活动和机制，加强与目标受众的沟通和联系，以吸引、保留和转化潜在客户，提升销售效果和用户满意度的策略。

其内容主要包括以下几个方面：

1.社交媒体互动

利用社交媒体平台（如微博、微信、抖音等）发布与品牌或产品相关的内容，吸引用户关注和讨论。

实时监测用户反馈，及时回复评论和问题，增强用户满意度和忠诚度。

2.互动营销活动

设计各种优惠促销活动，如限时折扣、满减、赠品等，吸引用户购买并分享给朋友，扩大品牌影响力。

建立积分系统，鼓励用户参与互动活动、购买产品等以获取积分，提升用户黏性和活跃度。

鼓励用户生成内容（UGC），如分享与品牌或产品相关的照片、视频、评论等，并在社交媒体上展示优秀UGC，增强用户参与感。

3.个性化互动

借助大数据技术深入剖析用户行为，精准洞悉用户需求与偏好。以此为基础，为用户量身推送契合其兴趣的产品介绍及专属优惠信息，全方位提升用户体验，有效推动转化率的提高。

进一步依据每位用户独特的需求和喜好，匠心打造定制化产品与服务。无论是蕴含心意的定制化礼品，还是仅为特定用户准备的专属折扣，都致力于为用户营造独一无二的专属感，深度增强用户的归属感。

同时，构建完善的会员制度体系，为会员精心筹备一系列专属权益，涵盖优先购买、生日特惠等特殊优惠，让会员在每一次互动中都能感受到与众不同的尊崇待遇，从而显著提升会员的忠诚度与满意度。

4.互动游戏与竞赛

设计与品牌或产品相关的互动游戏，如抽奖游戏、答题游戏等，提高用户参与度和品牌曝光度。

举办线上或线下的竞赛活动，如摄影比赛、创意征集等，吸引用户参与并分享他们的作品，增加品牌互动。

设立明确的奖励机制，如积分、优惠券、实物奖品等，以激励用户参与互动活动。

5.客户服务与反馈

提供实时在线客服支持，解答用户疑问并处理客户提出的问题，确保用户满意。建立客户反馈系统，收集用户对产品、服务或活动的意见和建议，以便及时改进和优化。定期进行用户满意度调查或产品使用调查，了解用户需求和市场动态，为制定更有效的互动策略提供依据。

这些互联网销售互动策略通过加强用户与品牌之间的互动和联系，提升了用户的参与度和满意度，从而有效促进了销售增长和品牌发展。

（二）互动策略的作用

1.提升品牌知名度和曝光率

精准营销触及目标受众：网络互动营销能够精准地定位目标受众，通过社交媒体、电子邮件、网站等平台，将品牌信息传达给潜在客户，有效提升品牌知名度。

用户生成内容：鼓励用户分享自己的使用体验、评价、照片或视频，通过用户自身的传播，进一步提高品牌曝光率。

2.提升用户参与度和忠诚度

调动观众参与：网络互动营销通过举办有奖活动、问答、投票等方式，极大地调动观众的参与热情，使消费者更加关注品牌。

塑造品牌形象：通过精心设计的广告、宣传片和相关新闻，向消费者传达独特的品牌理念，增强消费者对品牌的认同感。

实时反馈与互动：利用社交媒体等互动工具，企业可以与消费者进行实时交流和反馈，提高顾客对企业的忠诚度。

3.促进销售增长和转化

资源利用效率提升：相比传统的营销方式，网络营销可以更加高效地利用企业的资源，通过精准的广告投放和内容传播，降低广告成本，提高转化率。

吸引目标客户群体：网络营销具有精准定位的特点，可以帮助企业找到并吸引特定的目标客户，提高广告的转化率。

增加销售量和利润：通过网络营销策略的实施，企业可以吸引更多潜在客户，提高销售量和利润。

4.优化用户体验和满意度

网站优化：优化页面设计、导航结构、内容布局等，确保企业网站或电子商务平台具备良好的用户体验，提高用户满意度。

个性化服务：根据用户的购买历史、浏览行为等信息，提供个性化的推荐和服务，提升用户体验。

5.数据分析与策略优化

数据收集与分析：利用数据分析工具收集用户行为数据、市场趋势和运营指标等信息，进行深入分析，为策略优化提供数据支持。

策略调整与优化：根据数据分析结果，调整和优化互动策略，提高营销效率和效果。

（三）互动策略的优缺点

1.优点

（1）广泛的传播范围。

网络营销具有传播范围广、速度快的特点，不受时间和地域限制，能够快速将信息传达给目标受众。通过社交媒体、电子邮件、网站等多种渠道，可以迅速提高品牌知名度和曝光率。

（2）互动性强。

互联网销售互动策略能够实现与消费者的双向交流，通过评论、私信、在线客服等方式，及时获取消费者反馈，增强品牌与消费者的联系。消费者参与度高，可以通过用户生成内容等方式，进一步推动品牌的传播和口碑的建立。

（3）成本效益高。

相比传统营销方式，网络营销成本更低，包括广告费用、宣传材料制作费用等。同时，网络营销能够实现精准营销，提高营销效率和转化率，从而降低营销成本。

（4）创新性强。

互联网销售互动策略能够充分利用新技术和新媒体，如社交媒体、短视频、直播等，不断创新营销方式，吸引消费者的注意力。

2.缺点

（1）信任问题。在虚拟的网络环境中，消费者往往对品牌和产品信息持怀疑态度，需要更多的时间和努力去建立信任关系。网络上存在着虚假宣传、欺诈行为等问题，可能影响消费者对品牌的信任度。

（2）用户参与度不均。虽然网络营销具有互动性强的特点，但用户参与度并不均匀。一些用户可能积极参与互动，而另一些用户则可能保持沉默或选择离开。

（3）竞争激烈。随着互联网营销的普及和发展，竞争日益激烈。品牌需要不断创新和优化营销策略，才能在众多竞争者中脱颖而出。

（4）技术要求高。互联网销售互动策略需要具备一定的技术能力和专业知识，包括数据分析、社交媒体运营、搜索引擎优化等。对于缺乏相关技能和经验的企业来说，可能需要花费更多的时间和资源来学习和实践。

（5）监管风险。在网络营销过程中，企业需要遵守相关的法律法规和政策规定，如《中华人民共和国广告法》（以下简称《广告法》）、《消费者权益保护法》等。如果违反相关规定，可能会面临法律风险和处罚。

（四）互动策略的方法

互联网销售互动策略的方法可以归纳为以下几个关键方面，每个方面下又细分为具体的策略：

1.社交媒体互动

内容发布：定期发布与品牌或产品相关的有趣内容，如行业资讯、用户故事、产品使用技巧等，以吸引用户关注和讨论。

活动举办：通过举办有奖问答、投票、话题讨论等互动活动，鼓励用户参与并分享，提高品牌曝光度。

实时监测与回应：利用社交媒体管理工具实时监测用户反馈，并尽快回应用户的问题和评论，增强用户满意度。

2.搜索引擎营销（SEM）

关键词优化：研究用户搜索习惯，选择相关的关键词，并进行优化，提高广告在搜索引擎中的排名。

竞价排名：根据关键词的竞争程度和预算，设定广告的出价，以获得更好的展示位置。

数据分析：利用搜索引擎提供的数据分析工具，跟踪广告效果，不断优化广告策略。

3.即时通信营销

在线服务：通过即时通信工具为用户提供实时咨询服务，解答用户疑问，提高用户满意度。

信息发布：发布企业信息和产品信息，让更多消费者认识和了解。

互动活动：通过即时通信工具举办互动活动，如抽奖、答题等，吸引用户参与。

4.虚拟现实（VR）和增强现实（AR）互动

虚拟展示：利用VR技术展示产品或服务，让用户获得更加真实、生动的体验。

AR互动游戏：设计AR互动游戏，吸引用户参与并分享，提高品牌曝光度。

虚拟试穿/试用：提供虚拟试穿或试用功能，让用户在线体验产品效果，提高购买意愿。

5.互联网口碑营销

鼓励客户分享：设置分享奖励机制，鼓励客户分享购买心得、使用体验等正面评价。

社交媒体合作：与社交媒体上的意见领袖或网红合作，邀请他们体验产品并分享给粉丝。

监测和回应：监测互联网上的口碑信息，及时回应负面评价，维护品牌形象。

6.互联网视频营销

高质量视频制作：制作有趣、有吸引力的视频内容，展示产品特点和品牌文化。

社交媒体推广：在社交媒体平台上分享视频内容，吸引用户观看和分享。

付费广告投放：在视频平台上投放付费广告，提高品牌曝光度。

7.个性化互动

数据驱动：利用大数据和用户行为分析，为用户提供个性化的推荐和优惠信息。

定制化服务：根据用户需求和偏好，提供定制化的产品和服务，增强用户归属感。

会员制度：建立会员制度，为会员提供专属权益和优惠，提升会员的忠诚度和满意度。

这些方法可以单独使用，也可以结合使用，具体策略的选择应根据企业实际情况、目标受众和预算投入等因素进行综合考虑。

（五）互动策略实施的步骤

互联网销售互动策略的实施，可划分为以下关键步骤：

1.剖析锚定目标与受众

目标精准锁定：精准界定网络营销的具体目标，比如旨在大幅提升品牌在特定领域的知名度，或是显著增加产品的销售量，抑或是高效获取大量新用户等，为后续策略开展锚定方向。

受众深度洞察：借助专业的市场研究手段，全方位解析目标受众的特性、需求以及偏好。依据年龄层次分布、性别占比、职业类别、所处地域等基础信息，构建起精准的受众画像，为后续策略制定筑牢根基。

2.拟定互动策略

形式精妙甄选：依据既定目标以及受众特征，审慎挑选适配的互动形式。像是在社交媒体平台展开话题互动，设置在线问答环节及时解惑，发起投票活动激发参与热情，抑或是举办抽奖活动吸引眼球等，以此契合不同受众的喜好。

内容匠心打造：精心创作与品牌特质、产品优势紧密关联，且兼具价值性与趣味性的内容。确保内容能精准吸引目标受众的注意力，并有效留住用户，提升用户对品牌和产品的关注度。

3.构建活动规则与奖励机制

规则明晰设定：制定条理清晰、无歧义的活动规则，让每一位参与者都能一目了然地知晓如何参与活动，以及达成何种条件可获取奖励，保障活动的公平公正与有序推进。

奖励合理规划：参照活动预期目标，精心设定恰当的奖励形式。既可以是实用的实物奖品，也可以是能促进消费的优惠券，抑或是可累计兑换权益的积分等，以此激发用户参与活动的积极性。

4.推广渠道与媒介选择

渠道精准定位：深入考量目标受众日常活跃的网络平台以及行为习惯，筛选出契合度高的推广渠道。例如，年轻群体活跃的社交媒体平台，或是用户精准搜索的搜索引擎，又或是可实现精准推送的电子邮件等。

媒介多元运用：充分借助企业官方网站、手机应用程序，乃至线下举办的实体活动等多元媒介，进行活动的全方位推广，拓宽参与路径，扩大活动覆盖面。

5.编制推广与营销计划

计划详尽制订：精心拟定全面细致的推广和营销计划，包括推广内容的具体规划、执行时间表的精准安排，以及预算的合理分配等关键要素，确保活动推进有条不紊。

资源优化配置：依照既定计划，科学合理地调配人力、物力以及财力资源，保障活动各个环节都能获得充足支持，促使活动顺利开展。

6.启动和监控活动

活动正式启动：严格按照计划流程，准时且有序地正式启动互动营销活动，确保各项准备工作落地实施。

进度实时把控：运用专业的数据监测工具，实时追踪活动的推进情况与实际效果。重点关注参与人数的动态变化、转化率的高低、用户反馈的内容等关键指标，以便及时调整策略。

7.分析和优化策略

数据全面收集：广泛收集活动开展过程中产生的各类数据，包括用户行为轨迹数据、产品销售数据、用户反馈意见数据等，为后续分析提供充足依据。

策略优化调整：基于深入的数据挖掘与分析结果，有针对性地对互动策略进行调整与优化。例如，针对转化率较低的环节优化流程，改进用户反馈不佳的部分，持续提升营销效果。

8.持续改进与创新探索

定期对互动营销活动进行复盘，回顾活动效果，总结经验教训，持续优化完善策略，不断提升活动质量。时刻关注市场动态变化以及新兴技术发展趋势，大胆探索尝试全新的互动方式与营销策略，保持品牌的市场竞争力与创新性。

上述步骤共同搭建起互联网销售互动策略实施的基础架构。企业能够更为系统、高效地实施互联网销售互动策略，切实提升营销成效与用户体验。

三、赠品策略

（一）赠品策略认知

互联网销售赠品策略是指在互联网销售环境中，为了吸引顾客、增加销量、提升品牌形象和增强客户忠诚度，通过向顾客提供额外赠品的方式来促进销售的一种营销策略。主要内容如下：

1.赠品类型

实物赠品：如购买手机送手机壳、购买衣物送围巾等，能够提高顾客的实际收益感。

虚拟赠品：如优惠券、积分、电子书等，更加灵活和便捷，方便顾客随时使用。

2.赠品选择

匹配度：赠品应与主商品相互补充，能够提升商品的使用价值。

顾客需求：考虑顾客的需求和喜好，选择能够引起顾客兴趣的赠品。

成本考虑：确保赠品的质量和数量能够满足市场需求，同时控制成本。

3.赠品定价

需要综合考虑赠品成本、主商品定价以及市场竞争等因素，合理确定赠品的定价策略。

赠品成本不能过高，以免增加企业的财务压力；同时，赠品的价值也不能过低，否则可能影响顾客对赠品的吸引力。

4.赠品营销策略的实施

捆绑销售：将赠品与主商品进行捆绑销售，增加顾客购买的动力。

限时限量：设定赠品的限时限量，增加顾客的紧迫感和购买欲望。

个性化定制：根据顾客的需求和喜好，提供个性化定制的赠品，提高顾客对赠品的认同感。

社交分享：鼓励顾客在社交媒体上分享获得的赠品，提高品牌曝光度和口碑效应。

5.赠品策略的细分

引流赠品：通过赠品吸引新客户，为大规模成交做铺垫。

成交赠品：针对精准客户，用于促进成交签单。

锁客赠品：以锁定客户的长期消费为目的，如客户充值送豪礼等。

裂变赠品：用于维护客情关系，让客户帮忙转介绍、裂变，扩大客户群。

6.注意事项

赠品的选择和策略应与品牌形象和目标市场保持一致。

需要定期评估和调整赠品策略，以适应市场变化和顾客需求的变化。

遵守相关法律法规，确保赠品活动的合法性和合规性。

互联网销售赠品策略是一个多元化、灵活多变的营销策略，通过合理的策略设计和实施，可以有效地提升互联网销售的效果和顾客满意度。

（二）选择赠品的原则

在选择互联网赠品时，需要遵循一系列原则以确保赠品既符合目标受众的喜好，又能达到预期的品牌推广和客户维系效果。以下是选择互联网赠品时应考虑的原则：

1.目标受众原则

应了解目标受众的喜好、需求和购买习惯。例如，年轻人可能偏好潮流科技产品，而家庭主妇可能更看重实用家居小物。

应确保赠品与目标受众的属性或需求链相关联，如行业属性（如电器行业送智能电饭煲）、延展需求（如服装店送高档挂烫机）。

2.品牌关联原则

赠品应与品牌形象和定位相契合，强化品牌识别度。

高端品牌可选择精致礼品，亲民品牌则可选择日常用品，确保赠品与品牌调性一致。

3.价值感知原则

赠品的价值感要适中，过高可能增加消费者疑虑，过低则可能显得廉价。

通过高品质和合理的定价策略，确保赠品的价值与消费者的感知价值相匹配。

4.创新性原则

选择新颖独特的赠品，以吸引消费者的注意并增加分享的可能性。

可以考虑定制化设计或结合流行元素的产品，使赠品更具个性化和差异化。

5.实用性原则

确保赠品具有实用性，能够满足消费者的日常需求。

选择那些消费者可能会长期使用的产品，以提高赠品的使用频率和消费者的满意度。

6.成本效益原则

考虑赠品的成本效益，确保赠品成本在预算范围内。

同时，要考虑赠品带来的潜在销售增长和品牌效应，实现营销投入的回报最大化。

7.环保意识原则

随着可持续发展观念的普及，选择环保材料制成的赠品越来越受欢迎。

选择可循环使用或可降解的赠品包装，减少浪费并体现企业的社会责任。

8.数据分析和优化原则

收集并分析销售数据、用户行为数据等，以评估赠品的实际效果。

根据数据分析结果，调整和优化赠品选择策略，确保策略的有效性和针对性。

通过精心挑选和优化，赠品可以成为连接消费者和品牌的桥梁，实现品牌推广和客户维系的双赢效果。

（三）赠品策略的实施方式

1.赠品与商品的捆绑销售

直接捆绑：购买指定商品即可获得赠品，如"买一送一"或"满额赠送"等活动。例如，在电商平台上购买价值超过200元的商品，即可获得价值50元的赠品。

组合优惠：将多个商品与赠品组合成套餐销售，以更优惠的价格吸引顾客购买。例如，将一款手机、手机壳和耳机组合成套餐，以低于单独购买总价的价格销售。

2.赠品的限时限量

限时促销：在特定时间段内购买商品可获得赠品，如"双11""618"等购物节期间购买指定商品即可获得赠品。

限量发放：对赠品数量进行限制，如"前100名购买者可获得赠品"或"赠品数量有限，送完即止"等活动，以增加顾客的购买紧迫感。

3.赠品的个性化定制

顾客喜好定制：根据顾客的购买记录、浏览行为等信息，推荐符合其喜好的赠品。例如，针对购买美妆产品的顾客推荐同品牌的化妆品小样。

定制化服务：提供个性化的刻字、印刷等服务，让赠品更具独特性和纪念意义。例如，为购买的水杯刻上顾客的名字或祝福语。

4.赠品的社交分享

鼓励分享：通过社交媒体平台分享获得的赠品，可获得额外的优惠或积分奖励。例如，顾客在微博上晒单并@品牌官方账号，即可获得优惠券。

口碑传播：通过赠品激发顾客的分享欲望，让更多人了解品牌和产品。例如，设计具有话题性的赠品，让顾客在社交媒体上自发传播。

5.其他实施方式

积分兑换：顾客通过购物、签到、分享等行为积累积分，可用于兑换赠品。这种方式能够增加顾客的黏性和活跃度。

会员专享：为会员提供专属的赠品福利，如会员生日礼、会员日特惠等。这种方式能够提升会员的归属感和忠诚度。

联合促销：与其他品牌或商家合作进行联合促销，共享赠品资源。例如，购买某品牌的手机即可获得另一品牌的耳机作为赠品。这种方式能够实现互利共赢的效果。

以上是互联网销售赠品策略的主要实施方式，企业可以根据自身情况和市场需求选择合适的策略进行实施。同时，在实施过程中需要注意赠品的品质和选择、赠品与商品的匹配度以及赠品营销策略的协调等问题，以确保赠品策略的有效性和可持续性。

（四）赠品策略的实施步骤

互联网销售赠品策略的实施步骤如下：

1.明确目标和受众

确定目标：明确赠品活动的目标，例如提高品牌曝光度、提高用户满意度、促进销售等。

分析受众：深入研究目标受众，包括他们的需求、偏好、购买习惯等。

2.选择合适的赠品

根据数据分析：根据用户购买历史、浏览记录等数据，选择最受用户关注的产品或与其兴趣点相符的赠品。

层次化赠品：根据用户购买金额的不同，设置不同层次的赠品，如满额赠品、VIP专享赠品等。

3.制订赠品活动方案

活动时间：确定活动的时间段，如季度活动、节假日活动等。

参与规则：制定简单明了的参与规则，确保用户能够轻松参与。

赠品发放方式：明确赠品的发放方式，如随订单一起发货、单独寄送等。

4.活动推广

网站推广：在网站首页、产品详情页等关键位置设立宣传模块，吸引用户关注。

社交媒体推广：利用微信、微博、抖音等社交平台发布活动信息，提高曝光度。

用户引导：通过站内信、短信、邮件等方式通知已注册用户活动信息，并引导他们参与。

5.活动执行和监控

库存管理：根据预估的销售量和用户购买量，合理安排赠品库存，确保活动期间的供应。

活动监控：实时监控活动进展，包括用户参与度、销售额、赠品发放情况等。

6.用户反馈和数据分析

收集反馈：鼓励用户在活动结束后提供反馈，了解他们对赠品的满意度和活动的整体评价。

数据分析：分析活动数据，包括销售额、用户参与度、转化率等，评估活动的效果。

7. 策略优化

根据反馈调整：根据用户反馈和数据分析结果，调整赠品选择、活动规则等，以优化活动效果。

持续改进：定期回顾活动执行过程，总结经验教训，为未来的赠品活动提供参考。

8. 后续跟进

客户关系维护：对通过赠品活动建立起的客户关系，进行后续的跟进和维护，提高客户忠诚度。

销售促进：利用赠品活动带来的用户流量和关注度，进一步促进销售和品牌推广。

通过以上步骤的实施，企业可以更加系统地开展互联网销售赠品活动，提高活动的有效性和效果，同时也有助于增强品牌影响力和市场竞争力。

（五）通过赠品引导消费者场景

赠品作为一种有效的营销策略，可以有效地引导网络消费者进行购买或参与活动。使用赠品来引导网络消费者的方法在不同情况下都有其适用性。

微课 3-14

如何通过活动
和赠品引导
消费者

1. 激发购买兴趣

（1）限时赠品。

适用情况：在特定节日、促销活动期间，或者新产品上市时，需要迅速吸引消费者的注意力并提升其购买意愿。

示例："双 11"购物节期间，前 100 名购买者可获得价值 100 元的独家赠品。

（2）独家赠品。

适用情况：针对有特定需求或追求独特性的消费者群体，如限量版产品爱好者、收藏家等。

示例：为购买限量版产品的消费者提供独家设计的赠品，增加产品的收藏价值。

2. 增加产品价值

（1）捆绑赠品。

适用情况：当主产品销售稳定但市场竞争激烈时，通过捆绑赠品提升产品的整体价值，吸引消费者购买。

示例：购买价值超过 2 000 元的电子产品，即可获得价值 100 元的配件或保护膜。

（2）增值服务。

适用情况：在服务型行业或产品售后服务中，通过提供增值服务提升消费者的购买体验。

示例：购买某品牌家电产品，即可享受免费安装、延长保修期等增值服务。

3. 引导消费者复购

（1）会员专享赠品。

适用情况：已经建立会员体系的电商平台或品牌，通过提供会员专享赠品增强会员的归属感和忠诚度。

示例：会员生日当天购买商品，即可获得价值 100 元的生日礼品。

（2）积分兑换赠品。

适用情况：在希望提高消费者黏性和活跃度的电商平台或应用中，通过积分系统引导消费者多次购买和参与活动。

示例：消费者通过购物、签到等行为积累的积分，可用于兑换价值不等的赠品。

4.扩大品牌影响力

（1）社交媒体分享赠品。

适用情况：在社交媒体上用户活跃度高、互动意愿强的品牌或产品，通过鼓励消费者分享赠品扩大品牌影响力。

示例：消费者在社交媒体上晒单并@品牌官方账号，即可获得优惠券。

（2）定制化赠品。

适用情况：对于注重个性化和差异化营销的品牌或产品，通过提供定制化赠品增强消费者对品牌的认同感和归属感。

示例：为购买特定产品的消费者提供带有个性化刻字、印刷等服务的赠品。

赠品策略应根据目标消费者群体、市场环境和品牌定位来制定和调整。在实施赠品策略时，要确保赠品与主产品、品牌形象和营销目标相协调。赠品的质量和选择对消费者的购买决策和品牌形象有重要影响，因此需要仔细考虑和评估。

四、朋友圈策略

（一）朋友圈策略认知

微课3-15

朋友圈策略认知

互联网销售的朋友圈策略是指在互联网销售过程中，利用社交媒体平台（特别是微信朋友圈）进行产品推广、品牌传播和用户互动的一种营销策略。这种策略通过精心策划和发布朋友圈内容，结合目标用户群体的特点和需求，以及微信朋友圈的社交属性，来提高品牌曝光度、用户参与度和促进销售增长。

朋友圈策略的核心在于利用微信朋友圈这一高黏性的社交渠道，与目标用户建立情感连接，传递品牌价值和产品优势。通过发布有趣、有价值、容易引起共鸣的内容，吸引用户的关注和兴趣，进而激发用户的购买欲望和行动。

同时，朋友圈策略也强调与用户的互动和沟通。通过回复评论、私信交流等方式，及时解答用户疑问，收集用户反馈，与用户建立信任关系，提高用户忠诚度和复购率。

（二）销售类朋友圈的发布内容

销售类朋友圈的内容应该围绕产品、服务、品牌以及与客户建立关系等核心点展开。

1.产品与服务展示

提供高分辨率图像与视频素材：呈现产品的精细高清图片、实际使用场景画面或动态演示视频，助力客户全方位、直观化感知产品特性。

特点与优势：突出产品的独特特点、优势以及能解决什么问题，增加产品的吸引力。

客户反馈：分享客户的好评、使用心得或案例，增强产品的可信度。

2.品牌与企业文化

品牌故事：讲述品牌背后的故事、理念和价值观，增强客户对品牌的认同感。

企业文化：展示企业的团队风采、活动照片或企业文化理念，让客户感受到企业的活力和凝聚力。

3.优惠与活动信息

限时优惠：发布限时折扣、满减等优惠信息，激发客户的购买欲望。

促销活动：分享线上线下的促销活动、抽奖活动等，吸引客户参与。

优惠券与礼品：发放优惠券、赠品等福利，增加客户的黏性。

4.行业资讯与知识分享

行业资讯分享：分享行业的最新动态、趋势和预测，增加客户对行业的了解。

知识分享：分享与产品相关的专业知识、使用技巧或维护方法，提升客户的专业水平。

5.互动与参与

提问与讨论：发起与产品、服务或行业相关的话题讨论，鼓励客户参与并分享观点。

投票与调查：进行产品调研、客户满意度调查等，收集客户反馈并改进产品和服务。

互动游戏：设计有趣的互动游戏或挑战，增加客户的参与度和黏性。

6.个人生活与情感分享

工作日常：分享工作中的点滴、趣事或挑战，让客户感受到你的真实和热情。

生活感悟：分享个人生活感悟、心得或故事，增加与客户的情感连接。

（三）销售类朋友圈的价值

1.树立品牌形象

提升品牌知名度：通过朋友圈的分享和传播，让更多的人了解你的品牌，增加品牌的曝光度。

微课3-16

朋友圈策略

塑造品牌形象：展示品牌的文化、理念和价值观，增强客户对品牌的认同感和忠诚度。

2.推广产品和服务

直接销售：通过朋友圈发布产品信息和优惠活动，直接促进销售，提高转化率。

扩大市场：利用朋友圈的社交属性，将产品和服务推荐给更多的人，扩大市场份额。

3.与客户建立联系

实时互动：通过朋友圈的评论、点赞和私信功能，与客户进行实时互动，了解客户需求和反馈。

建立信任：分享个人生活和工作感悟，让客户感受到你的真实和热情，建立更深的信任关系。

客户关系维护：定期发布有价值的内容，保持与客户的联系，提高客户忠诚度。

4.市场调研和数据分析

收集反馈：通过朋友圈的互动和反馈，了解客户对产品和服务的看法和需求，为产品改进提供依据。

数据分析：分析朋友圈的浏览量、点赞量、评论量等数据，评估广告效果，优化营销策略。

5.拓展销售渠道

增加线上流量：通过朋友圈的分享和传播，吸引更多线上客户，提高线上销售额。

线上线下结合：结合线下活动和线上推广，形成多渠道的销售网络，提高整体销售业绩。

6.节省营销成本

低成本推广：相比传统的广告和推广方式，朋友圈营销具有更低的成本，且效果更为直接和明显。

精准营销：根据朋友圈的社交属性和数据分析功能，实现更精准的营销和推广，提高营销效率。

综上所述，销售类朋友圈在品牌建设、产品推广、客户维护、市场调研和拓展销售渠道等方面都具有重要的价值。通过合理利用朋友圈这一社交平台，可以为企业带来更多的商业机会和收益。

（四）朋友圈策略的实施过程

朋友圈策略的实施过程可以细分为以下几个步骤，以确保策略的有效执行和结果的最大化：

1. 明确目标

（1）设定销售目标。明确希望通过朋友圈实现的销售目标，如增加品牌曝光、提高销售额、增加潜在客户等。

（2）确定目标受众。分析目标客户的特征，如年龄、性别、兴趣、需求等，以便精准定位。

2. 内容策划

（1）文案撰写。根据目标受众和产品特点，撰写有吸引力、有说服力的文案；强调产品价值、用户受益点，并创造紧迫感。

（2）视觉设计。使用高质量的图片或视频来展示产品或服务。保持与品牌形象一致的设计风格和色调。

（3）互动设计。可精心设计各类互动环节，如设置趣味性提问，激发用户表达欲；发起热门话题投票，吸引用户参与讨论；嵌入简单易上手的小游戏，增添互动乐趣。

3. 发布规划

（1）发布时间。分析目标受众的在线活跃时间，选择最佳的发布时间。定期发布内容，保持与受众的持续互动。

（2）发布频率。根据受众的接受程度和反馈，调整发布频率；避免过度发布，以免对受众造成困扰。

4. 推广传播

（1）利用社交功能。利用朋友圈的点赞、评论、转发等社交功能，扩大内容的传播范围；鼓励受众分享内容，增加曝光度。

（2）定向推送。针对特定的目标受众进行定向推送，提高内容的相关性；利用标签、群组等功能，实现精准推送。

5. 数据分析与优化

（1）数据收集。监控朋友圈的浏览量、点赞量、评论量等数据；收集用户反馈和意见，了解受众需求和偏好。

（2）数据分析。分析数据的趋势和规律，找出最优的发布时间和内容类型；评估销售目标的达成情况，分析成功与失败的原因。

（3）策略调整。根据数据分析结果，调整发布策略、内容策划和互动环节；不断优化朋友圈销售策略，提高销售效果和用户满意度。

6. 客户关系维护

（1）及时回复。及时回复用户的评论和私信，建立良好的互动关系。对于用户的疑问和投诉，给予积极、专业的回应。

（2）定期互动。定期发布有价值的内容，保持与用户的持续互动；策划互动性强的趣味活动，如幸运抽奖、专属折扣券发放等，以此激发用户的参与热情并提高平台/品牌的用户黏性。

（3）建立社群。创建或加入与产品相关的社群，与潜在客户和忠实用户建立更紧密的联系。在社群中分享产品信息、优惠活动和行业资讯，提高用户满意度和忠诚度。

通过实施以上步骤，可以提高品牌曝光度、销售额和用户满意度。同时，还要不断优化和调整策略，以适应市场变化和用户需求的变化。

（五）实施朋友圈策略的注意事项

1.避免过度推广

不要频繁发布广告性质的内容，以免给受众造成困扰或反感；平衡推广内容和日常生活分享，让朋友圈更加多元化。

2.确保内容真实性

确保发布的产品或服务信息真实可靠，避免夸大其词或虚假宣传；如有必要，可以附上产品实物照片、客户评价或相关证书以增强可信度。

3.尊重受众

了解你的受众群体，发布符合他们兴趣和需求的内容；避免发布过于个人化或争议性的内容，以免引发不必要的争议或误解。

4.适度互动

及时回复朋友的评论和私信，建立良好的互动关系；避免过于冷漠或过度热情，保持适当的距离感。

5.保证文案质量

撰写有吸引力的文案，突出产品或服务的核心卖点和价值；避免使用过于复杂的语言或生僻词汇，确保文案易于理解。

6.提升视觉效果

使用高质量的图片或视频来展示产品或服务，提升视觉效果；注意图片或视频的版权问题，避免侵权纠纷。

7.遵守法律、法规

遵守国家法律法规和平台规定，不发布违法违规内容；注意保护个人隐私和信息安全，避免泄露敏感信息。

8.精准定位

明确目标受众和销售目标，发布有针对性的内容。分析朋友圈的受众特点和行为习惯，优化发布时间和频率。

9.数据分析与优化

定期检查朋友圈的数据统计，分析阅读量、点赞量、评论量等指标；根据数据分析结果调整发布策略和内容质量，提高销售效果。

10.诚信经营

遵守商业道德和诚信原则，不发布虚假信息或误导性内容；对于客户的投诉或建议要认真处理并及时回应，建立良好的售后服务体系。

总之，销售类朋友圈的发布需要注重内容质量、受众需求、法律法规和诚信经营等方面。通过合理策划和精细管理，可以提升朋友圈的推广效果和品牌价值。

（六）在朋友圈发广告的建议

在朋友圈发广告时，想要提高广告效果，可以遵循以下策略：

1.深入了解目标受众

精准定位：明确目标受众是谁，他们的兴趣、需求和消费习惯是什么。

定制内容：根据目标受众的特点，定制广告内容，确保广告能够引起他们的共鸣。

2.创造吸引人的内容

独特性：确保广告内容在朋友圈中独一无二，能够吸引用户的注意力。

有趣性：利用幽默、情感等元素，使广告内容更有趣味性，增加用户的互动和分享意愿。

价值性：提供有价值的信息或优惠，让用户觉得你的广告对他们有用。

3.使用高质量的视觉元素

清晰图片：使用高质量、清晰的图片来展示你的产品或服务。

视频内容：如果可能，使用短视频来展示产品特点和使用场景，视频往往更具吸引力。

排版设计：注意文案和图片的排版设计，确保整体视觉效果美观、易读。

4.激发用户参与和互动

设置互动环节：在广告中设置提问、投票等互动环节，鼓励用户参与。

回复评论：及时回复用户的评论和反馈，增强与用户的互动和信任。

分享奖励：设置分享奖励机制，鼓励用户将广告分享给他们的朋友。

5.选择合适的发布时间

分析用户活跃时间：了解目标受众在朋友圈的活跃时间，选择在这些时间段发布广告。

避免高峰期：尽量避免在朋友圈信息高峰期发布广告，以免被淹没在大量信息中。

6.精准投放广告

利用微信广告平台：通过微信广告平台，可以根据用户的地理位置、年龄、性别等特征进行广告的精准投放。

测试和调整：在投放广告时，进行多次测试和调整，找出最适合你的目标受众的投放策略。

7.追踪和分析广告效果

使用数据分析工具：利用微信数据分析工具或其他第三方工具，追踪和分析广告的浏览量、点赞量、评论量等数据。

评估效果：根据数据分析结果，评估广告的效果，找出优点和不足。

优化策略：根据评估结果，调整和优化广告策略，提高广告效果。

8.遵守平台规则和法律、法规

了解平台规则：在发布广告前，了解微信朋友圈的平台规则和政策，确保广告内容符合规定。

遵守法律、法规：确保你的广告内容不违反国家法律法规和道德标准。

9.持续改进和创新

关注行业动态：关注社交媒体营销和广告行业的最新动态和趋势，学习新的营销策略和方法。

尝试新形式：不断尝试新的广告形式和创意，寻找最适合你的品牌和产品的广告方式。

通过以上策略的实施，可以在朋友圈发广告时提高广告效果，吸引更多的目标受众，并促进销售和品牌传播。

五、微信群/QQ群策略

（一）微信群/QQ群策略认知

微信群/QQ群策略是指针对特定的微信群或QQ群所制定的一系列管理和运营策略，旨在实现特定的目标，如提升群组成员的活跃度、加强用户黏性、促进产品销售、扩大品牌影响力等。这些策略通常包括内容策划、用户互动、群组管理、数据分析等多个方面。

微课 3-17

微信群/QQ群策略

微信群/QQ群策略主要内容如下：

1.内容策划

确定群组的主题和定位，围绕这一主题策划相关的内容；发布有价值、有趣、有深度的内容，吸引群组成员的关注和参与；定期更新内容，保持群组的活跃度和新鲜感。

2.用户互动

设计各种互动环节，如问答、讨论、投票等，提高用户的参与度和黏性；及时回复用户的提问和反馈，建立良好的用户关系；鼓励用户分享自己的经验和观点，促进知识共享和交流。

3.群组管理

制定明确的群规，规范群组成员的行为，确保群组环境的健康和有序；监督群组成员的言行，对违规行为及时进行处理；定期清理不活跃或违规的用户，保持群组的纯净度和活跃度。

4.数据分析

收集群组活跃度、用户参与度、转化率等关键数据；分析数据趋势和规律，找出有效的运营方法和策略；根据数据分析结果调整策略，优化群组运营效果。

5.商业变现

结合群组主题和目标用户群体，制定合适的商业变现策略；推广与群组相关的产品或服务，实现商业价值；寻求与合作伙伴的合作机会，扩大品牌影响力和商业变现渠道。

6.社群文化培育

培育独特的社群文化，增强群组成员的归属感和凝聚力；定期组织线下活动或线上聚会，加强群组成员之间的交流和互动；鼓励群组成员分享自己的故事和经历，形成积极向上的社群氛围。

7.持续优化与迭代

根据群组运营情况和用户反馈，不断优化和迭代策略；尝试新的运营方法和手段，寻找更高效的运营方式；持续关注行业动态和趋势，及时调整策略以适应市场变化。

通过以上方式，可以有效地提升微信群/QQ群的运营效果和用户体验，实现特定的目标和价值。

（二）微信群/QQ群的作用

微信群/QQ群作为社交媒体平台的重要组成部分，具有多种作用，以下是一些主要的作用：

1.信息交流与共享

实时沟通：群组成员可以实时发布信息、提问和回答问题，实现快速的信息交流。

资源共享：群内成员可以分享文档、图片、视频等资源，促进知识和信息的共享。

2.促进社交与联系

加强社交关系：微信群/QQ群为人们提供了一个社交的场所，可以帮助人们建立和维护社交关系。

增强归属感：群组成员通过共同的兴趣、目标或经历形成紧密的联系，增强彼此之间的归属感。

3.品牌推广与客户服务

品牌推广：企业和品牌可以利用微信群/QQ群进行产品推广、品牌宣传，提高品牌知名度和曝光率。

客户服务：通过群组提供客户服务，如解答疑问、处理投诉等，提高客户满意度和忠诚度。

4.团队协作与项目管理

任务分配：在群组中分配任务、设定目标，确保团队成员明确自己的职责。

进度跟踪：实时更新项目进度，确保团队成员了解项目的最新动态。

5.教育与学习

在线课堂：教师可以利用微信群/QQ群进行在线教学，学生可以在群内提问、讨论。

学习资源共享：学生可以在群内分享学习资料、笔记等，促进学习资源的共享。

6.兴趣爱好交流

兴趣小组：志同道合的人可以组建兴趣小组，在群内分享自己的爱好和心得。

活动组织：群组成员可以共同策划、组织线下活动，增进彼此之间的友谊。

7.消息通知与公告

重要信息通知：组织或企业可以通过群组向成员发布重要信息，如会议通知、活动变更等。

群公告：管理员可以设置群公告，确保群组成员都能及时获取群组动态和重要信息。

总之，微信群/QQ群为人们提供了一个便捷的社交平台，不仅促进了信息的交流与共享，还加强了社交联系、推动了团队协作和项目管理、支持了教育与学习、满足了兴趣爱好交流的需求，并提供了消息通知与公告的功能。

（三）微信群/QQ群策略的实施过程

微信群/QQ群策略的实施过程可以分为以下几个阶段：

1.前期准备阶段

（1）明确目标与定位。设定具体的销售目标，如提高销售额、增加潜在客户数量等；确定群组的主题和定位，如针对特定产品、行业或用户群体的销售群。

（2）策划内容。准备与群组主题相关的优质内容，如产品介绍、使用技巧、行业资讯等。设计互动环节，如问答、抽奖、优惠活动等，以提高用户参与度和黏性。

（3）制定群规。明确群内行为规范，如禁止发布广告、恶意攻击等；制定违规行为的惩罚措施，确保群组秩序。

2.搭建与引流阶段

（1）创建群组。根据群组定位，选择适合的平台（如微信、QQ）创建群组；设计有吸引力的群组名称和头像，以吸引目标用户。

（2）引流策略。利用社交媒体、官方网站、线下活动等渠道进行群组宣传；通过客户推荐、合作伙伴推荐等方式邀请潜在用户加入群组。

3.运营与维护阶段

（1）内容发布。定期发布与群组主题相关的内容，保持群组活跃度；根据用户反馈和数据分析，优化内容发布策略。

（2）互动管理。及时回复用户提问和反馈，提高用户满意度；举办线上活动，提高用户参与度和黏性。

（3）客户关系维护。建立用户档案，记录用户需求和购买记录等信息；定期向用户推送个性化的产品推荐和优惠信息。

4.数据分析与优化阶段

（1）数据收集。收集群组活跃度、用户参与度、转化率等关键数据；分析用户行为和需求，为优化策略提供依据。

（2）策略调整。根据数据分析结果调整内容发布策略、互动环节设计等。持续优化群组运营策略，提高销售效果和用户满意度。

5.商业变现与拓展阶段

（1）产品推广与销售。在群组中推广与群组主题相关的产品或服务；设立专门的销售渠道或链接，方便用户购买。

（2）合作伙伴拓展。与相关行业的合作伙伴建立合作关系；举办联合活动或推出联名产品，扩大品牌影响力。

（3）社群经济模式探索。探索社群经济模式，如开设付费课程、提供会员服务等；利用群组资源实现商业变现和持续盈利。

通过以上五个阶段的实施过程，销售类微信群/QQ群策略可以有效地提升销售效果、增强用户黏性和促进品牌发展。在实际操作过程中，可以根据具体情况进行调整和优化。

（四）实施微信群/QQ群策略的注意事项

在实施微信群/QQ群策略时，需要注意以下几个关键事项，以确保群组的有效运营和管理：

1.明确群规并严格执行

制定群规：明确群组的行为规范，包括但不限于禁止发布广告、禁止恶意攻击、禁止讨论政治宗教等敏感话题。

置顶群规：将群规置顶，确保新加入的成员能够第一时间了解并遵守。

严格执行：对于违反群规的成员，采取适当的惩罚措施，如警告、禁言或移出群组。

2.发布优质内容

内容规划：定期发布与群组主题相关的优质内容，如行业最新资讯、产品深度解读、使用窍门分享等，持续为群成员提供价值。

避免广告泛滥：控制广告内容的发布频率和方式，避免影响用户体验。

3. 互动与参与

举办活动：定期在群组内举办线上活动，如知识问答、幸运抽奖、话题讨论等。

鼓励分享：鼓励群组成员分享有价值的资源、经验或观点，促进知识共享和交流。

4. 客户关系维护

建立用户档案：记录用户的基本信息、需求和购买记录，以便进行个性化服务。

定期回访：对重要用户进行定期回访，了解他们的需求和反馈，提高用户满意度。

5. 数据分析与优化

收集数据：收集群组活跃度、用户参与度、转化率等关键数据。

分析数据：根据数据分析结果调整内容发布策略、互动环节设计等，优化群组运营效果。

6. 管理员职责

以身作则：管理员应严格遵守群规，以身作则，树立良好的榜样。

及时响应：对于用户的提问和反馈，管理员应及时响应和处理，以提高用户满意度。

公正公平：在处理群组事务时，管理员应保持公正公平的态度，不偏袒任何一方。

7. 隐私与安全

保护隐私：尊重用户的隐私权，不泄露用户的个人信息。

防止诈骗：警惕群组内的诈骗行为，提醒用户注意防范。

8. 遵守法律法规

确保群组内发布的内容符合相关法律法规的要求，不发布违法违规的信息。

对于涉嫌违法违规的内容和行为，应及时向相关部门报告并配合调查。

通过对以上注意事项的遵循和执行，可以确保微信群/QQ群的健康、有序和高效运营，为用户提供更好的交流和互动体验。

六、社群策略

（一）社群策略的定义及优缺点

社群策略，即围绕具有共同兴趣、需求或价值观的人群所组成的社群，通过精心策划和执行的一系列活动、内容和互动，提高社群的活跃度、用户参与度和凝聚力，进而实现品牌推广、销售增长等目标的综合策略。社群策略的优缺点可以归纳如下：

微课3-18

社群管理策略

1. 优点

互动性强：社群策略能够极大地增强品牌与用户、用户与用户之间的互动性。通过社群平台，品牌可以即时获取用户反馈，用户之间也可以分享经验和观点。例如，社群中的问答、投票、讨论等活动，都能有效地提高用户的参与度和黏性。

传播速度快：社群内的信息传播速度极快，一条有价值的信息可以在短时间内迅速传播给大量用户。这种快速传播的特性有助于品牌快速扩大影响力，提升知名度。

用户黏性和忠诚度：通过社群运营，品牌可以为用户提供更个性化的服务和更深入的互动体验，从而增强用户的黏性和忠诚度。社群内的互动和分享也有助于形成用户之间的社交联系，进一步巩固用户的忠诚度。

精准营销：社群内的用户通常具有相似的兴趣、需求或行为特征，这使得品牌能够更精准地进行目标营销。通过分析社群内的用户数据，品牌可以了解用户的需求和偏好，从而制定更有效的营销策略。

降低营销成本：相比传统的营销方式，社群营销的成本更低。品牌只需要在社群平台上发布内容、组织活动，就可以吸引大量用户关注和参与。同时，社群内的用户互动和分享也有助于品牌信息的快速传播，进一步降低营销成本。

2.缺点

需要长期投入和维护：社群营销并非一蹴而就，需要品牌长期投入时间和精力进行运营和维护。品牌需要定期更新内容，回复用户留言和评论，保持用户的参与度和互动性。这需要投入大量的人力和资源。

难以掌控和应对负面信息：在社群中，用户可以自由发表评论和分享观点。这可能导致负面信息的出现，对品牌形象和声誉造成负面影响。品牌需要及时发现和应对这些负面信息，以避免其扩散和恶化。

需要精准的定位和策略：社群营销需要品牌具备精准的定位和策略，以吸引目标用户群体的关注和参与。如果定位不准确或策略不当，可能导致营销效果不佳或用户流失。

社群成员间信息不畅：在大型社群中，成员之间的信息沟通可能存在不畅的情况。这可能导致用户无法及时获取有价值的信息或参与讨论。品牌需要投入更多资源来管理和优化社群内的信息流通。

缺乏激励机制：一个优质的社群需要良好的激励机制来鼓励用户的参与和贡献。如果缺乏激励机制，可能导致用户参与度下降或社群活跃度降低。品牌需要设计合理的激励机制来激发用户的积极性和创造力。

（二）社群策略的适用场景

社群策略的适用场景可以归纳为以下几个主要方面：

1.品牌推广与营销

场景描述：对互联网品牌来说，社群策略是提升品牌知名度、树立品牌形象、提高用户忠诚度的重要工具。

策略应用：通过社交媒体平台发布品牌故事、产品介绍、用户评价等内容，塑造品牌形象和口碑。同时，利用社群活动吸引用户参与和分享，扩大品牌影响力。

数字与信息参考：社群营销在品牌推广中具有显著效果。例如，某些品牌通过精心策划的社群活动，实现了用户参与度的显著提升，进而促进了品牌知名度的提高。

2.用户互动与参与

场景描述：社群为用户提供了一个交流、分享、学习的平台，通过社群策略，可以激发用户的参与感和归属感。

策略应用：举办线上问答、投票、讨论等活动，鼓励用户积极参与，提高社群的活跃度和凝聚力。同时，通过提供有价值的内容和服务，吸引用户长期关注和参与。

数字与信息参考：通过社群活动，企业可以实现与用户的高频互动。例如，某社交平台通过举办线上讨论会，吸引了大量用户参与，用户活跃度得到了显著提升。

3.产品反馈与优化

场景描述：社群是收集用户反馈、了解用户需求的重要渠道。通过社群策略，企业可以及时了解用户对产品的意见和建议，从而优化产品设计和功能。

策略应用：在社群中设立专门的反馈渠道，鼓励用户提出意见和建议。同时，对收集到的反馈进行整理和分析，为产品优化提供有力支持。

数字与信息参考：社群反馈对产品优化的作用不可忽视。据某互联网公司统计，通过社群收集到的用户反馈中，有超过80%的建议被采纳并用于产品优化。

4.内容营销与分发

场景描述：在互联网时代，内容营销成为企业吸引用户、传递价值的重要手段。通过社群策略，企业可以将有价值的内容精准地传递给目标用户。

策略应用：在社群中发布与品牌、产品相关的有价值内容，如行业资讯、使用教程、案例分享等。同时，利用社群内的用户互动和分享，扩大内容的传播范围。

数字与信息参考：内容营销在社群中的效果显著。例如，某企业在社群中发布了一系列行业资讯和教程文章，获得了大量用户的关注和转发，有效提升了品牌曝光度和用户黏性。

综上所述，社群策略在品牌推广、用户互动、产品反馈和内容营销等方面具有广泛的适用场景。通过精心策划和执行社群策略，企业可以实现与用户深度互动、提升品牌知名度和用户忠诚度、优化产品设计和功能等目标。

（三）社群策略的作用

社群策略的作用主要体现在以下几个方面：

1.提升用户参与度和黏性

创造活跃的交流环境：通过有效的社群管理和维护策略，可以创造一个活跃、安全的交流环境，吸引更多用户参与社群的讨论和活动，提高社群的参与率。

增强用户黏性：社群营销策略通过提供有价值的内容，增强用户与社群之间的黏性，使用户更愿意在社群中停留和参与讨论，进而提高用户的留存率。

2.强化品牌形象

塑造和传达品牌个性和形象：社群运营和营销的过程中，通过精心策划的内容和互动环节，可以塑造和传达品牌的个性和形象，使用户对品牌产生更深的认知和理解，强化品牌形象。

提升品牌知名度：社群作为一个聚集目标用户的平台，可以通过用户之间的互动和传播，将品牌信息快速扩散到更多潜在用户中，提高品牌的知名度。

3.获取用户反馈和优化产品

了解用户需求和反馈：社群营销提供了一个宝贵的渠道，可以与受众直接互动，并获得他们的意见、反馈和需求。通过观察社群中的讨论和互动，企业可以更好地了解目标受众的喜好、需求和趋势，从而优化产品开发、市场定位和营销策略。

及时调整和优化产品和服务：基于用户的反馈和需求，企业可以及时调整和优化产品和服务，提高用户体验和满意度。

4.提高销售转化率

增加用户信任和忠诚度：通过有效的社群运营和营销策略，企业可以与用户建立紧密的联系和信任关系，提高用户对品牌的忠诚度。这将有助于将潜在客户转化为实际购买者，提高销售转化率。

精准营销和推广：社群营销策略允许企业精确地定位和识别目标受众，并提供个性化的营销机会。根据用户的兴趣、偏好和行为，企业可以向他们发送定制化的信息、推荐和促销活动，从而提高营销效果和转化率。

5.扩大品牌影响力和传播效果

用户口碑传播：当用户在社群中分享有关品牌的内容、评论和推荐时，这些信息可以迅速传播给更多的用户，提高品牌的曝光度和口碑效应。

增强品牌认同感：社群成员之间的互动和分享可以增强他们对品牌的认同感，使他们成为品牌的忠实粉丝和推广者，进一步扩大品牌的影响力。

综上所述，社群策略在提升用户参与度和黏性、强化品牌形象、获取用户反馈和优化产品、提高销售转化率以及扩大品牌影响力和传播效果等方面发挥着重要作用。

（四）社群策略的实施步骤

1.明确社群目标和定位

定义核心目标：明确社群希望达到的主要目标，如提升品牌知名度、增加用户互动、推动产品销售等。

确定目标用户：了解目标用户的特点、需求和痛点，确保社群内容和服务能够满足他们的期望。

精准定位：确定社群在行业中的独特位置，如成为行业资讯的权威发布平台、用户交流互动的聚集地等。

2.选择合适的社交平台

研究社交平台：了解不同社交平台的用户基数、活跃度、用户画像等信息，评估其是否适合社群发展。

评估资源投入：考虑在所选平台上建立社群所需的资源投入，如时间、人力、资金等。

建立社群账号：在选定的社交平台上注册并设置社群账号，完善基本信息并进行设置。

3.构建社群结构和规则

设计组织结构：明确社群的管理层级和角色分配，如管理员、版主、意见领袖等，并明确各自的职责和权限。

制定社群规则：制定社群的行为准则和管理规定，包括发言规范、禁止内容、处罚措施等，确保社群秩序。

建立激励机制：设立积分、等级、勋章等激励机制，鼓励成员积极参与社群活动，提升活跃度。

4.吸引目标用户加入

设定入群门槛：根据社群定位和目标用户特点，设定合理的入群门槛，如邀请码、回答问题等。

推广社群：利用社交媒体、官方网站、线下活动等多种渠道推广社群，吸引目标用户加入。

提供专属福利：为加入社群的成员提供专属的福利和优惠，如优惠券、会员特权等，增加吸引力。

5.持续提供有价值的内容

内容规划：根据社群定位和目标用户需求，制定长期和短期的内容规划，确保内容的质量和多样性。

内容创作：鼓励社群成员参与内容创作，如分享经验、撰写文章、发布视频等，形成良好的内容生态。

内容审核：对成员发布的内容进行审核，确保内容符合社群规则和价值观。

6.促进社群互动和活跃

定期组织活动：定期举办线上线下的社群活动，如话题讨论、知识竞赛、线下聚会等，提高成员参与度和归属感。

互动引导：鼓励成员之间的互动和交流，如回复评论、点赞、分享等，形成良好的互动氛围。

数据分析：利用数据分析工具监测社群互动情况，了解成员的兴趣和喜好，为内容创作和活动策划提供数据支持。

7.管理社群氛围

监控言论：实时监控社群内的言论和行为，及时发现并处理违规内容，维护良好的社群氛围。

引导正面讨论：鼓励成员发表正面、积极的言论和观点，引导社群形成健康向上的价值观。

处理冲突：对于社群内出现的冲突和纠纷，及时介入并妥善处理，避免影响社群氛围和成员关系。

8.收集反馈并优化策略

收集反馈：定期向成员收集关于社群运营和内容质量的反馈意见，了解他们的满意度和期望。

分析反馈意见：对收集到的反馈意见进行分析和整理，找出问题和改进点。

优化策略：根据分析结果调整社群策略和内容规划，提升社群运营效果和用户满意度。

9.数据分析和监测

设定关键绩效指标（KPI）：根据社群目标设定关键绩效指标，如用户活跃度、留存率、转化率等。

监测数据：利用数据分析工具实时监测社群运营数据，了解社群发展情况和趋势。

调整策略：根据数据分析结果调整社群策略和内容规划，确保社群能够持续健康发展。

10.迭代更新和持续发展

持续创新：不断探索新的社群运营方法和策略，如引入新技术、尝试新的互动形式等。

优化体验：持续提升社群成员的使用体验和服务质量，如优化界面设计、提高响应速度等。

扩大影响力：通过合作、推广等方式扩大社群的影响力和知名度，吸引更多潜在用户加入。

通过以上步骤的实施，可以确保社群策略的有效执行和社群的健康发展。同时，需要注重细节和执行力，确保每一步都能够落到实处并取得预期效果。

（五）提高社群活跃度和用户参与度的具体方法

提高社群活跃度和用户参与度的具体方法有很多，以下是一些实用的策略：

1.内容驱动

高质量内容：发布与社群主题紧密相关的高质量内容，确保内容有价值、有趣、有深度，能够吸引用户的注意力。

定期更新：保持一定的内容更新频率，让用户知道社群是活跃的，并愿意持续关注。

多样性内容：提供不同类型的内容，如文字、图片、视频、音频等，以满足不同用户的需求和喜好。

2.互动活动

问答环节：定期设置问答环节，鼓励用户提问和回答，促进用户之间的交流和互动。

主题讨论：根据社群的主题，设置相关的话题或讨论点，引导用户参与讨论，分享观点和经验。

投票和调查：通过投票和调查的方式了解用户的喜好和需求，同时提升用户的参与感。

线上活动：组织线上活动，如线上竞赛、抽奖、打卡挑战等，激发用户的参与热情。

3.用户激励

积分奖励：设立积分系统，对积极参与的用户给予积分奖励，积分可用于兑换礼品或享受特权。

荣誉称号：根据用户的贡献和活跃度，授予荣誉称号，如"社群之星""最佳贡献者"等，提升用户的归属感。

物质奖励：对表现突出的用户给予物质奖励，如优惠券、实物礼品等，增加用户的参与动力。

4.社群管理

明确群规：制定并明确群规，确保社群环境健康、有序，对违规行为及时进行处理。

管理员引导：管理员应积极参与社群的讨论和活动，引导话题、活跃氛围，促进用户之间的交流。

积极反馈：对用户的参与和贡献给予积极反馈，如点赞、评论、感谢等，增强用户的参与感。

5.个性化服务

用户画像：建立用户画像，了解用户的兴趣、需求和行为，为用户提供个性化的服务和推荐。

定制化内容：根据用户的兴趣和需求，提供定制化的内容，增加用户的黏性和满意度。

6.线下活动

线下聚会：组织线下聚会或活动，让用户有机会面对面交流，增强社群的凝聚力和归属感。

跨界合作：与其他社群或品牌进行跨界合作，联合举办活动或赛事，吸引更多用户的关注和参与。

7.社群推广

多渠道宣传：通过社交媒体、官方网站、合作伙伴等多渠道宣传社群，吸引更多潜在用户的关注和加入。

内容分享：鼓励用户分享社群内容到自己的社交圈，扩大社群的影响力和传播范围。

通过综合运用以上方法，可以有效提高社群的活跃度和用户参与度，打造一个健康、活跃、有价值的社群。

（六）社群策略和微信群/QQ群策略的区别

社群策略与微信群/QQ群策略在目标和原则上存在一定的共性，但具体实施时存在一些区别。以下是针对这两者区别的详细分析：

1.定义和范围

社群策略：是一种更广泛的概念，指的是针对由具有共同兴趣、认知、价值观念的人组成的社区（可以是线上的虚拟社区，也可以是线下的实体社区）所制定的运营和管理策略。它关注的是整个社群的发展和运营，包括内容策划、用户互动、社群文化营造等多个方面。

微信群/QQ群策略：是社群策略在具体社交媒体平台（微信或QQ）上的应用。它更侧重于在特定的社交媒体平台上，通过管理和运营微信群或QQ群来实现社群的目标。

2.加入机制

微信群：通常被动加入，需要群内成员邀请或扫描二维码才能加入，这种方式有助于保持社群的封闭性和黏合度。

QQ群：可以主动加入，用户可以通过搜索群号或关键词找到并加入相关群，这种方式更便于用户主动寻找和加入感兴趣的社群。

3.管理机制

微信群和QQ群都支持设置管理员、开启审核模式、设置群公告、禁言等功能来管理群内秩序。但两者在具体操作和功能上有所不同，如QQ群支持匿名聊天和共享演示等更多样化的功能。

4.运营方式

微信群：采用一种开放式的运营结构，每个成员都处于平等自由的状态，具有去中心化的特点。运营者需要更多地通过内容和服务来吸引和留住用户。

QQ群：以建群者为中心，向外分散发布内容。运营者可以更容易地掌控群内氛围和内容，但也需要更多地关注与群成员的互动和沟通。

5.规模和细分

QQ群相较于微信群，其规模可能更大，同时对于某些话题的细分也更加垂直和深入。

这使得QQ群在某些领域或话题上能够吸引更多的用户参与和讨论。

社群策略是一个更广泛的概念，它关注的是整个社群的发展和运营；而微信群/QQ群策略则是社群策略在具体社交媒体平台上的应用，更侧重于在特定平台上实现社群的目标。两者在实施细节上有所不同，但都需要关注内容策划、用户互动、社群文化营造等方面，以实现社群的发展和壮大。

七、公众号策略

（一）公众号策略认知

公众号策略是针对微信公众号的运营和管理制定的一系列具体、有针对性的计划和方法。这些策略旨在提高公众号的知名度、增加用户关注、提升用户互动率、增强用户黏性，并最终实现公众号的商业价值。其内容主要可以归纳为以下几个方面：

微课3-19
公众号策略

1.公众号定位与目标

明确公众号定位：确定公众号的核心主题、内容方向和受众群体，为后续的内容策划和运营策略提供依据。

设定运营目标：根据公众号定位，设定长期和短期的运营目标，如粉丝量增长、阅读量提升、用户互动增强等。

2.内容策划与创作

内容规划：制订内容发布计划，包括内容主题、发布频率、发布时间等，确保内容的质量和连贯性。

内容创作：根据内容规划，创作高质量、有价值的内容，如原创文章、图文、视频等，满足用户需求并提升用户体验。

内容分发：通过微信公众号的推送功能，将内容推送给关注用户，并利用其他社交媒体平台、社群等渠道扩大内容传播范围。

3.用户管理与互动

用户分组管理：根据用户的行为、兴趣等特征，对用户进行分组管理，便于后续的精准推送和互动。

用户互动：设置问答、投票等互动环节，鼓励用户参与并分享观点，增强用户黏性和活跃度。

4.推广与引流

合作推广：与其他公众号、品牌或KOL进行合作推广，互相转发内容或活动信息，提高曝光度和关注度。

社交媒体推广：在微博、抖音、快手等社交媒体平台分享公众号内容或活动信息，吸引新用户关注和参与。

线下推广：在实体店铺、活动现场等线下场所放置二维码或宣传海报，引导用户关注公众号并参与活动。

5.数据分析与优化

数据分析：对用户行为数据进行分析，了解用户活跃度、留存率等指标；对内容表现数据进行分析，了解内容阅读量、点赞量、分享量等指标。

优化调整：根据数据分析结果，优化内容质量和发布策略，提高用户满意度和活跃度；调整推广策略，提高公众号的曝光度和关注度。

6.技术支持与二次开发

技术支持：利用微信公众平台提供的API接口和第三方工具，实现自动回复、关键词回复等功能，提升运营效率。

二次开发：根据公众号需求和定位，进行二次开发，如开发小程序、商城等功能模块，提升用户体验和满意度。

通过制定和执行公众号策略，可以更有效地提升公众号的运营效果，实现粉丝量和阅读量的增长，同时增强用户互动和黏性，为公众号的发展提供有力支持。

（二）公众号策略的优势

公众号策略的优势主要体现在以下几个方面：

1.明确目标与定位

聚焦受众：通过制定公众号策略，能够清晰地了解并聚焦于目标受众群体，确保内容和服务能够满足他们的需求和兴趣。

增强品牌认知：明确的定位有助于建立并强化品牌形象，使公众号在目标受众中形成独特的认知。

2.提升内容质量

策略性规划：策略性地规划内容创作，确保内容的连贯性、价值性和时效性，提高内容的质量。

多样化内容形式：通过图文、视频、音频等多种形式的内容，满足不同受众的喜好和需求，提升用户体验。

3.精准推广与引流

针对性推广：基于明确的定位和目标受众，实施精准的推广策略，如定向推送、合作推广等，提高推广效果。

多渠道引流：通过社交媒体、搜索引擎、线下活动等多渠道引流，提升公众号的曝光度和影响力。

4.增强用户互动与黏性

互动活动：通过举办互动活动、问答、投票等方式，增加用户与公众号的互动，提高用户黏性。

用户反馈：及时回应用户的留言和评论，增强用户与公众号的联系，提升用户满意度。

5.数据驱动优化

数据分析：通过数据分析工具，实时了解用户行为、内容表现等数据，为内容创作和运营策略提供数据支持。

持续优化：根据数据分析结果，不断优化内容质量和运营策略，提升公众号的整体运营效果。

6.建立私域流量池

用户沉淀：通过公众号运营，可以逐渐积累起一批忠实用户，形成自己的私域流量池。

流量变现：私域流量池中的用户具有较高的黏性和活跃度，便于进行后续的流量变现，如广告投放、产品销售等。

7.提升品牌影响力

内容传播：高质量的内容在受众中传播，能够提升公众号的品牌影响力和知名度。

口碑效应：满意的用户会向周围人推荐公众号，形成口碑效应，进一步扩大品牌影响力。

综上所述，公众号策略通过明确目标与定位、提升内容质量、精准推广与引流、增强用户互动与黏性、数据驱动优化以及建立私域流量池等方式，为公众号的发展提供强大的支持和优势。

（三）公众号策略的实施过程

公众号策略的实施过程可以分为以下几个步骤：

1.准备阶段

明确目标与定位：确定公众号的类型（如订阅号、服务号、小程序等）。分析外部环境，明确公众号在行业中的位置及目标受众。确定公众号的主题、内容方向及长期和短期的运营目标。

注册与实名认证：注册微信公众平台账号，并进行实名认证。

准备素材：准备公众号运营所需的素材，如头像、封面图、文章插图等。

2.基础设置阶段

基本设置：登录微信公众平台账号，进入公众号设置页面。填写公众号的基本信息，如名称、简介、认证信息等。设置公众号的头像和封面图。

菜单栏配置：配置公众号的菜单栏，包括自定义菜单、底部菜单等，方便用户快速访问所需内容。

3.功能配置阶段

消息自动回复：设置关注后的欢迎消息、关键词回复等，提升用户体验。

素材管理：添加图文、图片、视频等素材，便于后续内容推送。

模板消息：配置模板消息，用于向用户发送各类提醒、通知等。

用户管理：管理公众号的粉丝列表，配置精准用户推送、标签管理等功能。

4.内容运营阶段

内容策划：根据公众号的定位和目标受众，策划高质量、有价值的内容。制定内容发布计划，确定每周、每月的内容发布主题和时间安排。

内容创作：创作符合公众号定位的内容，包括文章、图片、视频等。注重内容的原创性和时效性，提高用户满意度。

内容推送：利用微信公众平台的推送功能，将内容推送给关注用户。结合数据分析，优化推送时间和频率，提高阅读量和互动率。

5.用户互动阶段

回复评论：对用户的留言和评论进行及时回复，增加用户互动。

个性化推荐：根据用户的兴趣和行为数据，个性化推荐商品或内容。

6.数据分析与优化阶段

数据分析：分析用户行为数据，了解用户活跃度、留存率等指标。分析内容表现数据，了解内容阅读量、点赞量、分享量等指标。

优化调整：根据数据分析结果，优化内容质量和发布策略。调整推广策略，提高公众号的曝光度和关注度。

7.持续学习与改进阶段

不断关注行业动态和用户需求变化，调整公众号策略。学习先进的公众号运营方法和技巧，提升运营效果。

通过以上步骤的实施，公众号策略可以更加系统、有效地进行，从而提升公众号的品牌形象、用户互动和运营效果。

（四）提升公众号粉丝量和阅读量的方法

公众号提升粉丝量和阅读量需要采取一系列的策略和方法：

1.提升粉丝量

内容互推：找同行业的粉丝数量相当的公众号进行互推合作，一般建议一次找3个以上进行互推，可以短期涨粉，并且粉丝也相当精准。但前提是自己公众号要有一定的粉丝基础，通常要达到几千或者1万名以上。

活动涨粉：通过免费送模式或红包裂变模式来操作活动涨粉，利用裂变海报等手段吸引用户参与并转发，进而增加粉丝量。

技术涨粉：对懂程序开发的人来说，可以在自己的服务号上做公众号二次开发，开发一些实用免费的好工具，吸引用户关注。

大号带小号：如果原本就有一些账号的粉丝比较多，可以建立账号矩阵，利用原有的微信大号为自己的小号做导流。

内容平台引流：在知乎、百度贴吧、个人博客、头条等内容平台上发布文章或视频，通过优质内容吸引用户，进而引导用户关注公众号。

微信搜索截流：利用微信的自然搜索流量，注册与热门话题或行业相关的账号，从账号名称到日常内容都与某个行业紧密相关，吸引目标用户搜索并关注。

2.提升阅读量

内容质量：提供有价值、高质量、符合用户需求的内容，这是吸引用户阅读、留存的必要条件。

标题抢眼：制作鲜明、新颖、具有争议性的标题，有助于引起读者的注意，从而提高传播及浏览量。

图文并茂：使用图文并茂的内容形式，使文章更加生动、有趣，吸引读者的注意力。

推送时间：根据用户的行为习惯，选择合理的推文时间，如早上上班路上、午餐休息时间、晚上休闲时间等，以提高阅读率。

合作推广：与有较高知名度的机构、组织或人员进行合作，进行互助推广，吸引更多的阅读和流量。

互动互通：及时回复用户的留言、评论，提高公众号的人气，吸引更多的用户参与和阅读。

数据分析与优化：利用数据分析工具跟踪公众号的运营效果，根据数据分析结果调整策略，优化内容质量和运营效果。

通过结合以上策略和方法，公众号可以有效地提升粉丝量和阅读量，实现更好的运营效果。同时，需要注意的是，这些策略和方法需要根据公众号自身的实际情况进行调整和优化，以达到最佳效果。

八、微博策略

（一）微博策略认知

微博策略是指企业或品牌利用微博平台，通过一系列精心策划和执行的营销活动，以达成特定营销目标的一种策略。这些活动旨在吸引目标受众的关注，提高品牌曝光度，增加与用户的互动，并最终促进销售或提升品牌形象。这些策略涵盖了从目标受众定位、内容策划与创作、用户互动管理、推广引流，到数据分析与优化等多个方面。微博策略的优势主要体现在以下几个方面：

微课3-20

微博策略

1.精准的目标受众定位

微博平台提供了丰富的用户数据和行为分析工具，品牌可以通过对用户的兴趣、地域、消费习惯等多维度数据的分析，精确地定位目标受众。这种精准定位有助于品牌制定更加有针对性的营销策略，提高广告投放的转化率。

2.庞大的用户基数

作为中国最大的社交媒体之一，微博拥有数亿的活跃用户，为品牌提供了广阔的市场空间和无限的潜在客户资源。通过微博营销，品牌能够触及各个年龄层、不同兴趣圈层的广泛受众。

3.强大的话题制造能力

微博的热搜榜和话题标签功能让品牌能够围绕特定主题制造热点，引发公众讨论，从而提升品牌的知名度和影响力。参与或发起热门话题，有助于品牌与用户产生共鸣，提高用户的品牌忠诚度。

4.多样化的内容形式

微博支持文字、图片、视频等多种内容形式，品牌可以根据不同的营销目的和用户需求，灵活运用各种内容形式进行创意展示。这种多样性不仅丰富了用户体验，也增强了内容的吸引力和传播力。

5.高效的信息传播机制

微博的信息传播机制类似于病毒式传播，一条热门微博可以在短时间内被成千上万的用户转发和评论，迅速扩散开来。这种快速传播的特性使得品牌能够在极短的时间内实现大范围的品牌曝光。

6.直接的用户互动

微博平台的互动性极强，用户可以对品牌发布的内容进行评论、点赞、转发，品牌也可以即时回应用户的反馈，形成双向沟通。这种直接的互动方式有助于品牌建立与用户之间的信任和亲密关系。

7.操作便捷与低成本

微博的操作简单便捷，企业发布微博时无须经过烦琐的行政审批程序，相对于传统广告节约了大量的时间和金钱。微博平台给注册微博的企业提供了一个免费的营销推广平台，降低了营销成本。

8.覆盖广且影响力大

微博用户数量庞大，内容支持多种平台访问，包括手机、电脑等，实现了广泛的覆盖面。微博的开放性和互动性使得信息能够迅速传播，产生巨大的影响力。

综上所述，微博策略的优势在于其精准的目标受众定位、庞大的用户基数、强大的话题制造能力、多样化的内容形式、高效的信息传播机制、直接的用户互动、操作便捷与低成本以及广泛的覆盖和影响力。这些优势使得微博成为品牌进行网络营销和品牌推广的重要渠道。

（二）微博策略的应用场景

微博策略的应用场景丰富多样，主要有以下几种：

1.品牌推广与产品宣传

互联网公司：互联网公司利用微博平台进行品牌推广和产品宣传，通过明星代言、大数据分析等手段，增强品牌认知和产品黏性，提高用户黏性和转化率。例如，通过与明星合作发布微博，借助明星的影响力迅速提升品牌曝光度。

数据分析：微博平台作为大数据的汇聚地，企业可以通过分析用户数据了解目标用户的偏好和需求，从而制定更具针对性的营销策略。例如，根据用户搜索和点击数据，推出符合其需求的新产品或促销活动。

2.互动营销与粉丝营销

粉丝营销：通过发布有价值的内容吸引用户关注，建立稳定的粉丝群体。随着粉丝数量的增加，企业可以通过微博发布活动、促销等内容，吸引更多粉丝参与，实现销售增长。例如，举办粉丝专属活动，增加用户互动和黏性。

互动营销：利用微博的互动机制，与用户进行实时互动，增强用户对品牌的信任感和忠诚度。例如，及时回复用户评论和私信，解决用户问题，提高用户满意度。

3.话题营销与活动策划

话题营销：利用微博话题进行代言宣传、活动策划和推广营销。通过策划具有吸引力的话题，吸引用户关注和参与，实现品牌推广和销售增长。例如，结合节日或热门事件，创建相关话题，引发用户讨论和传播。

活动策划：通过线上举办各种活动，吸引更多用户参与，提高品牌形象和知名度。例如，举办抽奖活动、线上挑战赛等，吸引用户关注和参与，提高品牌曝光度和用户参与度。

4.广告投放与品牌宣传

微博广告投放：利用微博的广告投放功能，精准地向目标用户推送广告内容，提高广告效果和转化率。例如，通过投放博文广告、头条广告等形式，快速扩大品牌知名度和影响力。

品牌定位与宣传：通过微博的互动和传播，明确公司的价值和理念，展示自己的优势和特点。利用微博的强大传播力，将品牌的优点快速传递给更多潜在客户，从而提高品牌知名度和市场份额。

5.社交公益与形象塑造

社会公益：利用微博平台开展社会公益活动，展示企业良好形象，提高企业公信力。通过参与公益活动，拉近品牌与用户的距离，提升品牌形象和用户认可度。

综上所述，微博策略的应用场景广泛且多样，企业可以根据自身需求和目标用户的特点，选择适合的微博策略进行应用，以实现品牌推广、用户互动、销售增长等目标。

（三）微博策略的实施过程

微博策略的实施过程可以分为以下几个阶段：

1.明确目标与定位

确定营销目标：明确微博营销的具体目标，如提高品牌知名度、增加产品销量、扩大用户群体等。

分析品牌定位：分析品牌的核心价值和差异化点，确定在微博平台上的定位。

2.研究目标受众

用户画像：通过大数据分析、用户调研等方式，构建目标受众的用户画像，包括年龄、性别、地域、兴趣等。

了解用户行为：了解目标受众在微博上的活跃时间、互动习惯等，以便制定更合适的发布策略。

3.制定微博策略

内容策略：根据目标受众的兴趣和需求，制订有吸引力的内容计划，包括图文、视频、直播等多种形式。

互动策略：设计互动环节，如问答、投票、抽奖等，提高用户参与度和忠诚度。

合作策略：寻找与品牌价值观相符的合作伙伴，进行微博互推、合作活动等，扩大品牌影响力。

4.创建与优化微博账号

注册与设置：注册微博账号，完善账号信息，包括头像、简介、背景图等，确保与品牌形象一致。

优化账号设置：设置合适的标签、关注相关领域的微博账号，提高账号的曝光率和关注度。

5.内容发布与互动

定期发布内容：按照内容计划，定期发布微博内容，保持账号的活跃度。

积极互动：及时回复用户的评论和私信，与用户建立良好的互动关系。

引导用户参与：通过发布话题、活动等方式，引导用户参与讨论和互动。

6.监测与分析

使用分析工具：利用微博数据分析工具，对微博的曝光量、转发量、评论量等指标进行监测和分析。

评估效果：根据数据分析结果，评估微博营销的效果，了解用户反馈和市场反应。

7.调整与优化策略

基于数据分析调整：对内容策略和互动策略进行系统性调整，以优化微博营销的效果评估指标。

持续创新：不断尝试新的内容形式、互动方式等，保持微博账号的新鲜感和吸引力。

8.评估与总结

定期评估：定期对微博营销的效果进行评估和总结，了解优点和不足。

制订改进计划：根据评估结果，制订改进计划，为下一阶段的微博营销提供参考。

通过以上过程，可以更加系统地开展微博营销活动，提高品牌的知名度和影响力，实现营销目标。

（四）实施微博策略的注意事项

实施微博策略的注意事项如下：

1.内容策划与创作

原创性与质量：确保微博内容的原创性和高质量。避免直接复制粘贴其他来源的内容，注重内容的独特性和深度，以吸引和留住粉丝。

相关性与定位：微博内容应与品牌或账号的定位紧密相关。明确目标受众的需求和兴趣，确保内容能够吸引并满足他们的需求。

时效性：注意微博内容的时效性。结合时事热点、节日活动、行业动态等，及时发布相关内容，提高用户的关注度和参与度。

2.用户互动与关系管理

积极互动：及时回复粉丝的评论和私信，积极与他们进行互动。建立良好的用户关系，提高用户黏性和忠诚度。

粉丝管理：对粉丝进行分类管理，如根据活跃度、兴趣等进行分组。针对不同类型的粉丝制定不同的互动策略，提高互动效果。

避免过度营销：在互动过程中，避免过度营销和推销行为。注重与粉丝建立情感联系，而非简单的商业交易。

3.推广与引流

利用热门话题：关注微博热门话题，结合品牌或账号特点进行话题营销。通过参与热门话题的讨论和分享，提高微博的曝光度和关注度。

合作与联动：与其他微博账号、KOL（关键意见领袖）或品牌进行合作，共同推广内容或活动。通过联动合作，扩大微博的影响力和受众范围。

微博广告：根据需要，考虑使用微博广告进行推广。通过精准投放广告，提高微博的曝光度和关注度，吸引更多潜在用户。

4.数据分析与优化

定期分析数据：利用微博提供的数据分析工具，定期分析微博的数据表现，如阅读量、点赞量、评论量等。了解内容的表现和受众的反馈，为策略调整提供依据。

优化内容策略：根据数据分析结果，优化内容策略。针对表现不佳的内容进行调整和改进，提高内容的质量和吸引力。

调整发布时间：根据用户的活跃时间，调整微博的发布时间。在用户活跃度高的时间段发布微博，提高微博的阅读量和参与度。

5.合规与风险控制

遵守法律法规：确保微博内容遵守国家法律法规和社会道德规范。避免发布违法、违规和不良信息，以免受到法律制裁和社会谴责。

尊重用户隐私：在发布微博时，尊重用户的隐私和权益。避免泄露用户的个人信息和敏感数据，保护用户的隐私安全。

注意版权问题：在引用或转载他人内容时，注意版权问题。确保引用的内容已获得授权或符合版权法的规定，避免侵权纠纷。

（五）微博与公众号的区别

微博与公众号的区别包括以下几个方面：

1.平台性质与定位

微博：微博属于社交媒体平台，以信息传播为核心。它更侧重于信息的快速传播与用户的互动参与，是一个开放性较强的社交媒体。

公众号：微信公众号则属于社交媒体沟通平台，以用户关系为基础。它更多被用作品牌宣传、内容发布及用户服务的工具，更倾向于由写作者向关注者进行单向信息输出。

2.内容形式与特点

微博：微博的内容形式以短文本为主，通常限制在140个字符以内，可配以图片、视频等多媒体内容。微博的内容更加短小精悍，便于快速阅读和传播。

公众号：公众号的内容形式更加多样化，可以包含文字、图片、视频、音频等多种形式。公众号的内容更加详细和深入，适合进行深度阅读和品牌宣传。

3.用户互动与参与度

微博：微博的用户互动更加频繁和直接，用户可以通过评论、转发、点赞等方式参与讨论，形成话题和热点。微博的开放性高，用户之间的互动性也更强。

公众号：公众号的用户互动相对较少，主要通过留言和消息回复等方式进行。但公众号与用户之间的关系更加紧密，因为用户通常是主动关注公众号并获取内容的。

4.运营策略与目的

微博：微博的运营策略更注重于话题营销、热点追踪和粉丝互动。微博的目的是快速传播信息，提高品牌曝光度和用户参与度。

公众号：公众号的运营策略更注重于内容创作、用户服务和品牌建设。公众号的目的是通过提供有价值的内容和服务，吸引和留住用户，建立品牌形象和客户忠诚度。

5.受众范围与影响力

微博：微博面对的是海量用户，具有广泛的受众基础。微博的开放性高，一条微博可能会被大量用户转发和评论，形成广泛的影响力。

公众号：公众号的受众范围相对较小，主要局限于关注公众号的用户群体。但公众号通过深度内容和优质服务，可以在特定领域内形成较强的品牌影响力和用户黏性。

总的来说，微博和公众号在平台性质、内容形式、用户互动、运营策略和受众范围等方面都存在明显的区别。选择使用哪个平台取决于具体的营销目标、内容特点和受众需求。

九、引流策略

（一）引流策略认知

引流策略是一种营销策略，其核心目标是通过各种手段和渠道吸引目标用户或潜在客户，引导他们进入特定的平台、网站、店铺或参与活动，从而提高品牌曝光度、提升用户关注度，进而实现销售转化或其他营销目标。引流策略的优势如下：

1.提升品牌曝光度

通过有效的引流策略，品牌信息能够迅速传播到目标用户群体，提高品牌的知名度和曝光度。这有助于建立品牌形象，提升用户对品牌的认知度。

2.增强用户关注度

引流策略能够吸引大量潜在用户的关注，增加他们对品牌或产品的兴趣。通过持续的互动和有价值的内容输出，可以进一步增强用户的黏性和忠诚度。

3．精准定位目标用户

引流策略往往结合数据分析工具进行用户画像分析，从而能够更精准地定位目标用户群体。这有助于提高营销效率，降低营销成本。

4．提高转化率

通过引流策略吸引到的用户往往具有较高的购买意愿和需求，因此更容易实现销售转化。同时，引流策略中的互动环节也有助于提高用户的购买决策速度。

5．建立用户社区

通过引流策略，企业可以建立属于自己的用户社区，增强用户之间的互动和交流。这有助于增加用户的归属感和忠诚度，同时也为企业提供了更多的市场反馈和意见。

6．降低营销成本

与传统的广告投放相比，引流策略通常具有更低的成本。通过社交媒体、内容营销、搜索引擎优化等手段进行引流，不仅成本低廉，而且效果可持续。

7．提高用户体验

引流策略中往往包含有价值的内容输出和互动环节，这有助于提高用户体验。用户在享受优质内容和服务的同时，也更容易产生购买意愿和忠诚度。

8．灵活性和创新性

引流策略具有高度的灵活性和创新性。企业可以根据自身特点和市场需求制定不同的引流策略，以适应市场的变化和用户的需求。同时，引流策略也可以不断创新，以保持对用户的吸引力和新鲜感。

（二）引流策略的实施方式

1．内容营销

制作有价值、有趣、有创意的内容，如视频教程、行业新闻或用户故事等，以吸引潜在用户的注意力。通过发布高质量的内容，提升品牌知名度和用户黏性，引导用户进入自己的平台或产品。

2．社交媒体营销

利用社交媒体平台（如微信、微博、抖音等）与目标受众进行互动，分享产品信息和优惠活动。借助社交媒体平台的广告功能，精准投放广告，吸引潜在用户点击并了解产品。

3．合作推广

与相关行业的合作伙伴进行推广合作，提高产品曝光度、扩大用户群体。例如，与知名博主、媒体或行业大V进行合作，借助他们的影响力吸引更多潜在用户。

4．线下活动

举办线下活动，如产品发布会、展览、沙龙等，吸引潜在用户参加并了解产品。通过线下活动与用户面对面交流，提高用户对产品的信任度和好感度。

5．口碑营销

提供优质的产品和服务，激励用户分享和推荐产品给他人。可以通过积极回应用户的反馈、提供专业的售后服务，积累良好的口碑。

6．个性化推送

通过分析用户的兴趣和行为数据，给用户提供个性化的推送内容和优惠。个性化推送可以增强用户体验，提高用户的参与度和转化率。

7.广告投放

在相关的网站、社交媒体平台或搜索引擎上购买广告位，以增加网站访问量、提高曝光度。广告投放可以精准定位目标用户，提高广告效果。

8.搜索引擎优化（SEO）

通过对网站进行优化，提高网站在搜索引擎结果中的排名，从而吸引更多的访客流量。SEO包括关键词优化、网站结构优化、内容优化等方面。

9.竞争分析

通过分析竞争对手的引流策略和渠道，学习他们的成功经验，并找出可以用于自己网站的策略。竞争分析可以帮助我们了解市场趋势和用户需求，制定更有效的引流策略。

这些引流策略可以根据具体情况进行选择和组合，以实现最佳的引流效果。同时，需要注意的是，引流策略需要不断尝试和优化，以适应市场变化和用户需求的变化。

（三）引流策略中提高用户关注度的方法

在引流策略中，提高用户关注度是至关重要的一环。以下方法在引流过程中可以提升用户关注度：

1.提供有价值的内容

制作和分享与品牌或产品相关的有价值内容，如教程、指南、行业洞察等。确保内容具有教育性、娱乐性或实用性，以吸引用户的兴趣。内容应该与目标受众相关，并且以他们易于理解和接受的方式呈现。

2.利用社交媒体平台

在多个社交媒体平台上创建并维护品牌账号，如微博、微信、抖音等。通过定期发布有趣、有用的内容来吸引粉丝，并与他们进行互动。利用社交媒体广告或推广工具来提高内容的曝光率，并吸引更多潜在用户关注。

3.定期互动与回复

鼓励用户在社交媒体账号下留言、评论或分享内容。及时回复他们的评论和问题，让他们感受到你的关注和尊重。举办问答、投票或抽奖等互动活动，鼓励用户参与并分享到他们的社交媒体上，以扩大品牌影响力。

4.使用有吸引力的标题和图片

为在社交媒体上发布的帖子和博客文章创建引人注目的标题和图片，以吸引用户点击和阅读。利用图片、视频和动态图等多媒体内容来增加内容的吸引力和可读性。

5.合作与联盟

与其他品牌、意见领袖或行业专家进行合作，共同创建内容或举办活动。通过他们的粉丝基础和影响力，吸引更多潜在用户关注你的品牌。参与或赞助与品牌相关的行业活动或会议，提高品牌曝光度和关注度。

6.优化搜索引擎排名

确保网站或博客内容在搜索引擎中易于找到。通过关键词研究、内容优化和建立高质量的外部链接来提高搜索引擎排名。利用搜索引擎广告（如Google AdWords）来增加网站流量和用户关注度。

7.创建用户社区

创建一个用户社区，如论坛、群组或社交媒体群组，让用户可以在其中交流、分享经验和解决问题。积极参与社区活动，回答用户问题，提供支持和建议。通过积极的互动和有价值的内容，增加用户对社区的依赖和忠诚度。

8.提供优惠和奖励

提供优惠券、折扣或积分等奖励，以鼓励用户关注你的品牌并参与活动。举办限时促销或会员专属活动，增加用户的参与度和购买意愿。

9.定期更新和发布

保持内容更新的频率和稳定性，定期发布新的内容或活动，以保持用户的关注度和兴趣。分析用户行为和反馈，不断优化发布的内容和发布策略，以更好地满足用户需求。

10.利用数据分析

利用数据分析工具来跟踪和分析引流效果，了解哪些内容、平台和活动更受用户欢迎。根据数据分析结果调整引流策略，以提高用户关注度和转化率。

（四）引流策略的实施过程

引流策略的实施是一个有序且目标明确的过程。引流策略的实施过程如下：

1.明确目标

设定具体目标：明确引流活动的具体目标，如增加网站流量、提升品牌知名度、增加销售额等。

量化指标：为目标设定具体的量化指标，如网站月访问量提升至10万次、社交媒体账号粉丝数增加10%等。

2.受众分析

研究目标受众：深入了解目标受众的特点和需求，包括性别、年龄、兴趣爱好、购买能力等。

定位受众群体：根据受众分析，确定主要受众群体，并针对性地制定引流策略。

3.渠道选择

评估渠道：根据目标受众的媒体使用习惯，评估各种引流渠道的潜力和效果，如搜索引擎优化、社交媒体、论坛和博客等。

选择渠道：选择最适合目标受众和目标的引流渠道，并确定渠道的使用方法和优先级。

4.内容创作

制订内容计划：根据目标受众的需求和兴趣，制订有针对性的内容创作计划。

创作内容：创作优质、有吸引力的内容，如文章、视频、图片等，并确保内容真实、原创且能提供有价值的信息和帮助。

搜索引擎优化：结合搜索引擎优化技巧，合理使用关键词，提升内容在搜索引擎中的曝光度。

5.引流活动执行

制订活动方案：根据目标受众的特点和公司的产品或服务，确定适合的活动内容，如优惠促销、抽奖活动、线上互动等。

时间规划：根据目标受众的在线时间和活动举办的时机，合理安排活动的时间，避免与其他竞争对手活动冲突。

推广执行：根据策划的活动内容，利用选定的引流渠道进行推广和执行。

6.数据监测与分析

数据收集：对活动数据进行收集，包括参与人数、转化率、回头客数量等。

分析评估：对收集到的数据进行分析和评估，了解活动的效果和受众的反馈。

7.策略调整与优化

效果评估：根据数据分析结果评估引流策略的效果，了解哪些策略和内容受到用户的喜爱和关注。

调整优化：根据评估结果调整和优化引流策略，包括内容、渠道、活动形式等，以提高引流效果。

8.持续优化与迭代

定期更新：定期更新内容，保持网站或社交媒体平台的新鲜度和活跃度。

持续关注：关注竞争对手和行业动态，及时调整引流策略，保持竞争力。

9.反馈与总结

收集反馈：在活动结束后，积极收集参与者的反馈和建议，了解活动的优点和不足。

总结经验：根据反馈和数据分析结果，总结活动的经验教训，为下一次活动提供改进和优化方向。

通过以上流程的实施，可以确保引流策略的有效性和可持续性，从而吸引更多的目标受众，提升品牌知名度和销售额。

十、活动策略

（一）活动策略认知

活动策略是指在互联网环境下，企业为实现其特定的营销、品牌传播或用户互动目标，精心策划和实施的一系列有计划、有步骤的线上活动方案。这些活动旨在利用互联网的技术、资源和平台优势，提升企业的知名度、增强用户黏性、促进产品销售或达成其他商业目标。

活动策略的作用在于确保互联网活动的成功实施，并达到预期的目标。以下是活动策略的具体作用：

1.明确目标与定位

活动策略的首要作用是明确活动的目标和定位，确保所有活动都围绕核心目标展开，如提升品牌知名度、提高用户参与度、提高产品销量等。

2.提供策略导向

活动策略为活动的实施提供了整体指导，确保活动有条不紊、井然有序地按照既定目标进行。通过对目标受众的深入了解，策划人员可以对活动规划目标进行决策规划，探索、设计多种备选方案，为活动的成功奠定基础。

3.提供执行计划

活动策略为活动的举办提供了具体的执行计划，使活动执行人员能够按照既定计划进行操作，减少执行过程中的混乱和误差。一般情况下，只要活动策划方案通过后，基本上照着活动策划方案执行就能保证活动的顺利进行。

4.过程制约作用

活动策略能够对活动的过程进行安排和制约，确保活动在预定的时间、预算和范围内进行。特别是对于大型活动，涉及的工作千头万绪，活动策略能够确保活动的顺利进行，并应对可能出现的突发情况。

5.效果控制作用

活动策略通常会针对未来活动可能会出现的问题或者变化趋势进行提前预测，并作出对应的应急预案。通过对比策划案的相关要求，可以清楚地看到某一活动在实施过程中是否达到了预期的效果，从而及时调整策略，确保取得最佳的活动效果。

6.规范运作作用

活动策划者在制订计划前，会采用一定的策划运作流程来构思和计划，制订出方案，使计划切合实际，使预算投入可靠。规范化的运作能够确保活动更加科学、合理、规范，减少不必要的损失。

7.提升品牌与产品影响力

通过精心策划的活动，可以有效地提升品牌和产品的知名度、美誉度和影响力。活动的成功实施可以吸引更多的潜在客户，提高产品的销售量，为企业带来更大的商业价值。

8.增强用户参与度和黏性

通过策划有趣、有吸引力的活动内容和形式，可以激发用户的参与热情，提高用户的参与度和黏性。用户参与度的提高有助于建立良好的用户口碑和忠诚度，为企业带来长期稳定的客户群体。

综上所述，活动策略在互联网活动中起着至关重要的作用，它不仅能够确保活动的成功实施和达到预期目标，还能够提升品牌与产品的影响力、增强用户参与度和黏性，为企业带来更大的商业价值。

（二）活动的策划要点

互联网销售活动的策划要点可以分为以下几个部分，以确保活动的有效性和吸引力：

1.目标定位与量化指标

明确目标：首先确定网络销售活动的清晰目标，如提高品牌知名度、增加销售额等。

量化指标：将目标细化为可量化的具体指标，如网站访问量提升20%，转化率提高10%，社交媒体粉丝增长5 000人等。

2.目标受众分析

确定受众：详细分析目标受众的特点、需求以及购买决策过程。

市场调研：利用市场调研工具（如调查问卷、焦点小组等）收集目标受众的数据，以更好地了解他们的需求和行为模式。

3.品牌形象塑造

品牌核心价值观：构建并传达品牌的核心价值观和独特卖点，以在竞争中产生差异化。

视觉识别系统：建立统一的品牌视觉识别系统，包括Logo、标语、颜色等，以增强品牌识别度。

4.线上渠道选择与推广策略

渠道选择：根据目标受众的特点和行为习惯，选择合适的线上渠道进行宣传，如搜索引擎广告、社交媒体、电子邮件营销等。

渠道推广布局：针对各个渠道，分别拟定详尽规划，涵盖资金预算分配、时间节点规划以及适配的内容推广策略等关键要点。

5.内容创作与搜索引擎优化

有价值的内容：创作有价值、有吸引力的内容，如文章、视频等，以吸引和留住目标受众。

搜索引擎优化：利用搜索引擎优化技巧提高网站在搜索结果中的排名，增加有针对性的流量。

6.社交媒体策略

定期发布：在社交媒体上定期发布有吸引力的内容，与粉丝保持互动。

互动活动：组织互动活动，如抽奖、问答等，以提高用户参与度和忠诚度。

7.数据监测与分析

使用工具：使用网站分析工具来跟踪和分析网站流量、转化率、用户行为等数据。

优化策略：根据收集到的数据，不断优化和调整营销策略，以达到最佳效果。

8.竞争情报与调整

研究竞争对手：了解竞争对手的优势和弱点，以及他们的营销策略。

灵活调整：根据竞争情报作出相应的反应和调整，以保持竞争优势。

9.资源管理与预算控制

确定资源：确定营销活动所需的人力、物力和财力资源。

详细预算：制定详细的预算和时间安排，合理分配资源，确保营销活动的顺利进行和有效实施。

10.监测与评估

设置关键绩效指标：设置关键绩效指标来监测和评估营销活动的成果。

定期评估：定期检查和分析数据，判断营销活动的效果，并根据需要进行调整和改进。

通过以上要点的详细规划和执行，可以确保网络销售活动的有效性和吸引力，从而实现营销目标。

（三）活动的表现形式

活动的表现形式可以多样化，以满足不同目标受众的需求。以下是一些常见的网络销售活动表现形式：

1.社交媒体营销

微博营销：利用微博平台发布品牌信息、产品信息、优惠活动等，通过转发、评论、点赞等方式与用户互动。

微信营销：通过微信公众号或小程序，推送图文消息、视频、直播等内容，结合微信支付功能实现线上交易。

短视频平台营销：制作有趣、有料的短视频，展示产品特点和品牌故事，吸引用户关注和购买。

2.搜索引擎营销

竞价排名：在搜索引擎中购买关键词广告位，当用户搜索相关关键词时，展示品牌或产品信息。

搜索引擎优化：通过优化网站内容、结构和外部链接等方式，提高网站在搜索引擎中的排名，增加自然流量。

3.论坛与社区营销

论坛营销：在各大论坛发布品牌帖子、参与话题讨论，提高品牌曝光度和用户参与度。

社区营销：利用社区网站或应用，如知乎、豆瓣等，发布专业知识、解答用户问题，树立品牌形象并取得用户信任。

4.电子邮件营销

定期邮件推送：向注册用户发送定期的产品推荐、优惠信息、行业资讯等邮件。

邮件营销自动化：利用邮件营销工具，实现邮件发送的自动化和个性化，提高用户响应率。

5.网络广告营销

横幅广告：在网站或应用上投放横幅广告，展示品牌形象和产品信息。

视频广告：在视频平台或应用中投放视频广告，通过视频形式展示产品特点和品牌故事。

6.网络促销活动

限时抢购：在特定时间段内，对某款产品或服务进行降价销售，刺激用户购买欲望。

满减/满赠活动：当用户购买达到一定金额时，可享受相应的减免或赠品优惠。

优惠券发放：通过网站、社交媒体等渠道发放优惠券，吸引用户下单购买。

7.内容营销

博客营销：撰写与品牌或产品相关的博客文章，通过分享知识、经验和故事，吸引用户关注和信任。

电子书/白皮书营销：制作电子书或白皮书，分享行业知识、趋势分析和产品指南等内容，提高品牌形象和影响力。

8.网络直播营销

直播销售：通过直播平台进行产品展示和销售，与用户实时互动，解答疑问，提高转化率。

品牌宣传直播：通过直播形式展示品牌故事、企业文化等，增强用户对品牌的认知和信任。

以上网络销售活动的表现形式各有特点，可以根据品牌需求、目标受众和市场环境选择合适的形式进行组合和运用，以实现最佳的营销效果。

（四）活动策略的实施过程

活动策略的实施过程可以分为以下几个阶段：

1.前期准备阶段

明确活动目标：设定具体、可量化的活动目标，如提高品牌曝光度50%、增加用户参与量至1 000人、提升销售额70%等。

目标受众分析：深入分析目标受众的特点、兴趣和消费习惯，构建精准的用户画像。利用市场调研工具，如调查问卷、数据分析等，了解目标受众的期望和需求。

活动预算制定：根据活动规模、复杂度和目标，合理制定预算，包括策划、设计、执行、推广等费用。

策划团队组建：组建专业的策划团队，明确团队成员的职责和分工，确保活动的顺利进行。

2.活动策划阶段

活动主题确定：根据目标受众和市场需求，确定具有吸引力和独特性的活动主题。

活动形式设计：设计符合目标受众喜好的活动形式，如线上抽奖、游戏互动、问答竞赛等。

活动内容策划：策划活动的具体内容，包括活动规则、参与方式、奖品设置等。设计清晰、易懂的参与流程，降低用户参与门槛。

活动时间确定：根据目标受众的在线时间和活动需求，确定最佳的活动时间，确保活动的高参与度。

推广渠道选择：根据目标受众的特点和习惯，选择合适的推广渠道，如社交媒体、电子邮件、广告等。确定各渠道的预算分配和投放计划。

合作伙伴选择：寻找与活动主题相关的合作伙伴，如品牌方、博主、媒体等，共同推广活动。

3.活动执行阶段

活动平台搭建：选择合适的线上平台，搭建活动所需的网页、应用或小程序，确保用户能够顺畅参与。

内容准备：准备活动所需的文案、图片、视频等素材，确保内容的质量和吸引力。

页面设计：设计活动页面，确保页面美观、易用，并突出活动主题和亮点。

规则制定：制定清晰、详细的活动规则，确保用户能够准确理解并参与。

测试与调整：在活动开始前进行测试，确保活动平台的稳定性和功能的正确性。根据测试结果进行调整和优化，确保活动的顺利进行。

活动推广：按照计划进行活动推广，确保活动的曝光度和参与度。

4.活动后期总结阶段

数据收集与分析：收集活动期间的各项数据，如参与人数、转化率、销售额等。对数据进行分析，评估活动的效果和达成情况。

效果评估：根据数据分析结果，评估活动的成功之处和不足之处。总结经验教训，为未来的活动提供参考和借鉴。

用户意见反馈：积极收集用户的反馈意见及改进建议，精准洞察用户对活动开展的满意度水平与未来期望。基于所获用户反馈，针对性地对后续活动策划方案及执行细节进行优化完善与迭代升级。

报告撰写与分享：撰写活动总结报告，详细记录活动的策划、执行和效果评估过程。将报告分享给团队成员和公司管理层，共同学习和提升活动策划和执行能力。

（五）提升活动的参与度

活动的参与度是评估活动策略成功与否的重要指标之一。要提高活动的参与度，需要制定有效的活动策略。

活动策略参与度提升方法包括：

143

1.设定有趣的活动主题和内容

符合目标受众兴趣：确保活动主题和内容与目标受众的兴趣和需求紧密相联，能够引起他们的共鸣和兴趣。

创新性和独特性：通过设计新颖、独特的活动内容和形式，吸引参与者的注意力和好奇心。

2.制定有吸引力的奖励机制

奖励设置：提供有吸引力的奖品和奖励，如优惠券、礼品卡、实物奖品等，激发参与者的积极性。

奖励层次化：设置不同层次的奖励，让参与者感受到挑战和成就感，进一步促进他们的参与热情。

3.创建社交分享平台

利用社交媒体：通过社交媒体平台（如微信、微博等）发布活动信息，鼓励参与者分享活动内容和成果，扩大活动影响力。

互动和讨论：设置讨论区或话题标签，促进参与者之间的交流和互动，增加活动的社交属性。

4.增加互动环节

设置互动游戏：通过设置有趣的互动游戏或挑战，让参与者积极参与并享受活动的乐趣。

问答和抽奖：设置问答环节或抽奖环节，鼓励参与者回答问题或参与抽奖，增加活动的互动性和趣味性。

5.提供免费参与机会

降低参与门槛：提供免费参与的机会，降低参与者的经济和时间成本，吸引更多人参与活动。

限时优惠：设置限时优惠或免费试用等促销活动，鼓励参与者尽快参与并享受优惠。

6.活动前期宣传

多渠道宣传：通过海报、传单、网站、社交媒体等多种渠道进行活动宣传，提高活动的曝光率和知名度。

精心设计宣传内容：设计富有创意和吸引力的宣传内容，如视频、动画等，吸引目标受众的注意。

7.优化活动现场环境

确保环境舒适：确保活动现场环境整洁、舒适，为参与者提供良好的体验。

提供娱乐设施：提供娱乐设施或休息区，让参与者在活动间隙得到放松和休息。

8.安排专业的主持人

专业引导：专业的主持人能够引导活动顺利进行，保持现场氛围的活跃和有序。

互动能力：具备良好互动能力的主持人能够与参与者建立良好的互动关系，提高活动的参与度。

通过以上方法，可以有效地提高活动的参与度。同时，需要注意的是，不同的活动类型和目标受众可能需要不同的策略组合和调整。因此，在制定活动策略时，需要根据具体情况进行灵活变通和创新。

【案例分析3-3】

某美妆品牌微信群营销策略

一、背景介绍

知名美妆品牌"美丽颜界"为了进一步提升品牌忠诚度、提高复购率并扩大市场份额，决定利用微信群作为其重要的营销渠道。该品牌目标用户群体主要为18~35岁的年轻女性，对美妆产品有较高追求和购买力。

二、策略实施

1.建群准备

定位明确：确定微信群的主题为"美丽颜界·美妆秘籍分享群"，明确群内将分享美妆技巧、新品资讯、优惠活动等内容。

群规设定：制定并发布群规，包括禁止发布广告、尊重他人、积极互动等，确保群内氛围健康有序。

邀请入群：通过官网、社交媒体、线下门店等多种渠道邀请目标用户加入微信群，同时设置一定的入群门槛（如关注公众号、填写简单问卷等），以筛选高质量用户。

2.内容运营

日常分享：每日分享美妆小知识、产品使用技巧、护肤心得等内容，增加用户黏性。

新品速递：在微信群内首发新品信息，包括产品介绍、试用反馈、限时优惠等，激发购买欲望。

互动活动：定期举办互动活动，如有奖答题、晒单赢好礼等，提高用户参与度。

3.与KOL（关键意见领袖）/网红合作

邀请美妆领域的KOL或网红加入微信群，分享专业美妆见解，利用他们的影响力吸引更多用户关注并提升品牌信任度。

组织线上直播或发布视频教程，由KOL现场演示产品使用方法，增强产品的直观感受。

4.客户服务

在微信群内设立专属客服，及时解答用户疑问，处理售后问题，提升用户满意度。

定期收集用户反馈，不断优化产品和服务，形成闭环管理。

5.数据分析与优化

利用微信群管理工具，对群内互动数据进行分析，包括用户活跃度、内容偏好、转化率等，为策略调整提供依据。

根据数据分析结果，不断调整内容策略、活动形式等，以实现最佳营销效果。

6.效果评估

经过一段时间的运营，"美丽颜界"微信群取得了显著成效：

微信群成员数量快速增长，用户黏性显著提升。

新品首发在微信群内的转化率远高于其他渠道。

用户口碑传播效应明显，品牌知名度和美誉度得到提升。

通过微信群收集到的用户反馈，帮助品牌不断优化产品和服务，提升了市场竞争力。

三、结论

微信群营销策略为"美丽颜界"品牌带来了显著的营销效果和品牌价值的提升。通过精准定位、高质量内容运营、KOL合作以及有效的客户服务，该品牌成功地在微信群内建立了良好的品牌形象和用户基础，为未来的持续发展奠定了坚实基础。这一案例证明了微信群/QQ群策略在互联网销售管理中的重要作用和价值。

资料来源　作者根据相关资料整理。

【项目实训】

社群策略及内容设计

一、实训目标

在当前数字化时代，社群运营已成为企业推广、品牌建设及用户维护的重要手段。为了让学生更好地理解并掌握社群策略的实际应用，本实训项目旨在通过模拟真实场景，让学生设计并执行一套完整的社群运营策略，以达到提高社群活跃度、增强用户黏性、促进品牌传播等目标。

二、实训小组

学生按照一定规则（如兴趣、专业背景等）组成小组，每组选出一名组长负责协调小组工作。

三、实训知识点

组织学生进行社群策略及内容设计的理论学习，学习内容包括社群的基本概念、社群运营的策略、内容设计的原则与技巧等。

四、具体步骤

（一）项目组成员与角色分配

项目经理：负责整体项目规划、进度监控及资源协调。

市场调研组：负责分析目标用户群体、竞品社群状况及市场需求。

内容创作组：负责社群内容的策划、创作与发布，包括图文、视频、直播等多种形式。

活动策划组：设计并执行社群内线上线下活动，如话题讨论、知识分享会、挑战赛等。

数据分析组：利用数据分析工具监测社群运营效果，为策略调整提供依据。

客户服务组：负责社群内用户咨询、反馈收集及处理，维护良好的社群氛围。

（二）项目实施步骤

1.项目启动与培训

组织项目启动会议，明确项目目标、时间安排及角色分工。开展社群运营基础知识培训，包括社群定义、用户心理、内容营销、活动策划等。

2.市场调研与用户画像

市场调研组通过问卷调查、竞品分析等方式，收集目标用户群体的信息。绘制用户画像，明确用户需求、兴趣点及行为习惯。

3.社群定位与平台选择

根据用户画像和市场需求，确定社群的定位（如学习交流、兴趣分享、专业指导等）。选择合适的社群平台（如微信群、QQ群、知乎圈子、小红书等），并完成基础设置。

4.内容规划与创作

内容创作组根据社群定位，制订内容发布计划，包括主题、形式、发布时间等。创作高质量的内容，确保内容的多样性、时效性和互动性。

5.活动策划与执行

活动策划组设计吸引人的社群活动，制订活动方案、流程及时间表。协调资源，执行活动，并在活动过程中关注用户反馈，及时调整活动策略。

6.社群运营与互动

各组协同工作，定期发布内容，积极参与社群讨论，回复用户留言。客户服务组关注用户动态，及时解决用户问题，收集并整理用户反馈。

7.数据分析与优化

数据分析组利用数据分析工具，监测社群活跃度、用户参与度、内容传播效果等指标。根据数据分析结果，评估社群运营效果，提出优化建议，调整社群策略。

8.项目总结与汇报

项目结束后，组织项目总结会议，回顾项目过程，总结经验教训。各组撰写项目报告，总结工作成果、遇到的挑战及解决方案。进行项目成果展示，向师生汇报实训项目的完成情况。

五、预期成果

学生能够熟练掌握社群运营的基本流程和关键技能；完成一套完整的社群运营策略，并成功应用于实践；提升社群的活跃度、用户黏性和品牌影响力；积累丰富的项目经验，为未来的职业生涯打下坚实基础。

基本训练

基本训练

一、选择题

1.互联网销售管理策略中，下列环节中对提升品牌知名度至关重要的是（　　　）。

A.社交媒体营销　　　　　　B.线下促销活动

C.电子邮件营销　　　　　　D.客户关系管理

2.下列（　　　）不属于互联网销售管理的成交策略。

A.限时优惠　　　　　　　　B.个性化推荐

C.线下门店体验　　　　　　D.购物车提醒

3.在制定互联网销售管理的维护策略时，应优先考虑（　　　）以增强客户忠诚度。

A.频繁更换产品线　　　　　B.提供优质的售后服务

C.减少客户沟通渠道　　　　D.单一化的客户体验

4.（　　　）技术常用于互联网销售管理中，以实现精准营销。

A.区块链　　　　　　　　　B.人工智能（AI）

C.虚拟现实（VR）　　　　　D.物联网（IoT）

5.互联网销售管理中，以下数据分析方法中有助于识别潜在的高价值客户的是（　　）。

A.聚类分析　　　　　　　　　B.回归分析

C.因子分析　　　　　　　　　D.假设检验

6.下列（　　）是互联网销售管理成交策略中常用的心理战术。

A.恐惧诉求　　　　　　　　　B.过度承诺

C.社会认同　　　　　　　　　D.隐藏费用

7.互联网销售管理中，维护老客户的有效手段不包括（　　）。

A.定期发布优惠信息　　　　　B.忽视客户反馈

C.提供专属会员服务　　　　　D.举办客户回馈活动

8.（　　）策略有助于提升互联网销售过程中的转化率。

A.复杂的购买流程　　　　　　B.清晰的产品描述与图片

C.高昂的运费　　　　　　　　D.缺乏客户评价

9.在互联网销售管理中，（　　）可以有效管理销售团队的业绩。

A.社交媒体分析工具　　　　　B.CRM系统

C.搜索引擎优化（SEO）工具　　D.内容管理系统（CMS）

10.在互联网销售管理的维护策略中，建立客户社群的主要目的是（　　）。

A.减少客户投诉　　　　　　　B.增加销售压力

C.促进口碑传播　　　　　　　D.替代传统广告

二、判断题

1.互联网销售管理策略中，必须依赖大量的广告投放才能取得成功。　　（　　）

2.成交策略中的"免费试用"通常能有效降低客户的购买门槛，提高转化率。

（　　）

3.互联网销售管理的维护策略中，客户反馈的收集与处理是可有可无的环节。

（　　）

4.社交媒体营销是互联网销售管理中最有效的单一策略。　　　　（　　）

5.数据分析在互联网销售管理中的作用仅限于了解销售数据，对策略制定无直接影响。　　　　　　　　　　　　　　　　　　　　　　　　　　　　（　　）

6.购物车提醒功能属于互联网销售管理的成交策略之一。　　　　（　　）

7.互联网销售管理的维护策略应侧重于新客户获取，而非老客户维护。（　　）

8.个性化推荐系统能够显著提升互联网销售的用户体验和转化率。　（　　）

9.互联网销售管理中的成交策略通常不需要考虑客户的心理需求。　（　　）

10.优质的售后服务是互联网销售管理维护策略中不可或缺的一部分。（　　）

三、论述题

1.论述互联网销售管理策略中内容营销的重要性及实施方法。

2.分析并阐述互联网销售管理中如何运用大数据和AI技术提升客户体验和转化率。

四、案例分析题

案例背景：某电商平台的销售管理策略

案例描述：某电商平台在"双11"期间，通过精准营销、限时折扣、个性化推荐以及社交媒体互动等多种策略，实现了销售额的显著增长。然而，在"双11"后的一段时间内，客户投诉率上升，主要是关于物流延迟和售后服务不到位的问题。

问题：

（1）分析该电商平台在"双11"期间成功实施的销售管理策略。

（2）指出"双11"后客户投诉率上升的可能原因，并提出改进建议。

（3）结合案例，讨论互联网销售管理中如何平衡短期促销与长期客户关系维护的关系。

项目四

互联网销售人员管理

学习目标

★ 知识目标

（1）理解互联网销售团队建设的概念与重要性。

（2）熟知互联网销售团队建设的核心要素与关键步骤。

（3）了解互联网销售人员的基本素质与技能要求。

（4）熟知互联网销售人员选拔的标准与流程。

（5）掌握互联网销售人员培训的内容与方法。

（6）理解互联网销售人员考核的目的与意义。

（7）熟知互联网销售人员考核的指标与方法。

（8）掌握互联网销售人员激励的理论与实践。

★ 能力目标

（1）能够根据企业目标和市场环境，规划并组建高效的互联网销售团队。

（2）能够运用有效的团队建设方法，提升团队凝聚力和战斗力。

（3）能够评估并优化团队结构，确保团队持续健康发展。

（4）能够根据岗位需求，选拔出符合要求的互联网销售人员。

（5）能够设计并实施针对性的培训计划，提升销售人员的专业能力。

（6）能够根据企业目标和销售需求，制订合理的考核方案。

（7）能够运用有效的激励手段，激发销售人员的积极性和创造力。

（8）能够根据考核结果，及时调整激励措施，提升销售团队的整体绩效。

★ 素养目标

（1）团队协作与统筹协调：互联网销售人员管理工作涉及多个环节与部门，需具备出色的团队合作精神与统筹协调能力。

（2）诚信公正与道德引领：在互联网销售人员管理过程中，坚持诚信公正的原则，严格遵守行业道德规范与法律法规。

（3）人文情怀与责任培育：关注销售人员的成长与发展需求，不断提升人员素养和责任担录意识，为他们提供良好的工作环境和发展机会。

项目导入

互联网销售团队建设的挑战与机遇

随着互联网的飞速发展，一家初创科技公司决定加大其在线市场的拓展力度。然而，在雄心勃勃地规划互联网销售策略时，公司高层很快意识到一个关键问题：他们缺乏一支高效、专业且充满活力的互联网销售团队。现有的销售团队虽然经验丰富，但在面对快速变化的互联网市场和复杂的客户需求时显得力不从心。

为了突破这一瓶颈，公司高层决定将互联网销售团队建设作为首要任务。他们深知，一个优秀的销售团队不仅是公司业绩增长的引擎，更是品牌形象和市场口碑的传播者。因此，公司决定从团队组建、人员选拔与培训、考核与激励等多个方面入手，全面打造一支适应互联网销售特点的精英团队。

在这个过程中，公司面临着诸多挑战：如何吸引并留住行业内的顶尖人才？如何快速提升团队成员的互联网销售技能和市场敏锐度？如何建立科学、公正的考核体系，激发团队成员的积极性和创造力？同时，这也为公司带来了前所未有的机遇——通过构建一支强大的销售团队，公司有望在激烈的市场竞争中脱颖而出，实现跨越式发展。

接下来，我们将围绕互联网销售团队建设的核心任务，深入探讨该公司在团队建设、人员选拔与培训、考核与激励等方面的具体实践和经验教训，以期为其他企业在互联网销售团队建设方面提供有益的参考和借鉴。

任务一　互联网销售团队建设

一、互联网销售团队建设认知

互联网销售团队建设是指为了达成公司的销售目标和市场策略，通过招募、培训、管理和激励等一系列措施，构建一个高效、协作、专业的销售团队的过程。互联网销售团队建设是一个系统性的工程，旨在通过明确团队目标、优化团队结构、提升团队能力、强化团队管理和营造积极团队氛围等手段，打造一支能够高效执行销售任务、具备市场竞争力的销售团队。其主要内容如下：

微课 4-1

互联网销售团队的建设

1.明确团队目标

设定具体的销售目标，如销售额、市场份额等。制定明确的销售策略，包括目标客户、销售渠道、产品定价等。

2.招募合适人才

根据团队目标和销售策略，确定所需的人才类型和数量。通过多种招聘渠道寻找并筛选合适的候选人。通过面试评估候选人的销售能力、沟通能力、团队协作能力等。

3.培训与指导

提供系统的产品知识和销售技能培训，确保团队成员具备专业的销售能力。定期组织内部培训和分享会，分享成功案例和销售经验。鼓励团队成员自主学习和持续提升。

4.建立良性的沟通机制

建立日常沟通机制，如团队会议、周报、微信群等。鼓励团队成员之间的交流和协作，分享信息、资源和经验。定期收集团队成员的反馈和建议，及时调整销售策略和计划。

5.注重团队激励

设立合理的激励机制，如销售提成、奖金、晋升等。举办销售竞赛和团建活动，激发团队成员的积极性和创造力。给予优秀团队成员表彰和奖励，树立榜样。

6.优化团队结构

根据销售目标和市场策略，确定团队的组织架构和人员配置。分配合理的销售任务和工作职责，确保团队成员能够高效协作。定期进行团队评估和调整，优化团队结构。

7.营造积极团队氛围

树立积极向上的团队文化，鼓励团队成员相互支持、相互学习。举办团队建设活动，增强团队凝聚力和向心力。关注团队成员的心理健康和情绪管理，营造和谐的工作氛围。

互联网销售团队建设是一个综合性的过程，涉及目标设定、人才招募、培训指导、沟通机制建立、团队激励、结构优化和氛围营造等多个方面。通过科学的管理和有效的执行，可以打造一支高效、协作、专业的销售团队，为公司提升销售业绩和市场竞争力提供有力支持。

二、互联网销售团队建设的步骤

互联网销售团队建设的步骤通常涉及多个关键阶段，以确保团队能够高效、协作并达到销售目标。以下是一个详细的步骤概述：

（一）明确团队目标和定位

1.市场调研与分析

进行深入的市场调研，了解行业趋势、竞争对手、目标客户群等信息。使用数据工具（如 CRM 系统、市场调研报告）来支持决策过程。

2.目标设定

根据市场调研结果，设定具体的、可衡量的销售目标（如年销售额增长 70%，新客户数量达到 1 000 个）。设定短期和长期目标，并确保团队成员对目标有清晰的认识。

3.制定销售策略

确定目标客户群，并根据其特点制定销售策略。选择合适的销售渠道和工具（如社交媒体、电子邮件营销、线上广告等）。

4.共享愿景和价值观

向团队成员明确传达公司的愿景、使命和价值观，确保团队成员对团队目标有共同的理解和认同。

（二）招聘与选拔

1.职位分析

详细描述职位的职责、要求和能力标准。确定招聘流程和时间表。

2.发布招聘信息

利用多种招聘渠道（如招聘网站、社交媒体、内部推荐）发布招聘信息。确保招聘信息准确、吸引人。

3.简历筛选

筛选符合职位要求的简历，注意候选人的工作经验、技能和教育背景。

4.面试与评估

进行多轮面试，包括初步面试、技能测试和终面。评估候选人的沟通能力、应变能力、自我驱动力和解决问题的能力。

（三）培训与发展

1.产品知识培训

为新员工提供全面的产品知识培训，确保他们熟悉产品的特点和优势。定期进行产品更新培训，保持对产品的最新了解。

2.销售技能培训

提供销售技巧、沟通技巧、谈判技巧等方面的培训。鼓励团队成员参加行业研讨会和培训课程，提升专业素养。

3.持续学习与成长

提供学习资源和机会，如在线课程、专业书籍等。鼓励团队成员分享经验和知识，促进团队内部的交流和学习。

（四）团队构建与协作

1.明确职责

为每个团队成员分配明确的职责和工作目标。定期回顾和调整职责分配，确保团队成员能够充分发挥自己的优势。

2.设定角色

根据团队成员的特长和经验，设定不同的角色（如销售代表、销售经理、市场专员等）。确保团队成员之间的角色互补和协作顺畅。

3.建立沟通机制

设定固定的团队会议时间，确保信息畅通。使用在线协作工具（如企业微信、钉钉等）进行实时沟通和文件共享。

4.促进协作

鼓励团队成员之间的互助和合作，共同解决问题。设定团队目标和奖励机制，激发团队成员的协作意愿。

（五）激励机制与绩效考核

1.制订薪酬计划

设计合理的薪酬体系，包括底薪、提成、奖金等。确保薪酬计划具有竞争力，能够吸引和留住优秀人才。

2.设定绩效考核标准

制定明确的绩效考核标准（如销售额、客户满意度、团队合作等）。确保绩效考核标准公正、透明，并得到团队成员的认可。

3.定期评估与反馈

定期对团队成员的绩效进行评估，并提供具体的反馈和建议。鼓励团队成员进行自我评估，帮助他们了解自己的工作表现并改进不足。

4.激励措施

根据绩效考核结果，对表现优秀的团队成员给予相应的奖励和激励（如晋升、加薪、奖金等）。设立优秀员工、销售冠军等奖项，激发团队成员的积极性和创造力。

（六）团队文化建设

1.培育团队精神

通过团队活动、聚餐、旅游等方式增强团队凝聚力。强调团队目标和价值观，确保团队成员对团队有认同感。

2.营造积极氛围

鼓励团队成员积极分享经验、提出建议和意见。及时处理团队内部的矛盾和冲突，确保团队氛围积极、和谐。

3.庆祝成功

及时庆祝团队和个人的成功，增强团队成员的成就感和自信心。设立奖励机制，表彰在团队中作出突出贡献的成员。

（七）持续优化与调整

1.监控销售数据

定期分析销售数据，了解销售趋势、客户反馈等信息。使用数据来支持决策过程，优化销售策略和团队管理方式。

2.调整销售策略

根据市场变化和团队表现，及时调整销售策略和团队管理方式。定期进行市场调研和竞品分析，确保团队能够跟上市场变化并保持竞争力。

三、互联网销售团队建设的必要性

互联网销售团队建设的必要性体现在多个方面，这些方面对于企业的长期发展和市场竞争优势至关重要。以下是互联网销售团队建设的必要性：

（一）提高销售业绩

一个高效、专业的销售团队能够更好地理解市场需求，制定并执行有效的销售策略，从而显著提升销售业绩。他们具备丰富的销售经验和技能，能够更精准地定位目标客户，提高销售转化率。

（二）增强市场竞争力

在互联网时代，市场竞争日益激烈。一个强大的销售团队能够帮助企业更好地应对市场变化，抓住市场机遇，提高市场占有率。通过不断学习和创新，销售团队能够不断提升自身的竞争力，为企业赢得更多的市场份额。

（三）提升客户满意度

销售团队是企业与客户之间的桥梁。一个优秀的销售团队能够深入了解客户需求，提供个性化的解决方案，并及时解决客户问题，从而提升客户满意度。客户满意度是企业成功的重要因素之一，也是企业长期发展的基石。

（四）促进团队合作与沟通

销售团队的建设不仅关注个人的能力和素质，更强调团队的协作和沟通。通过团队建设和培训，可以增强团队成员之间的信任和理解，提高团队的凝聚力和执行力。同时，良好的沟通和协作有助于团队成员更好地理解和执行销售策略，提高工作效率。

（五）培养企业文化和价值观

销售团队是企业文化的传播者和实践者。通过销售团队的建设和培训，可以传递企业的核心价值观和企业文化，增强员工的归属感和认同感。这种企业文化和价值观的传递和践行，有助于塑造企业的品牌形象和声誉，提升企业的社会影响力。

（六）应对市场变化和挑战

互联网市场变化迅速，新的技术和趋势不断涌现。一个灵活、高效的销售团队能够快速适应市场变化，应对各种挑战。他们具备敏锐的市场洞察力和学习能力，能够不断学习和掌握新的销售技巧和方法，为企业的发展提供有力支持。

综上所述，互联网销售团队建设的必要性体现在提高销售业绩、增强市场竞争力、提升客户满意度、促进团队合作与沟通、培养企业文化和价值观以及应对市场变化和挑战等多个方面。因此，企业应该高度重视销售团队的建设和发展，不断提升销售团队的能力和素质，为企业的长期发展和获得市场竞争优势提供有力保障。

【案例分析4-1】

某电商企业互联网销售团队建设

一、背景

某知名电商企业，随着市场竞争的加剧和消费者购物习惯的快速变化，决定加强其互联网销售团队的建设，以提升市场竞争力，优化客户体验，并促进销售业绩的持续增长。该企业认识到，一个高效、专业的互联网销售团队不仅是连接产品与消费者的桥梁，更是推动品牌建设和市场扩张的关键力量。

核心认知：

技能多元化：互联网销售团队需具备丰富的产品知识、网络营销技巧、数据分析能力和良好的客户服务意识。

团队协作：高效的信息沟通与协作机制是团队成功的基石，团队成员应当能够快速响应市场变化，协同作战。

持续学习：互联网行业日新月异，销售团队应当保持学习热情，紧跟市场趋势，不断提升自身能力。

客户为中心：深入理解客户需求，提供个性化服务，建立长期客户关系，是提升客户满意度和忠诚度的关键。

二、互联网销售团队建设的步骤

（一）明确团队目标与定位

设定清晰的销售目标，包括短期业绩指标和长期市场占有率目标。确定团队在公司整体战略中的定位，如作为市场开拓者、客户维护者还是创新引领者。

（二）组建团队

通过校园招聘、社会招聘及内部选拔等方式，吸引具备相关技能和经验的人才。注重团队成员的多样性和互补性，包括专业背景、性格特点和技能特长。

（三）培训与发展

开展系统化的入职培训，包括产品知识、销售技巧、团队协作等内容。定期举办进阶培训，涵盖行业趋势、数据分析、客户服务等高级课程。建立导师制度，鼓励老员工指导新员工，加速团队整体成长。

（四）建立激励机制

设计合理的薪酬体系，包括基本工资、绩效奖金和股权激励等，以激发团队积极性。通过非物质激励，如表彰和提供职业晋升机会等，增强团队凝聚力。

（五）优化工作流程与工具

引入先进的CRM系统，提高客户管理效率和精准度。优化销售流程，减少不必要的环节，提高销售转化率。配备高效的沟通工具，如企业微信、钉钉等，确保信息快速传递和共享。

（六）绩效评估与反馈

定期进行绩效评估，包括个人业绩、团队协作和创新能力等方面。提供及时反馈，帮助团队成员识别自身不足并制订改进计划。

三、互联网销售团队建设的重要意义

（一）应对市场竞争

在激烈的市场竞争中，一个高效、专业的互联网销售团队能够帮助企业快速响应市场变化，抓住商机，提升市场份额。

（二）提升客户体验

通过深入了解客户需求，提供个性化服务，销售团队能够显著提升客户满意度和忠诚度，促进口碑传播。

（三）推动品牌建设

销售团队作为企业与消费者之间的直接沟通者，其专业形象和优质服务是塑造品牌形象的重要因素。

（四）促进企业长期发展

通过不断学习和创新，销售团队能够为企业带来新的思路和灵感，推动企业产品和服务的持续优化升级，为企业的长期发展奠定坚实基础。

四、结论

本案例中的电商企业通过系统地建设和优化其互联网销售团队，不仅提升了市场竞争力，还显著提高了客户满意度和忠诚度，为企业带来了可观的业绩增长和品牌影响力提升。这充分证明了在互联网时代，加强互联网销售团队建设对于企业实现可持续发展的重要性。

任务二　互联网销售人员的选拔与培训

一、互联网销售人员的选拔

（一）互联网销售人员选拔的认知

微课4-2

互联网销售人员的选拔与培训

互联网销售人员选拔是企业为了招募到适合其互联网销售岗位的人才，通过一系列的程序和标准，对应聘者的能力、经验、性格等多方面进行综合评估与筛选的过程。

互联网销售人员选拔的内容通常包括以下几个方面：

1.基本能力与技能要求

销售技能：能精准剖析客户需求，通过生动有效的方式进行产品演示，

熟练运用策略开展价格谈判，并且拥有促成交易的实用成交技巧。

沟通能力：考察候选人的沟通表达能力，包括口头和书面沟通能力。

客户关系管理能力：评估候选人是否能有效建立和维护客户关系。

2.专业知识与行业经验

互联网知识：了解候选人对互联网行业的了解程度，包括互联网营销、电子商务等。

产品知识：考察候选人对公司产品或服务的了解，以及是否能快速学习新产品知识。

市场认知：评估候选人对目标市场的了解，包括市场需求、竞争对手分析等。

3.个人特质与态度

自我驱动：考察候选人是否具有主动性和自我激励能力。

抗压能力：评估候选人在面对销售压力时的应对能力。

团队合作精神：了解候选人是否能与团队成员有效合作。

4.潜力与学习能力

学习能力：考察候选人的学习速度和适应能力，以便快速掌握新的销售技巧和市场信息。

发展潜力：评估候选人的长期发展潜力，包括职业规划和晋升可能性。

5.背景调查与信誉评估

工作经历核实：验证候选人的工作经历和职位是否真实。

信誉评估：了解候选人的职业道德和诚信度。

6.文化与价值观匹配

公司文化契合度：评估候选人是否与公司的文化和价值观相符。

长期潜力：判断候选人是否具备与公司共同发展的潜力。

在选拔过程中，企业通常会结合面试、笔试、实操演练、背景调查等多种手段来全面评估候选人。选拔的最终目标是找到那些既具备岗位所需的经验和能力，又有潜力在未来为公司创造更大价值的销售人员。

（二）互联网销售人员选拔的原则

1.专业技能与经验

（1）销售技能。候选人应具备基本的销售技巧，如客户需求分析技巧、产品演示技巧、价格谈判技巧、成交技巧等。

候选人应了解销售流程，并能够独立开展销售活动，包括客户开发、跟进、签约、售后服务等。候选人应熟悉互联网销售平台或工具的使用，如CRM系统、在线聊天工具、邮件营销等。

（2）技术背景。候选人最好具备一定的技术背景，能够理解互联网产品的工作原理和优势，从而更好地向客户介绍产品。

对于涉及特定技术领域的互联网产品（如云计算、大数据、AI等），候选人应具备相关的技术知识和经验。

（3）产品知识。候选人应能够快速熟悉并掌握公司产品的特性和优势，了解产品的目标客户群体和市场定位。候选人应能够准确地向客户介绍产品的功能和价值，并能够解答客户的技术问题。

2.学历与教育背景

候选人应具备本科或以上学历,市场营销、电子商务、计算机等相关专业背景优先考虑。候选人应具备良好的学习能力和适应能力,能够快速适应互联网行业的快速发展和变化。

3.口头与书面表达能力

(1)口头表达能力。候选人应具备良好的口头表达能力,能够清晰、准确地传达信息,并能够与客户进行有效的沟通。候选人应能够用专业术语和简单易懂的语言向客户介绍产品,并解答客户的疑问。

(2)书面表达能力。候选人应具备良好的书面表达能力,能够撰写销售报告、合同、邮件等文档。候选人应能够使用规范的商务用语和格式,确保所撰写文档的准确性和专业性。

4.团队合作与态度

(1)团队合作精神。候选人应具备良好的团队合作精神,能够与团队成员协作完成销售目标。候选人应积极参与团队活动,分享销售经验和技巧,提升团队整体的销售能力。

(2)工作态度。候选人应具备积极、主动的工作态度,能够自我驱动,并承担销售任务。候选人应能够认真对待每一个销售机会,并尽力争取客户的信任和支持。

5.其他能力与素质

(1)学习能力。候选人应具备较强的学习能力,能够快速掌握新的销售技巧和产品知识。候选人应关注行业动态和市场趋势,不断更新自己的知识体系,提升销售能力。

(2)抗压能力。候选人应具备良好的抗压能力,能够在面对压力和挑战时保持冷静并有效应对。候选人应能够合理安排时间,管理自己的工作和生活,保持身心健康。

(3)市场洞察力。候选人应具备一定的市场洞察力,能够敏锐地捕捉市场变化和客户需求。候选人应能够分析竞争对手的情况,为公司提供有针对性的销售策略和建议。

(4)客户服务意识。候选人应具备较强的客户服务意识,能够以客户为中心,提供优质的服务。候选人应能够积极处理客户的投诉和建议,及时解决问题并提升客户满意度。

这些标准可以根据公司的具体情况和需求进行调整和优化,以确保选拔到最适合的互联网销售人员。

(三)互联网销售人员选拔的步骤

互联网销售人员的选拔是一个至关重要的过程,需要确保所选人员具备必要的技能和素质,以推动销售业绩的增长。

以下是互联网销售人员选拔的关键步骤:

1.明确招聘需求和岗位要求

根据企业的战略目标、市场情况和销售团队的现有状况,明确所需销售人员的数量、职位级别以及具体的岗位职责和要求。根据不同的职位需求,制定详细的岗位描述,明确销售岗位的主要职责、技能要求、工作经验要求、教育背景等。例如,要求候选人具备互联网销售经验、良好的沟通能力、团队合作精神等。

2.制订招聘计划和预算

根据企业的销售战略和招聘需求，制订招聘计划和预算。招聘计划应包括招聘渠道、时间安排、招聘流程等具体细节。

3.选择招聘渠道

线上招聘平台：利用各大招聘网站、社交媒体平台等发布招聘信息，吸引潜在候选人。例如，可以在智联招聘、前程无忧、BOSS直聘等平台上发布招聘信息。

校园招聘：针对应届毕业生，可以参与校园招聘会或与高校就业指导中心合作，进行校园招聘。

内部推荐：鼓励现有员工推荐合适的候选人，这通常可以带来更高质量的应聘者。

4.简历筛选

对收到的应聘简历进行初步筛选，筛选出符合岗位要求的候选人。关注候选人的学历、工作经验、专业技能等关键信息，确保候选人符合岗位要求。

5.初步面试

通过电话、视频等方式进行初步面试，了解候选人的基本情况、工作经验和核心能力。初步评估候选人的沟通能力、销售技巧等关键素质。

6.正式面试与评估

邀请初步面试合格的候选人进行现场面试，进行更深入的评估。可以设置多轮面试，包括电话面试、视频面试和现场面试等。在面试中，可以向提问候选人提出情境问题、行为问题和技能问题，更全面地了解候选人的能力和适应性。

（1）面试流程。

人力资源部初试：了解候选人的基本情况、职业规划、工作态度等。

用人部门复试：考察候选人的专业技能、工作经验、团队合作能力等。

必要时，可以安排第三轮面试，由高层管理人员进行最终评估。

（2）评估方法。

行为面试法：通过询问候选人的工作经历和具体案例，评估其销售能力和实战经验。

角色扮演或模拟销售场景：观察候选人在模拟销售场景中的表现，评估其应变能力和销售技巧。

测评工具：使用合适的测评工具，如DISC人格测评、销售技能测试等，评估候选人的个性特点、人际关系技巧、决策能力等。

7.技能测试和测评

根据岗位需求，进行有针对性的技能测试和测评，如销售技能测试、沟通能力测试、心理测评等。通过测试和测评结果，更全面地了解候选人的能力和潜力。

8.背景调查

对候选人进行背景调查，包括核实学历、验证工作经验、联系参考人等。通过验证候选人所提供的相关资料和联系参考人，了解候选人的真实情况和工作表现。

9.薪资和福利谈判

一旦确定了合适的候选人，就需要进行薪资和福利的谈判。根据候选人的能力、经验和市场价值，制定合理的薪资水平。同时，可以介绍公司的福利政策，以吸引候选人加入。

10.录用决策

基于面试、测评、测试和背景调查的结果，作出最终的录用决策。与销售部门和人力资源团队进行沟通，确保最终决策的准确性。

11.入职培训和试用期评估

为新入职的销售人员提供必要的培训，帮助他们快速熟悉公司的产品和业务流程。在试用期，对销售人员的表现进行观察和评估。根据试用期表现，决定是否正式录用并调整薪资水平。

12.持续跟进和发展

销售人员入职后，需要持续跟进其工作表现和发展情况。提供必要的支持和指导，帮助他们克服工作中的困难和挑战。鼓励销售人员参加培训和发展机会，提升他们的专业能力和市场洞察力。

在整个选拔过程中，每一步骤都需要严谨、细致地执行，确保选拔到真正符合企业需求、具备潜力的互联网销售人员。同时，企业还应注重候选人的综合能力和潜力，为其提供良好的培训和发展机会，以激发其发挥最大的价值。

通过以上步骤和方法的应用，可以选拔到具备必要技能和素质的互联网销售人员，为公司的销售业绩增长提供有力支持。同时，选拔过程也需要根据公司的具体情况和业务需求进行调整和优化。

二、互联网销售人员的培训

（一）互联网销售人员培训认知

互联网销售人员的培训是一个系统的过程，旨在提升他们的专业技能、市场洞察力以及团队协作能力，以更好地推动销售业绩的增长。互联网销售人员的培训内容需要涵盖多个方面，以确保他们具备在互联网环境中成功销售所需的知识、技能和策略。以下是一些关键的培训内容：

1.产品知识培训

产品介绍：详细了解公司产品的特点、优势、应用场景等，确保销售人员能够准确、全面地介绍产品。

竞品分析：分析竞争对手的产品、价格、营销策略等，帮助销售人员更好地定位自己的产品，并制定相应的销售策略。

2.互联网销售技巧培训

销售话术与沟通技巧：教授有效的销售话术和沟通技巧，如开场白、提问技巧、倾听技巧等，提高销售人员的沟通能力和客户满意度。

客户需求分析与挖掘：培训销售人员如何分析客户的需求和痛点，并有针对性地提供解决方案，增强客户购买的意愿。

谈判技巧：教授销售人员如何与客户进行有效的谈判，争取更好的价格、付款条件和合同条款等。

3.互联网营销知识培训

搜索引擎优化（SEO）：了解SEO的基本原理和技巧，帮助销售人员优化网站和产品页面，提高在搜索引擎中的排名。

社交媒体营销：学习利用社交媒体平台（如微信、微博、抖音等）进行营销的方法，扩大品牌曝光度和吸引潜在客户。

电子邮件营销：掌握电子邮件营销的策略和技巧，如邮件内容设计、发送频率、目标受众定位等，提高邮件营销的效果。

4.客户关系管理培训

客户服务：教授销售人员如何提供优质的客户服务，包括售前咨询、售后服务和投诉处理等，增强客户忠诚度。

客户关系维护：教授销售人员如何建立和维护良好的客户关系，包括定期回访、客户关怀和关系维护技巧等。

5.数据分析与决策能力培训

数据分析工具：教授销售人员如何使用数据分析工具（如 Excel、SPSS 系统等）进行数据分析和挖掘，帮助他们更好地了解市场和客户需求。

数据驱动决策：教授销售人员如何根据数据分析结果制定和调整销售策略，实现数据驱动的决策过程。

6.团队协作与领导力培训

团队协作：培养销售人员的团队协作能力，促进团队成员之间的沟通和协作，提高整体销售业绩。

领导力培训：对于有一定经验和潜力的销售人员，可以提供领导力培训，帮助他们更好地管理团队和引领团队发展。

7.行业动态与趋势培训

了解行业最新动态和趋势，帮助销售人员及时调整销售策略和方法，以适应市场变化。

培训销售人员关注新技术和新模式，如人工智能、大数据、物联网等，以便将这些新技术应用到销售工作中。

8.创新思维与问题解决能力

培养销售人员的创新思维，鼓励他们提出新的销售策略和解决方案；教授问题分析和解决的方法，帮助销售人员快速应对市场变化和客户需求。

9.数字营销与社交媒体推广

深入了解数字营销的概念和策略，如内容营销、社交媒体营销、电子邮件营销等；学习如何使用社交媒体平台（如微博、微信、抖音等）进行品牌推广和客户互动。

10.法律法规与风险防范

教授相关的法律法规知识，如《消费者权益保护法》《广告法》等，确保销售活动的合规性；学习风险防范措施，如信息安全、知识产权保护等，保障公司和客户的利益。

11.实战演练与案例分析

通过实战演练和案例分析，让销售人员亲身体验销售过程，提高实战能力；分析成功的销售案例，提炼经验教训和优秀策略，供销售人员学习和借鉴。

12.持续学习与自我提升

鼓励销售人员保持持续学习的态度，关注行业动态和新技术发展；提供学习资源和平台，支持销售人员进行自我提升和发展。

通过以上培训内容的学习，互联网销售人员可以全面提升自己的专业素养和综合能力，更好地适应互联网销售环境并实现个人和团队的发展目标。

（二）互联网销售人员培训的方法

互联网销售人员培训的方法可以根据不同的培训内容和目标进行选择和组合。以下是一些常用的互联网销售人员培训方法：

1.讲授法

定义：通过教师的口头语言表达，系统地向学员传授知识、传播思想理念。

应用：在培训过程中，讲授法可以用于介绍产品知识、销售技巧、市场分析等基础知识和理论。

优点：能够系统地传授知识，确保学员获得全面的信息。

2.讨论法

定义：在教师指导下，以班级或小组为单位，围绕学习单元的内容进行深入探讨，发挥学员的主动性、积极性。

应用：在讨论中，可以围绕销售案例、市场趋势等主题展开，鼓励学员分享经验和观点。

优点：促进学员间的互动和交流，激发学员的创造力和批判性思维。

3.实训（练习）法

定义：通过模拟实际工作环境，用实际案例进行实践，提高学员的实际操作能力。

应用：在销售技巧、客户服务等方面，可以组织角色扮演、销售模拟等活动，让学员亲身体验销售过程。

优点：帮助学员巩固知识、运用知识，形成技能技巧，提高学习效率。

4.演示法

定义：教师通过展示各种实物、教具，进行示范性实验，使学员获得知识、技能。

应用：在培训中，可以展示产品样品、销售工具等，边操作边讲解，让学员边学边做。

优点：直观展示产品特点和销售技巧，加深学员的理解和记忆。

5.情景模拟法

定义：教师在培训前根据测试内容，准备和布置培训现场，设定情景表演的情景、对话内容及评估标准。

应用：可以模拟客户拜访、产品演示等销售场景，让学员进行实际操作和演练。

优点：帮助学员在模拟环境中体验销售过程，增强实战能力。

6.在线学习平台

定义：利用互联网提供在线学习资源和平台，供学员自主学习和练习。

应用：可以搭建在线学习平台，提供视频教程、电子书籍、在线测试等资源，方便学员随时随地进行学习。

优点：提供灵活的学习时间和地点，提高学员的学习效率和学习体验。

7.个别辅导

定义：针对学员的个性化需求，进行一对一或小组辅导。

应用：对于学员在培训过程中遇到的问题或困难，可以进行个别辅导和解答。

优点：能够针对学员的具体情况进行指导，解决个性化问题。

8.工作轮换法

定义：允许销售人员在不同的工作岗位上进行轮换，以便更好地理解和熟悉整个销售流程。

应用：销售人员可以在售前、售中和售后等不同岗位上进行轮换，从而全面了解客户需求、产品特性和市场趋势。

优点：增强销售人员的全局意识和团队协作能力，同时提升他们应对各种销售情况的能力。

9.角色扮演法

定义：通过模拟真实的销售场景，让销售人员扮演不同的角色，如销售人员、客户或竞争对手，进行实战演练。

应用：可以设定各种销售场景，如产品演示、客户谈判或售后服务等，让销售人员在实际操作中学习和提升。

优点：使销售人员能够在模拟环境中体验真实的销售挑战，并快速掌握有效的销售技巧和策略。

10.导师制度

定义：为销售人员分配经验丰富的导师，通过一对一的辅导和指导，帮助销售人员提升专业技能和职业素养。

应用：导师可以定期与销售人员交流，分享销售经验、市场信息和行业动态，同时提供有针对性的指导和建议。

优点：通过导师的指导和帮助，销售人员可以更快地成长和进步，同时增强团队的凝聚力和向心力。

11.案例研究法

定义：通过分析和研究实际案例，让销售人员了解成功案例的经验和失败案例的教训，从而掌握有效的销售策略和方法。

应用：可以选取与公司业务相关的案例，让销售人员深入研究和分析，提出自己的见解和解决方案。

优点：使销售人员能够从实际案例中学习和借鉴经验，提高分析问题和解决问题的能力。

12.游戏化教学

定义：将游戏元素融入培训过程中，使学习变得更加有趣和富有挑战性。

应用：可以设计各种销售模拟游戏，如角色扮演游戏、销售竞赛等，让销售人员在游戏中学习和提升。

优点：通过游戏化教学，可以激发销售人员的学习兴趣和积极性，增强培训效果和学习体验。

13.视听技术法

定义：运用投影、幻灯片、录像等视听技术工具进行培训。

应用：通过播放相关视频、展示产品图片或演示操作流程，使销售人员更直观地了解产品和市场情况。

优点：直观、生动，易于理解和记忆。

14.企业内部网络培训法

定义：利用企业内部的网络系统进行在线培训。

应用：开发或引入在线学习平台，提供课程视频、电子书籍、在线测试等资源，供销售人员自主学习和练习。

优点：灵活方便，可随时随地学习，同时可根据个人进度和需要进行学习。

15.互动问答法

定义：在培训过程中，通过问答的形式与学员进行互动，引导学员主动思考和参与。

应用：讲师提出问题，学员回答；或学员提出问题，讲师解答。可以通过线上或线下的方式进行。

优点：激发学员的学习兴趣和参与度，加深其对知识点的理解和记忆。

16.团队拓展活动

定义：通过组织各种团队拓展活动，增强团队凝聚力和团队协作能力。

应用：可以组织户外拓展、团队游戏、团队协作任务等活动，让销售人员在活动中学习如何更好地与他人合作和沟通。

优点：提升团队凝聚力，增强销售人员的团队协作能力和沟通能力。

综上所述，互联网销售人员培训的方法多种多样，可以根据公司的实际需求和销售人员的特点选择合适的方法。同时，不同的方法也可以相互结合和补充，以达到更好的培训效果。

（三）互联网销售人员培训的过程

互联网销售人员培训过程可以分为以下几个关键步骤：

1.培训需求分析

（1）明确目标。确定培训的主要目的，如提升产品知识、学习销售技巧、加强市场认知等。

（2）选择调研方式。

问卷调查：设计问卷，收集销售人员对产品知识、销售技能、市场认知等方面的自我评估。

面谈交流：与销售人员一对一交流，了解他们在实际工作中的困难、挑战及学习需求。

业绩分析：回顾销售团队的历史业绩数据，识别出需要改进的关键领域。

结果汇总：整合调研结果，形成详细的培训需求报告，为下一步的培训目标设定提供依据。

2.培训目标设定

具体目标：如"提高产品知识掌握程度至90%以上""提升销售技巧，使销售额增长10%"等。

量化指标：为每个目标设定可衡量的量化指标，便于后续的培训效果评估。

挑战性：确保目标具有一定的挑战性，以激发销售人员的学习动力。

3.培训内容设计

（1）产品知识培训。

产品特点：详细介绍产品的功能、优势、应用场景等。

产品演示：提供产品操作演示，让销售人员能够亲自体验产品。

案例分析：分析成功销售案例，让销售人员了解如何有效推广产品。

（2）销售技巧训练。

沟通技巧：教授有效的沟通技巧，如倾听、反馈、提问等。

谈判技巧：培训销售人员在价格、交货期等方面的谈判策略。

关系维护：学习如何建立和维护良好的客户关系，提高客户满意度。

（3）市场分析。

行业趋势：分析行业的发展趋势，让销售人员了解市场走向。

基于竞争环境分析：对竞争对手的产品、价格及营销策略进行系统性研究，以识别差异化优势。

目标客户：分析目标客户的需求、购买行为等，制定针对性的销售策略。

4.培训方式选择

（1）线上培训。

视频教程：提供产品知识、销售技巧等方面的视频教程。

在线测试：设置在线测试，检验销售人员的学习成果。

互动讨论：建立线上讨论区，鼓励销售人员分享经验和交流心得。

（2）线下培训。

面授课程：邀请讲师进行面对面授课，确保教学质量。

角色扮演：组织角色扮演活动，让销售人员模拟销售场景进行实践。

团队活动：举办团队建设活动，增强团队凝聚力和合作精神。

5.培训师资选拔与培训

（1）选拔标准。

专业知识：具备互联网销售领域的专业知识。

教学经验：具备丰富的教学经验和良好的教学方法。

沟通能力：能够与学员有效沟通，激发学员的学习兴趣。

（2）培训师培训。

教学方法：提供教学方法和课程设计方面的培训。

行业知识：鼓励培训师持续学习行业知识，保持与时俱进。

实践经验：分享行业内的成功案例和实践经验，丰富教学内容。

6.培训评估与反馈

（1）评估方法。

考试：设置考试题目，检验销售人员对培训内容的掌握程度。

实战演练：组织实战演练活动，评估销售人员的实际操作能力。

案例分析：要求销售人员分析实际案例，展示他们分析和解决问题的能力。

（2）反馈方式。

问卷调查：发放问卷收集销售人员对培训内容和方式的反馈意见。

小组讨论：组织小组讨论会，让销售人员分享他们的学习心得和建议。

持续跟进：在培训结束后的一段时间内持续跟进销售人员的工作表现，评估培训效果。

7.持续培训与发展

定期培训：根据市场变化和团队需求定期组织内部或外部培训活动。

自主学习：鼓励销售人员利用业余时间进行自主学习，提供学习资源和平台支持。

跟踪评估：定期对销售人员的业绩和能力进行评估，为他们提供个性化的培训和发展建议。

【案例分析4-2】

某科技公司互联网销售人员的选拔

一、背景

某科技公司专注于智能家居产品的研发与销售，随着产品线的不断扩展和市场需求的日益增长，公司决定扩大其互联网销售团队规模。为了确保新加入的销售人员能够迅速融入团队并产生业绩，公司制定了一套严格的选拔流程。

二、选拔流程

1.简历筛选

初步筛选具备相关教育背景（如市场营销、电子商务等）和工作经验的候选人。关注候选人的过往销售业绩、沟通能力和团队协作能力。

2.在线测评

通过在线平台进行逻辑思维能力、销售技巧及性格测试，评估候选人的潜力和适配度。

3.初试

采用视频面试或电话面试的形式，考察候选人的表达能力、对行业趋势的理解及基本销售知识。

4.复试与实战演练

邀请候选人参加现场复试，包括模拟销售场景、角色扮演等实战演练环节，以评估其应对复杂销售情况的能力。邀请公司高层管理人员或资深销售人员参与面试，从更高维度评估候选人的潜力和发展空间。

5.背景调查与录用

对通过复试的候选人进行背景调查，确保无不良记录。发放录用通知书，并安排入职前的相关培训和准备工作。

三、选拔效果

通过上述选拔流程，公司成功招募到了一批既具备专业素养又具备实战能力的互联网销售人员。这些新员工的加入为销售团队注入了新鲜血液，也为公司的市场拓展和业绩增长奠定了坚实基础。

资料来源 作者根据相关资料整理。

任务三　互联网销售人员的考核与激励

一、互联网销售人员的考核

（一）互联网销售人员考核认知

互联网销售人员考核是对互联网销售人员的工作表现和业绩进行评估的过程。这个过程旨在量化销售人员的业绩，识别他们的优点和需要改进的地方，以便为他们提供适当的反馈、奖励和进一步的培训。互联网销售人员考核通常包括以下几个方面：

微课4-3
互联网销售人员的考核

1.销售目标达成情况

这是考核的核心内容，主要评估销售人员是否达到了预定的销售目标，包括销售额、新客户数量、订单数量等。

2.销售过程与技能

考核销售人员在整个销售过程中展现的技能，如客户关系管理、谈判技巧、产品知识等，以评估销售人员是否遵循了公司的销售流程和最佳实践。

3.客户满意度

通过客户反馈、调查或评分系统，了解销售人员对客户的关注程度和满意度。客户满意度是衡量销售人员服务质量的重要指标。

4.团队协作与沟通

评估销售人员与团队成员、上级和跨部门合作伙伴的沟通和协作能力。考察销售人员是否愿意分享知识、经验和资源，以促进团队的整体发展。

5.创新能力与市场敏锐度

评估销售人员对市场趋势、竞争对手和客户需求的敏锐度。考察销售人员是否具备创新能力，能否提出新的销售策略和解决方案。

6.遵守规章制度与职业道德

考核销售人员是否遵守公司的规章制度、法律法规和职业道德标准。评估销售人员是否具备诚信、正直和负责任的品质。

7.个人成长与发展

评估销售人员在过去一段时间内个人能力和技能的提升情况。考察销售人员是否积极参与培训、学习和自我提升活动。

通过全面、客观和公正的考核，企业可以了解销售人员的实际表现，为他们提供有针对性的反馈和奖励，激励他们继续努力提升业绩。同时，考核结果还可以作为销售人员晋升、培训和薪酬调整的依据，以促进销售团队的整体发展。

（二）互联网销售人员考核的重要性

考核在互联网销售中的重要性体现在以下几个方面：

1.明确目标与期望

目标一致性：通过考核，可以确保销售人员对公司的目标有清晰的认识，从而确保他们的工作方向与公司整体战略保持一致。

明确期望：考核为销售人员提供了明确的期望和标准，使他们了解在哪些方面需要达到什么样的水平，从而有针对性地提升自己。

2.提升绩效与效率

业绩跟踪：考核是对销售人员业绩的跟踪和评估，有助于及时发现问题，采取措施进行改进，从而提升销售业绩。

激励作用：考核结果与激励措施相结合，可以激发销售人员的积极性和工作热情，提升工作效率。

3.促进个人与团队成长

个人发展：通过考核，销售人员可以了解自己的优点和不足，从而制订个人发展计划，提升个人能力和素质。

团队协作：考核还可以评估团队的整体表现，促进团队成员之间的合作与协调，提升团队的整体绩效。

4.优化资源配置

识别人才：考核有助于公司识别出业绩突出、能力出众的销售人才，为公司的未来发展提供有力支持。

资源调整：根据考核结果，公司可以对销售资源进行合理的调整和优化，确保资源得到最有效的利用。

5.建立公平与竞争机制

公正性：考核为销售人员提供了一个公正的评价体系，确保他们在工作中得到公平的对待。

竞争激励：通过考核结果的比较和排名，可以激发销售人员之间的竞争意识，促使他们更加努力地工作。

6.提供决策支持

数据支持：考核结果为公司的决策提供了有力的数据支持，使公司能够更准确地了解市场动态和销售情况。

策略调整：根据考核结果，公司可以及时调整销售策略和市场策略，以适应市场的变化和发展。

综上所述，考核在互联网销售中的重要性不容忽视。它不仅可以确保销售人员与公司目标保持一致，提升绩效与效率，还可以促进销售人员个人与团队成长，优化资源配置，建立公平与竞争机制，以及为公司的决策提供有力支持。

（三）互联网销售人员的考核方法

互联网销售人员的考核方法通常涉及多个方面，以确保全面评估其工作表现。以下是一些常见的互联网销售人员考核方法：

1.业绩考核

销售额：这是最直接、最重要的考核指标。根据销售人员在一定时间内完成的销售额来评估其业绩。

新客户获取：考核销售人员开发新客户的能力，包括新客户的数量、质量以及转化率等。

订单数量与金额：除了总销售额外，还可以关注销售人员每月或每季度的订单数量和订单金额，以评估其销售效率。

2.能力考核

沟通技巧：评估销售人员在与客户沟通时的表达能力、倾听能力和说服力等。

产品知识：评估销售人员对公司产品的了解程度，包括产品特点、优势、使用方法等。

团队协作能力：考察销售人员在团队中的合作态度、协同能力以及领导能力等。

3.行为考核

工作态度：评估销售人员的工作积极性、责任心以及对待工作的态度等。

遵守规章制度：评估销售人员是否遵守公司的各项规章制度，如考勤制度、保密制度等。

客户满意度：通过客户反馈、投诉率等指标来评估销售人员提供的服务质量和客户满意度。

4.综合考核方法

KPI考核：根据公司的战略目标，设定具体的关键绩效指标（KPI），对销售人员进行量化考核。

360度反馈：通过同事、上级、下级以及客户等多方面的反馈，对销售人员进行全面评估。这种方法可以更全面地了解销售人员的工作表现，但操作起来可能比较复杂。

排名与评级：根据销售人员的业绩和能力表现进行排名或评级，以便更好地了解他们在团队中的位置。

总之，互联网销售人员的考核方法应该全面、客观、公正地评估其工作表现和能力水平。通过综合运用多种考核方法和工具可以更准确地了解销售人员的工作情况并为其制订个性化的激励和发展计划。

（四）互联网销售人员考核的步骤

互联网销售人员考核的实施程序可以参照以下步骤进行，以确保考核的公正、透明和有效：

1.确定考核目标

在开始考核之前，需要明确考核的目标和目的。这通常包括提高销售业绩、优化销售流程、提升客户满意度等。根据公司的战略目标和销售团队的实际情况，设定具体的考核目标。

2.设定考核指标

互联网销售人员考核的指标应该涵盖工作业绩、工作能力、工作态度等方面。以下是一些具体的考核指标及其权重（仅供参考，实际权重应根据公司情况设定）：

（1）工作业绩（70%）。

销售计划完成率（30%）：考核销售人员是否按时完成预定的销售目标。

询价客户数量（20%）：考核销售人员吸引潜在客户的能力。

成交率（15%）：考核销售人员将潜在客户转化为实际购买者的能力。

新增客户数量（10%）：考核销售人员拓展新客户的能力。

免费注册网站数量（5%）：考核销售人员在网络推广方面的成果。

（2）工作能力（15%）。

专业知识和业务知识（5%）：考核销售人员对本行业、公司及产品的了解程度。

分析判断能力（3%）：考核销售人员对市场环境、客户需求等的分析能力。

沟通能力和灵活应变能力（3%）：考核销售人员与客户沟通、处理问题的能力。

团队协作能力（2%）：考核销售人员与团队成员协作、共同完成任务的能力。

（3）工作态度（15%）。

考勤制度遵守情况（5%）：考核销售人员是否遵守公司的考勤制度。

工作日志提交情况（5%）：考核销售人员是否按时提交工作日志，反映工作情况。

团队协作和配合度（3%）：考核销售人员是否积极与团队成员协作，共同完成团队目标。

公司规章制度的遵守情况（2%）：考核销售人员是否遵守公司的各项规章制度。

3.制定考核流程

确定考核时间和地点：根据公司实际情况，确定考核的具体时间和地点。

确定考核人员及考核任务：明确参与考核的人员及其职责，确保考核的顺利进行。

开展考核：按照设定的考核指标和流程，对销售人员进行全面、客观的考核。

统计和分析考核结果：对考核结果进行统计和分析，了解销售人员的整体表现和存在的问题。

评定考核等级并给予反馈：根据考核结果，评定销售人员的考核等级，并给出具体的反馈和建议。

总结考核经验并进行改进：总结本次考核的经验和教训，为今后的考核工作提供借鉴和改进方向。

4.实施奖惩措施

根据考核结果，对销售人员实施相应的奖惩措施。对于表现优秀的销售人员，可以给予奖励、晋升等激励；对于表现不佳的销售人员，可以采取培训、辅导或调整岗位等措施，帮助其改进工作表现。

以上是互联网销售考核基本的实施步骤，公司可以根据自身情况进行调整和完善。

二、互联网销售人员的激励

微课4-4

互联网销售人

员激励

互联网销售人员的激励，是指通过一系列的方法和手段，激发互联网销售人员的积极性、主动性和创造性，使其能够更好地完成销售目标，提升个人业绩，同时增强对团队的归属感和忠诚度。这种激励旨在满足销售人员的个人需求，包括物质需求、精神需求、职业发展需求等，从而提升他们的工作满意度和效率。

（一）互联网销售人员激励的重要性

激励在互联网销售人员中的重要性体现在以下几个方面：

1.提升工作动力与积极性

激励是提升销售人员工作主动性和积极性的关键。当销售人员感受到公司对其努力的认可和回报时，他们会更加投入地工作，追求更高的业绩目标。适当的激励措施能够激发销售人员的主动性，使他们保持高昂的工作热情，提高工作效率。

2.增强归属感与忠诚度

激励措施能够让销售人员感受到公司对他们的重视和关怀，从而增强他们的归属感和忠诚度。当销售人员感受到公司的温暖和支持时，他们会更愿意与公司共同成长，为公司的发展贡献自己的力量。这种忠诚度能够降低人员流失率，保持团队的稳定性和凝聚力。

3.促进个人成长与发展

激励不仅是对销售人员过去成绩的认可，更是对他们未来发展的鼓励和支持。通过设定明确的激励目标和提供发展机会，销售人员可以明确自己的职业发展方向，积极提升自己的能力和素质。这种个人成长与发展能够增强销售人员的自信心和竞争力，为公司的长远发展提供有力支持。

4.提高销售业绩与客户满意度

激励能够激发销售人员的工作积极性和创造力，促使他们更加努力地工作，提高销售业绩。同时，激励也能够促进销售人员与客户之间的良好关系，提高客户满意度。当销售人员感受到公司的支持和信任时，他们会更愿意为客户提供优质的服务，满足客户的需求和期望。

5.营造积极向上的工作氛围

激励能够营造积极向上的工作氛围，激发团队成员之间的合作精神和竞争意识。当销售人员看到公司对优秀表现的认可和奖励时，他们会更加努力地工作，争取获得更好的成绩。这种积极向上的工作氛围能够促进团队的协作和进步，推动公司的整体发展。

综上所述，激励对互联网销售人员的重要性不言而喻。适当的激励措施能够提升销售人员的工作主动性和积极性，增强他们的归属感和忠诚度，促进个人成长与发展，提高销售业绩与客户满意度，营造积极向上的工作氛围。因此，公司应该重视激励的作用，制定合理有效的激励措施，以激发销售人员的潜力并推动公司的持续发展。

（二）互联网销售人员激励的原则

互联网销售人员的激励是根据互联网行业的特性和销售岗位的具体需求，设计并实施一套能够激发销售人员工作主动性、提高销售业绩的激励措施。以下是互联网销售人员激励的一些关键原则：

1.目标明确

为销售人员设定明确、可衡量的销售目标，确保他们清楚了解自己的工作方向和期望成果。目标应具有挑战性但必须是可达成的，以激发销售人员的斗志和动力。

2.公平合理

激励措施应公平、公正，确保每位销售人员都能得到相应的回报和认可。避免出现激励制度不公、偏向个别销售人员的情况，以保持团队的和谐与稳定。

3.多元化激励

采用多种激励方式，如薪酬、奖金、晋升、培训、福利等，以满足不同销售人员的个性化需求。综合考虑物质激励和精神激励，既注重短期的物质回报，也关注长期的职业发展。

4.及时有效

对销售人员的业绩和贡献给予及时的反馈和认可，确保激励措施能够及时产生效果。避免激励延迟或无效，以保持销售人员的积极性和工作动力。

5.个性化定制

根据销售人员的个人特点、能力和需求，定制个性化的激励方案。考虑销售人员的工作风格、兴趣爱好、职业规划等因素，提供符合其个人发展的激励措施。

6.正向激励为主

以正向激励为主，通过奖励、认可、鼓励等方式激发销售人员的积极性和创造力。尽量避免过多的负面激励，如惩罚、批评等，以免打击销售人员的自信心和工作热情。

7.持续激励

激励措施应持续有效，能够长期激发销售人员的工作动力。定期评估和调整激励制度，确保其适应市场变化、公司发展和销售人员需求的变化。

8.团队激励

强调团队合作，鼓励团队成员之间的协作和互助。设计团队激励措施，如团队奖金、团队荣誉等，以增强团队凝聚力、提高整体业绩。

9.客户导向

激励销售人员关注客户需求，提供优质的服务和产品。设立客户满意度指标，将客户满意度作为评价销售人员业绩的重要指标之一。

10.文化激励

塑造积极向上的企业文化，营造良好的工作氛围。强调公司价值观和目标，使销售人员与公司保持高度一致。

通过遵循以上激励原则，企业可以设计出更加科学、合理、有效的激励措施，激发互联网销售人员的工作动力，提高销售业绩，推动企业的持续发展。

（三）互联网销售人员的激励因素

互联网销售人员的激励因素是一个多元化且复杂的问题，因为不同的个体可能受到不同的动机和需求的驱动。以下是一些常见的激励因素：

1.薪酬与奖金

基本工资：确保销售人员的基本生活需求得到满足。

提成和奖金：根据销售业绩提供额外的奖励，可以极大地激发销售人员的积极性。

利润分享：允许销售人员分享他们所创造的利润的一部分，可以增强他们的归属感和投入度。

2.晋升机会

职业发展路径：明确的晋升通道和职业规划，使销售人员能够看到自己在公司中的未来发展。

领导力发展：提供培训和机会，帮助有潜力的销售人员发展领导能力，进而担任更高级别的职务。

3.培训和学习机会

专业技能培训：提供销售技巧、产品知识等方面的培训，帮助销售人员提高业务能力。

个人发展课程：鼓励销售人员参与各种培训项目，以提高其个人素质和综合能力。

4.工作环境

灵活的工作时间：允许销售人员根据自己的工作习惯和客户需求安排工作时间。

舒适的办公环境：提供舒适、安全、有益健康的工作环境，有助于提高销售人员的工作效率和工作满意度。

5.公司文化和价值观

强调团队合作：鼓励团队成员之间的协作和互助，共同完成任务。

尊重个人贡献：认可每个销售人员的努力和成果，增强他们的归属感和荣誉感。

鼓励创新：鼓励销售人员提出新的想法和建议，以推动公司的发展和进步。

6.工作成就感和认可度

设定具有挑战性的目标：为销售人员设定具有挑战性的销售目标，以激发他们的斗志和潜力。

及时反馈和认可：对销售人员的业绩和贡献给予及时的反馈和认可，以增强他们的自信心和动力。

7.福利待遇

健康保险和福利计划：提供全面的健康保险和其他福利计划，以保障销售人员的身体和心理健康。

假期和休假制度：合理的假期和休假制度，有助于销售人员保持身心健康和工作与生活的平衡。

8.技术工具和资源

先进的销售工具：提供先进的销售工具和技术支持，以帮助销售人员更高效地开展工作。

客户数据和分析：提供详细的客户数据和分析报告，以便销售人员更好地了解客户需求和市场趋势。

9.客户关系

建立和维护良好的客户关系：通过优质的服务和产品满足客户需求，建立良好的客户关系，从而提高客户满意度和忠诚度。

客户关系奖励：对在客户关系维护方面表现突出的销售人员给予奖励和认可。

10.个人兴趣和激情

匹配个人兴趣和公司产品：尽量让销售人员的个人兴趣与公司的产品或服务相匹配，以提高他们的工作热情和投入度。

鼓励个人兴趣和爱好的发展：支持销售人员在工作之余追求自己的兴趣和爱好，有助于提高他们的生活质量和工作满意度。

请注意，每个销售人员的需求和动机可能有所不同，因此公司应根据实际情况制定个性化的激励策略。同时，激励措施应持续更新和优化，以适应市场变化和员工需求的变化。

（四）互联网销售人员激励的方法

以下是一些常用的激励方法：

1.薪酬激励

设定具有竞争力的基本工资，确保销售人员的生活需求得到满足。设立基于业绩的提成制度，让销售人员的收入与业绩直接挂钩，激发其工作动力。提供年终奖金、项目奖金等额外奖励，以表彰优秀销售人员和团队。

2.晋升机会

为销售人员提供明确的晋升通道和职业发展路径，让他们看到在公司内部的发展前景。设定职位晋升的条件和标准，鼓励销售人员通过努力提升自身能力和业绩，争取晋升机会。

3.培训和发展

提供定期的产品知识、销售技巧、行业趋势等方面的培训，帮助销售人员提升专业素养和技能水平。鼓励销售人员参加行业会议、研讨会等活动，拓宽视野，学习先进经验。支持销售人员参加专业认证考试，提高个人竞争力。

4.奖励机制

设立"最佳销售员""销售明星"等荣誉称号，对表现突出的销售人员给予表彰和奖励。举办销售竞赛、团队挑战赛等活动，激发销售人员的竞争意识和团队精神。提供实物奖励、旅游奖励等多样化的奖励，满足不同销售人员的需求。

5.工作氛围

营造积极向上、团结协作的工作氛围，让销售人员感受到公司的温暖和支持。鼓励团队成员之间的交流和分享，促进信息共享和经验传递。定期组织团队建设活动、庆祝活动等，增强团队凝聚力和归属感。

6.及时反馈

对销售人员的业绩和表现给予及时的反馈和评价，让他们了解自己的优点和不足。鼓励销售人员提出意见和建议，促进公司与销售人员之间的沟通和互动。对销售人员的努力和付出给予认可和赞赏，激发他们的工作热情和动力。

7.个性化激励

了解每个销售人员的个性、需求和动机，为他们提供个性化的激励方案。根据销售人员的兴趣和特长，安排合适的工作任务和挑战，发挥他们的优势和潜力。为销售人员提供灵活的工作时间和工作环境，满足他们的个性化需求。

通过综合运用以上激励方法，可以有效地激发互联网销售人员的工作热情、提升他们的业绩，并保持团队的积极性和凝聚力。同时，公司也应根据市场环境和团队情况的变化，不断优化和调整激励策略，以适应新的挑战和机遇。

（五）互联网销售人员激励的常见问题

互联网销售人员激励的常见问题主要包括以下几个方面：

1.目标设定与考核不合理

目标不明确：销售目标可能缺乏明确的量化指标，导致销售人员不清楚自己需要达到的具体业绩。

目标过高或过低：如果销售目标设定得过高，销售人员可能会感到压力过大，产生挫败感；如果目标过低，则可能缺乏挑战性，无法激发销售人员的积极性。

考核标准单一：仅依赖销售额作为考核标准，可能忽视了其他重要的业绩指标，如客户满意度、新客户开发等。

2.激励方式单一

过度依赖金钱激励：虽然金钱激励是有效的手段之一，但过度依赖可能导致销售人员只关注短期利益，忽视长期客户关系维护和企业发展。

缺乏非金钱激励：如晋升机会、培训机会、荣誉称号等，这些激励方式可以满足销售人员的职业发展需求，提高其工作满意度。

3.激励缺乏针对性

一刀切：对所有销售人员采用相同的激励方案，没有考虑到不同人员的能力、经验和个人需求。

缺乏个性化：没有根据销售人员的个性化需求制订个性化的激励方案，导致激励效果不佳。

4.激励机制缺乏灵活性

无法及时调整：市场环境和客户需求的变化很快，而激励机制未能及时进行调整和优化，导致与实际情况脱节。

缺乏弹性：激励方案可能过于僵化，无法适应销售人员的工作风格和业绩变化。

5.沟通与反馈不畅

沟通渠道不畅：公司管理层与销售人员之间的沟通可能存在障碍，导致销售人员难以理解公司战略和销售目标，也无法及时反馈自己的工作进展和困难。

反馈不及时：对销售人员的业绩和表现缺乏及时的反馈和指导，导致销售人员无法及时调整自己的工作策略和方法。

6.忽视长期激励和职业规划

缺乏职业规划：公司可能没有为销售人员提供明确的职业规划，导致他们对自己的未来发展感到迷茫。

长期激励机制不健全：缺乏如股权激励、利润分享等长期激励机制，导致销售人员缺乏长期的工作动力和稳定性。

7.激励与贡献不匹配

奖励不公：奖励制度可能存在主观性和偏见，导致销售人员的努力和贡献无法得到应有的回报。

奖励与业绩不匹配：奖励标准可能无法真实反映销售人员的业绩和贡献，导致激励效果不佳。

针对这些问题，企业需要制订具体的解决方案，优化销售人员的激励措施，以提高他们的工作积极性和忠诚度，进而提升企业的销售业绩和市场竞争力。

（六）互联网销售人员激励问题的解决方案

针对互联网销售人员激励的常见问题，以下是一些具体的解决方案，旨在提高销售人员的积极性和工作满意度：

1.设定合理且明确的目标与考核标准

明确目标：确保销售目标具有具体的量化指标，如销售额、新客户数量、客户满意度等，并确保这些目标具有挑战性且可实现。

多元化考核：除了销售额，还应考虑客户满意度、回头客比例、市场份额等其他重要指标，以全面评估销售人员的业绩。

定期评估与反馈：定期对销售目标和考核标准进行评估和调整，确保它们与市场环境和销售团队的实际需求相匹配。同时，为销售人员提供及时的反馈和指导，帮助他们了解自己的工作进展和需要改进的地方。

2.多样化的激励方式

金钱激励：提供基于业绩的奖金、提成、年终奖等，确保销售人员的努力与回报成正比。同时，可以根据销售人员的业绩排名，设立不同级别的奖金和提成比例，以激发竞争意识和积极性。

非金钱激励：如晋升机会、培训机会、荣誉称号等，满足销售人员的个人发展需求。例如，可以为销售人员提供定期的培训和学习机会，提升他们的专业素养和销售技能；同时，设立月度、季度或年度最佳销售员奖项，并在公司内部和社交媒体上公开表彰。

3.个性化激励方案

了解员工需求：通过调查和沟通了解销售人员的个人需求和期望，如职业发展、工作与生活平衡等。

定制激励方案：根据销售人员的个性化需求和职业发展目标，制订个性化的激励方案。例如，对于渴望晋升的销售人员，可以提供更多的晋升机会和职业发展路径；对于需要工作与生活平衡的销售人员，可以提供灵活的工作时间和远程工作选项。

4.灵活的激励机制

市场导向：根据市场变化和客户需求的变化，及时调整激励方案，确保其与市场趋势保持一致。

团队导向：鼓励团队合作和竞争，设立团队销售目标和个人排名比较等机制，以激发销售人员的团队合作精神和竞争意识。

5.加强沟通与反馈

建立沟通渠道：确保销售人员能够及时了解公司的战略和销售目标，同时为他们提供反馈自己工作进展和困难的渠道。

定期沟通会议：定期组织销售会议或一对一沟通会议，让销售人员分享自己的工作经验和成功案例，同时听取他们的意见和建议。

6.关注长期激励与职业规划

提供职业规划：为销售人员提供明确的职业规划和发展路径，让他们了解自己在公司中的未来发展机会。

长期激励机制：建立长期有效的激励机制，如股权激励、利润分享等，让销售人员感受到自己与企业共同成长的利益关联。

7.确保激励与贡献相匹配

公正透明：确保奖励制度公正透明，避免任何形式的偏见或歧视。

及时调整：根据销售人员的业绩和贡献，及时调整奖励标准和激励方案，确保它们能够真实反映销售人员的努力和贡献。

通过实施以上解决方案，企业可以更有效地激励销售人员，提高他们的工作积极性和忠诚度，进而推动销售业绩的提升和团队的整体发展。

【案例分析4-3】

王牌科技公司互联网销售人员考核与激励

一、背景概述

王牌科技公司是一家专注于人工智能技术应用的创新型企业，其产品涵盖智能家居、智能安防等多个领域。随着市场竞争的加剧，公司意识到互联网销售团队的重要性，为了保持团队的竞争力和动力，公司实施了一套科学、全面的销售人员考核与激励体系。

二、互联网销售人员的考核

1.考核目标设定

王牌科技公司首先明确了销售人员的考核目标，包括业绩目标（如销售额、订单量、客户增长率）和非业绩目标（如客户满意度、团队协作、学习能力等）。这些目标既体现了公司对销售人员业绩的期望，也注重了销售人员个人能力和团队精神的培养。

2.考核指标体系

业绩指标：采用关键绩效指标体系，如月度/季度/年度销售额达成率、新客户获取量、老客户复购率等，确保销售人员的业绩可量化、可追踪。

行为与能力指标：通过360度反馈、客户调研、内部评价等方式，评估销售人员的服务态度、沟通能力、团队协作能力、解决问题的能力以及创新能力等。

过程管理指标：关注销售人员的工作流程执行情况，如客户拜访次数、跟进记录完整度、销售报告提交质量等，确保销售活动的规范性和有效性。

3.考核实施与反馈

公司采用月度考核、季度考核和年度考核相结合的方式，定期对销售人员进行绩效评估。考核结果通过面谈、书面报告等形式反馈给销售人员，帮助他们了解自身表现的优势与不足，并制订改进计划。

三、互联网销售人员的激励

1.薪酬激励

底薪+提成：销售人员的基本薪酬由底薪和业绩提成组成，提成比例根据销售额的完成情况阶梯式上升，激励销售人员积极开拓市场。

绩效奖金：设立季度/年度绩效奖金，对表现优异的销售人员给予额外奖励，增强他们的成就感和归属感。

股权激励：对于长期表现突出、对公司有重大贡献的销售人员，公司提供股权激励计划，将其个人利益与公司长期发展紧密绑定。

2.职业发展激励

晋升通道：建立明确的职业晋升通道，销售人员可以通过业绩和能力提升逐步晋升到销售经理、销售总监等职位。

培训与发展：为销售人员提供丰富的培训资源和学习机会，包括内部培训、外部研修、行业交流等，帮助他们不断提升专业技能和综合素质。

3.非物质激励

荣誉表彰：定期举办表彰大会，对业绩突出、表现优异的销售人员进行公开表彰和奖励，增强他们的荣誉感和自豪感。

工作环境与氛围：营造积极向上、开放包容的工作环境，鼓励销售人员相互学习、相互支持，形成良好的团队氛围。

健康关怀：关注销售人员的身心健康，提供健康体检、带薪休假等福利待遇，帮助他们保持良好的工作状态和生活品质。

四、激励效果

项目总结

通过实施上述考核与激励体系，王牌科技公司的互联网销售团队焕发出了新的活力。销售人员的业绩显著提升，客户满意度和忠诚度不断提高。同时，团队内部形成了良好的竞争与合作氛围，销售人员之间的协作更加紧密，创新能力也得到了有效激发。这一系列变化为公司的持续发展注入了强劲动力。

资料来源 作者根据网络相关资料整理。

【项目实训】

"未来之星"互联网销售人员选拔与培训

一、项目背景

随着互联网的飞速发展，互联网销售已成为企业拓展市场、提升品牌影响力的关键渠道。为了培养适应未来市场需求的互联网销售人才，特设计此实训项目，旨在通过模拟真实的选拔与培训流程，让学生亲身体验互联网销售人员的选拔标准、培训内容及职业发展路径。

二、项目目标

（1）使学生了解互联网销售岗位的基本要求和职业发展前景。

（2）掌握互联网销售人员选拔的关键要素和评估方法。

（3）通过模拟培训，提升学生的销售技能、沟通能力和团队协作能力。

（4）培养学生的创新思维和解决问题的能力，为未来的职业生涯打下坚实基础。

三、项目内容

1.项目准备阶段

组建项目团队：将学生分为若干小组，每组负责不同的任务模块，如选拔方案设计、培训内容制定、模拟演练等。

市场调研：引导学生收集互联网销售行业的最新动态、企业招聘需求及销售人员能力要求等信息，为选拔与培训方案设计提供依据。

2.选拔方案设计阶段

制定选拔标准：基于市场调研结果，结合企业实际需求，制定互联网销售人员的选拔标准，包括基本素质（如沟通能力、抗压能力）、专业知识（如产品知识、市场趋势）、技能水平（如销售技巧、数据分析）等方面。

设计选拔流程：包括简历筛选、初试（如笔试、在线测评）、复试（如面试、情景模拟）等环节，确保选拔过程的全面性和公正性。

模拟选拔：在项目团队内部或跨团队间进行模拟选拔，让学生亲身体验选拔流程，并根据反馈调整选拔方案。

3.培训方案设计阶段

确定培训目标：根据选拔结果和岗位需求，明确培训目标，如提升销售技能、增强团队协作能力等。

设计培训内容：设计涵盖产品知识、销售技巧、客户沟通、团队协作、数据分析等多方面的培训课程。可采用线上课程、线下讲座、小组讨论、角色扮演等多种形式。

安排培训师资：邀请企业导师、行业专家或经验丰富的销售人员担任培训师，确保培训内容的实用性和针对性。

4.培训实施与评估阶段

开展培训：按照培训方案组织学生进行培训，确保每位学生都能获得充分的学习机会和实践经验。

模拟演练：通过模拟销售场景、客户沟通等实战演练，检验学生的培训成果，提升其实战能力。

评估与反馈：通过考试、项目汇报、同伴评价等方式对学生的学习成果进行评估，并收集学生的反馈意见，以便对培训方案进行持续优化。

5.项目总结与展望

项目总结：组织学生进行项目总结，分享学习心得和收获，分析项目中的成功经验和不足之处。

展望未来：引导学生思考如何将所学知识和技能应用于未来的职业生涯中，鼓励他们持续关注互联网销售行业的发展动态，不断提升自己的专业素养和综合能力。

四、项目成果

（1）形成一套完整的互联网销售人员选拔与培训方案。

（2）提升学生的销售技能、沟通能力和团队协作能力。

（3）为学生未来的职业生涯规划提供有力支持。

（4）增强学生的创新意识和实践能力，为培养适应未来市场需求的互联网销售人才贡献力量。

基本训练

一、选择题

基本训练

1.在互联网销售团队建设中，首先需要考虑的是（　　　）。

A.销售策略制定　　　　　　　　B.团队文化塑造

C.销售目标设定　　　　　　　　D.销售人员选拔

2.下列各项中，不是互联网销售团队建设的必要性之一的是（　　　）。

A.提升销售效率　　　　　　　　B.增强团队凝聚力

C.降低员工流失率　　　　　　　D.减少市场营销预算

3.选拔互联网销售人员时，最重要的是评估其（　　　）。

A.技术能力　　　　　　　　　　B.沟通能力

C.学历背景　　　　　　　　　　D.年龄和性别

4.关于互联网销售人员的培训，以下说法中错误的是（　　　）。

A.应包括产品知识培训　　　　　B.应强化沟通技巧培训

C.培训可以一次完成，无须持续　D.应注重销售技巧和策略培训

5.下列各项不属于互联网销售人员考核常见指标的是（　　　）。

A.销售额　　　　　　　　　　　B.客户满意度

C.工作时间长短　　　　　　　　D.回款率

6.激励互联网销售人员时，采用提成制度的主要目的是（　　　）。

A.增加员工福利   B.提高销售积极性

C.简化管理流程   D.降低公司成本

7.在建设互联网销售团队时，下列步骤不涉及外部资源引入的是（   ）。

A.招聘顶尖销售人员   B.制订内部培训计划

C.引入专业培训机构   D.邀请行业专家举办讲座

8.有效的团队文化能够（   ）。

A.完全消除团队成员间的竞争

B.降低团队的整体销售能力

C.提升团队成员的归属感和协作能力

D.使团队成员失去个人特色

9.下列各项不是销售人员培训后应立即评估的内容的是（   ）。

A.培训效果满意度   B.知识掌握程度

C.个人生活习惯   D.技能应用情况

10.激励理论中，马斯洛需求层次理论强调的是（   ）。

A.奖励与惩罚并重

B.满足员工的基本生活需求

C.满足员工不同层次的需求以激发动力

D.仅通过高薪激励员工

二、判断题

1.互联网销售团队的建设仅依赖于优秀的销售人员，不需要良好的团队文化。（   ）

2.在选拔互联网销售人员时，技术能力是唯一重要的考量因素。（   ）

3.互联网销售人员的培训应该是一次性的，不需要后续跟进和强化。（   ）

4.考核互联网销售人员时，只需关注其销售额，其他指标不重要。（   ）

5.激励销售人员时，单纯的高薪并不能保证长期的销售动力和忠诚度。（   ）

6.团队建设的成功与否直接决定了销售团队的业绩。（   ）

7.互联网销售人员的沟通技巧比产品知识更为重要。（   ）

8.团队文化只是口号，对实际销售业绩没有实质性影响。（   ）

9.销售人员的培训应该注重理论与实践相结合。（   ）

10.考核互联网销售人员时，客户反馈和满意度不是重要的考量因素。（   ）

三、论述题

1.论述互联网销售团队建设的核心要素及其相互关系。分析团队建设中的关键要素，如团队文化、组织结构、目标设定等，并阐述它们如何相互支撑以促进团队效能。

2.阐述互联网销售人员选拔过程中的重要考量因素，并说明如何确保选拔的公正性和有效性。讨论选拔时应考虑的技能、态度、经验等因素，以及如何通过科学的评估流程和标准来确保选拔的公正和有效。

3.分析并讨论激励互联网销售人员的多种策略及其效果，提出改进建议。评估不同激励方式（如提成、奖金、晋升机会、认可等）的优缺点，结合实例讨论其在实际应用中的效果，并提出针对性的改进建议。

四、案例分析题

案例背景：

某互联网公司近年来业务快速发展，但销售团队业绩增长速度放缓，员工士气低落，离职率上升。公司决定对销售团队进行全面改革，包括团队重组、人员选拔与培训、考核与激励制度的调整等。

问题：

（1）请分析该互联网公司销售团队当前面临的问题及可能的原因。

（2）结合所学知识，为该公司设计一套完整的销售团队改革方案，包括团队建设、人员选拔与培训、考核与激励等方面的具体措施。

（3）预测该改革方案可能面临的挑战，并提出相应的应对措施。

项目五

互联网销售过程管理

学习目标

★ 知识目标

（1）理解互联网销售准备的重要性及其对企业销售活动的影响。

（2）熟知销售目标设定的原则、方法及评估标准。

（3）理解互联网销售产品管理的概念及其重要性。

（4）理解互联网销售价格管理的概念及其对企业利润的影响。

（5）理解顾客异议处理在销售过程中的重要性。

（6）熟知顾客异议的常见类型、原因及处理方法。

★ 能力目标

（1）能够进行充分的市场调研，收集并分析竞争对手、目标客户等信息，运用有效的管理工具和方法，对销售目标进行跟踪、评估和调整。

（2）能够根据市场调研结果，制订科学合理的销售策略和计划。

（3）能够根据市场需求和竞争态势，制定合适的产品组合和定价策略。

（4）能够灵活调整价格，以应对市场竞争和客户需求变化。

（5）能够高效处理销售订单，确保订单信息的准确性和及时性，对订单进行全程跟踪和管理。

（6）能够准确识别顾客异议，分析其原因并给出合理的解决方案。

★ 素养目标

（1）责任笃行与高效履职：对互联网销售过程管理工作满怀热忱，秉持高度的责任心与敬业精神。

（2）协同共进与跨域合作：互联网销售过程管理涉及市场、客服、物流、技术等多个部门，需具备卓越的团队合作精神与跨领域协作能力。

（3）诚信守诺与规范经营：在互联网销售过程管理中，坚守诚信经营的原则，严格遵守行业规范、法律法规以及企业的道德准则。

（4）客户导向与社会担当：树立以客户为中心的管理理念，将客户的需求和满意度作为销售过程管理的核心目标。

项目导入

互联网销售过程管理的重要性

在当今这个数字化时代，互联网销售已成为企业竞争的主战场。一家知名时尚品牌，在从传统零售转型至互联网销售的初期遭遇了重重困难。他们发现，尽管产品本身具有竞争力，但缺乏有效的销售过程管理，导致客户体验参差不齐，订单处理效率低下，顾客异议频发，最终影响了品牌形象和市场占有率。

面对这一困境，该品牌深刻意识到互联网销售过程管理的重要性。他们认识到，仅仅依靠优质的产品和吸引人的营销策略是远远不够的，还需要一个系统、高效且灵活的销售过程管理体系来支撑。这一体系需要覆盖从销售准备、目标设定、产品管理、价格策略、订单处理到顾客异议处理的每一个环节，确保每个环节都能紧密衔接、顺畅运行，从而提升整体销售效率和客户满意度。

正是基于这样的认识，该品牌开始着手构建和完善其互联网销售过程管理体系。通过引入先进的销售管理软件、优化销售流程、加强团队协作与培训，他们逐渐克服了转型初期的种种挑战，实现了销售业绩的稳步增长和客户满意度的持续提升。这一案例充分展示了互联网销售过程管理在提升企业竞争力、优化客户体验方面的关键作用。

任务一　互联网销售前准备

一、互联网消费者分析

（一）互联网消费者分析的内容

微课 5-1

互联网消费者分析的内容主要涵盖了以下几个方面，以帮助企业深入理解消费者的行为、需求和偏好：

互联网消费者分析

1.消费者基本信息

分析消费者的年龄、性别、地理位置、职业、教育背景、收入水平等基本信息，有助于企业了解目标消费者的基本特征和分布情况。

2.消费行为分析

消费者在购买过程中的行为，包括信息搜索、比较、选择、购买和后续评价等。分析消费者如何获取产品信息、如何作出购买决策以及消费者的购买频率、购买量、购买时间等购买习惯，有助于企业预测市场需求和制定库存策略。

3.消费偏好分析

消费者对产品或服务的偏好，包括品牌偏好、产品特性偏好、价格敏感度等。分析消费者的偏好有助于企业制定有针对性的营销策略和产品策略。

4.消费动机分析

消费者购买产品或服务的动机，包括需求满足、情感满足、社交需求等。分析消费动机有助于企业了解消费者的真实需求，从而提供符合消费者期望的产品或服务。

5.社交媒体行为分析

消费者在社交媒体上的行为，包括发布内容、互动评论、分享转发等。分析消费者在社交媒体上的行为有助于企业了解消费者的兴趣和态度，以及他们对产品或服务的反馈。

6.渠道偏好分析

消费者在购买过程中偏好的渠道，包括电商平台、社交媒体、线下门店等。分析消费者的渠道偏好有助于企业优化销售渠道和营销策略。

7.消费者反馈和投诉分析

消费者对产品或服务的反馈和投诉，包括产品质量问题、服务问题等。分析消费者反馈和投诉有助于企业了解产品或服务存在的问题，从而进行改进和优化。

8.消费者忠诚度和复购率分析

分析消费者的忠诚度和复购率，了解消费者对品牌的忠诚度和再次购买的意愿，有助于企业制定客户保持和增长策略。

9.市场趋势和竞争分析

了解市场的整体趋势和竞争对手的情况，有助于企业及时调整自己的战略和策略。了解的内容包括市场增长率、市场份额、竞争对手的优劣势等。

通过以上内容的分析，企业可以深入了解互联网消费者的需求和偏好，从而制定更加精准的营销策略和产品策略，提高市场竞争力。

（二）互联网消费者分析的方式

互联网消费者分析的方式多种多样，以下是一些主要的互联网消费者分析方式：

1.在线调查

通过电子邮件、社交媒体、网站等方式向目标消费者发送调查问卷，收集他们的购买行为、消费习惯、产品偏好等信息。调查问卷可以定制化，以针对特定的产品或服务收集详细的反馈。

2.社交媒体分析

社交媒体是消费者表达意见和情感的重要平台。通过分析社交媒体上的用户评论、分享、点赞等数据，企业可以了解消费者对产品的态度和反馈。利用自然语言处理（NLP）技术，可以进一步从文本数据中提取消费者的情感倾向和需求。

3.客户评论和反馈

电商平台、企业官网等是收集客户评论和反馈的重要渠道。通过分析这些评论，企业可以了解消费者对产品的满意度、不满意的地方以及改进建议。

4.网站分析工具

使用 Google Analytics、百度统计等工具，可以追踪和分析用户在网站上的行为，如访问量、跳出率、停留时间、转化率等。这些数据有助于企业了解用户如何与网站互动，从而优化网站设计和营销策略。

5.用户行为跟踪工具

通过使用专门的用户行为跟踪工具（如 Hotjar、FullStory 等），可以实时查看用户在网站或应用上的操作过程，了解他们的使用习惯和偏好。

6.人工智能和机器学习

利用 AI 和机器学习技术，可以对大量用户数据进行分析，以识别潜在的模式和趋势，并预测未来消费者行为。

7.用户画像分析

根据收集到的用户数据，构建用户画像，可以将用户分为不同的群体，并针对每个群体的特征制定营销策略。

8.A/B测试

通过设计两个或多个不同版本的网站页面、广告或其他营销内容，并比较它们的性能，可以确定哪种版本更能吸引和转化消费者。

9.第三方数据提供商

利用专业的第三方数据提供商（如尼尔森、艾瑞咨询等），可以获取关于消费者行为、市场规模、行业趋势等的深入分析和报告。

10.市场调研公司

委托市场调研公司进行专业的消费者调研，可以通过访谈、焦点小组等方式深入了解消费者的需求、态度和期望。

结合使用这些分析方式，企业可以获得关于互联网消费者的全面、深入的了解，从而制定更有效的营销策略、优化产品和服务、提高客户满意度和忠诚度。

二、互联网销售前的准备过程

互联网销售准备过程是一个系统性的工作，需要详细规划和准备以确保销售的顺利进行。

微课 5-2

互联网销售准备的过程和方法

其具体工作如下：

（一）市场研究与定位

1.目标市场分析

确定目标市场的规模、增长趋势和潜在客户群体。分析目标市场的消费者画像，包括年龄、性别、兴趣、购买力等。了解目标市场的消费习惯和需求特点。

2.竞争对手分析

研究市场上的主要竞争对手，了解其产品、定价、营销策略等信息。分析竞争对手的优势和不足，找出自身的差异化点。

3.市场定位

根据对目标市场和竞争对手的分析，确定产品或服务的市场定位。突出自身的竞争优势，明确目标客户群体。

（二）产品准备

1.产品选择

根据市场需求和竞争优势，选择适合在线销售的产品，确保产品的质量和供应稳定。

2.产品定价

根据成本、市场需求、竞争对手定价等因素，制定合理的产品价格。考虑到促销和折扣策略，制订灵活的定价方案。

3.产品描述与图片

编写详细、吸引人的产品描述，突出产品的特点和优势。准备高质量的产品图片或视频，展示产品的外观和功能。

（三）在线销售平台搭建

1.电商平台入驻

选择适合的电商平台（如淘宝、京东、天猫等）并入驻。了解平台的规则和政策，确保合规经营。

2.自建网站

如果需要，建立企业官网或在线商城，提供产品展示、购买、支付等功能。确保网站的稳定性和用户体验良好。

3.社交媒体营销

制定社交媒体营销策略，提高品牌曝光度和用户参与度。

（四）支付与物流体系建立

1.支付系统

接入第三方支付平台（如支付宝、微信支付等），确保交易的安全性和便捷性。提供多种支付方式以满足不同客户的需求。

2.物流合作

与物流公司建立合作关系，确保商品能够准时、安全地送达客户手中。跟踪物流信息，提供及时的配送状态查询服务。

（五）营销策略制定

1.搜索引擎优化

优化网站结构和内容，提高搜索引擎排名。关注关键词排名和流量变化，进行持续的搜索引擎优化。

2.搜索引擎营销

投放搜索引擎广告，提高产品曝光率和点击率。监控广告效果，调整投放策略和预算。

3.社交媒体广告

在社交媒体平台上投放广告，吸引目标客户。精准定位目标受众，提高广告的转化率。

4.内容营销

创作有价值的内容（如博客文章、视频教程等），提高品牌知名度和信任度。定期发布内容，与用户保持互动和联系。

（六）客户服务与支持

1.客服团队

组建专业的客服团队，提供售前咨询和售后服务。培训客服人员，提高服务质量和客户满意度。

2.退换货政策

制定明确的退换货政策，保障客户权益。处理客户的退换货请求，提供及时的解决方案。

3.客户反馈机制

建立客户反馈渠道，收集和处理客户反馈意见。分析客户反馈数据，不断改进产品和服务。

（七）技术支持与数据安全

1.网站稳定性

确保网站稳定运行，避免宕机或崩溃。定期备份网站数据，防止数据丢失或损坏。

2.数据安全

加强网站数据保护，防止数据泄露或被黑客攻击。定期进行安全漏洞扫描和修复工作。

（八）法律合规与风险管理

1.遵守法律、法规

确保所有在线销售活动符合相关法律法规和政策要求。及时处理和应对法律纠纷和投诉。

2.知识产权保护

加强知识产权保护，避免侵权纠纷。及时处理和应对知识产权侵权投诉。

3.风险管理

建立风险管理机制，应对可能出现的风险和挑战。定期进行风险评估和应对演练。

（九）团队建设与培训

1.组建团队

组建专业的互联网销售团队，包括销售人员、客服人员、技术人员等。明确团队成员的职责和分工。

2.培训与指导

对团队成员进行专业的培训和指导，提高他们的业务能力和专业素养。定期组织内部培训和分享会，提升团队的整体水平。

三、互联网销售前选择平台的步骤

在互联网销售前准备过程中，选择合适的平台是至关重要的。以下是选择合适的平台的步骤：

（一）了解不同平台类型

综合型平台：如淘宝、京东等，这类平台具有流量大、消费者多样化的特点，适合提供各类商品的销售。它们提供了一套完整的交易流程及售后服务，对于没有自己独立网店的商家来说，是较好的选择。

专业型平台：如亚马逊、当当网等，这类平台更加专注于某一领域的商品销售，如图书、家电等。如果你的产品在某一领域有一定的专业性或者目标客户群体比较明确，选择专业型平台可能更加适合。

社交电商平台：如微信、小红书等，这类平台通过社交媒体的力量，将社交关系与产品销售相结合，创造了一种全新的购物体验。如果你的产品适合通过社交渠道进行推广，选择社交电商平台或许更具吸引力。

（二）考察平台的用户规模和活跃度

用户规模：平台的用户规模决定了潜在的顾客数量。了解平台的日均访问量、注册用户数等数据，有助于判断平台的受欢迎程度和商机潜力。

活跃度：活跃度是考察用户在平台上的互动和购买行为的重要指标。一个活跃度高的平台意味着更多的潜在销售机会。

（三）考虑目标市场和客户群体

目标市场：选择一个针对自己目标市场的平台，如淘宝适合中国市场，亚马逊适合欧美市场。

客户群体：不同的平台有不同的用户群体。了解平台的主要用户群体是否与自己的目标客户匹配，有助于更有效地推广产品。

（四）考虑平台规则和政策

平台规则：不同平台有不同的规则和政策，包括佣金、服务费、退换货政策等。在选择平台时，需要了解这些规则和政策，以确保销售活动符合平台要求。

数据分析功能：一些平台提供数据分析工具，以帮助企业了解广告效果和用户行为。选择具有详细数据报告和分析功能的平台，有助于根据数据作出优化决策，提高销售效率。

（五）费用预算

广告费用：不同平台的广告费用和费率结构有所不同。在选择平台时，需要考虑到自己的预算，并选择一个能够提供合理价格和效果的平台。

其他费用：除了广告费用外，还需要考虑其他可能的费用，如平台使用费、技术服务费等。

综上所述，选择合适的互联网销售平台需要综合考虑平台类型、用户规模和活跃度、目标市场和客户群体、平台规则和政策以及费用预算等因素。通过仔细研究和比较不同平台的特点和优势，结合自身的实际情况和需求，可以选择出最适合自己的销售平台。

【案例分析 5-1】

"雅润"品牌互联网消费者分析

一、案例背景

某高端护肤品品牌"雅润"计划进入中国市场，并决定将互联网销售作为主要销售方式。在正式开展互联网销售之前，"雅润"品牌深知了解并深入分析中国市场的互联网消费者至关重要。因此，他们委托一家专业的市场调研公司，进行了一次全面的互联网消费者分析。

二、分析过程

1.目标消费者定位

通过大数据分析发现，中国市场的互联网消费者中，25～45岁的女性群体对高端护肤品有较高的购买意愿和支付能力。

进一步细分发现，这一群体中的白领、企业高管及自由职业者占比最高，她们注重生活品质，追求个性化与品牌认同感。

2.消费习惯与偏好

调研显示，这些消费者更倾向于在社交媒体（如微博、小红书）上获取护肤产品的信息和推荐。她们对产品的成分、功效、使用体验及用户评价非常关注，且易受KOL（关键意见领袖）和网红的影响。

移动支付普及率高，消费者习惯于通过手机App进行购物，并享受便捷的物流配送服务。

3.购买决策因素

除了产品本身的质量和效果外，品牌故事、包装设计、环保理念等也成为影响购买决策的重要因素。消费者对产品的性价比有较高要求，但愿意为高品质、高附加值的产品支付溢价。

4.竞争对手分析

调研还涉及市场上主要竞争对手的产品定位、价格策略、营销手段等，以便"雅润"品牌能够找到差异化的竞争优势。

三、策略制定

基于以上分析，"雅润"品牌制定了以下互联网销售策略：

1.精准营销

针对目标消费者群体，在社交媒体平台上进行精准广告投放和KOL合作，提升品牌曝光度和影响力。

2.内容营销

通过发布高质量的内容（如护肤知识、产品使用教程、用户评价等），增强与消费者的互动和黏性。

3.优化购物体验

优化官方网站和电商平台旗舰店的用户界面，提供便捷的购物流程和优质的客户服务，确保消费者能够享受到愉悦的购物体验。

4.差异化竞争

强调品牌故事、环保理念等差异化元素，打造独特的品牌形象，吸引追求高品质生活的消费者。

四、结果与展望

经过充分的互联网销售准备，"雅润"品牌成功进入中国市场，并在短时间内获得了良好的市场反响和口碑。未来，"雅润"将继续深化对互联网消费者的了解和分析，不断优化销售策略和服务体验，以巩固和扩大其在中国市场的份额。

资料来源　作者根据网络资料改编.

任务二　互联网销售目标管理

一、互联网销售目标管理的内容

1.确定销售目标

这是整个销售目标管理的起点。企业需要根据市场需求、产品特性、竞争态势以及自身资源等因素，明确具体的销售目标，如销售额、市场份额、客户增长率等。

微课5-3
互联网销售目标管理

2.分析市场

通过市场研究和竞争分析等手段，了解目标客户的需求和偏好、竞争对手的营销策略和市场份额等信息，为确定销售策略和计划提供依据。

3.确定目标客户

企业根据市场分析的结果，确定目标客户的特征和行为，包括年龄、性别、地域、职业等因素，从而制定精准的客户画像，为后续的营销和推广活动提供方向。

4.确定销售策略和计划

根据销售目标和市场分析的结果，确定适合的销售策略和计划，如产品定位、价格策略、渠道策略、促销策略等。同时，制订具体的销售计划，包括销售预算、销售进度、销售人员配置等，以确保销售目标的顺利实现。

5.实施销售计划

按照销售计划，开展具体的销售活动，如产品推广、渠道拓展、客户开发等。同时，加强销售团队的培训和管理，提高销售人员的业务能力和工作效率。

6.监控与评估销售业绩

定期对销售业绩进行监控和评估，分析销售数据，找出销售过程中的问题和不足，及时进行调整和优化。同时，对销售人员进行考核和激励，提高销售团队的积极性和凝聚力。

7.调整和优化销售策略和计划

根据销售业绩的监控和评估结果，及时调整和优化销售策略和计划，以适应市场变化和客户需求的变化。同时，关注市场趋势和竞争对手的动态，不断调整自身的销售策略和计划，以保持竞争优势。

二、互联网销售目标管理的步骤

（一）目标设定与规划

1.确定总体销售目标

根据公司的整体战略和业务计划，明确互联网销售的总体目标，如年度销售额、市场份额增长、用户数量增加等。确保目标是具体、可衡量、可达成、相关性强且有时限的（SMART原则）。

2.拆解销售目标

将总体销售目标拆解为季度、月度甚至周度的子目标，以便更好地追踪和管理。根据产品类型、销售渠道、客户群体等维度进行拆解，确保每个子目标都与总体目标保持一致。

3.制订销售计划

为每个子目标制订详细的销售计划，包括销售策略、销售渠道、促销活动、预算分配等。确定关键里程碑和检查点，以便及时发现问题并进行调整。

（二）市场分析与客户洞察

1.市场分析

市场分析是指分析行业趋势、市场规模、竞争对手情况等，了解市场的整体格局和潜在机会。使用市场研究工具和数据，评估市场中的挑战和威胁，制定相应的应对策略。

2.客户洞察

客户洞察是指深入了解目标客户的需求、偏好和行为模式，使用数据分析工具和技术，分析客户数据，如购买历史、浏览行为、搜索关键词等。可以根据客户洞察调整产品定位、营销策略和促销方案。

（三）销售策略制定

1.产品策略

根据市场分析和客户洞察，确定产品的定位、特点、优势和差异化策略。优化产品组合和定价策略，以提高市场竞争力。

2.渠道策略

选择合适的销售渠道，如自有网站、电商平台、社交媒体等，并根据渠道特点制定相应的营销策略。确定渠道优先级和资源配置，以实现销售目标的最大化。

3.促销策略

制订线上促销方案，如折扣、优惠券、限时活动等，以吸引和留住客户。设计吸引人的营销内容，如广告文案、图片、视频等，以提高促销效果。评估促销效果，并根据反馈进行调整和优化。

（四）执行与监控

1.任务分配与跟进

将销售任务分配给具体的团队成员或部门，并明确责任和要求。建立有效的沟通机制，确保团队成员之间的协作和配合。定期检查任务进度，确保任务按时完成。

2.销售数据监控

定期收集销售数据，如销售额、订单量、转化率等，以便及时发现问题并进行调整。使用数据分析工具对数据进行处理和分析，找出销售趋势和潜在机会。监控竞争对手的销售情况，以便及时调整自己的销售策略。

3.风险预警与应对

识别销售过程中可能出现的风险和问题，如市场变化、竞争加剧等。建立风险预警机制，及时发现并应对潜在风险。制定应对策略和备选方案，以应对不可预见的情况。

（五）评估与反馈

1.销售绩效评估

定期评估销售团队的绩效，包括销售额、客户满意度、转化率等指标。将实际销售结果与预期目标进行对比，分析差距和原因。

2.提供反馈与指导

及时向销售团队提供绩效反馈，包括优点、不足和改进建议。鼓励团队成员分享经验和教训，促进团队学习和成长。针对个别团队成员或部门提供个性化的指导和支持。

（六）持续优化与改进

1.策略调整与优化

根据销售数据和反馈，调整销售策略和行动计划，以应对市场变化和客户需求的变化。引入新的互联网工具和技术，提高销售效率和效果。

2.培训与发展

为销售团队提供持续的培训和发展机会，提升他们的专业技能和综合素质。鼓励团队成员参加行业会议、研讨会等活动，拓宽视野和知识面。

3.激励与奖励

设立明确的激励和奖励机制，以激发团队成员的积极性和创造力。定期对优秀团队和个人进行表彰和奖励，营造积极向上的团队氛围。

通过以上步骤的详细执行，企业可以系统地管理互联网销售目标，提高销售业绩和市场份额。同时，持续地学习、优化和改进是保持竞争力的关键。

三、互联网销售目标管理的问题及对策

（一）互联网销售目标管理中常见的问题

1.过度关注流量而忽略转化率

许多企业在互联网营销中过于追求网站访问量和点击率，认为高流量就能带来高转化率和高销售额。然而，如果没有有效的转化策略，高流量可能只是虚有其表，无法为企业带来实际收益。

2.忽视内容质量和用户体验

一些企业在互联网营销中只关注营销策略的制定和执行，而忽视了营销内容和信息的质量，以及用户体验。这种做法可能会导致用户流失，损害品牌形象，进而影响销售业绩。

3.过度依赖社交媒体

社交媒体作为互联网营销的重要渠道之一，被许多企业视为必争之地。然而，过度依赖社交媒体可能会使企业忽视其他有效的营销渠道，限制精准营销的范围。

4.忽视数据运用

在营销过程中，收集和分析数据对于制定和调整策略至关重要。然而，一些企业却忽视了数据的运用，导致营销效果无法达到预期。

5.忽视目标受众和品牌建设

在互联网营销中，一些企业忽视了目标受众和品牌建设的重要性，导致营销效果事倍功半。

6.忽视营销计划的持续性和灵活性

一些企业在制订了营销计划后，往往忽视了计划的持续性和灵活性，导致营销活动无法适应市场变化和客户需求的变化。

（二）互联网销售目标管理问题的对策

1.平衡流量与转化率

目标设定：明确将提高转化率作为营销的核心目标之一，而非仅追求流量。

策略调整：精准定位目标受众，通过市场调研和数据分析了解他们的需求和偏好。优化网站或应用界面，提高用户体验，降低跳出率。引入有效的转化策略，如限时优惠、会员专享等，激励用户进行购买或注册。

2.提升内容质量和用户体验

内容创作：深入了解目标受众的需求和兴趣，创作与之相关的、有价值的内容。运用多种形式的内容，如文章、视频、图片等，以吸引不同类型的目标受众。确保内容原创性，避免抄袭和过度营销。

用户体验优化：简化操作流程，确保网站或应用易于使用。加快加载速度，缩短用户等待时间。提供清晰的导航和搜索功能，帮助用户快速找到所需信息。

3.选择多元化营销渠道

渠道选择：除了社交媒体外，还应关注搜索引擎优化、电子邮件营销等其他有效的营销渠道。根据产品或服务的特点选择合适的营销渠道，以实现最佳效果。

数据驱动决策：通过收集和分析数据了解不同渠道的效果，以便优化渠道选择和投入。

4.重视数据运用

数据收集：利用各种工具和技术收集用户行为数据、销售数据等。与第三方数据提供商合作获取更多有价值的数据资源。

数据分析：运用数据分析工具对收集到的数据进行处理和分析。识别市场趋势、客户需求和潜在机会。根据数据分析结果调整和优化营销策略。

5.明确目标受众和品牌建设

目标受众定位：通过市场调研了解目标受众的需求和偏好。制定针对目标受众的营销策略和宣传内容。

品牌建设：明确品牌定位，突出品牌的核心价值和竞争优势。设计独特的标志、网站和应用程序界面等，以塑造独特的品牌形象。提供优质的产品和服务，以提升品牌形象和用户口碑。

6.保持营销计划的持续性和灵活性

持续执行：确保营销计划得到持续执行和监控。定期评估营销效果并根据实际情况进行调整和优化。

灵活应对：关注市场变化和客户需求的变化，及时调整营销策略和计划。引入新的营销工具和技术以提高营销效率和效果。

通过以上策略的实施，企业可以更有效地解决互联网销售目标管理中常见问题或误区，提高销售业绩和市场份额。

四、互联网销售目标管理工具

互联网销售目标管理是一个复杂的过程，为了确保销售目标的顺利实现，可以使用一系列的工具来辅助管理。

1.客户关系管理（CRM）系统

CRM系统是销售过程中不可或缺的工具，它可以帮助企业集中管理客户信息，包括联系方式、购买历史、沟通记录等。通过CRM系统，销售团队可以更好地了解客户需求，跟踪销售机会，提高销售效率。常见的CRM系统有Salesforce、HubSpot Sales、Microsoft Dynamics 365等。

2.销售自动化工具

销售自动化工具可以帮助销售团队自动化执行一些重复性任务，如发送邮件、跟进潜在客户、管理销售线索等。这些工具可以节省销售人员的时间，让他们能够更专注于与客户建立关系和开展销售活动。

常见的销售自动化工具有SalesLoft、Pipedrive、Zoho CRM等。

3.销售预测和分析工具

销售预测和分析工具可以根据历史销售数据、市场趋势和客户需求等信息，预测未来的销售情况。这些工具可以帮助企业制定更加精准的销售目标和计划，并根据实际情况进行调整。

常见的销售预测和分析工具有Clari、InsightSquared、Tableau等。

4.销售目标管理工具

一些专门的销售目标管理工具可以帮助企业设定、跟踪和管理销售目标。这些工具通常具有目标设定、分解、监控、评估等功能，可以让销售团队更清晰地了解销售目标的进展和完成情况。

5.销售仪表盘和报告工具

销售仪表盘和报告工具可以直观地展示销售数据和分析结果，帮助销售团队快速了解销售情况。这些工具通常具有自定义报告、可视化图表、实时数据更新等功能，可以让销售团队更加便捷地获取所需信息。

常见的销售仪表盘和报告工具有 Google Data Studio、Power BI、Dashboard Fox 等。

6.销售团队协作工具

销售团队协作工具可以帮助销售团队更好地协作和沟通，确保销售目标的顺利实现。这些工具通常具有任务分配、进度跟踪、文件共享、在线会议等功能，可以提高销售团队的协同效率。

常见的销售团队协作工具有 Slack、Microsoft Teams、Asana 等。

7.移动销售管理应用

移动销售管理应用可以让销售团队在手机上随时随地查看销售数据、管理客户信息、跟踪销售机会等。这些应用可以帮助销售团队更加灵活地开展销售活动，提高销售效率。

常见的移动销售管理应用有 Salesforce Mobile、HubSpot Sales Mobile 等。

通过使用这些销售目标管理工具，企业可以更加系统、高效地管理销售目标，确保销售目标的顺利实现。同时，这些工具也可以提高销售团队的工作效率和客户满意度。

在整个互联网销售目标管理的过程中，需要保持与客户的紧密沟通，了解客户需求和反馈，以便及时调整销售策略。同时，也需要借助互联网技术和工具提高销售效率。通过不断优化和改进，实现销售目标的持续增长。

【案例分析5-2】

某电商平台"双11"大促

某电商平台作为国内领先的在线购物平台，每年"双11"大促是其年度最重要的销售战役之一。为了确保期间销售业绩的稳步增长，公司制订了详尽的互联网销售目标管理方案，通过科学的目标设定、执行监控、调整优化及结果评估，成功实现了销售目标并创造了新的销售纪录。

一、销售目标管理内容分析

1.目标设定

市场分析与预测：公司首先进行了深入的市场调研，分析了历年"双11"的销售数据、竞争对手动态、消费者行为趋势等，预测了今年的市场规模和增长潜力。

销售目标包括总销售额、订单量、用户增长、客单价等多个维度。

目标分解：将总目标分解到各个商品类目、销售渠道、时间段及具体销售团队和个人，确保每个层级都有清晰的目标导向。

2.执行监控

销售数据实时监控："双11"期间，公司建立了强大的数据监控系统，实时跟踪销售数据、库存情况、物流效率等关键指标，确保对销售进度有即时准确的了解。

进度对比与预警：将实际销售数据与预设目标进行对比分析，一旦发现偏差或潜在风险，立即启动预警机制，快速响应并调整策略。

团队协作与沟通：加强跨部门协作，确保市场、运营、技术、物流等部门之间的信息畅通，共同为销售目标努力。

3.调整优化

灵活调整策略：根据销售数据和市场反馈，公司及时调整商品定价、促销策略、广告投放等，以更好地满足消费者需求，提升转化率。

资源优化配置：对热销商品增加库存、提高曝光度，对滞销商品进行促销或下架处理，优化资源配置，提高销售效率。

客户服务提升：加强客服团队建设，提高响应速度和问题解决能力，提升客户满意度和忠诚度。

4.结果评估与反馈

绩效评估："双11"结束后，公司对销售目标的达成情况进行全面评估。评估内容包括销售额、订单量、用户增长等关键指标的完成情况。

经验总结：组织团队进行复盘会议，总结成功经验和不足之处，提炼出可复制的模式和需要改进的地方。

激励与反馈：根据绩效评估结果，对表现优异的团队和个人给予奖励和表彰，同时针对存在的问题提出改进建议，为下一年的"双11"销售目标管理提供参考。

二、案例总结

通过本次"双11"大促的互联网销售目标管理实践，该电商平台不仅成功实现了销售目标，还进一步提升了品牌影响力、客户满意度和市场份额。这一成功案例充分展示了科学设定目标、严格执行监控、灵活调整优化及全面结果评估在销售目标管理中的重要性。对其他互联网企业而言，该案例提供了宝贵的经验和启示。

资料来源　作者根据网络相关资料整理.

任务三　互联网销售产品管理

一、互联网销售产品管理认知

（一）互联网销售产品管理的含义

互联网销售产品管理是指通过互联网平台对销售的产品进行一系列的管理活动，以确保产品从策划、设计、开发、测试、上线到销售、维护等各个环节都能得到有效的控制和优化。

互联网销售产品管理将企业的某一部分（产品、产品线、服务等）在互联网平台上进行全方位的管理，旨在实现长期的顾客满意及竞争优势。

其包括对产品生命周期的每一个环节进行监控、优化和持续改进，以确保产品能够满足市场需求并取得良好的销售业绩。

（二）互联网销售产品管理的内容

互联网销售产品管理的内容涉及多个方面，从产品策划、开发、推广到销售、售后等各个环节都需要精心管理。以下是互联网销售产品管理的主要内容：

1.产品策划

市场调研：了解目标市场的需求、竞争状况、用户行为等信息，为产品策划提供依据。

产品定位：明确产品的目标用户、功能特点、竞争优势等，确保产品符合市场需求。

产品规划：制定产品的长期和短期规划，包括功能开发、市场推广、销售策略等。

2.产品开发

需求分析：深入了解用户需求，将需求转化为产品功能和技术要求。

产品设计：设计产品的界面、操作流程、功能结构等，确保产品易用性和用户体验。

技术实现：利用技术手段实现产品功能，确保产品的稳定性和安全性。

测试验收：对产品进行严格的测试，包括功能测试、性能测试、安全测试等，确保产品质量。

3.产品推广

广告投放：通过线上广告平台投放广告，提高产品的曝光率和点击率。

合作推广：与合作伙伴共同推广产品，如联合营销、渠道合作等。

口碑营销：通过用户评价、分享等方式，提升产品的口碑和影响力。

4.产品销售

销售渠道管理：建立并管理线上销售渠道，如电商平台、自有网站等。

定价策略：根据市场情况、产品成本、用户需求等因素，制定合理的定价策略。

促销策略：开展各种促销活动，如折扣、满减、赠品等，以吸引用户购买。

订单管理：处理用户订单，确保订单信息的准确性和实时性，提高订单处理效率。

5.售后服务

客户服务：提供专业的客户服务和售后支持，及时解答用户疑问和处理用户投诉。

退换货处理：建立完善的退换货流程，确保用户权益得到保障。

用户反馈收集：收集并分析用户反馈意见，持续改进产品和提升服务质量。

6.数据分析与优化

销售数据分析：对销售数据进行统计和分析，了解销售趋势、用户行为等信息。

营销策略优化：根据数据分析结果，调整营销策略和推广方式，增强销售效果。

产品优化：根据用户反馈和市场需求，持续优化产品功能和用户体验。

7.团队管理

组建高效的产品管理团队，明确各成员职责和协作方式。

制定并执行团队管理制度，确保团队高效运作。

定期进行团队培训和技能提升，提高团队成员的专业能力和素质。

综上所述，互联网销售产品管理的内容涵盖了产品策划、开发、推广、销售、售后等多个方面，需要综合运用市场营销、产品设计、技术实现、数据分析等多种知识和技能，确保产品在互联网平台上取得良好的销售业绩和用户体验。

二、互联网销售产品卖点管理

（一）互联网销售产品的卖点

在互联网销售产品中，有效的卖点策划对于吸引潜在消费者、提高转化率至关重要。以下是一些互联网销售产品时常用的卖点：

微课 5-4

产品卖点策划

1.品质保证

顶级材料选用：精选顶级原材料，确保产品坚固耐用，能够经受住时间和使用的考验。

严格品质控制：采用严格的生产流程和品质控制标准，确保每一件产品都符合用户的最高品质要求。

2.功能齐全

一站式解决方案：产品具备多种功能，能够满足客户在不同场景下的需求，提供一站式解决方案。

智能科技应用：集成先进的智能科技，为客户带来便捷、智能的使用体验，让客户的生活更加轻松。

3.独特创新

前沿技术引领：致力于创新，不断引进前沿技术，让产品始终走在行业前沿。

独特设计理念：拥有独特的设计理念，注重细节和美感，让产品不仅实用，而且富有艺术性。

4.用户体验

人性化设计：关注用户体验，以人性化设计为核心，确保产品易于操作、舒适使用。

智能交互界面：采用智能交互界面，让客户轻松掌握产品功能，享受智能化的使用体验。

5.性价比

超值性价比：注重产品的性价比，以合理的价格提供卓越的品质和功能，让客户觉得物超所值。

限时特惠活动：不定期推出限时特惠活动，让客户以更优惠的价格购买到心仪的产品。

6.售后保障

专业售后服务：拥有专业的售后服务团队，随时为客户提供技术支持和解决方案。

无忧退换货：提供无忧退换货政策，让客户购物无忧，放心购买。

7.品牌信誉

知名品牌背书：拥有知名品牌背书，品质有保障，让客户购买更放心。

真实用户评价：展示真实用户评价，让客户更直观地了解产品的品质和性能。

8.限时限量

限时抢购机会：提供限时抢购机会，数量有限，先到先得。

限量珍藏版：推出限量珍藏版产品，增加产品的独特性和收藏价值。

9.社交属性

分享与互动：鼓励用户分享产品使用体验，与好友互动，共同分享美好时光。

社群活动：定期组织社群活动，让用户与志同道合的朋友相聚，感受产品带来的乐趣。

10.便捷性与便携性

轻巧便携设计：产品采用轻巧便携设计，方便用户随时随地携带和使用。

快速充电与续航：注重产品的续航能力，同时提供快速充电功能，让用户无须担心电量问题。

通过这些丰富的卖点描述，可以更好地吸引消费者的注意力，提高产品的市场吸引力。同时，这些卖点也展示了产品在设计、功能、品质、服务等方面的优势和特点，为消费者提供全方位的购物体验。

（二）互联网销售产品卖点管理的原则

1.独特性原则

强调产品特性：确保产品卖点具有独特性，突出产品与其他竞品的不同之处。

创新元素：在产品设计和功能上引入创新元素，如新技术、新材料或新设计，以吸引消费者的注意。

2.真实可信原则

避免夸大：确保卖点文案真实可信，避免夸大其词或虚假宣传。

实证支持：使用用户评价、专家认证、行业奖项等实证来支持产品卖点，提高信任度。

3.针对性原则

深入了解目标受众：通过市场调研和分析，深入了解目标受众的需求、痛点和偏好。

制定针对性卖点：根据目标受众的特点和需求，制定针对性的卖点，以满足其实际需求。

4.强调利益原则

直接利益点：强调产品能够直接为消费者带来的利益，如节省时间、提高效率、降低成本等。

量化利益：使用具体的数字和数据来量化产品的优势和利益点，如"节省30%的时间"或"提升效率50%"。

5.简洁明了原则

简洁文案：使用简洁明了的文案来阐述产品卖点，避免冗长和复杂的句子。

突出关键信息：使用粗体、颜色或其他视觉元素来突出关键信息，吸引消费者的注意力。

6.情感共鸣原则

情感连接：通过故事、情感诉求或生活场景来引发消费者的情感共鸣。

个性化服务：提供个性化的服务和定制化的产品，以满足消费者的个性化需求。

7.调用行动原则

明确呼吁：在卖点文案中明确呼吁消费者采取行动，如"立即购买""免费试用"等。

限时优惠：如有促销活动或限时优惠，务必在文案中强调以激发购买欲望。

8.持续优化原则

数据分析：通过数据分析工具来监测和分析卖点文案的效果，了解哪些卖点更受欢迎和有效。

持续改进：根据数据分析结果和消费者反馈，持续优化卖点文案和营销策略，提高转化率和销售额。

【案例分析5-3】

小米智能家居产品的市场渗透策略

一、背景概述

小米集团，作为全球领先的智能硬件及电子产品研发公司，智能家居产品线是其业务的重要组成部分。小米通过创新的产品设计、高性价比的市场定位以及强大的互联网营销能力，成功地在智能家居市场实现了快速渗透和份额增长。本案例将重点分析小米智能家居产品的市场渗透策略及其在产品管理方面的成功经验。

二、产品管理策略分析

1.产品创新与迭代

用户导向的产品设计：小米始终坚持以用户需求为核心，通过用户反馈和市场调研不断优化智能家居产品设计，确保产品功能贴近用户实际需求。

快速迭代：小米采用"小步快跑"的产品迭代策略，不断推出新品和升级现有产品，保持产品线的活力和竞争力。这种策略使得小米能够迅速响应市场变化，满足用户日益增长的多元化需求。

2.性价比优势

成本控制：小米通过优化供应链管理、提高生产效率和规模化采购等方式降低成本，从而为消费者提供高性价比的产品。

价格策略：小米智能家居产品价格亲民，打破了传统智能家居产品高价位的局面，吸引了大量对价格敏感的消费者群体。

3.生态系统构建

互联互通：小米智能家居产品之间实现了高度的互联互通，用户可以通过手机App远程控制家中各种智能设备，享受便捷的智能家居生活。

生态扩张：小米还积极与第三方厂商合作，引入更多优质产品加入小米智能家居生态系统，丰富了产品线并提升了用户体验。

4.互联网营销与渠道建设

线上营销：小米充分利用互联网优势，通过社交媒体、电商平台等线上渠道进行精准营销，提高品牌知名度和用户黏性。

线下体验：小米之家作为小米的线下体验店，为消费者提供了亲身体验智能家居产品的机会，增强了消费者对产品的信任和购买意愿。

三、市场渗透策略分析

1.精准定位目标市场

小米智能家居产品主要面向年轻、追求科技感和性价比的消费者群体。通过精准定位目标市场，小米能够更加有针对性地开展营销活动，提高市场渗透率。

2.跨界合作与联合营销

小米积极与房地产开发商、家装公司等跨界合作，将智能家居产品融入住宅装修和智能家居解决方案中，实现了产品的批量销售和市场快速渗透。

3.口碑传播与社区营销

小米注重培养用户口碑，通过优质的产品和服务赢得用户信任。同时，小米还建立了庞大的用户社区，鼓励用户分享使用体验和心得，形成了良好的口碑传播效应，进一步推动了市场渗透。

四、案例总结

小米智能家居产品的市场渗透策略体现了其在产品管理方面的卓越能力。通过持续的产品创新与迭代、保持性价比优势、构建完善的生态系统以及运用互联网营销与渠道建设等手段，小米成功地在智能家居市场实现了快速渗透和份额增长。这一案例为其他互联网企业提供了宝贵的产品管理和市场渗透经验。

资料来源　作者根据小米官方网站资料整理。

任务四　互联网销售价格管理

一、互联网销售价格制定需要考虑的因素

微课5-5

互联网销售
价格管理

互联网销售价格制定需要考虑的因素是多方面的，以确保价格既能满足企业盈利的需求，又能适应市场竞争和消费者接受程度。

1.市场需求和偏好

市场需求规模：评估目标市场的整体需求量，以及产品或服务在市场上的潜在销售量。

消费者心理：了解消费者的购买心理，如价格敏感度、价值感受等，以便制定合理的价格策略。

消费者收入水平：分析目标消费群体的平均收入水平，以确定价格区间和定价策略。

2.产品或服务的性质和竞争程度

产品或服务特性：考虑产品或服务的独特性、创新性、品质等因素，以确定价格水平。

竞争程度：分析市场上同类产品或服务的竞争情况，包括竞争对手的数量、市场份额、价格策略等，以制定具有竞争力的价格。

3.成本和利润要求

生产成本：计算产品或服务的生产成本，包括原材料、人工、设备折旧等费用。

营销费用：评估为推广产品或服务所需的营销费用，如广告费、推广费等。

预期利润：根据企业的盈利目标和市场情况，设定合理的预期利润水平。

4.税收和法规

税收政策：了解不同国家或地区的税收政策，包括税率、税收减免等，以确保定价合规。

法规要求：遵守相关法规要求，如价格标签、明码标价等，以避免法律纠纷。

5.市场调研数据

顾客购买意愿：通过市场调研了解顾客的购买意愿和支付能力，为定价提供参考依据。

竞争对手价格：收集并分析竞争对手的价格数据，以便制定具有竞争力的价格策略。

价格弹性：分析价格变动对销售量的影响程度，以确定最佳的价格区间。

6.其他因素

促销策略：考虑促销活动对价格的影响，如折扣、优惠券等。

渠道成本：考虑不同销售渠道的成本差异，如线上和线下渠道的运营成本，以确定各渠道的价格策略。

品牌形象和市场地位：考虑企业在市场中的品牌形象和市场地位，以制定相应的价格策略。

在实际操作中，企业可以根据以上因素进行综合考虑和权衡，结合自身的实际情况和市场环境，制定出合理的互联网销售价格。同时，企业还需要密切关注市场动态和消费者反馈，及时调整价格策略以适应市场变化。

二、互联网销售价格管理的内容

互联网销售价格管理是企业或组织在电子商务环境下，利用网络平台和工具，对销售产品的价格进行设定、监控、调整和优化的一系列活动。其目的是确保产品价格的合理、公平和有竞争力，同时保护品牌知识产权，维护市场秩序和消费者利益。互联网销售价格管理的内容主要包括以下几个方面：

（一）价格制定

明确品牌定位与价格策略：品牌方应首先明确自身的市场定位，如高端、中端或亲民，并据此制定相应的价格策略，确保产品价格与品牌价值相符。

考虑产品成本、市场需求及竞争对手定价：在价格制定过程中，品牌方需综合考虑产品成本、市场需求以及竞争对手的定价情况，以制定出既有竞争力又能保证利润的价格。

建立灵活的价格调整机制：由于市场环境是不断变化的，品牌方需要建立一套灵活的价格调整机制，以便在市场竞争加剧或成本发生变化时能够及时调整价格，保持市场竞争力。

（二）价格统一与体系建立

统一线上线下价格体系：为避免线上线下价格冲突，品牌方应确保线上线下价格体系的一致，这有助于维护品牌形象并促进消费者对不同销售渠道的信任。

（三）经销商管控

筛选合格经销商：品牌方在选择经销商时，应严格筛选，确保其具有良好的商业信誉和经营能力，并与经销商签订明确的合作协议，规定价格政策、销售渠道等关键条款。

定期培训与沟通：通过定期对经销商进行培训和沟通，传达品牌的价格政策和市场策略，提升经销商对品牌价值的认同感，并增强其遵守价格规定的自觉性。

激励与约束机制：建立有效的激励和约束机制，对遵守价格规定的经销商给予奖励和支持，对违规经销商进行处罚甚至取消合作，以激励经销商积极推广品牌产品并有效遏制低价销售行为。

（四）线上商家监管

建立价格监测系统：利用技术手段建立价格监测系统，实时监测线上商家的销售价格，一旦发现低价销售行为，立即采取措施进行干预。

加强沟通与协作：与电商平台建立良好的沟通机制，共同打击低价销售行为。当发现线上商家违规时，及时与电商平台沟通协作，要求其进行整改或下架违规产品。

（五）网络价格控制策略

制定网络零售价格的指导价：作为厂家，可以制定网络零售价格的指导价，并确保网络零售价格与终端零售价格的差距保持在一定范围内（如10%~15%），这是代理商和顾客能够接受的价格差距。

产品区分：打造电子商务渠道专供的产品型号，以区别于传统渠道的产品，避免对传统渠道产生的冲击。

库存产品处理：将电子商务作为库存产品、老旧型号产品的销售渠道，以减轻对传统渠道的冲击。

（六）知识产权保护

利用电商分销平台和知识产权维护来管控线上价格，防止交叉销售和假冒商品的出现，保护品牌的知识产权。

综上所述，互联网销售价格管理涉及价格制定、价格统一与体系建立、经销商管控、线上商家监管、网络价格控制策略以及知识产权保护等多个方面。品牌方需要综合考虑各种因素，并采取相应措施来确保线上销售价格的稳定和合理。

三、互联网销售价格制定的过程

互联网销售价格制定的过程是一个综合考虑多种因素，以确保价格策略既符合企业盈利目标又适应市场需求的过程。

以下是互联网销售价格管理的详细步骤：

（一）市场调研与分析

深入了解市场需求：通过市场调研，深入了解目标市场的消费者需求、购买行为和偏好，以及市场规模和增长趋势。确保价格策略符合市场实际情况。

密切关注竞争对手：定期收集并分析竞争对手的定价策略、市场份额、促销活动等信息，以便及时调整自身价格策略，保持竞争力。

（二）成本分析与利润预测

精确计算成本：确保对产品成本的计算精确到位，包括生产成本、运营成本（如仓储、物流等）和营销成本等。这有助于制定合理的价格策略。

合理预测利润：基于市场调研和成本分析，合理预测产品的销售量和利润水平，确保价格策略能够实现预期的盈利目标。

（三）制定价格策略

明确定价目标：在制定价格策略时，要明确定价目标，如市场份额最大化、利润最大化或品牌形象塑造等。这有助于确定价格策略的方向。

选择合适的方法：根据产品定位、市场需求和竞争状况，选择合适的定价方法，如成本加成法、市场导向法或价值定价法等。确保价格策略的科学性和合理性。

设定合理的价格区间：在设定价格时，要考虑到消费者的接受程度和市场竞争状况，设定合理的价格区间。这有助于吸引消费者并保持竞争力。

（四）实施价格策略

保持线上线下一致性：确保线上平台（如电商平台、官方网站等）和线下门店的价格一致，避免价格冲突。

协调不同渠道价格：如线上、线下、批发、零售等，要确保各渠道价格之间的协调，避免价格混乱。

规范促销活动：制定明确的促销活动规则，确保促销活动的有效性和可持续性。同时，避免频繁降价或大幅促销对品牌形象和消费者购买行为造成负面影响。

（五）价格监控与调整

定期监控市场价格：定期收集并分析市场上同类产品的价格数据，以了解市场价格动态。这有助于及时调整价格策略以保持竞争力。

分析销售数据：通过销售数据分析，了解产品的价格敏感度、消费者购买行为等信息。这有助于评估价格策略的有效性并进行相应调整。

灵活调整价格：根据市场变化、竞争对手策略和消费者反馈等因素，灵活调整价格策略。这有助于保持竞争力并满足市场需求。

（六）风险管理与应对

识别价格风险：识别可能影响价格策略实施的风险因素，如成本上涨、市场需求下降等。这有助于提前制定应对措施。

制定风险应对措施：针对各种风险因素制定相应的应对措施，如调整价格、增加促销活动等。这有助于降低风险并保障价格策略的有效实施。

（七）持续改进与优化

收集用户反馈：通过用户调查、评价等方式收集用户对价格的反馈意见，了解用户对价格的接受程度和满意度。这有助于发现价格策略中存在的问题并进行改进。

优化价格策略：根据用户反馈和市场变化不断优化价格策略，提高价格管理的有效性和效率。这有助于保持竞争力并满足市场需求。

通过以上步骤，企业可以系统地管理互联网销售价格，确保价格策略的有效实施和监控，从而提高市场竞争力和盈利能力。

四、互联网销售价格管理方法

互联网销售价格管理是一个复杂但至关重要的过程，目的是确保产品在线上销售时价格的合理性和稳定性。以下是一些关键的互联网销售价格管理方法：

（一）制定明确的价格策略

明确定价目标：根据产品定位、目标市场和产品特点，设定合理的定价目标。

制定价格区间：根据市场调研和竞品分析，确定产品价格的合理区间，避免价格波动过大对品牌形象造成影响。

设定最低广告价格（MAP）：制定明确的最低广告价格政策，确保经销商在宣传和销售产品时不得低于此价格。

（二）与渠道商合作

签订价格协议：与渠道商签订明确的价格协议，规定渠道商必须遵守的价格范围，并明确违规后果。

建立奖惩机制：对遵守价格协议的渠道商给予一定的奖励，如额外的市场推广支持、优先新产品供应等；对违反价格协议的渠道商进行惩罚，如警告、暂停供货等。

（三）加强市场监管

定期巡查：对线上线下市场进行定期巡查，确保渠道商遵守价格规定。

接受投诉举报：设立投诉举报渠道，接受消费者对价格问题的投诉和举报，并及时处理。

（四）利用技术手段

价格监控软件：使用价格监控软件对线上线下市场价格进行实时监控，及时发现价格异常。这种软件通常能够在几分钟内甚至更短的时间内发现低价问题。

数据分析：通过数据分析工具对价格数据进行深入挖掘，找出价格波动的规律和原因，为价格策略的调整提供依据。

（五）建立价格监测与预警系统

实时监控：利用技术手段建立价格监测系统，实时跟踪自家产品在电商平台上的价格动态。

预警机制：一旦发现价格异常波动或低于设定的最低限价，系统应自动发出预警，提醒品牌方及时采取措施。

（六）利用价格策略组合

灵活定价：根据市场需求、竞争状况以及产品生命周期的不同阶段，制定灵活的定价策略。

折扣与促销：通过限时折扣、满减、赠品等促销活动刺激销售，同时确保价格不会过低而损害品牌形象。

（七）加强与电商平台合作

独家合作：与电商平台建立独家合作关系，限制其他卖家销售自家产品，以确保价格统一。

官方旗舰店：在电商平台上建立官方旗舰店，统一价格和销售策略，提高消费者对品牌的信任度。

（八）引入第三方控价公司

专业服务：借助第三方控价公司的专业服务，对窜货低价商家进行处理，包括发布通告函件、投诉强制下架等。

高效执行：第三方控价公司通常具备更专业的技术和更高效的执行力，能够更快速地处理价格违规问题。

（九）加强消费者教育

提高认知：通过广告宣传、社交媒体推广等方式，提高消费者对品牌价值的认知，降低对低价产品的依赖。

引导购买决策：传递品牌理念、产品优势和售后服务等信息，引导消费者作出更明智的购买决策。

（十）数据分析与优化

深入分析：利用数据分析工具对销售渠道、消费者需求等进行深入分析，为制定更合理的价格策略提供依据。

持续优化：根据数据分析结果，调整和优化价格策略，确保价格与市场动态保持一致。

（十一）定期评估与调整

评估效果：定期评估价格管理策略的效果，包括销售额、市场份额、消费者满意度等。

调整策略：根据评估结果，及时调整价格管理策略，以适应市场变化和消费者需求。

五、互联网销售价格的监管

互联网销售价格的监管是确保价格策略有效执行的关键环节。以下是详细的监管步骤：

（一）建立价格监控机制

确定监控目标：明确需要监控的商品种类、竞品以及价格范围，确保监控的针对性和有效性。

选择监控工具：利用电商平台提供的价格监控工具或第三方软件，实现对商品价格、竞品价格等数据的实时监控。

设置监控阈值：根据商品的历史价格、市场平均价格等因素，设置合理的价格监控阈值，以便及时发现价格异常。

（二）定期分析监控数据

收集数据：定期收集商品价格、竞品价格、销售量等监控数据，确保数据的全面性和准确性。

数据分析：对收集到的数据进行分析，了解市场价格动态、消费者购买行为等信息，为价格策略的调整提供依据。

报告制作：将分析结果制作成报告，向企业高层或相关部门汇报，以便及时发现问题并采取措施。

（三）及时调整价格策略

发现问题：通过数据分析发现价格策略中存在的问题，如价格过高导致销量下降、价格过低影响品牌形象等。

制订调整方案：针对发现的问题，制订具体的价格调整方案，如降低价格以吸引消费者、提高价格以维护品牌形象等。

执行调整：将调整方案转化为实际行动，确保价格策略的有效执行。

（四）加强市场监管与合作

与电商平台合作：与电商平台建立良好的合作关系，共同维护市场价格秩序。利用平台提供的数据分析和监管工具，及时发现并处理价格违规行为。

加强市场监管：市场监管部门应加大对网络市场的监管力度，对价格标示不清、虚假宣传、价格欺诈等行为进行查处。

建立举报机制：鼓励消费者、企业和社会各界参与监督，建立乱定价行为的举报机制。对举报属实的情况给予奖励和保护，提高监督的积极性和有效性。

（五）持续优化监控系统

技术升级：随着市场和技术的发展，不断升级价格监控系统，提高监控的准确性和效率。

功能拓展：根据企业需求和市场变化，拓展价格监控系统的功能，如增加竞品分析、消费者行为分析等模块。

团队培训：对负责价格监控的团队进行定期培训，提高其专业能力和市场敏感度。

通过以上步骤，企业可以建立起一套完整的互联网销售价格管理监管体系，确保价格策略的有效执行和市场的健康发展。

【案例分析5-4】

某电商平台动态定价策略

一、背景概述

随着互联网技术的不断发展，电商平台在销售管理中越来越注重价格管理的灵活性和精准性。动态定价策略作为一种先进的价格管理工具，被广泛应用于电商平台中，以应对市场变化、提升销售效率和利润率。本案例将以某电商平台为例，分析其实施动态定价策略的过程、效果及启示。

二、动态定价策略实施过程

1. 数据收集与分析

市场需求分析：该电商平台通过大数据分析技术，实时监控市场需求变化，包括搜索量、点击量、购买量等，以了解消费者对产品的需求程度和价格敏感度。

竞争对手监测：该电商平台还密切关注竞争对手的价格策略，通过爬虫技术抓取竞争对手网站上的价格信息，并进行对比分析。

2. 定价策略制定

算法定价：基于收集到的数据，该电商平台运用先进的算法模型，计算出最优的产品价格。算法会考虑多种因素，如产品成本、市场需求、竞争对手价格、库存情况等。

差异化定价：针对不同消费者群体（如会员、新用户、老客户等）和不同的时间段（如节假日、促销期等），平台会制定差异化的定价策略，以提高销售转化率和用户满意度。

3. 策略执行与调整

实时调整：该电商平台能够实现价格的实时调整，根据市场反馈和数据分析结果，迅速调整产品价格以应对市场变化。

测试与优化：平台还会通过A/B测试等方法，测试不同价格策略下的销售效果，以找到最优的定价方案。

三、效果评估与启示

1. 效果评估

销售提升：动态定价策略帮助该电商平台实现了销售额和订单量的显著提升，特别是在促销期和节假日期间。

市场竞争力增强：通过灵活的价格策略和差异化的定价策略，该电商平台在激烈的市场竞争中保持了竞争优势。

用户满意度提高：合理的价格策略提高了用户的购买意愿和满意度，增强了用户对平台的忠诚度。

2. 启示

数据驱动决策：互联网销售价格管理需要充分利用大数据和人工智能技术，实现数据的收集、分析和应用，以数据驱动决策。

灵活性与精准性：电商平台应具备高度的灵活性和精准性，能够根据市场变化和消费者需求迅速调整价格策略。

持续优化与创新：电商平台应持续关注市场动态和竞争对手策略，不断优化和创新价格管理策略，以保持竞争优势和持续发展。

综上所述，该电商平台通过实施动态定价策略，成功提升了销售效率和利润率，增强了市场竞争力，并为消费者提供了更加优质、便捷的购物体验。这一案例为其他互联网企业提供了有益的借鉴和启示。

资料来源　作者根据网络相关资料整理.

任务五　互联网销售订单管理

一、互联网销售订单管理认知

互联网销售订单管理是指在网络环境中，对通过互联网平台（如电子商务网站、移动应用等）接收的销售订单进行一系列的管理活动，以确保订单从接收、处理、发货到结算的整个过程能够高效、准确、及时完成。以下是互联网销售订单管理的主要内容：

微课 5-6

互联网销售订单管理

（一）订单接收与记录

互联网销售订单管理的首要步骤是接收订单，这通常通过在线购物平台、移动应用或API接口等渠道完成。一旦订单被接收，系统应立即记录订单信息，包括客户信息、产品信息、配送地址等，并确保这些信息准确无误。

（二）订单审核与处理

在订单被接收后，需要进行订单审核，以验证订单信息的准确性和合规性。这包括检查订单中的产品是否有库存、价格是否正确、客户信息是否完整等。如果订单信息有误或不合规，需要及时与客户联系并修正。

一旦订单通过审核，系统应立即开始处理订单，包括分配库存、生成发货单、打印物流标签等。此外，还需要根据订单中的配送要求，选择合适的配送方式和物流公司，确保订单能够准时送达客户手中。

（三）订单跟踪与配送

在订单处理过程中，需要实时跟踪订单状态，包括订单处理进度、库存分配情况、物流信息等。这有助于确保订单能够按照预定的时间表和路径顺利流转，避免延误和丢失。

同时，还需要与物流公司保持密切联系，确保物流信息及时更新并提供给客户。如果客户需要查询订单状态或物流信息，应提供便捷的查询方式，如在线查询系统、客服热线等。

（四）订单结算与收款

当订单成功送达客户手中后，需要进行订单结算和收款。这包括计算订单总金额、生成发票、选择支付方式等。系统应支持多种支付方式，如在线支付、货到付款等，以满足不同客户的需求。

同时，还需要对收款进行核对和确认，确保收款金额与订单金额一致。如果发生退款或退货等异常情况，应及时处理并更新订单状态。

（五）售后服务与客户关系管理

在订单完成后，还需要提供优质的售后服务，如退换货处理、投诉处理、售后咨询等。这有助于提高客户满意度和忠诚度，促进重复购买和口碑传播。

此外，还需要通过客户关系管理系统（CRM）等工具，对客户信息进行整理和分析，了解客户需求和购买行为，以便更好地制定销售策略和提供个性化服务。

总之，互联网销售订单管理是一个涉及多个环节和功能的综合性过程，需要确保订单从接收、处理、发货到结算的整个过程能够高效、准确、及时完成。通过优化订单管理流程、提高订单处理效率和质量，可以为企业带来更多的销售机会和利润增长。

二、互联网销售订单管理步骤

互联网销售订单管理的步骤可以分为以下几个关键阶段，每个阶段都包含了具体的操作和考虑因素。

（一）订单接收与录入

接收订单：订单可以通过多种渠道接收，如官方网站、电商平台、移动应用、电话等。

订单信息录入：销售人员需要及时将订单信息录入系统，确保信息的准确性和完整性，包括客户信息、产品信息、数量、价格等。

（二）订单审核与确认

订单审核：对录入的订单信息进行审核，确保订单信息的准确性和合规性。审核人员会检查订单是否符合公司政策和要求，并确认订单的可行性。

与客户确认：在审核通过后，及时与客户确认订单信息，避免因信息不准确而引发问题。

（三）库存检查与配货

库存检查：在确认订单后，进行库存检查，确保有足够的产品库存满足订单需求。如果库存不足，需要及时采购或调拨。

配货：根据订单信息，将产品准备好，等待发货。这一过程需要确保产品的准确性和完好性。

（四）订单发货与物流跟踪

发货：根据客户要求和物流方式，将订单产品发货。

物流跟踪：及时更新物流信息，并允许客户查询订单的物流状态，确保订单能够按时送达。

（五）订单结算与财务处理

结算：订单完成后，进行结算处理。销售人员会向客户发送发票，并跟踪收款情况。

财务处理：财务部门会核对订单信息，进行账务处理，确保资金流转的安全和准确。

（六）异常处理与客户服务

异常处理：在订单处理过程中，如果遇到异常情况（如订单取消、退换货等），需要及时处理，并与客户沟通，协商解决。

客户服务：提供优质的客户服务，如订单查询、物流咨询、售后支持等，提高客户满意度。

（七）数据分析与管理优化

数据分析：对销售订单数据进行深入分析，了解销售趋势、客户需求等信息，为未来的销售策略和库存管理提供依据。

优化策略：根据数据分析结果，优化订单管理流程、库存管理策略等，提高订单处理效率和客户满意度。

（八）使用订单管理工具

选择工具：根据企业实际情况和需求，选择适合的订单管理工具，如订单管理系统（OMS）、电商平台自带工具或第三方工具。

培训团队：对销售团队和订单管理团队进行培训和指导，确保他们能够熟练使用订单管理工具并遵循订单管理流程。

（九）定期评估与改进

评估效果：定期评估订单管理系统的运行效果和实施情况，包括订单处理效率、客户满意度等指标。

改进优化：根据评估结果，企业对订单管理系统进行改进和优化，不断提高订单处理效率和客户满意度。

通过以上步骤的详细阐述，可以看到互联网销售订单管理是一个涉及多个环节和部门的复杂过程。企业需要建立完善的订单管理系统和流程，并不断优化和改进，以确保订单的高效、准确处理，提高客户满意度和忠诚度。

三、互联网销售订单管理工具

互联网销售订单管理有多种工具可以使用，这些工具能够帮助企业更有效地管理订单流程，提高销售效率，并降低运营成本。以下是常用的互联网销售订单管理工具，按功能侧重与适用场景分类：

（一）订单管理软件

管家婆：针对中小企业的进销存管理软件，其订单管理功能简单易用，界面设计简洁明了，操作便捷。

万里牛：SaaS化的B2B商城订货系统，支持多种下单方式（如PC端、App、微信商城等），提供库存管理、支付管理等功能，满足企业的全面订单管理需求。

简道云：提供订单销售管理功能，支持客户需求收集与报价，销售员可以基于客户需求在软件中创建报价单，明确列出产品详情、价格等关键信息。

纷享销客：以客户为中心的CRM系统，其订单管理模块集成了销售、市场、服务等多个环节，支持移动办公，销售人员可以随时随地查看订单状态，处理订单问题。

SAP：作为领先的ERP系统，其订单管理模块与整个企业资源计划系统高度集成，提供从订单录入到交货、结算的全流程管理，同时提供强大的数据分析工具。

（二）移动协同型订单工具

协创销售订单管理系统：支持单机、局域网及互联网多模式办公，整合客户管理、订单跟踪、分类查看功能，全面覆盖销售业务流程，方便外勤人员移动处理订单。

口袋订单：包含App、小程序及PC管理平台，核心功能涵盖订单处理、商品库存同步、业绩统计，多端数据互通，适配个体商户及小型团队的轻量化管理需求。

蚂蚁跟单：专注订单全流程进度追踪，支持自定义工艺流程，可联动全公司员工协作跟单（从下单到收款），提升跨部门订单处理效率，适合需要精细化跟进的业务场景。

（三）电商平台自带工具

千牛：淘宝、天猫商家一站式店铺管理工作台，提供订单管理、商品管理、客户服务等功能，方便商家管理自己的电商店铺。

聚水潭 ERP：针对淘宝、天猫卖家的特色产品，与电商平台无缝衔接，全面实现自动化的订单采集、订单批量打印、发货等功能。

（四）其他工具

风火递：为小微商家提供全渠道订单管理、快递发货等服务，支持多平台订单批量管理、快递打单发货。

源订单：适用于仓库货物的存储与出库的管理记录，可以方便快捷地生成订单管理，让卖家不再因订单杂乱而烦恼。

以上这些工具都具备各自的特点和优势，企业可以根据自身的需求和实际情况选择适合的订单管理工具。同时，随着技术的不断发展和市场的不断变化，新的订单管理工具也会不断涌现，企业可以持续关注市场动态，选择最适合自己的工具。

四、互联网销售订单管理的注意事项

互联网销售订单管理涉及多个环节和细节，为确保订单处理的高效和准确，以下是一些关键的注意事项：

（一）确保订单信息的准确性

客户信息核实：在接收订单时，要仔细核对客户的姓名、地址、联系方式等信息，确保准确无误。

产品详情核对：检查订单中的产品名称、规格、数量、价格等信息是否与产品数据库中的信息一致。

（二）及时处理订单

快速响应：在接收到订单后，要尽快进行处理，确保订单能够及时进入下一个环节。

避免延误：对于特殊情况或紧急订单，要及时与客户沟通，确保订单能够按时交付。

（三）库存管理

实时更新：确保库存信息的实时更新，避免超卖或缺货的情况发生。

库存预警：设定库存预警线，当库存低于一定数量时，及时采取补货措施。

（四）物流与配送

选择合适的物流：根据订单的性质和客户需求，选择合适的物流公司进行合作。

物流跟踪：提供物流跟踪服务，确保客户能够实时了解订单配送状态。

包装安全：确保产品在运输过程中的包装安全，避免产品在途中损坏。

（五）售后服务

建立完善的售后体系：提供退货、换货、退款等售后服务，确保客户权益得到保障。

快速响应客户问题：对于客户的问题和投诉，要及时响应并处理，提高客户满意度。

（六）数据安全与保护

数据加密：对订单信息进行加密处理，确保在传输和存储过程中的安全性。

访问控制：设置严格的访问权限，确保只有授权人员才能够访问订单数据。

定期备份：定期备份订单数据，防止数据丢失或损坏。

（七）持续优化与改进

收集反馈：通过调查问卷、在线评价等方式收集客户对订单处理流程的反馈。

分析数据：利用数据分析工具对订单数据进行深入分析，发现潜在的问题和改进点。

持续改进：对订单管理流程展开持续性优化与改进工作，旨在提升订单处理效率以及客户满意度水平。

（八）团队沟通与协作

明确职责：确保团队成员明确自己的职责和任务，避免出现重复工作或遗漏。

及时沟通：建立有效的沟通机制，确保团队成员之间能够及时沟通和处理问题。

协作配合：鼓励团队成员之间的协作和配合，形成合力，共同提高订单处理效率和质量。

五、互联网销售订单处理过程中常见问题及解决对策

互联网销售订单处理过程中常见问题的解决对策可以清晰地归纳如下：

（一）订单信息不准确或不清晰

（1）问题描述。产品信息描述不准确或不够清晰，导致消费者无法准确了解产品特点。

（2）解决对策。完善产品信息，提供详细的商品描述，包括规格、材质、尺寸等详细信息，确保信息准确无误；提供高质量的图片和/或视频展示，确保消费者能够直观地了解产品外观和功能；引入用户评价系统，让消费者分享真实的使用体验，增加信息透明度。

（二）物流配送延迟

（1）问题描述。物流配送系统不稳定或其他原因导致商品送达延迟。

（2）解决对策。加强物流管理，与可靠的物流公司建立长期合作关系，确保物流服务的稳定性和可靠性；优化物流配送系统，如引入自动化仓储和配送设备，提高物流效率；实时更新物流信息，确保消费者能够随时查询订单状态，提供准确的物流跟踪服务。

（三）售后服务不及时

（1）问题描述。消费者遇到售后问题时，商家响应不及时或不周到。

（2）解决对策。提升售后服务质量，加强售后服务团队建设，提供24小时在线客服支持，确保消费者问题能够及时得到响应；建立完善的售后服务流程，明确售后服务的标准和时间要求，确保服务质量和效率；提供多种售后服务方式，如退换货、维修等，以满足消费者的不同需求。

（四）订单管理不规范

（1）问题描述。订单处理过程中存在混乱、发货延迟等问题。

（2）解决对策。建立系统化的订单管理流程，明确订单处理的各个环节和职责，确保流程清晰、规范；引入订单管理系统软件，实现订单信息的自动化处理和分析，减少人为错误；加强对员工的培训，提高其对订单管理的重视和操作能力。

（五）市场竞争激烈

（1）问题描述。电商行业竞争激烈，如何脱颖而出成为挑战。

（2）解决对策。进行差异化竞争，深入了解市场和消费者需求，进行精准定位，提供独特的产品或服务；加强品牌建设，提高品牌知名度和美誉度，以品牌吸引消费者；与其他企业进行合作，寻找共同发展的机会，如联合营销、资源共享等。

（六）支付安全问题

（1）问题描述。随着网络支付的普及，支付安全问题成为关注焦点。

（2）解决对策。加强支付安全保障，采用安全的支付方式和加密技术，确保支付过程

的安全性；建立完善的支付风险防控机制，对异常交易进行及时拦截和处理；提供支付保险服务，为消费者提供额外的支付保障，增强消费者信心。

通过以上对策的实施，我们可以有效解决互联网销售订单处理过程中的常见问题，提升消费者的购物体验和满意度，从而增强企业的竞争力和市场地位。

【案例分析5-5】

淘宝订单管理的流程、策略及效果

为互联网销售订单管理进行一次案例分析，我们可以以某知名电商平台（如淘宝）为例，详细探讨其订单管理的流程、策略及效果。

一、背景概述

淘宝作为中国最大的网络零售平台之一，每天处理着海量的销售订单。高效的订单管理对于提升客户满意度、优化供应链、减少运营成本等方面具有至关重要的作用。

二、订单管理流程

（一）订单接收

买家在淘宝平台上选购商品并下单后，订单信息会自动生成并传递给卖家。卖家通过淘宝后台系统接收订单，并确认订单信息的准确性。

（二）订单处理

卖家根据订单信息进行商品备货、打包等准备工作。卖家可以选择合作的物流公司进行发货，并填写物流信息。

（三）订单跟踪

买家和卖家都可以通过淘宝平台查询订单的物流状态，实时了解订单配送进度。淘宝提供物流跟踪功能，确保订单的准确性和及时性。

（四）订单结算

买家在收到商品并确认无误后，可以通过淘宝平台进行订单结算，支付货款。卖家在收到货款后，完成订单的最终确认。

三、订单管理策略

（一）自动化处理

淘宝平台利用先进的技术手段，实现订单处理的自动化，减少了人工干预，提高了处理效率。例如，通过自动化系统将订单信息传递给卖家、自动匹配物流信息等。

（二）数据驱动决策

淘宝利用大数据分析技术，对订单数据进行深度挖掘和分析，为卖家提供精准的运营建议。通过分析订单数据，卖家可以了解商品销售情况、客户需求变化等信息，从而优化库存管理、调整营销策略等。

（三）客户关系管理（CRM）

淘宝平台提供CRM系统，帮助卖家更好地管理客户信息，提高客户满意度和忠诚度。卖家可以通过CRM系统记录客户的购买历史、偏好等信息，为客户提供个性化的服务和推荐。

（四）多平台覆盖

淘宝不仅提供网页版平台，还推出手机App、小程序等多种形式的移动端平台，满足不同买家的需求。买家可以随时随地通过手机进行购物和订单管理，提高购物的便捷性和灵活性。

四、效果评估

（一）提升客户满意度

通过高效的订单管理和优质的客户服务，淘宝平台提升了客户满意度和忠诚度。买家可以实时查询订单状态、享受便捷的售后服务等，提高了购物体验。

（二）优化供应链

淘宝的订单管理系统能够帮助卖家优化库存管理、减少库存积压和浪费。通过数据分析和预测，卖家可以更加精准地预测市场需求，调整生产计划和采购策略。

（三）提高运营效率

自动化处理和数据驱动决策提高了淘宝平台的运营效率。卖家可以更加快速地处理订单、减少人工错误和成本浪费。

案例启示：淘宝的订单管理系统通过自动化处理、数据驱动决策、CRM系统以及多平台覆盖等策略，实现了高效的订单管理和优质的客户服务。这一案例为其他互联网企业提供了有益的借鉴和启示：

注重技术创新：利用先进的技术手段提高订单处理效率和准确性。

数据驱动决策：通过大数据分析优化供应链管理、营销策略等。

关注客户需求：提供个性化的服务和推荐，提升客户满意度和忠诚度。

多平台覆盖：满足不同用户的购物需求，提高购物的便捷性和灵活性。

资料来源　作者根据网络相关资料整理。

任务六　互联网销售顾客异议处理

一、互联网销售顾客异议

微课 5-7

互联网销售顾客异议处理

在互联网销售中，顾客异议是常见的情况，它可能源于对产品的疑虑、价格的考虑、服务的质疑或是对其他方面的担忧。以下是一些常见的互联网销售顾客异议：

（一）产品异议

顾客可能对产品的质量、功能或适用性表示担忧。为了消除这些疑虑，销售人员可以提供详细的产品说明、用户评价、产品演示或试用机会，以让顾客更全面地了解产品。

针对产品缺陷或不足，销售人员应坦诚面对，并说明已采取的措施来改进或补偿。同时，可以强调产品的优点和独特性，以转移顾客的注意力。

（二）价格异议

顾客可能对产品的价格表示不满，认为价格过高或与其他产品相比价格不合理。销售人员可以通过比较产品性能、品牌价值、售后服务等方面来解释价格差异，并强调购买该产品所能带来的长期价值。

如果可能的话，销售人员可以提供一些优惠或折扣，以缓解顾客对价格的敏感性。

（三）服务异议

顾客可能对售后服务、配送速度或退换货政策表示担忧。为了消除这些疑虑，销售人员可以详细介绍公司的服务政策、承诺和保障措施，并强调公司在服务方面的专业性和可靠性。

如果顾客对服务有具体的要求或建议，销售人员应积极倾听并记录下来，以便后续改进服务质量和满足顾客需求。

（四）交付方式异议

顾客可能对交付方式、运费或配送时间表示不满，销售人员应提供多种交付方式供顾客选择，并说明各种方式的优缺点和费用情况；同时，应确保按时交付并尽可能缩短配送时间，以提高顾客满意度。

（五）信任问题

在互联网销售中，顾客可能对公司或销售人员缺乏信任感。为了建立信任关系，销售人员应提供真实、准确的信息和透明的交易过程，并遵守承诺和约定；此外，可以展示公司的资质、荣誉和客户评价等信息，以增强顾客的信任感。

在处理顾客异议时，销售人员应保持耐心和友好的态度，积极倾听顾客的需求和担忧；同时，要充分了解产品信息和公司政策，以便能够准确地回答顾客的问题并提供有效的解决方案。通过有效的沟通和处理，可以增强顾客的信任度和满意度，促进销售的增长。

二、互联网销售顾客异议处理的原则

互联网销售顾客异议处理的原则可以归纳为以下几点，这些原则有助于销售人员更有效地解决顾客的疑虑和问题，提升顾客满意度和忠诚度：

（一）保持冷静和礼貌

重要性：当顾客提出异议时，保持冷静和礼貌是建立信任和有效沟通的基础。情绪化的反应可能加剧顾客的疑虑，而冷静和礼貌的态度则能展现销售人员的专业素养。

实践方法：避免与顾客发生争执或争论。使用积极、肯定的语言和词汇。

（二）聆听并理解客户观点

重要性：认真聆听并理解顾客的观点是处理异议的关键。只有充分理解顾客的疑虑和需求，才能提供有效的解决方案。

实践方法：给予顾客充分的时间来表达异议。重复顾客的异议以确保完全理解。询问更多细节以深入了解问题。

（三）承担责任并解决问题

重要性：当顾客提出异议时，不要回避问题，要主动承担责任并积极寻求解决方案。这有助于建立顾客的信任并提升企业的形象。

实践方法：承认问题并表达歉意（如果适用），与顾客共同找到问题的根源。提出具体、可行的解决方案。

（四）提供合理解释和解决方案

重要性：当顾客提出异议时，提供清晰、合理的解释和解决方案是消除疑虑的关键。

实践方法：解释产品或服务的特点和优势。提供与其他产品或服务的比较信息。根据顾客的疑虑提供具体的解决方案或替代选择。

（五）记录和学习

重要性：记录顾客提出的异议和解决方案有助于企业不断改进和优化产品与服务。

实践方法：建立顾客异议记录系统。定期分析顾客异议的原因和解决方案。将分析结果应用于产品改进和服务优化。

（六）持续改进

重要性：持续改进是提高顾客满意度和忠诚度的关键。通过不断改进产品和服务，企业可以减少或避免类似问题的发生。

实践方法：根据顾客的反馈和建议进行产品改进。优化销售和服务流程，以提高效率和质量。定期对销售人员进行培训和指导，以提高其处理异议的能力。

三、互联网销售中处理顾客异议的方法

当处理互联网销售中的顾客异议时，以下是一些具体的方法，这些方法旨在帮助销售人员有效地解决顾客的问题和疑虑：

（一）倾听并理解

耐心倾听：让顾客充分表达他们的异议和不满，不要打断他们。

重复确认：用自己的话重复顾客的问题，确保完全理解他们的疑虑。

（二）正面回应

感谢反馈：首先感谢顾客提出异议，这表示你重视他们的意见。

表达理解：告诉顾客你理解他们的疑虑，并愿意协助解决。

（三）提供解决方案

明确问题：清晰地定义顾客的问题或疑虑。

提供解答：根据顾客的问题，给出清晰、具体的解答或解释。

提供选择：如果可能，为顾客提供几种解决方案供其选择。

（四）强调产品或服务的优势

突出特点：如果顾客对某个功能或特性有疑问，强调它的优势和使用价值。

分享案例：分享其他顾客的好评或成功案例，增强顾客的信心。

（五）处理价格异议

解释价值：强调产品或服务的价值，而不仅仅是价格。

提供比较：与其他类似产品或服务进行比较，突出性价比。

提供优惠：如果有条件，可以考虑提供折扣、赠品或其他优惠。

（六）处理服务异议

承认问题：如果服务确实存在问题，诚实地承认并道歉。

提供补偿：考虑提供某种形式的补偿，如优惠券、免费服务或快速解决方案。

改善服务：根据顾客的反馈，持续改进服务质量和流程。

（七）后续跟进

记录反馈：将顾客的异议和解决方案记录在案，以便后续参考和改进。

后续沟通：在解决问题后，与顾客进行后续沟通，确保他们满意。

邀请评价：鼓励顾客对解决方案进行评价，以便收集更多反馈。

（八）注意沟通技巧

避免术语：尽量使用简单易懂的语言，避免使用过多的专业术语。

积极语气：使用积极、肯定的语气和词汇，增强顾客的信心。

情感共鸣：在沟通中表达同理心，让顾客感受到你的关心和理解。

（九）应对无理异议

保持冷静：即使面对无理的异议，也要保持冷静和礼貌。

解释事实：基于事实和数据进行解释，避免陷入情绪化的争论。

寻求帮助：如果无法单独解决问题，可以寻求上级或同事的帮助。

通过以上具体方法，销售人员可以更有效地处理互联网销售中的顾客异议，提高顾客满意度和忠诚度，进而促进销售业绩的提升。

四、互联网销售中处理顾客异议的不良行为

在互联网销售顾客异议处理过程中，销售人员应该避免以下行为以确保有效的沟通和解决顾客的问题：

（一）忽视或轻视顾客异议

行为描述：销售人员对顾客的异议表现出不耐烦、轻视或忽略的态度，认为顾客的疑虑是无关紧要的。

潜在影响：这会让顾客感到不被尊重，增加其不满情绪，可能导致顾客流失或负面评价。

（二）直接反驳或指责顾客

行为描述：销售人员直接反驳顾客的观点，或将责任归咎于顾客，而不是寻找解决问题的方案。

潜在影响：这会伤害顾客的自尊心，破坏与顾客之间的信任和关系，使顾客对产品和服务的满意度下降。

（三）提供模糊或不确定的解答

行为描述：销售人员对顾客的异议给出模糊、含糊或不确定的解答，没有提供明确的解决方案或时间表。

潜在影响：这会让顾客感到困惑和不安，增加其疑虑和不满，可能导致顾客对销售人员的信任度下降。

（四）拖延或逃避处理顾客异议

行为描述：销售人员对顾客的异议处理不及时，或故意拖延处理时间，或寻找借口逃避处理。

潜在影响：这种消极的处理方式无疑会让顾客觉得自己被晾在一边，不被重视。顾客的不满情绪会如同雪球般越滚越大，对产品和服务原本可能存在的信任也会随之逐渐瓦解。一旦信任崩塌，顾客不仅可能放弃购买计划，还极有可能向身边人抱怨，引发负面口碑传播，甚至直接提出投诉或要求退货，给品牌带来严重的负面影响。

（五）不尊重顾客的个人隐私

行为描述：销售人员在处理顾客异议时，泄露或传播顾客的个人信息或隐私，没有保护顾客的隐私权益。

潜在影响：这可能导致顾客对销售人员的信任度急剧下降，甚至引发法律纠纷或声誉损害。

（六）使用不礼貌或攻击性的语言

行为描述：销售人员在处理顾客异议时，使用不礼貌、粗鲁或攻击性的语言，与顾客发生争执或冲突。

潜在影响：这会加剧顾客的不满情绪，破坏与顾客之间的沟通和关系，甚至可能导致顾客投诉或拒绝再次购买。

（七）过于强调销售而忽视顾客需求

行为描述：销售人员过于关注销售业绩，只强调产品或服务的优点，而忽视顾客的实际需求和疑虑。

潜在影响：此情况或致顾客产生被忽略、被误解之感，进而加剧其内心疑虑与不满情绪，最终可能引发顾客对产品及服务信任度的降低。

综上所述，互联网销售顾客异议处理过程中，销售人员应避免以上行为，以建立积极、有效的沟通和关系，提升顾客满意度和忠诚度。

五、避免互联网销售中顾客异议处理的不良行为

要避免互联网销售中顾客异议处理过程中发生上述不良行为，销售人员可以采取以下措施：

（一）倾听并尊重顾客

倾听：认真聆听顾客的异议和需求，确保理解他们的真正关切。

尊重：尊重顾客的观点和感受，不要轻视或忽视他们的疑虑。

（二）耐心解答并提供明确信息

清晰解答：用简单易懂的语言解释产品或服务的特点，提供清晰、明确的解答。

避免模糊：避免使用模糊或不确定的措辞，确保给顾客留下准确的印象。

（三）及时响应并解决问题

迅速反应：对顾客的异议作出迅速的反应，不要让顾客等待过长时间。

积极解决：积极寻找并提供有效的解决方案，满足顾客的需求。

（四）保护顾客隐私

严格保密：确保顾客的个人信息得到严格保护，不泄露给任何第三方。

隐私政策：明确告知顾客公司的隐私政策，并遵守相关法律法规。

（五）使用礼貌和专业的语言

礼貌沟通：始终保持礼貌和友好的态度，用专业的语言与顾客沟通。

避免冲突：避免与顾客发生争执或冲突，以解决问题为导向。

（六）平衡销售与顾客需求

了解需求：深入了解顾客的需求和期望，提供符合他们期望的产品或服务。

强调价值：强调产品或服务如何满足顾客的需求，并带来价值。

（七）持续学习与提升

接受培训：定期接受销售技巧和顾客服务方面的培训，提升专业能力。

反思总结：对每次顾客异议处理进行反思和总结，不断改进和提升服务质量。

（八）借助工具和技术

CRM系统：使用客户关系管理系统（CRM）来跟踪和管理顾客异议，确保及时响应。

在线聊天工具：利用在线聊天工具与顾客进行实时沟通，快速解决问题。

（九）建立顾客反馈机制

收集反馈：积极收集顾客的反馈和建议，了解他们的需求和期望。

改进服务：根据顾客的反馈和建议，不断改进和优化产品或服务。

通过遵循以上措施，销售人员可以有效避免互联网销售中顾客异议处理过程中的不良行为，提升顾客满意度和忠诚度。

总之，处理顾客异议是互联网销售中不可或缺的一环。销售人员需要保持耐心和礼貌，理解并认同顾客观点，澄清问题并给出解决方案，利用专业知识和技能提供个性化服务、跟进和反馈，持续学习和提升自己的能力。这些策略和方法将有助于提升顾客满意度和保持销售增长。

【案例分析5-6】

某旗舰店对顾客异议的系统梳理和优化处理

假设某知名电商平台上的某家女装旗舰店，在销售过程中遇到了多种顾客异议。这些异议涵盖了售前咨询、发货物流、商品质量、售后服务等多个环节。为了提升顾客满意度和店铺信誉，该旗舰店对顾客异议进行了系统梳理和优化处理。

一、顾客异议种类

根据调研，该旗舰店将顾客异议归纳为以下两大类：

（1）售前服务问题，包括：①询问商品品牌参数信息；②超时未发货；③服务态度不佳；④快递选择问题。

（2）售后服务问题，包括：①商品质量问题；②快递问题（如丢件、延误）；③退货签收未及时处理；④错发漏发；⑤售后跟进不足。

二、处理流程与策略

1.售前服务问题处理

询问商品品牌参数信息：客服需准确掌握商品信息，及时回复顾客咨询，避免误导。

超时未发货：建立严格的发货监控机制，一旦发现超时立即与仓库核实原因，并主动告知顾客预计发货时间，同时提供补偿方案（如优惠券）。

服务态度不佳：培训客服人员，确保服务态度热情、专业、耐心，避免使用敷衍或不当的表情符号。

快递选择问题：在商品详情页明确标注快递信息，对于特殊需求顾客，尝试与仓库协商换发快递，提升顾客体验。

2.售后服务问题处理

商品质量问题：根据《中华人民共和国产品质量法》及平台规定，无条件接受顾客退货退款要求，并承担运费；同时，分析质量问题原因，改进供应链管理。

快递问题：与快递公司建立紧密合作关系，及时追踪物流信息，一旦发现异常立即与快递公司沟通解决，并主动告知顾客处理进展。

退货签收未及时处理：优化退货流程，确保退货商品及时验收并处理退款，提升顾客满意度。

错发漏发：一旦发现错发漏发情况，立即与顾客沟通道歉，并补发正确商品或退款，同时分析原因避免再次发生。

售后跟进不足：建立售后跟进机制，对每位提出异议的顾客进行二次跟进，确保问题得到彻底解决，并收集顾客反馈用于后续改进。

三、效果评估

通过实施上述处理流程与策略，该旗舰店取得了显著成效：①退货纠纷率大幅降低，由每月10单降低至每月1~2单。②平台客服介入的订单数显著减少，由每月5单降低至每月1~2单。③顾客满意度和店铺信誉度显著提升，粉丝数和复购率稳步增长。

案例启示： 本案例表明，互联网销售中顾客异议的处理对于提升顾客满意度和店铺信誉至关重要。通过优化处理流程、提升客服素质、加强与供应链和快递公司的合作等措施，可以有效降低顾客异议率并提高处理效率。同时，收集顾客反馈并持续改进也是提升服务质量的关键。这些经验和策略为其他互联网企业提供了有益的借鉴和启示。

资料来源　作者根据网络相关资料整理。

项目总结

【项目实训】

"从点击到成交：互联网销售过程管理综合实训"

一、实训目标

全面理解互联网销售流程：使学生深入理解互联网销售的各个环节，包括售前准备、销售执行、售后服务等。

提升销售过程管理能力：通过模拟实战，锻炼学生的销售过程管理能力，包括目标设定、策略制定、执行监控、优化调整等。

增强团队协作与沟通能力：在项目执行过程中，促进学生之间的团队协作，提高沟通效率和问题解决能力。

二、项目内容

1.项目准备阶段（1周）

（1）理论学习：讲解互联网销售过程管理的基本概念、重要性及关键环节。介绍销售漏斗模型、CRM系统、数据分析工具等关键工具和方法。

（2）分组与角色分配：将学生分为若干小组，每组模拟一个互联网销售团队。在小组内部分配角色，如销售经理、市场专员、客服代表、数据分析师等。

（3）项目规划：各小组根据给定的商品或服务（如虚拟商品、电商平台商品等），制订销售项目计划，明确销售目标、销售策略、销售渠道、售后服务等关键要素。

2.销售执行阶段（2周）

（1）售前准备：市场专员负责市场调研，收集竞争对手信息、消费者需求等；销售经理根据调研结果，制定销售策略和营销计划；客服代表准备售前咨询话术，确保快速响应客户需求。

（2）销售执行：各小组利用模拟电商平台、社交媒体等渠道开展销售活动；实施定价策略、促销活动等，吸引潜在客户；监控销售数据，及时调整销售策略以应对市场变化。

（3）售后服务：客服代表负责处理客户咨询、投诉和退换货等售后问题；数据分析师收集并分析售后数据，为改进产品和服务提供依据。

3.项目总结与优化阶段（1周）

（1）销售数据分析：数据分析师对各阶段的销售数据进行深入分析，包括销售额、转化率、客户满意度等指标；识别销售过程中的亮点与不足，提出改进建议。

（2）项目总结：各小组撰写项目总结报告，包括项目背景、执行过程、成果展示、问题分析与解决方案等内容；反思项目中的经验教训，提出未来改进方向。

（3）成果展示与评估：组织项目成果展示会，各小组展示销售成果、数据分析报告及改进方案；邀请教师或行业专家进行点评和指导，提出宝贵意见；根据项目完成情况、团队合作、成果质量等方面进行综合评估。

三、评估方式

过程评估：根据项目准备、销售执行、售后服务等阶段的参与度、合作情况、任务完成情况等进行评分。

成果评估：根据项目总结报告的质量、成果展示的表现、销售数据的改善情况等进行评分。

自我评估与同伴评价：鼓励学生进行自我反思和同伴评价，促进相互学习和成长；同时，通过同伴评价可以了解自己在团队中的表现及需要改进的地方。

基本训练

基本训练

一、选择题

1.互联网销售准备阶段的首要任务是（　　　）。

A.设定销售目标　　　　　　B.进行市场调研

C.发布产品广告　　　　　　D.处理顾客异议

2.在互联网销售目标管理中，SMART原则不包括（　　　）。

A.具体（Specific）　　　　　B.可测量（Measurable）

C.永久性（Permanent）　　　D.时限性（Time-bound）

3.互联网销售产品管理中，提高产品搜索排名的主要手段是（　　　）。

A.价格优惠　　　　　　　　B.SEO优化

C.广告投放　　　　　　　　D.社交媒体推广

4.下列不属于互联网销售价格管理范畴的是（　　　）。

A.定价策略制定　　　　　　B.竞争对手价格监控

C.物流配送安排　　　　　　D.价格促销活动规划

5.在互联网销售订单管理中，订单接收后应首先进行（　　　）。

A.库存检查　　　　　　　　B.物流配送

C.售后服务　　　　　　　　D.客户回访

6.顾客异议处理中，最重要的是（　　　）。

A.快速响应　　　　　　　　B.忽视异议

C.强制推销　　　　　　　　D.拖延处理

7.以下（　　　）不是互联网销售准备阶段需要考虑的因素。

A.目标市场定位　　　　　　B.竞争对手分析

C.生产线布局　　　　　　　D.产品知识准备

8.互联网销售目标设定时，应遵循的原则是（　　　）。

A.越高越好　　　　　　　　B.随意设定

C.切实可行　　　　　　　　　D.无须量化

9.在互联网销售产品管理中，产品优化的主要依据是（　　）。

A.老板的个人喜好　　　　　　B.竞争对手的产品

C.市场需求和反馈　　　　　　D.销售人员的建议

10.互联网销售订单处理流程中，不包括以下（　　）环节。

A.订单接收　　　　　　　　　B.库存检查

C.售后服务　　　　　　　　　D.物流配送

二、判断题

1.互联网销售准备阶段只需要了解产品知识即可，无须进行市场调研。　　　（　　）

2.SMART原则中的"A"代表可达成性（Achievable），意味着目标应设定在可实现范围内。　　　（　　）

3.互联网销售产品管理中，产品展示越华丽越好，无须考虑用户体验。　　　（　　）

4.互联网销售价格管理中，价格越低越能吸引顾客，因此应不断降价促销。　　　（　　）

5.互联网销售订单管理中，一旦订单生成，就无须再与客户沟通确认订单信息。

　　　（　　）

6.在处理顾客异议时，应直接否定顾客的异议，坚持自己的观点。　　　（　　）

7.互联网销售目标管理是一个静态过程，设定后无须调整。　　　（　　）

8.产品优化是互联网销售产品管理的关键环节，应根据市场反馈进行。　　　（　　）

9.互联网销售准备阶段不需要考虑竞争对手的情况。　　　（　　）

10.互联网销售订单处理完成后，即可结束整个销售过程，无须进行后续跟踪。　　　（　　）

三、论述题

1.论述互联网销售准备阶段的重要性及其主要内容。

2.阐述销售准备阶段对整个销售过程的基础性作用。

3.分析市场调研、目标客户定位、产品知识准备等主要内容的具体作用和实施方法。

4.论述如何制定有效的互联网销售目标，并说明其监控与调整机制。

5.阐述SMART原则在销售目标制定中的应用。

6.分析如何根据市场变化和公司战略调整销售目标。

7.讨论目标监控与调整的具体机制和方法。

8.论述互联网销售顾客异议处理的重要性及其处理策略。

9.阐述顾客异议处理对于维护客户关系和提升客户满意度的重要性。

10.分析顾客异议的常见类型及其产生原因。

四、案例分析题

案例背景：某电商公司在互联网销售过程中遇到了以下问题：销售目标连续两个季度未达成，顾客投诉率上升，产品搜索排名下降。公司决定对销售过程进行全面审查和优化。

问题：

（1）分析该公司销售目标未达成的主要原因可能有哪些。

（2）针对顾客投诉率上升的问题，提出具体的改进措施。

（3）如何通过优化产品管理和SEO策略来提升产品搜索排名？

要求：

（1）结合互联网销售过程管理的相关知识，对案例进行深入分析。

（2）针对每个问题提出具体的解决方案或建议，并阐述其可行性和预期效果。

（3）分析过程中可引用相关理论、案例或数据来支持观点。

项目六

互联网销售商品管理

★ 知识目标

（1）理解互联网销售商品选品的原则、方法及技巧。

（2）理解商品定价的原则、策略及影响因素。

（3）熟知促销活动的类型、设计原则及实施流程。

（4）熟知库存管理的关键指标、方法及工具。

（5）熟知销售渠道管理的内容、流程及策略。

（6）熟知售后服务的类型、流程及标准。

★ 能力目标

（1）能够根据市场需求、竞争态势及企业资源，科学合理地选择销售商品。

（2）能够运用信息化手段，高效管理商品信息，确保信息的准确性和时效性。

（3）能够根据成本、市场需求及竞争态势，制定科学合理的商品定价策略。

（4）能够根据销售预测和市场需求，合理规划库存水平。

（5）能够高效处理顾客投诉和反馈，及时解决售后问题。

（6）能够根据数据分析结果，制定针对性的销售策略和计划。

★ 素养目标

（1）责任担当与敬业笃行：对互联网销售商品管理工作满怀热忱，拥有强烈的责任心与敬业精神。

（2）协同共进与跨域融合：互联网销售商品管理涉及采购、运营、客服、物流等多个部门，需具备出色的团队合作精神与跨领域协作能力。

（3）诚信守真与品质坚守：在互联网销售商品管理过程中，坚守诚信经营的原则，严格遵守行业规范、法律法规以及企业的道德准则。

（4）客户导向与社会担当：树立以客户为中心的商品管理理念，将客户的需求和满意度作为商品管理的核心目标。

项目导入

互联网销售商品选品的挑战与机遇

在快速发展的互联网时代，一家专注于健康食品的电商企业正面临着前所未有的机遇与挑战。随着消费者对健康意识的不断提升，健康食品市场迎来了爆发式增长。然而，面对琳琅满目的商品选择、瞬息万变的市场需求和日益激烈的市场竞争，如何精准选品并高效管理商品信息成为了这家企业亟待解决的问题。

故事的主角，李经理，作为该企业的商品管理部门负责人，深知选品的重要性。他带领团队深入市场调研，发现消费者对有机、无添加、功能性强的健康食品有着极高的需求。然而，市场上的同类产品众多，如何在众多选项中脱颖而出，成为摆在团队面前的一道难题。

为了应对这一挑战，李经理决定从商品选品和信息管理两方面入手。他首先组织团队制定了严格的选品标准，包括产品质量、品牌信誉、消费者评价等多个维度，确保所选商品既符合市场需求，又具备竞争优势。同时，他还引入了先进的商品信息管理系统，对商品信息进行全面整合和优化，确保消费者能够快速准确地获取到所需信息，提升购物体验。

通过这一系列的努力，该企业不仅成功选出了多款热销商品，还在市场中树立了良好的品牌形象。更重要的是，他们深刻体会到了互联网销售商品选品与信息管理的重要性，为未来的持续发展奠定了坚实的基础。这个案例告诉我们，在互联网销售商品管理中，精准选品和高效信息管理是提升竞争力的关键所在。

任务一　互联网销售商品管理认知

一、互联网销售商品管理的内容

微课 6-1

互联网销售商
品管理认知

互联网销售商品管理是指在互联网销售环境中，对商品从选择、上架、销售到售后等全过程的规划、组织、控制和优化。这一过程旨在确保商品能够高效地满足消费者需求，同时为企业创造更大的价值。

（一）商品选择策略

分析市场需求和消费者趋势，确定要销售的商品种类和品牌。选择具有竞争力的商品，考虑商品的性价比、品牌知名度、市场需求等因素。制定商品组合策略，确保商品种类丰富，满足消费者的不同需求。

（二）商品信息管理

完善商品的基础信息，包括商品名称、描述、图片、规格、价格等。确保商品信息的准确性和完整性，提高消费者购买的信任度。定期更新商品信息，反映商品的最新状态和市场变化。

（三）库存管理

实时监控库存数量，确保商品库存充足，避免缺货情况。预测销售趋势，合理调整库存水平，降低库存积压风险。与供应商建立稳定的合作关系，确保商品供应的及时性和稳定性。

（四）商品定价与促销

根据市场需求和竞争态势，制定合理的商品定价策略。设计各种促销活动，如满减、打折、赠品等，提高消费者购买意愿。监控竞争对手的价格变化，及时调整自身价格策略。

（五）销售渠道管理

拓展线上销售渠道，如自建电商平台、入驻第三方电商平台等。与线下销售渠道建立合作关系，实现线上线下融合销售。管理各销售渠道的商品展示和促销活动，确保销售活动的统一性和协调性。

（六）客户服务与售后管理

提供优质的客户服务，解答消费者的问题和疑虑。及时处理消费者的投诉和退换货请求，提高消费者满意度。建立健全售后服务体系，提供维修、保养等增值服务。

（七）销售数据分析

收集和分析销售数据，了解商品销售情况和市场趋势。通过数据分析发现潜在的销售机会和问题，为商品管理提供决策支持。定期评估销售目标的完成情况，优化销售策略和商品组合。

综上所述，互联网销售商品管理是一个综合性的过程，通过有效的商品管理，可以提高销售效率、降低库存风险、提升消费者满意度和市场竞争力。

二、互联网销售商品管理的关键步骤

（一）商品创建与审核

店铺信息审核：确保店铺资质和信息的真实性和合法性。

商品新建：在商家后台选择"商品"–"新建商品"，进入商品新建流程。

商品信息设置：包括商品主图、商品类目、商品基本信息、价格库存、食品安全、图文详情、服务与资质等。

商品页面预览：确保商品页面展示的信息准确无误，符合销售标准。

（二）商品诊断与优化

商品信息质量分：系统根据商品类目、名称、卖点、属性、图片、详情等综合计算商品信息质量分，用于衡量商品信息质量高低。

商品品质分：系统根据投诉率、品退率、差评率等综合计算商品品质分，用于衡量商品服务品质的高低。

优化建议：根据系统评分和具体指标，优化商品信息，提高商品质量，以提升曝光率和商城推荐。

（三）商品营销与推广

营销工具使用：利用优惠券、秒杀、满减、拼团等营销工具，提升订单转化率。据统计，配置优惠券的商品页转化率可提升20%以上。

分销与直播带货：通过分销模式提升商品曝光量和成交率，利用直播带货进一步增加营销氛围和销量。

（四）商品供应链管理

商品采购：确保商品来源合法，质量可靠。

库存管理：实时更新库存信息，避免超卖或库存积压。

物流配送：建立高效的物流配送系统，确保商品按时送达客户手中。

（五）销售数据分析与改进

数据收集：收集并分析大量的销售数据，包括销售额、客户购买行为和商品受欢迎程度等。

策略调整：根据数据分析结果，调整销售策略，优化供应链管理，以满足市场需求。

（六）客户关系管理（CRM）

客户信息管理：建立客户信息管理系统，记录客户购买历史、偏好等信息。

客户服务与售后：提供专业的客户服务和售后支持，及时解答客户疑问和处理客户投诉，增强用户黏性和口碑。

（七）法律、法规合规性

信息安全管理：确保用户信息安全，遵循相关法律、法规要求。

广告法律要求：确保广告内容真实、合法、准确，不侵犯他人权益。

反垄断法律要求：维护市场公平竞争环境，不滥用市场支配地位。

通过以上七个关键步骤的管理，可以确保互联网销售商品的高效运营和合规性。同时，不断学习和适应互联网销售的新趋势和新要求，将有助于提升销售业绩和客户满意度。

三、互联网销售商品管理的注意事项

（一）商品信息准确性

确保所有在线销售的商品信息准确、详细，包括商品描述、规格、价格、库存量等。遵循相关法规，如《广告法》，避免使用虚假或误导性的宣传用语。

（二）供应链管理

建立一个稳定、可靠的供应链体系，确保商品能够及时、准确地送达消费者手中。与供应商建立长期合作关系，确保货源稳定。

（三）价格策略

根据市场情况和消费者需求制定合理的价格策略，既要考虑盈利目标，又要保持竞争力。避免频繁调整价格，以免影响消费者购买体验。

（四）售后服务

提供优质的售后服务，包括退换货、维修等，解决消费者在购买、使用过程中的问题。建立完善的客户服务体系，确保能够快速响应消费者需求。

（五）数据安全与隐私保护

遵守相关法律法规，保护消费者个人信息安全和隐私。采取必要的技术和管理措施，防止数据泄露和滥用。

（六）商品质量监控

对销售的商品进行质量监控，确保商品符合相关标准和规定。及时处理消费者关于商品质量的投诉和反馈，确保问题得到妥善解决。

（七）库存管理

实时监控库存情况，确保商品供应充足，避免缺货或积压。根据销售数据和市场需求预测，合理调整库存量。

（八）物流配送

选择可靠的物流合作伙伴，确保商品能够准时、安全地送达消费者手中。跟踪物流信息，及时与消费者沟通物流情况。

（九）市场监测与竞争分析

密切关注市场动态和竞争对手情况，及时调整销售策略和运营方式。收集和分析消费者反馈，了解消费者需求和偏好，为产品优化和营销策略提供依据。

（十）法律、法规遵守

遵守国家法律、法规和相关政策，确保销售活动合法合规。了解并遵守电子商务、消费者权益保护等方面的法律法规，确保企业正常运营。

通过全面、细致地管理这些方面，可以提升消费者满意度和忠诚度，实现企业的可持续发展。

【案例分析6-1】

某服装品牌电商转型之路

一、背景介绍

随着电子商务的迅猛发展，传统零售业面临着前所未有的挑战与机遇。某知名服装品牌，为了应对市场变化，决定从线下销售为主向线上线下融合的全渠道销售模式转型。在这一过程中，该品牌深刻认识到互联网销售商品管理的重要性，并逐步建立了完善的互联网销售商品管理体系。

二、案例分析目标

本案例旨在通过分析该品牌在电商转型过程中的关键节点和策略调整，探讨其对互联网销售商品管理的认知深化及其对企业发展的影响。

三、转型初期：认知启蒙

市场调研：转型初期，该品牌首先进行了深入的市场调研，了解消费者在线购物习惯、竞争对手策略以及行业发展趋势。这一过程中，该品牌初步认识到互联网销售不仅仅是销售渠道的拓展，更是商品管理、营销策略、客户服务等方面的全面升级。

团队建设：为了支撑电商业务的发展，该品牌开始组建专业的电商团队，包括商品管理、运营推广、客户服务等多个岗位。团队成员的招募和培训过程中，该品牌强调了互联网销售商品管理的重要性和特殊性，为后续工作奠定了基础。

四、转型中期：认知深化

商品策略调整：基于市场调研结果，该品牌对商品策略进行了调整。一方面，根据线上消费者的需求和偏好，优化了商品结构和库存配置；另一方面，加强了对商品信息的维护和管理，确保线上商品信息的准确性和吸引力。

供应链管理优化：该品牌意识到互联网销售对供应链管理的挑战，开始加强与供应商的合作，优化供应链流程。通过引入先进的供应链管理软件，实现了对商品采购、库存、物流等环节的实时监控和高效协同。

营销策略创新：该品牌积极探索互联网营销的新模式和新方法，如社交媒体营销、直播带货、内容营销等。在营销策略的制定和执行过程中，该品牌始终将商品管理作为核心，确保营销活动能够精准触达目标消费群体，提升商品销量和品牌影响力。

五、转型后期：认知固化与持续优化

数据驱动决策：随着电商业务的不断发展，该品牌开始重视数据分析在商品管理中的应用。通过建立完善的数据分析体系，该品牌能够实时掌握商品销售情况、用户行为数据等信息，为商品策略、营销策略的调整提供数据支持。

用户体验优化：该品牌始终将用户体验放在首位，通过持续优化网站界面、提升购物流程便捷性、加强售后服务等措施，提升用户满意度和忠诚度。在用户体验优化的过程中，该品牌深刻认识到商品管理是提升用户体验的关键因素之一。

持续学习与创新：面对快速变化的互联网市场环境，该品牌保持了持续学习和创新的态度。通过参加行业会议、培训课程等方式，不断提升团队成员的专业素养和创新能力；同时，积极尝试新的商业模式和技术应用，为电商业务的持续发展注入动力。

案例启示：该品牌电商转型的成功案例表明，对互联网销售商品管理的深刻认知是企业成功转型的关键。通过市场调研、团队建设、商品策略调整、供应链管理优化、营销策略创新以及数据驱动决策等一系列措施的实施，企业能够逐步建立起完善的互联网销售商品管理体系，实现线上线下的融合发展。在这一过程中，企业对互联网销售商品管理的认知不断深化和固化，为企业的持续发展奠定了坚实基础。

任务二 互联网销售商品选品和信息管理

一、互联网销售商品选品管理

微课 6-2

商品选品与策略

选品的过程不仅仅是对单个商品的挑选，还包括对商品组合、销售策略、供应链管理等方面的综合考虑。商家或平台需要通过市场调研了解消费者的需求和偏好，分析竞争对手的产品情况，确定自己的产品定位和差异化策略，从而选出具有市场潜力和竞争力的商品。今天我们将围绕何为互联网销售商品选品、互联网销售商品选品过程、互联网销售商品选品策略，深入浅出地为大家进行讲解。

（一）何为互联网销售商品选品

互联网销售商品选品是指在电子商务环境中，商家或平台基于市场调研、目标市场需求、竞争态势等因素，选择和确定适合在互联网平台上销售的商品的过程。这个过程涉及对商品品质、价格、差异化特点、目标市场需求等多方面的考量，旨在通过精准选品，提高商品的竞争力，满足消费者的需求，从而实现销售增长和利润提升。

（二）互联网销售商品选品过程

互联网销售商品选品是一个涉及多个环节和因素的综合考量过程。过程如下：

1.市场调研与分析

（1）确定目标市场。通过市场调研了解目标受众的年龄、性别、地域分布、消费习惯等信息。利用社交媒体、行业报告、市场数据等渠道收集目标市场的具体数据。

（2）竞争分析。企业应仔细研究竞争对手的产品线、价格策略、营销策略等。使用竞品分析工具，对类似产品销量、评价、市场份额等数据进行深入分析。

（3）市场趋势分析。企业应跟踪行业趋势和消费者行为变化，利用大数据分析工具预测未来市场走向。关注社交媒体、行业报告等渠道，获取最新的市场资讯和动态。

2.明确经营模式与选品原则

（1）明确经营模式。企业应确定是采取铺货模式还是精细化运营模式，铺货模式适合快速测试市场反应，精细化运营则注重品牌建设和长期效益。

（2）坚持选品原则。

用户需求大：选择消耗品或日常高频使用产品，如清洁用品、纸品等。

熟悉领域：选择自己熟悉或了解的产品领域，以便更好地把握产品卖点和用户需求。

受季节影响小：减少选择季节性产品，以降低库存积压和运营风险。

具有创新性：考虑选择某一领域的细分品类，满足特定用户群体的需求，实现差异化竞争。

3.数据评估与选品

（1）电商平台数据评估。查看电商平台（如亚马逊、eBay、虾皮等）上的热销品、潜力新品数据，利用选品工具（如BSR榜单、新品榜单等）进行数据筛选和分析。

（2）搜索引擎关键词分析。分析搜索引擎上的热门搜索词和趋势，发现潜在的市场需求和机会。

（3）销售数据分析。分析历史销售数据，了解哪些产品受欢迎，哪些产品销售潜力大。考虑用户反馈和评价，调整选品策略以满足用户需求。

4.考虑成本效益与利润分析

（1）成本效益分析。权衡产品的成本、效果和回报，确保选品的经济性。分析产品的生命周期和潜在利润，避免在饱和期和衰退期投入过多资源。

（2）价格与利润制定。综合考虑市场行情、成本、竞争对手价格等因素，制定合理的售价。评估商品的利润空间，确保选品与盈利目标相符。

5.市场测试与运营策略

（1）市场测试。在正式上线销售前进行小规模试销，评估产品的市场反应和销售情况。根据市场测试结果调整选品策略和运营策略。

（2）制定运营策略。根据选品特点和市场需求制定有效的运营策略，如促销活动、广告投放等。考虑产品搭配销售以提高客单价和销售额。

6.确保合规性

确保产品合规：确保所选产品符合国家和地区的法规要求，避免合规性问题导致的风险。跟踪行业法规的变化和更新，及时调整产品策略和营销策略。

总之，互联网销售商品选品过程是一个综合性的过程，需要商家或平台具备敏锐的市场洞察力、丰富的产品知识和良好的供应链管理能力。通过科学的选品过程，可以提高商品的竞争力，满足消费者的需求，从而实现销售增长和利润提升。

（三）互联网销售商品选品策略

1.市场调研与定位

企业要深入了解目标市场，包括消费者需求、购买习惯、喜好以及市场趋势。确定目标市场的细分群体，并了解他们的具体需求和期望。根据市场调研结果，明确产品或服务的定位，包括价格、品质、差异化特点等。

2.差异化选品

在选品时，注重与竞争对手的差异化。通过提供独特、新颖或有特殊功能的产品，吸引消费者的注意。深入了解目标市场的消费者需求，选择符合其需求且市场上较为稀缺的产品。

3.数据分析选品

利用数据分析工具，对销售数据、用户反馈等信息进行深入分析。找出热销产品、潜力产品以及滞销产品，根据分析结果调整选品策略。关注市场趋势和消费者行为变化，预测未来可能热销的产品类型。

4.季节性选品

根据季节变化，选择符合当季消费者需求的产品。例如，在冬季选择保暖用品，在夏季选择防晒用品等。提前进行市场调研和选品准备，确保在关键时期能够迅速推出符合市场需求的商品。

5.供应链优化选品

选择与可靠、稳定的供应商合作，确保产品质量和供应稳定性。根据供应商的产品线、品质、价格等因素，进行选品决策。建立长期合作关系，确保供应链的持续性和稳定性。

6.用户反馈选品

密切关注用户反馈，了解用户对产品的评价和需求。根据用户反馈，及时调整选品策略，满足用户需求。鼓励用户参与产品评价和推荐，提高用户参与度和忠诚度。

7.组合式选品

将不同类型、不同价格、不同功能的产品进行组合销售，提高客单价和销售额。通过搭配销售、捆绑销售等方式，增加产品的附加值和吸引力。

8.创新选品

关注行业新技术、新材料、新工艺等创新动态，选择具有创新性的产品进行销售。鼓励内部创新，开发具有自主知识产权的新产品，提高品牌竞争力。

9.品牌合作选品

与知名品牌进行合作，引入其优质产品进行销售。借助品牌的影响力和知名度，提高产品的吸引力和竞争力。

10.快速响应选品

对于市场上突然出现的新热点、新趋势或突发事件，能够快速响应并选择合适的商品进行销售。这需要密切关注市场动态，并保持灵活的供应链。

这些策略并非孤立的，可以根据实际情况进行综合运用。在选品过程中，还需要考虑成本、利润、库存、物流等因素，确保选品策略的全面性和可行性。

综上所述，互联网销售商品选品的策略需要综合考虑市场调研与分析、产品选择与定位、利用数据工具选品、产品组合策略以及规避产品风险等多个方面。这些策略的制定和实施将有助于企业选择出具有竞争力的产品，提升销售业绩和市场竞争力。

二、互联网销售商品信息管理

随着互联网和电子商务的不断发展，互联网商品信息管理的重要性日益凸显。电商平台需要不断完善商品信息管理体系，采用先进的技术手段和管理方法，以应对日益复杂的市场环境和消费者需求。

（一）互联网商品信息管理认知

互联网商品信息管理是指在电子商务和网络零售环境下，对在线销售的商品信息进行全面、系统、有效的管理和控制的过程。这涵盖了商品信息的收集、整理、录入、审核、展示、更新、维护、分析以及安全保护等多个环节，旨在确保商品信息的准确性、完整性、及时性和安全性，以满足电商平台运营的需求，并提升消费者购物体验。

互联网商品信息管理不仅涉及商品的基础信息如名称、描述、价格、规格等，还包括销售数据、用户反馈、供应商信息、合作伙伴关系等多方面的管理。有效的商品信息管理可以帮助电商平台优化商品展示、提高运营效率、促进销售增长，并加强风险控制，保护消费者权益，从而提升电商平台的竞争力和市场地位。

（二）互联网商品信息管理的内容

互联网商品信息管理是一个复杂而关键的过程，它涉及对在线销售商品信息的全面管理，以确保信息的准确性、完整性和一致性。以下是互联网商品信息管理的内容：

1.建立完整的商品信息库

创建一个包含商品全部信息的数据库，如商品名称、描述、颜色、尺寸、价格、库存、物流方式等。确保每个商品信息的唯一性，避免重复和混淆。根据需要补充详细的商品描述和图片信息，提高商品的吸引力和可信度。

2.标准化商品信息

为商品信息制定统一的标准和规范，确保信息的一致性和准确性。使用唯一编号标识每个商品，方便管理和查询。建立严格的数据输入规范，包括格式、字体、符号、单位等，确保数据的完整性和格式的统一性。

3.更新和维护商品信息

定期检查商品信息的准确性和完整性，及时更新过时的信息。根据市场需求和消费者反馈，调整商品描述和价格等信息。处理库存变动和缺货情况，确保信息的实时性和准确性。

4.优化商品信息展示

根据用户的搜索和浏览习惯，优化商品信息的展示方式。使用搜索引擎优化（SEO）和搜索引擎营销（SEM）技术，提高商品信息的可见性和排名。设计吸引人的商品详情页，包括高质量的图片、详细的描述和相关的推荐商品。

5.数据分析和监控

利用数据分析工具，监控商品信息的访问量、转化率等指标。分析用户行为和购买偏好，了解哪些商品信息更受用户欢迎。根据数据分析结果，调整商品信息管理策略，提高销售效果和用户满意度。

6.保障信息安全

遵守相关法律法规和隐私政策，确保商品信息的安全性和合规性。加密传输和存储敏感信息，防止数据泄露和被盗用。定期进行安全审计和风险评估，及时发现和解决潜在的安全问题。

7.与供应商和合作伙伴的协作

与供应商和合作伙伴建立紧密的合作关系，确保商品信息的准确性和及时性。定期与供应商和合作伙伴交流，了解市场变化和新产品信息。协调处理商品信息的变更和更新事宜，确保信息的同步和一致性。

8.用户反馈和投诉处理

关注用户对商品信息的反馈和投诉，及时处理和解决问题。根据用户反馈，优化商品信息的准确性和可读性。鼓励用户参与商品信息的评价和推荐，提高用户参与度和忠诚度。

所以说互联网商品信息管理是一个综合性的过程，需要建立完善的商品信息库、标准化商品信息、优化商品信息展示、数据分析和监控、保障信息安全以及与供应商和合作伙伴的协作等多方面的努力。通过有效的商品信息管理，可以提高销售效果和用户满意度，增强企业的竞争力和市场地位。

（三）互联网商品信息管理的价值

主要体现在以下几个方面：

1.提升用户购物体验

准确、完整的商品信息能够帮助用户更快速、更全面地了解商品，减少购物过程中的疑虑和不确定性，从而提高用户的购物满意度。

清晰、简洁的商品展示能够提升用户的浏览体验，使用户更容易找到符合自己需求的商品。

2.促进销售增长

通过优化商品信息展示和搜索功能，可以提高商品的曝光率和点击率，从而吸引更多的潜在消费者，促进销售增长。

精准的商品信息可以帮助电商平台进行精准营销，如定向推送优惠信息、个性化推荐等，进一步刺激用户购买。

3.增强品牌形象

高质量的商品信息管理能够体现电商平台的专业性和责任感，提升用户对平台的信任度和忠诚度，从而增强品牌形象。

及时处理用户反馈和投诉，展示电商平台的良好售后服务态度，也有助于提升品牌形象。

4.提高运营效率

自动化、智能化的商品信息管理工具可以大大减少人工操作，提高信息处理速度，降低运营成本。

实时更新商品信息，如库存、价格等，可以帮助电商平台更快速地响应市场变化，提高运营效率。

5.加强风险控制

严格审核商品信息，防止虚假、欺诈信息的发布，可以降低交易风险，保护消费者权益。

监控和分析商品销售数据，有助于电商平台及时发现潜在的市场风险和竞争威胁，并采取相应的措施进行应对。

6.支持决策制定

商品销售数据和信息反馈是电商平台制定营销策略、调整商品结构、优化供应链管理的重要依据。有效的商品信息管理可以为电商平台提供及时、准确的数据支持，帮助平台作出更明智的决策。

综上所述，互联网商品信息管理在提升用户购物体验、促进销售增长、增强品牌形象、提高运营效率、加强风险控制以及支持决策制定等方面都具有重要的价值和意义。因此，电商平台应高度重视商品信息管理工作，不断完善和优化商品信息管理体系。

【案例分析6-2】

某美妆电商平台的成功实践

一、背景介绍

随着美妆市场的日益繁荣和消费者需求的多样化，某美妆电商平台凭借精准的选品策略和高效的信息管理，在激烈的市场竞争中脱颖而出，成为众多美妆爱好者的首选购物平台。本案例将深入分析该平台在商品选品和信息管理方面的成功经验。

二、选品策略分析

市场需求导向：该平台始终将市场需求作为选品的首要考虑因素。通过大数据分析、社交媒体监测、用户反馈收集等多种方式，深入了解消费者的偏好、购买力和购买习惯。基于这些数据，平台能够精准预测市场趋势，选择符合消费者需求的商品进行上架。

品质与品牌并重：在选品过程中，平台严格把控商品品质，确保所售商品均来自正规渠道，具有良好的口碑和信誉。同时，平台也注重品牌合作，与国内外众多知名品牌建立了长期稳定的合作关系，可为消费者提供丰富多样的美妆产品选择。

差异化选品：为了在众多竞争对手中脱颖而出，该平台在选品时注重差异化。通过引入独家代理、限量版商品、小众品牌等方式，满足了不同消费者的个性化需求，提升了平台的独特性和吸引力。

三、信息管理策略分析

信息准确性与完整性：该平台高度重视商品信息的准确性和完整性。在商品上架前，会对商品信息进行全面审核，确保商品名称、规格、价格、图片、描述等信息准确无误。同时，该平台也会及时更新商品信息，确保消费者能够获取到最新、最全面的商品信息。

信息展示优化：为了提升用户体验，该平台不断优化商品信息的展示方式。通过采用高清图片、视频展示、用户评价等多种形式，生动直观地展示商品特点和使用效果。同时，该平台也注重页面设计和排版，确保商品信息能够清晰、有序地呈现给消费者。

信息搜索与筛选：为了方便消费者快速找到所需商品，该平台提供了强大的搜索和筛选功能。消费者可以根据品牌、价格、功效等多种条件进行搜索和筛选，快速定位到符合自己需求的商品。这一功能不仅提升了用户体验，也促进了商品的销量增长。

案例启示：该美妆电商平台在商品选品和信息管理方面的成功实践，主要得益于其敏锐的市场洞察力、严格的品质把控、差异化的选品策略以及高效的信息管理能力。通过精准选品和高效信息管理，该平台不仅满足了消费者的多样化需求，也提升了自身的竞争力和品牌影响力。这一案例为其他电商平台在商品选品和信息管理方面提供了有益的借鉴和启示。

资料来源　作者根据网络相关资料整理.

任务三　互联网销售商品定价与促销管理

在互联网销售中，定价不仅是一个经济决策，也是一个营销策略。合理的定价不仅可以提高销售额和利润，还可以增强品牌形象和客户关系。因此，对于在线零售商来说，理解并有效实施定价策略是成功的关键之一。

一、互联网销售商品定价管理

微课6-4

互联网销售商品定价

（一）互联网销售商品定价认知

互联网销售商品定价是指在电子商务和网络零售环境下，对在线销售的商品进行价格设定和调整的过程。这个过程需要综合考虑多种因素，如商品的生产成本、市场需求、竞争状况、产品的独特性和价值，以及营销策略等。

（二）互联网销售商品定价的影响因素

1.生产成本

生产成本是商品定价的基础。这包括原材料成本、生产过程中的劳动力成本、设备折旧、能源消耗等。这些成本会直接影响到商品的最终售价。

2.市场需求与消费者心理

市场需求的大小和消费者对价格的敏感度对定价有重要影响。如果市场需求大，消费者愿意支付更高的价格，那么商品的定价可以相应提高。同时，消费者的消费心理也会影响定价，例如消费者对商品价值的认知、对品牌的忠诚度等。

3.竞争状况

竞争对手的定价策略会对商品定价产生直接影响。在竞争激烈的市场中，为了保持竞争力，商家可能需要调整商品价格以吸引消费者。此外，竞争对手的产品特性、品牌影响力和市场份额等也会间接影响定价。

4.产品的独特性和价值

如果商品具有独特的卖点或高价值，商家可以设定较高的价格。独特的卖点可能包括独特的设计、高品质的材料、创新的功能等，而高价值可能体现在品牌溢价、限量版、定制化等方面。

5.营销策略

定价也是营销策略的一部分。商家可能会根据促销活动、市场定位等因素来调整商品价格。例如，在节假日或特定促销活动期间，商家可能会降低商品价格以吸引消费者。

6.渠道成本

商品从生产到销售需要经过多个渠道，包括生产商、批发商、零售商等。每个渠道都需要赚取一定的利润，这也会影响到商品的最终售价。

7.经济环境和法规政策

经济环境的变化，如通货膨胀、汇率波动等，也会对商品定价产生影响。此外，政府的法规政策，如税收、关税等，也会对商品的定价产生影响。

　　综上所述，互联网销售商品定价的影响因素是多方面的，商家需要综合考虑各种因素来制定合理的定价策略。

　　（三）互联网销售商品定价策略

　　互联网销售商品的定价策略是多种多样的，它们旨在根据产品的特性、市场需求、竞争环境等因素来设定和优化价格。以下是一些常见的互联网销售商品定价策略：

　　1.成本导向定价策略

　　基于生产成本：首先计算产品的生产成本，包括原材料、制造、劳工、运输等费用，然后加上预期的利润来确定最终售价。

　　2.客户价值导向定价策略

　　客户感知价值：考虑客户对产品价值的感知，而不仅仅是产品的实际成本。例如，奢侈品定价常常超过其实际成本，但客户愿意为品牌、设计等因素支付溢价。

　　3.竞争导向定价策略

　　市场定价：参考竞争对手的定价，确保自己的价格具有竞争力。这通常涉及对竞争对手的价格进行持续监控和分析。

　　拍卖定价：如eBay所示，允许客户参与定价过程，通过拍卖的方式确定最终售价。统计显示，只有20%的拍卖品价格低于卖家预期，而95%的卖家对产品成交价格满意。

　　4.促销和折扣定价策略

　　直接低价定价：将产品价格定制低于同类产品，以吸引消费者。这种方法适用于直销模式，因为省去了中间环节的成本。

　　折扣定价：在原价基础上进行折扣，如批量购买、提前付款、淡季购买等，以刺激销售。

　　优惠卡定价：通过提供优惠卡，让消费者享受价格优惠，增加购买心理，进而增加销量。

　　促销定价：采用有奖销售、附带赠品销售等定价方法，尤其是在开拓新市场或产品不具有竞争优势时。

　　5.心理定价策略

　　尾数定价：如将价格设置为99元而不是100元，这种策略可以给人一种价格更实惠的感觉。

　　整数定价：对于高端产品或服务，整数定价（如1 000元）可以传达出高品质和专业的形象。

　　6.捆绑和套餐定价策略

　　捆绑销售：将多个产品组合在一起销售，以更具吸引力的价格吸引消费者。

　　套餐式收费：针对一次性购买金额较大但单次购买数量较少的情况，提供组合套餐的定价方式。

　　7.会员和忠诚度定价策略

　　会员制：通过发展会员，为会员提供专属优惠和折扣，增加客户黏性和忠诚度。

　　8.数据驱动定价策略

　　利用大数据和人工智能技术分析消费者行为、购买历史等数据，为定价策略提供数据支持。例如，通过分析客户的购买历史和偏好，可以为他们提供个性化的定价和推荐。

9.动态定价策略

根据市场需求、库存情况、竞争对手价格等因素动态调整价格。这可以通过自动化工具或系统实现实时定价。

10.法规与合规性

确保定价策略符合国家和地区的法规要求，避免合规性问题导致的风险。

这些定价策略可以根据具体的产品、市场和客户需求进行组合和调整，以达到最佳的销售效果和利润水平。

（四）互联网销售商品定价的过程

互联网销售商品定价的过程是一个综合考量多种因素、旨在实现最佳市场效果和盈利能力的决策过程。以下是该过程的详细步骤。

1.市场调研与分析

了解市场需求：通过市场调研，明确目标市场的消费者需求、购买习惯、价格敏感度等。

分析竞争对手：了解竞争对手的定价策略、市场份额、促销活动等信息，以作为定价的参考。

2.成本分析

计算产品成本：详细核算产品的生产成本，包括原材料、加工费、包装费、运输费等各项费用。

评估运营成本：考虑仓储、物流、营销、客服等运营成本，并计入总成本。

3.设定定价目标

明确目标：根据企业的战略目标和市场定位，设定合理的定价目标，如追求利润最大化、扩大市场份额等。

4.选择定价方法

成本导向定价法：基于产品的成本，在成本基础上加上一定的利润率来确定产品价格。

竞争导向定价法：参考市场上同类产品的价格，结合企业自身的竞争策略来设定价格。

价值导向定价法：根据产品的独特价值和对目标客户的价值而定价，强调产品的高品质和独特性。

5.制定定价策略

差异化定价：根据不同的市场细分和目标客户群体的需求差异，对产品进行差异化定价。

动态定价：根据市场情况和销售数据，灵活地调整产品的价格，以适应市场变化。

促销策略：结合促销活动，如限时折扣、满减优惠等，来提升产品的竞争力。

6.定价测试与优化

小范围测试：在正式实施定价策略前，进行小范围的市场测试，收集用户反馈。

数据分析与优化：根据测试结果和数据分析，对定价策略进行优化和调整，以达到最佳效果。

7.法规与合规性审查

遵守法律法规：确保定价策略符合国家和地区的法律法规，避免违法风险。

保持透明公正：确保定价策略公开透明，避免误导消费者或引起不必要的争议。

8.定价策略的持续监控与调整

市场环境监控：持续关注市场环境的变化，包括消费者需求、竞争对手策略等。

策略调整：根据市场变化及时调整定价策略，以保持竞争力并实现最佳销售效果。

通过上述步骤，企业可以制定出一套既符合市场需求又能实现盈利目标的互联网销售商品定价策略。同时，企业还需要保持对市场的敏感度和灵活性，以便根据市场变化及时调整和优化定价策略。

二、互联网销售商品促销管理

（一）互联网销售商品促销认知

互联网销售商品促销是指在互联网平台上，为了增加商品的销售量、提高品牌知名度或吸引新用户，通过一系列营销策略和活动来刺激消费者购买商品的过程。这些促销活动通常利用互联网的特性，如互动性、即时性、个性化等，以更有效的方式触达目标消费者，并激发他们的购买欲望。

（二）互联网销售商品促销形式

互联网销售商品促销的形式多种多样，旨在吸引消费者关注、激发购买欲望，并提高销售额。以下是一些常见的互联网销售商品促销形式：

1.打折促销

打折促销也称为折价促销或折扣促销，是网上最常用的一种促销方式。商家通过降低商品的价格来吸引消费者购买。

2.赠品促销

在购买商品时，商家会附赠一些小礼品或小样。这种促销方式可以增加消费者的购买意愿和满意度，尤其在新产品推出试用、产品更新、对抗竞争品牌、开辟新市场等情况下，赠品促销可以达到比较好的效果。

3.抽奖促销

抽奖是网上应用较广泛的促销形式之一，消费者或访问者通过填写问卷、注册、购买产品或参加网上活动等方式获得抽奖机会。抽奖活动可以附加于调查、产品销售、扩大用户群、庆典、推广某项活动等，旨在提高消费者的参与度和购买兴趣。

4.积分促销

商家根据消费者的购买金额或次数，给予一定的积分奖励。消费者可以用积分兑换商品或抵扣现金，这种促销方式可以增加消费者的购买频次和忠诚度。

5.满额促销

满额促销是指消费者在购买商品时，达到一定的金额就可以享受优惠或赠品。例如，满100元减10元、满200元送礼品等。

6.会员促销

推出面向会员用户的专属促销活动，涉及会员日折扣、会员积分加倍机制以及会员专享礼品等多项福利内容。这种促销方式旨在提高会员的忠诚度和复购率。

微课6-5

互联网销售商品促销

7.组合促销

商家将多个商品组合在一起进行销售，并给予一定的优惠。这种促销方式可以引导消费者购买更多的商品，提高销售额。

8.限时抢购

商家在特定时间段内提供特价商品或优惠券，以制造购买紧迫感。消费者需要在规定时间内下单购买，否则将错过优惠。

9.跨界合作促销

商家与其他品牌或企业合作，共同推出促销活动。通过资源共享和互利共赢，可以扩大品牌的知名度和影响力，提高销售额。

这些促销形式可以根据商品的特性和目标消费群体的需求来灵活运用，以达到最佳的促销效果。同时，商家还需要不断创新和改进促销策略，以应对日益激烈的市场竞争。

（三）互联网销售商品促销策略

每种促销类型都有其特定的目标和适用场景。以下是常见的互联网销售商品促销策略类型：

1.价格促销策略

打折促销：通过降低商品的价格来吸引消费者购买，可以是全场打折、部分商品打折或限时打折。

满额优惠：当消费者的购买金额达到一定额度时，提供额外的折扣或赠品。

捆绑销售：将多个商品组合在一起销售，并以低于单独购买的总价出售。

2.赠品促销策略

买赠活动：购买指定商品即可获得免费赠品。

积分换购：消费者累积积分后可兑换商品或优惠券。

3.会员专享策略

会员折扣：注册会员享受特定商品的折扣优惠。

会员日：特定日期为会员提供额外优惠或独家活动。

会员积分加倍：会员购买商品可获得更多积分。

4.限时抢购策略

秒杀活动：在极短的时间内以极低的价格销售商品。

限时折扣：在特定时间段内提供折扣优惠。

5.社交媒体营销策略

KOL/网红合作：与知名网红或意见领袖合作推广商品。

社交媒体挑战：发起与品牌相关的社交媒体挑战，吸引用户参与和分享。

内容营销：通过发布有价值的内容来吸引潜在消费者。

6.互动促销策略

抽奖活动：消费者参与活动有机会赢取奖品。

互动游戏：设计有趣的在线游戏，让消费者在游戏中了解商品并有机会获得优惠。

用户评价奖励：鼓励用户发表商品评价，并为优质评价提供奖励。

7.跨界合作策略

品牌联合推广：与其他品牌合作，共同推出促销活动或新产品。

异业合作：与不同行业的品牌合作，实现资源共享和互利共赢。

8.个性化推荐策略

利用数据分析技术，根据消费者的购物历史和偏好推荐相关商品。提供个性化的购物体验，如定制商品、个性化推荐列表等。

9.免费试用/体验策略

提供免费试用或体验服务，让消费者在购买前了解商品的性能和质量。通过免费试用吸引消费者关注并增加购买意愿。

10.优惠券/折扣码策略

发放优惠券或折扣码，消费者在购买时使用可享受折扣或优惠。优惠券/折扣码可以通过线上活动、社交媒体分享或会员专享等方式获得。

这些策略可以根据具体的商品、目标市场和消费者群体进行选择和组合，以达到最佳的促销效果。同时，不断测试和优化促销策略是保持竞争力和提高销售效果的关键。

（四）互联网销售商品促销的步骤

互联网销售商品促销的步骤涉及一系列精心策划和执行的环节，以确保促销活动能够达到预期的效果。

1.确定促销目标

明确促销活动的具体目标，如提升销售额、增加市场份额、提高品牌知名度等。确定目标受众，以便更精准地制定促销策略。

2.市场调研与分析

分析目标市场的消费者需求、购买习惯、价格敏感度等。评估竞争对手的促销策略、市场份额和产品特性，以便制定差异化的促销方案。

3.制定促销策略

根据调研结果，选择合适的促销策略，如打折促销、赠品促销、限时促销、组合促销等。确定促销的幅度、时间、参与产品等具体细节。

4.设计促销方案

制订详细的促销方案，包括促销活动的主题、宣传口号、视觉设计等。确定促销活动的执行流程、时间表、责任分工等。

5.宣传推广

利用社交媒体、电子邮件、网站广告等渠道进行宣传推广，吸引消费者关注。与网红、意见领袖等合作，提高活动的曝光度和影响力。

6.搭建促销平台

在电商平台或企业官网搭建促销专区，展示促销商品和优惠信息。确保平台稳定运行，提供良好的购物体验。

7.执行促销活动

监控促销活动的执行情况，确保各项措施按计划进行。及时解答消费者疑问，处理订单和退换货等问题。跟踪销售数据，评估促销效果。

8.评估与总结

分析促销活动期间的销售数据、用户反馈等信息，评估促销效果。总结成功经验和不足之处，为今后的促销活动提供参考。

9.后续跟进

对于参与促销活动的用户，进行后续跟进，提供优质的售后服务。收集用户反馈，了解他们对促销活动的满意度和建议，以便改进后续活动。

10.持续优化

根据促销活动的结果和市场变化，持续优化促销策略和执行方案。引入新技术和方法，如大数据、人工智能等，提高促销活动的精准度和效果。

通过以上步骤的精心策划和执行，企业可以在互联网销售中有效地实施商品促销，提升销售量和品牌知名度。

【案例分析6-3】

某家电品牌在线销售策略

一、背景介绍

随着互联网的普及和电子商务的快速发展，家电行业也迎来了线上销售的浪潮。某家电品牌为了抓住这一市场机遇，积极调整其销售策略，特别是在商品定价与促销管理方面进行了深入的探索和实践。本案例将详细分析该家电品牌在互联网销售中的定价与促销管理策略。

二、定价策略分析

市场导向定价：该品牌在制定线上商品价格时，充分考虑了市场竞争态势和消费者需求。通过大数据分析，了解同类产品的市场价格区间、消费者购买意愿及支付能力，从而制定出既具有竞争力又能保证利润的价格策略。

动态调价：为了适应市场变化，该品牌采用了动态调价策略。根据销售数据、库存状况及节假日、促销活动等因素，灵活调整商品价格。例如，在促销活动期间，通过降价促销吸引消费者购买；在库存紧张时，适当提高价格以平衡供需关系。

差异化定价：针对不同消费者群体和市场需求，该品牌实施了差异化定价策略。对于高端产品，采用高质高价策略，满足追求品质生活的消费者需求；对于中低端产品，则通过成本控制和规模化生产实现低价策略，吸引价格敏感型消费者。

三、促销管理策略分析

多元化促销手段：该品牌在线上销售中采用了多种促销手段，包括满减、折扣、赠品、秒杀、直播带货等。这些促销手段相互配合，形成了全方位的促销攻势，有效提升了商品销量和品牌影响力。

精准营销：通过大数据分析和用户画像技术，该品牌能够精准识别目标消费者群体，并为其推送个性化的促销信息。这种精准营销方式不仅提高了促销效果，还增强了消费者的购物体验和忠诚度。

促销活动策划与执行：该品牌注重促销活动的策划与执行。在策划阶段，充分考虑活动目的、目标群体、预算等因素；在执行阶段，加强团队协作与沟通，确保活动顺利进行。同时，通过实时监控活动数据，及时调整活动策略以应对市场变化。

案例启示：该家电品牌在互联网销售中的定价与促销管理策略取得了显著成效。其定价策略既考虑了市场竞争态势又兼顾了消费者需求；促销管理策略则通过多元化促销手段、精准营销和高效的活动策划与执行，有效提升了商品销量和品牌影响力。这一案例为其他家电品牌及电商企业在定价与促销管理方面提供了宝贵的经验和启示。

资料来源　作者根据网络相关资料整理.

任务四　互联网销售商品库存管理

在互联网销售中，库存管理至关重要，因为它直接关系到商品的供应和销售。有效的库存管理可以帮助企业准确预测市场需求，合理制订采购计划，避免库存积压或缺货现象的发生。同时，通过库存管理系统，企业可以实时掌握库存情况，优化库存结构，提高库存周转率，从而降低成本，提高经济效益。

一、互联网销售商品库存管理认知

互联网销售商品库存管理是指在互联网销售环境下，对商品库存进行有效的规划、控制、监督和优化的过程。这一过程涉及多个方面，以确保库存水平能够满足市场需求，同时避免库存积压和缺货现象，从而最大化库存周转率和降低库存成本。互联网销售商品库存管理的核心在于信息的准确性和实时性。通过互联网技术和数据库管理系统，企业可以实现对库存信息的实时监控和数据分析，为库存管理提供科学依据。此外，随着电子商务的不断发展，库存管理的难度也在不断增加，企业需要不断探索和创新，以适应市场的变化和挑战。

二、互联网销售商品库存管理的步骤

互联网销售商品库存管理的步骤通常涉及一系列精心规划和执行的活动。以下是详细的步骤，旨在帮助企业有效管理其在线销售商品的库存：

（一）需求预测

收集数据：基于历史销售数据、市场趋势、季节性因素和促销活动等信息。

使用工具：利用大数据分析工具或预测模型来预测未来的销售需求。

设定目标：根据预测结果设定库存目标水平，以满足预期的销售需求。

（二）订货决策

确定数量：基于需求预测确定需要订购的商品数量。

选择时间：决定订货的时间，以确保库存补充的及时性和有效性。

挑选供应商：选择合适的供应商，并考虑其交货时间和可靠性。

（三）入库管理

严格验收：当货物到达仓库时，进行严格的验收过程，包括检查商品数量、质量和包装等。

数据录入：通过扫描条形码或二维码，将商品信息录入库存管理系统。

分类存储：根据商品特性进行分类存储，便于后续的管理和查找。

（四）库存监控

实时更新：通过库存管理系统实时更新库存状态，确保数据的准确性和及时性。

设置警戒线：设定库存警戒线，当库存低于警戒线时触发补货或促销策略。

数据分析：定期分析库存数据，了解库存周转率、滞销商品等信息。

（五）订单处理

同步订单：确保电商平台或销售系统与库存管理系统之间的订单信息同步。

库存扣减：当订单确认后，根据订单信息在库存管理系统中扣减相应库存。

处理异常：及时处理订单取消、退货等异常情况，确保库存数据的准确性。

（六）补货与调拨

补货决策：根据库存状态和销售预测，制订补货计划，确保库存充足。

调拨管理：在多个仓库或存储点之间进行商品调拨，以满足不同地区的销售需求。

（七）库存优化

库存分类：采用 ABC 分类法或其他分类方法，对库存商品进行分类管理。

优化策略：通过数据分析工具，对库存结构、存储位置和补货策略进行优化。

（八）评估与改进

定期评估：定期对库存管理的效果进行评估，包括库存周转率、缺货率等指标。

改进措施：根据评估结果，制定改进措施，如调整库存目标、优化订货策略等。

（九）风险管理

预防策略：制订风险管理计划，以应对潜在的供应链中断、自然灾害等风险。

应急响应：在发生风险事件时，迅速采取应对措施，降低损失和影响。

以上步骤是互联网销售商品库存管理的基本流程，但具体的实施细节可能因公司规模、业务模式、产品类型等因素而有所不同。因此，在实际操作中，需要根据公司的实际情况进行调整和优化。

三、互联网销售商品库存管理的策略

（一）实时数据监控与预测

利用物联网（IoT）、RFID（无线射频识别）等技术实时监控库存情况，包括库存量、库存周转率、库存成本等关键数据。通过大数据分析和机器学习算法，预测未来一段时间内的销售趋势和市场需求，为库存管理提供数据支持。

（二）智能化库存规划

结合销售预测和供应链状况，利用人工智能技术进行库存规划和调整。比如，预测销售高峰期并提前调整库存量，预测产品生命周期和市场需求以精准控制生产和库存。根据实时数据，智能判断何时需要补货，以避免库存积压或缺货。

（三）去中间化减少渠道环节

通过互联网直接连接供应商和消费者，减少中间环节，降低库存成本。采用直接销售模式，如 B2C（企业对消费者）或 C2C（消费者对消费者），实现快速响应市场需求。

（四）优化供应链管理

与供应商建立紧密的合作关系，确保供应链的稳定性和可靠性。整合供应商、生产商、物流商等资源，实现供应链的一体化管理，提高库存周转率和降低库存成本。

（五）用户导向的库存管理

以用户需求为导向，根据用户反馈和数据分析调整库存策略。在互联网时代，利用用户数据进行个性化推荐和定制服务，提高客户满意度和忠诚度。

（六）引入先进的库存管理系统

采用基于云计算和大数据技术的互联网库存 ERP 系统，实现实时信息共享和远程管理。通过系统的智能化、一体化、全面性和灵活性等特点，提高库存管理的效率和准确性。

（七）实施供应商管理库存（VMI）

在供应商和用户之间建立一种合作性策略，由供应商管理用户的库存。通过 VMI 策略，降低供应链的库存水平、减少成本，同时加快资金和物资周转。

（八）高效的库存运作

通过信息技术和自动化设备的应用，实现库存的自动化管理和运作。引入自动化仓库、智能分拣系统等设备，提高库存管理的效率和准确性。

（九）库存预警与异常处理

设定库存预警线，当库存量低于或高于一定水平时自动发出警报。对异常情况及时处理，避免因为库存问题导致供应链中断或销售受阻。

（十）持续改进与优化

定期对库存管理进行评估和改进，不断优化库存策略和流程。学习和借鉴先进经验和技术，提高库存管理的水平和效果。

【案例分析6-4】

互联网销售商品库存管理——以某电商巨头为例

一、背景介绍

在互联网销售领域，库存管理对于电商企业而言至关重要。高效的库存管理不仅能降低库存成本，提高资金周转率，还能提升客户满意度和市场竞争力。本案例将以某电商巨头为例，深入剖析其在互联网销售商品库存管理方面的成功实践。

二、库存管理策略分析

（一）需求预测与库存规划

精准需求预测：该电商巨头充分利用大数据分析工具，结合历史销售数据、市场趋势和季节性变化，进行精准的需求预测。这种预测不仅考虑了商品的历史销售情况，还融入了市场热点、消费者偏好及潜在需求等因素，从而确保了库存水平与市场需求的紧密匹配。

科学库存规划：基于精准的需求预测，该电商巨头制订了科学的库存规划方案。通过设定合理的库存目标和安全库存量，既避免了库存过剩导致的资金占用和存储成本增加，又确保了库存不足时能够及时补货，满足客户需求。

（二）智能库存管理系统

实时监控与动态调整：该电商巨头引入了智能库存管理系统，实现了对库存的实时监控和动态调整。系统能够自动跟踪商品的进出库情况、库存量及成本等信息，并通过数据分析为库存管理提供决策支持。一旦发现库存异常或市场需求变化，系统能够迅速作出反应，调整库存策略。

自动化补货与调拨：智能库存管理系统还具备自动化补货和调拨功能。当库存量低于预设的安全库存量时，系统会自动触发补货流程；同时，系统还能根据各仓库的库存情况和销售预测，进行跨仓库的库存调拨，以优化库存分布和降低物流成本。

（三）供应链协同管理

供应商管理：该电商巨头与供应商建立了紧密的合作关系，通过协同管理确保供应链的稳定性和灵活性。双方共享销售数据、库存信息和市场预测等信息，共同制订采购计划和生产计划，以实现供应链的精准对接和高效协同。

库存信息共享：该电商巨头还通过信息平台实现了与供应商之间的库存信息共享。供应商可以实时了解电商平台的库存情况和销售预测信息，从而及时调整生产计划和供货量；电商平台也能根据供应商的库存情况和供货能力进行更准确的库存规划和补货决策。

（四）库存优化策略

ABC分类法：该电商巨头采用ABC分类法对库存进行分类管理。将库存商品按照价值、需求量和销售速度等因素分为A、B、C三类，并对不同类别的商品采取不同的管理策略。例如，对高价值、高需求量的A类商品实行重点管理和严格监控；对价值较低、需求量较小的C类商品则采取较为宽松的管理方式。

JIT策略：在部分业务领域，该电商巨头还引入了JIT（Just-in-Time）库存管理策略。通过精确的时间管理和高效的物流配送体系，实现库存的最小化和资金的快速周转。这种策略要求供应商在接到订单后能够迅速响应并按时交货，以满足电商平台的即时需求。

案例启示：该电商巨头在互联网销售商品库存管理方面的成功实践，主要得益于其精准的需求预测与库存规划、智能的库存管理系统、紧密的供应链协同管理以及科学的库存优化策略。这些策略的有效实施不仅降低了库存成本、提高了资金周转率，还提升了客户满意度和市场竞争力。

任务五　互联网销售渠道管理

互联网销售渠道管理是指企业在互联网环境下，对其销售渠道进行有效规划、组织、协调和控制的过程。它涉及通过互联网平台（如自建电商平台、第三方电商平台、社交媒体平台等）进行产品或服务的销售活动，旨在最大化销售效果和效率。

一、互联网销售渠道管理的内容

微课6-7

互联网销售渠道管理的内容和分类

（一）渠道设计与规划

（1）选择合适的销售渠道：包括电商平台、社交媒体、直营网站等。

（2）设计渠道结构：根据产品类型、目标市场、竞争环境等因素，确定合适的渠道结构，如直销、分销、代理等。

（3）设定渠道目标：明确各渠道在整体销售战略中的作用和贡献，以及具体的销售目标。

（二）渠道组织与建设

（1）搭建多渠道销售平台：确保各个渠道能够有效运营，实现线上线下渠道的融合与协同。

（2）建立销售团队：选拔和培训专业的销售人员，确保他们具备互联网销售渠道的专业知识和技能。

（3）合作伙伴关系管理：与合作伙伴建立和维护良好的关系，共同开拓市场，提高市场份额。

（三）渠道运营与协调

（1）制订运营计划：包括商品展示、价格策略、促销活动、客户服务等，确保各渠道能够按照计划有序运营。

（2）监控运营情况：通过数据分析等手段，监控各渠道的销售效果、客户满意度等指标，及时发现问题并进行调整。

（3）协调渠道冲突：处理渠道间的竞争和冲突，确保各渠道能够和谐共处，共同推动销售增长。

（四）客户关系管理

（1）客户信息收集与管理：收集客户的基本信息、购买记录、反馈意见等，建立客户档案。

（2）客户细分与个性化服务：根据客户的购买行为、偏好等信息，将客户细分为不同的群体，并为他们提供个性化的服务和产品。

（3）客户互动与沟通：通过社交媒体、在线客服等渠道与客户保持紧密联系，提高客户满意度和忠诚度。

（五）物流配送管理

（1）选择合适的物流合作伙伴：确保商品能够按时、准确地送达客户手中。

（2）监控物流配送情况：实时跟踪订单状态，确保物流过程的顺畅和高效。

（3）优化物流配送体系：降低物流成本，提高物流效率，为客户提供更好的服务体验。

（六）数据分析与优化

（1）收集和分析销售数据、客户数据、渠道数据等，了解销售渠道的运营情况和市场趋势。

（2）利用数据分析工具和技术进行数据挖掘和预测分析，为渠道优化提供数据支持。

（3）根据数据分析结果调整销售策略和渠道策略，优化销售渠道结构和运营方式。

因此不同企业要会根据自身的实际情况和需求，对互联网销售渠道管理的内容进行具体的调整和优化。以确保销售渠道的顺畅、高效和盈利能力。

二、互联网销售渠道的分类

互联网销售渠道可以根据不同的维度进行分类，以下是几种常见的分类方式：

（一）直销渠道与间接渠道

直销渠道：企业直接面对消费者进行销售，如品牌官网、品牌 App、微信小程序等。这种渠道使企业能够直接控制品牌形象、客户数据以及销售过程，但也需要企业投入更多的资源和精力进行运营。

间接渠道：企业通过第三方平台或中间商进行销售，如电商平台（如淘宝、京东、天猫等）、社交媒体平台（如抖音、快手等）上的直播带货等。这种渠道能够利用第三方平台的流量和用户基础，快速扩大销售规模，但企业需要与平台或中间商分享利润，并可能面临品牌形象和客户服务方面的挑战。

（二）线上渠道与线下渠道

线上渠道：主要通过互联网进行销售，包括品牌官网、电商平台、社交媒体等。线上渠道具有覆盖范围广、传播速度快、交互性强等优势，但也需要企业具备强大的技术能力和运营团队来支持。

线下渠道：指传统的实体店铺或线下销售渠道，如超市、专卖店、连锁店等。虽然线下渠道受到线上渠道的冲击，但其在某些领域和消费者群体中仍具有重要地位，如体验式消费、即时性消费等。

（三）自有渠道与合作渠道

自有渠道：指企业自己搭建和运营的销售渠道，如品牌官网、品牌 App 等。自有渠道使企业能够完全掌控品牌形象、客户数据以及销售过程，但需要投入大量的资源和精力进行建设和维护。

合作渠道：指企业与其他企业或平台合作，共同搭建和运营的销售渠道，如电商平台合作、社交媒体合作等。合作渠道能够利用合作伙伴的资源和优势，快速扩大销售规模，但也需要企业处理好与合作伙伴的关系，确保双方利益的一致性。

（四）按营销方式分类

搜索引擎营销（SEM）：通过在搜索引擎上投放广告来实现营销目标。

社交媒体营销（SMM）：利用社交媒体平台来推广品牌、产品和服务。

电子邮件营销（Email Marketing）：通过发送电子邮件来推广产品或服务。

内容营销（Content Marketing）：通过创建和分享有价值的内容来吸引和保持受众的兴趣。

联盟营销（Affiliate Marketing）：与其他网站或博主合作，通过他们的推广来获取销售佣金。

这些分类方式并不是孤立的，实际上很多互联网销售渠道可能同时属于多个类别。例如，一个品牌官网可能既是直销渠道也是自有渠道，同时可能采用内容营销和搜索引擎营销等多种方式进行推广。

三、互联网销售渠道的建立步骤

（一）目标设定与市场调研

目标设定包括明确企业的营销目标，如提高销售额、扩大市场份额、提升品牌知名度等。进行市场调研，了解目标市场的特点、竞争态势、消费者需求等信息，为后续的渠道选择和策略制定提供依据。

（二）选择销售渠道

根据市场调研结果和企业的实际情况，选择合适的销售渠道，如电商平台、社交媒体、直营网站等。评估各渠道的优劣势，确保所选渠道能够满足企业的营销目标。

（三）建立在线品牌

在选定的销售渠道上创建店铺或账号，完善店铺信息，如店铺名称、店铺介绍、商品详情等。设计店铺形象，包括店铺 Logo、配色方案、页面布局等，以体现企业的品牌形象和价值观。

（四）制定营销策略

根据目标受众和市场竞争情况，制定合适的营销策略，如价格策略、促销策略、内容营销策略等。制订详细的营销计划，包括活动主题、时间节点、预算分配等。

（五）引流与推广

利用各种营销手段吸引潜在客户，如搜索引擎优化（SEO）、社交媒体营销、广告投放等。举办线上线下活动，如折扣促销、新品发布、用户互动等，提高品牌曝光度和用户参与度。

（六）商品展示与销售

优化商品详情页，确保商品图片清晰、描述准确、价格合理。提供便捷的购物流程和安全的支付方式，提高用户购物体验。及时更新商品库存和价格信息，确保信息的准确性和实时性。

（七）客户服务与售后支持

提供优质的客户服务，解答用户疑问，处理用户投诉和退换货等问题。建立完善的售后支持体系，确保用户在购买和使用产品过程中得到及时帮助和支持。

在实际操作时，企业应充分考量自身特点以及复杂多变的市场环境，对上述步骤进行合理调适。并且，要时刻紧盯市场的风云变幻以及竞争态势的演变，迅速调整与完善策略，从而在激烈的市场竞争中持续维系竞争优势。

四、互联网销售渠道的策略

互联网销售渠道策略是指企业在互联网环境下，为实现销售目标而制定的一系列策略。这些策略涉及多个方面，以确保企业在竞争激烈的市场环境中能够脱颖而出，实现销售业绩的持续增长。以下是一些常见的互联网销售渠道策略：

微课 6-8

互联网销售渠道的步骤和策略

（一）多渠道策略

企业应充分利用互联网的优势，通过多个销售渠道进行销售，如电商平台、社交媒体、自营网站等。这样可以增加产品的曝光率，吸引更多潜在客户。

在选择渠道时，应根据目标用户群体的特征和偏好，以及产品的特点来选择合适的渠道。同时，要确保各渠道之间的协同和互补，避免渠道间的竞争和冲突。

（二）精准营销策略

利用大数据、人工智能等技术手段，对目标用户进行精准定位和画像，以更准确地了解他们的需求和偏好。

根据用户的画像，制定个性化的营销策略，如推送定制化的产品推荐、优惠活动等，以提高用户的购买意愿和忠诚度。

（三）社交媒体营销策略

社交媒体已成为人们获取信息和社交互动的重要平台，企业应充分利用社交媒体进行品牌推广和销售。

通过发布有价值的内容、举办互动活动、与网红或意见领袖合作等方式，提高品牌在社交媒体上的曝光度和影响力。

同时，要关注用户在社交媒体上的反馈和评论，及时回应并解决问题，以提高客户满意度和忠诚度。

（四）内容营销策略

内容营销是通过发布有价值、有吸引力的内容来吸引潜在客户并提升品牌影响力的方式。企业可以通过博客、视频、图片等形式发布内容，展示产品的特点、优势和使用方法等信息。同时，要确保内容的原创性和高质量，以吸引用户的关注和信任。

（五）搜索引擎优化（SEO）和搜索引擎营销（SEM）策略

通过科学调整网站架构、精细化打磨内容质量，有效提升网站在搜索引擎自然检索结果中的位次，进而扩大品牌或服务在目标用户群体中的可见范围曝光度，并吸引更多精准流量访问。同时，利用搜索引擎广告（如谷歌 AdWords、百度推广等）进行付费推广，提高品牌在搜索结果中的曝光度和点击率。

（六）客户关系管理策略

建立完善的客户关系管理系统（CRM），收集和管理客户信息，包括购买记录、反馈意见等。通过定期发送邮件、短信等方式与客户保持联系，提供个性化的服务和优惠活动，提高客户满意度和忠诚度。同时，要关注客户的反馈和投诉，及时解决问题并改进产品和服务。

（七）数据分析与优化策略

企业需系统性收集销售数据及用户数据等多源信息，深度剖析以洞悉销售渠道运营详情与市场发展走向。借助专业数据分析工具与前沿技术，开展数据挖掘工作，并进行精准的预测分析，为销售策略与渠道策略的科学制定筑牢数据根基。凭借严谨的数据分析成果，运用专业的方法对销售策略与渠道策略进行灵活且精准的适配性调整，深度优化销售渠道结构，实现运营模式的创新性升级。

在制定互联网销售渠道策略过程中，企业务必紧密结合自身实际状况与当下市场环境，展开全面综合考量与动态调整。与此同时，要时刻关注市场变化的蛛丝马迹以及竞争态势的细微转变，及时对策略进行优化升级，确保在激烈的市场竞争中始终保持领先优势。

【案例分析6-5】

互联网销售渠道管理——以某知名电商平台为例

一、背景介绍

随着互联网技术的飞速发展，电子商务已成为现代商业的重要组成部分。某知名电商平台凭借其强大的渠道管理能力，在激烈的市场竞争中脱颖而出，成为行业内的佼佼者。本案例将深入剖析该电商平台在互联网销售渠道管理方面的成功实践。

二、渠道管理策略分析

1.多渠道布局

线上线下融合：该电商平台不仅拥有完善的线上销售体系，还积极布局线下实体店，通过线上线下融合的方式，为消费者提供更加便捷、全面的购物体验。这种多渠道布局有效扩大了品牌的市场覆盖范围，提高了品牌知名度和影响力。

社交媒体与电商平台结合：除了传统的电商平台和线下实体店外，该电商平台还充分利用社交媒体平台（如微信、微博等）进行品牌推广和销售。通过社交媒体平台，该电商平台能够更直接地与消费者互动，了解消费者需求，提升品牌忠诚度。

2.渠道整合与优化

数据驱动决策：该电商平台通过大数据分析工具，对各个渠道的销售数据、用户行为数据等进行深度挖掘和分析，为渠道整合与优化提供有力支持。基于数据分析结果，该电商平台能够精准识别高潜力渠道，优化资源配置，提高渠道效率。

渠道协同：该电商平台注重各渠道之间的协同作战，通过统一的品牌形象、营销策略和客户服务体系，确保各渠道之间的无缝衔接和顺畅沟通。这种渠道协同不仅提升了消费者体验，还增强了品牌的市场竞争力。

3.渠道冲突管理

利益分配机制：为了避免线上线下渠道之间的冲突，该电商平台建立了合理的利益分配机制。通过制定合理的价格政策、促销政策等，确保各渠道之间的利益平衡和共同发展。

沟通机制：该电商平台还建立了完善的沟通机制，定期与各渠道合作伙伴进行沟通和交流，了解渠道运营情况，解决渠道冲突问题。通过沟通机制的建立，该电商平台能够及时发现并解决渠道冲突问题，确保渠道管理的顺畅进行。

4.客户关系管理

个性化服务：该电商平台注重为客户提供个性化服务，通过CRM系统收集并分析客户数据，了解客户需求和偏好，为客户提供更加精准、贴心的服务。这种个性化服务不仅提升了客户满意度和忠诚度，还促进了销售额的增长。

多渠道客户服务：该电商平台提供多渠道客户服务体系，包括在线客服、电话客服、社交媒体客服等，确保客户能够随时随地获得帮助和支持。这种多渠道客户服务体系不仅提高了客户服务的效率和质量，还增强了客户对品牌的信任和依赖。

案例启示：该电商平台在互联网销售渠道管理方面的成功实践，主要得益于其多渠道布局、渠道整合与优化、渠道冲突管理以及客户关系管理等方面的策略。通过这些策略的有效实施，该电商平台不仅扩大了市场覆盖范围，提高了品牌知名度和影响力，还提升了客户满意度和忠诚度，实现了持续稳健的发展。

任务六　互联网销售售后管理

互联网销售售后管理是指企业在通过互联网平台进行商品或服务销售后，针对顾客需求、投诉处理、退换货、维修、保养等方面提供的服务和管理。这种管理方式涵盖了从销售完成到顾客满意度提升的全过程，旨在确保顾客在购买和使用产品或服务过程中获得良好的体验，从而增强企业的竞争力和品牌形象。

一、互联网销售售后管理的内容

互联网销售售后管理的主要内容涵盖了多个方面，以确保客户在购买后获得满意的体验，并解决可能出现的问题。以下是互联网销售售后管理的主要内容：

微课6-9

互联网销售售后服务的特点和方式

（一）客户问题接收与处理

设立专门的售后渠道（如在线聊天、电子邮件、电话热线等）接收客户的问题、投诉或退换货请求。迅速响应客户的问题，确保客户的问题得到及时关注和处理。准确记录客户的问题和联系方式，便于后续沟通和跟踪。

（二）退换货处理

根据公司的退换货政策，处理客户的退换货请求。提供明确的退换货流程，包括退换货条件、退换货地址、退换货期限等。跟踪退换货进度，确保客户能够及时收到退款或更换的商品。

（三）维修与保养服务

对于需要维修或保养的产品，提供详细的维修和保养指导。设立维修服务渠道，如寄修、上门维修等，以满足客户的维修需求。跟踪维修进度，确保客户能够及时收到维修好的产品。

（四）售后服务跟踪与反馈

跟踪售后服务的执行情况，确保客户问题得到妥善解决。向客户反馈售后服务的处理结果，并询问客户是否满意。收集客户的反馈意见，用于改进售后服务质量。

（五）客户关系维护

定期与客户保持联系，了解客户的使用情况和需求。提供个性化的服务，如产品使用指导、优惠活动等，以增强客户黏性。及时处理客户的投诉和不满，避免客户流失。

（六）售后服务数据分析

收集和分析售后服务过程中产生的数据。根据数据分析结果，找出售后服务中的问题和改进空间。制定针对性的优化措施，提高售后服务质量和客户满意度。

（七）售后服务团队建设

组建专业的售后服务团队，确保团队成员具备专业的知识和技能。提供定期的培训和指导，提高团队成员的服务水平和解决问题的能力。激励团队成员积极工作，提高售后服务效率和质量。

（八）售后服务政策制定与更新

根据市场和客户需求，制定合适的售后服务政策。定期评估售后服务政策的效果，根据反馈数据进行调整和更新。确保售后服务政策符合公司战略目标和法律、法规要求。通过以上内容的实施，互联网销售企业可以提供高质量的售后服务，满足客户需求，提高客户满意度，并促进企业的持续发展。

二、互联网销售售后管理的方法

微课6-10

互联网销售客户服务的方法和重要性

互联网销售售后管理的方法多种多样，旨在提供高效、专业和满意的客户服务。以下是一些常用的互联网销售售后管理方法：

（一）建立完善的售后服务流程

明确售后服务的各个环节和步骤，包括接收投诉、分析问题、解决方案制订、实施及反馈等。设立明确的售后服务标准，确保服务的一致性和高质量。

（二）多渠道客户服务支持

提供在线聊天、邮件、电话等多种客户服务渠道，方便客户随时联系和咨询。整合不同渠道的客户信息，实现客户信息的统一管理和快速响应。

（三）使用CRM（客户关系管理）系统

利用CRM系统记录客户信息和购买历史，实现客户数据的集中存储和分析。通过CRM系统跟踪客户问题和服务请求，确保问题得到及时解决。

（四）自动化和智能化服务

利用自动化工具和技术，如智能客服机器人、自动回复邮件等，提高服务效率和响应速度。采用大数据分析技术，预测客户需求，提供个性化服务建议。

（五）定期客户回访和满意度调查

定期回访客户，了解产品使用情况和客户反馈。进行客户满意度调查，收集客户对产品和服务的意见和建议，用于改进售后服务质量。

（六）快速响应和处理客户投诉

设立专门的客户投诉处理团队或部门，确保投诉得到快速响应和妥善处理。对客户投诉进行深入分析，找出问题根源，制定改进措施，防止类似问题再次发生。

（七）培训专业的售后服务团队

为售后服务团队提供专业培训，提高团队成员的专业素质和服务意识。鼓励团队成员积极学习新知识和技能，提高服务水平和客户满意度。

（八）建立客户自助服务平台

搭建客户自助服务平台，提供产品使用指南、常见问题解答、在线教程等资源，帮助客户自主解决问题。优化自助服务平台的界面和功能，提高用户体验和满意度。

（九）与供应商和物流合作伙伴紧密合作

与供应商建立紧密的合作关系，确保产品质量和供应稳定性。与物流合作伙伴保持密切沟通，确保产品及时送达客户手中，提高物流效率和服务质量。

（十）持续优化售后服务策略

根据市场变化和客户需求，不断调整和优化售后服务策略。引入新的服务理念和技术手段，提高售后服务水平和客户满意度。

这些方法可以帮助企业实现高效、专业和满意的互联网销售售后管理，提高客户满意度和忠诚度，增强企业竞争力和市场地位。

三、互联网销售售后管理的流程

互联网销售售后管理的流程是一个有序、系统性的过程，以确保客户问题得到高效解决并维护良好的客户关系。以下是互联网销售售后管理的一般流程：

微课6-11

互联网销售售后管理

（一）客户问题接收

设立售后渠道：建立多种售后渠道，如在线聊天、电子邮件、电话热线等，以便客户可以方便地提出问题和请求。

接收客户问题：通过售后渠道接收客户的问题、投诉、退换货请求等，并详细记录客户的问题和联系方式。

（二）问题分析与分类

问题初步分析：对接收到的客户问题进行初步分析，了解问题的性质、严重性和紧急程度。

问题分类：将客户问题按照类型进行分类，如产品质量问题、物流问题、订单问题等，以便后续进行针对性的处理。

（三）解决方案提供

确定解决方案：根据问题类型和初步分析结果，确定合适的解决方案，如退换货、维修、补偿等。

与客户沟通：将解决方案与客户进行沟通，确保客户了解并同意解决方案。

（四）执行解决方案

执行退换货：若客户提出退换货事宜，需向其清晰提供退换货地址以及详细的操作流程，以保障客户能够顺畅完成退换货操作。

安排维修：如客户选择维修，与客户确认维修方式（如寄修、上门维修等），并安排维修人员进行处理。

提供补偿：如需要补偿客户，那么就要与客户确认补偿方式和金额，并尽快执行。

（五）跟踪与反馈

跟踪进度：对解决方案的执行情况进行跟踪，确保问题得到妥善解决。

客户反馈：向客户反馈解决方案的执行结果，并询问客户是否满意。

记录反馈：将客户的反馈记录在案，作为改进服务的依据。

（六）客户满意度调查

定期回访：定期回访客户，了解客户对售后服务的满意度。

满意度调查：通过调查问卷等方式收集客户对售后服务的评价和建议。

（七）售后服务优化

分析数据：对售后服务的各项数据进行分析，如退换货率、维修率、客户满意度等。

找出问题：根据数据分析结果找出售后服务中存在的问题和瓶颈。

制定改进措施：针对问题制定具体的改进措施，如优化退换货流程、提高维修人员技能等。

实施改进：将改进措施付诸实践，并持续监控改进效果。

通过以上流程的实施，互联网销售企业可以提供更加高效、专业的售后服务，满足客户需求，提高客户满意度，并为企业赢得良好的口碑和声誉。

四、互联网销售售后管理的原则

互联网销售售后管理的原则，旨在确保客户问题得到及时、有效的解决，同时维护良好的客户关系。以下是几个关键的原则：

（一）客户至上原则

将客户满意度作为售后服务的首要目标，始终将客户的需求和利益放在首位。提供及时、准确、专业的售后服务，确保客户问题得到迅速解决。

（二）高效沟通原则

设立多种售后沟通渠道，如在线聊天、电子邮件、电话热线等，确保客户能够方便、快捷地联系到售后人员。售后人员应具备良好的沟通技巧，能够准确理解客户需求，并提供合适的解决方案。在沟通过程中，注重礼貌和尊重，避免使用不当语言或态度引发客户不满。

（三）问题快速响应原则

设立专门的售后问题处理团队，确保客户问题得到及时响应和处理。对于客户提出的问题或投诉，应在规定时间内（如24小时内）给予回复，并根据具体情况及时安排处理。在处理过程中，注重与客户的沟通，确保客户能够了解售后服务的具体进展和处理情况。

（四）公正合理原则

根据公司制定的售后政策和服务标准，公正、合理地处理客户问题。对于客户的退换货请求，应严格按照退换货政策执行，确保客户的合法权益得到保障。对于客户的维修需求，应根据产品状况和维修政策进行评估，确保客户得到合理的维修服务。

（五）持续改进原则

定期对售后服务数据进行收集和分析，如退换货率、维修率、客户满意度等，找出问题瓶颈和改进空间。根据数据分析结果，制定针对性的优化措施，如改进退换货流程、提高维修人员技能等。将改进措施付诸实践，并持续监控改进效果，确保售后服务质量不断提升。

（六）诚信经营原则

在售后服务过程中，坚守诚信经营的原则，不夸大、不隐瞒、不欺骗客户。

对于客户提出的问题或投诉，应如实、客观地进行回复和处理，不推诿、不拖延。遵守国家法律法规和行业规范，确保售后服务活动的合法性和合规性。

（七）团队协作原则

售后管理团队应保持紧密的合作和协作，共同解决客户问题。各部门之间应建立有效的沟通机制，确保售后信息能够及时、准确地传递和共享。鼓励团队成员积极提出改进意见和建议，共同推动售后服务质量的提升。

综上所述，互联网销售售后管理的原则涵盖了客户至上、高效沟通、问题快速响应、公正合理、持续改进、诚信经营和团队协作等方面。这些原则共同构成了售后服务的基础和保障，确保客户问题得到高效、专业的解决，同时维护良好的客户关系。

五、如何提高互联网售后客户满意度

在互联网销售售后管理过程中，提高客户满意度是至关重要的目标。以下是如何提高客户满意度几个关键要素：

（一）提供全面的售后支持

提供详细的产品说明和使用指南，确保客户能够正确使用产品并解答常见问题。提供在线客服咨询渠道，如即时聊天、电子邮件等，以便客户随时联系并快速解决疑问。多种联系方式的提供，如电话、电子邮件、即时通信工具等，确保客户能够选择最适合自己的方式进行沟通。及时处理客户的投诉和退换货申请，确保客户问题得到及时满意的解决。

（二）加强售后人员培训

售后人员应了解产品的特点和使用方法，能够准确解答客户的问题。具备良好的沟通能力，善于与客户进行有效沟通，了解客户的需求和意见。具备敏锐的问题判断和解决能力，能够快速准确地解决客户遇到的问题。态度耐心友好，给客户留下良好的印象。

（三）建立完善的退换货流程

提供便捷的退换货服务，简化流程，降低用户退换货的门槛。明确退换货的条件和流程，确保客户能够清晰了解退换货的注意事项。快速处理退换货申请，确保客户能够尽快收到退款或更换的商品。

（四）定期收集用户反馈

通过调查问卷、在线评价等方式定期收集客户对产品和服务的反馈。认真分析客户反馈，了解客户的需求和期望，以便不断改进产品和服务。对客户反馈进行及时回应，让客户感受到企业的关注和重视。

（五）建立用户忠诚计划

设计用户忠诚计划，如积分制度、会员优惠等，以激励客户重复购买和保持忠诚。通

过会员专享活动、优惠券等方式，提高客户的购买体验和满意度。

（六）引入个性化服务

深入了解客户的需求和偏好，提供个性化的产品推荐和服务。个性化服务能够增强客户的归属感和满意度，提高客户忠诚度。

（七）关注价格感知

确保网络店铺的价格位于较低水平，以吸引客户并提高满意度。如果价格与实体店相当，可提供额外的服务或优惠来增强竞争力。

（八）持续优化服务沟通

改进电子商务的沟通方式，如即时聊天、电子邮件等，确保客户能够顺畅地与服务人员沟通。提高服务沟通质量，确保客户能够准确获取商品信息并解决问题。

通过以上措施的实施，互联网销售企业可以在售后管理过程中提高客户满意度。这些措施不仅能够解决客户的问题，还能增强客户对企业的信任感和归属感，进而促进企业的持续发展。

互联网销售售后管理的重要性在于，它能够帮助企业建立与顾客的长期合作关系，提高顾客满意度和忠诚度。通过提供优质的售后服务，企业能够及时解决顾客的问题，满足顾客的需求，增强顾客对企业的信任感和好感度。同时，售后管理还能够为企业收集重要的市场反馈信息，帮助企业了解顾客的需求和评价，从而不断改善产品质量和服务水平。

【案例分析6-6】

互联网销售售后管理——以某电商平台为例

一、背景介绍

在互联网销售中，售后服务作为提升消费者满意度和忠诚度的重要环节，其管理水平直接影响着电商平台的竞争力和市场地位。某电商平台通过不断优化售后管理流程，提升服务质量，成功在竞争激烈的市场中脱颖而出，成为消费者信赖的购物平台。本案例将详细分析该电商平台在售后管理方面的成功实践。

二、售后管理策略分析

1.明确的售后政策

该电商平台制定了明确的售后政策，包括退换货政策、维修政策等，确保消费者在购物过程中能够清晰了解自身权益。例如，平台提供"7天无理由退货"服务，消费者在购买商品后的7天内，无须说明理由即可申请退货，且退货产生的运费由平台或卖家承担。

此外，平台还针对商品质量问题提供了更长的退换货期限，如"质量问题30天退换货保障"，进一步增强了消费者的购物信心。

2.高效的售后处理流程

该电商平台建立了高效的售后处理流程，确保消费者在提出售后申请后能够迅速得到响应和处理。平台通过自动化系统和人工客服相结合的方式，对售后申请进行快速审核和处理。

对于符合退换货政策的申请，平台会立即启动退换货流程，确保商品能够及时退回并重新发货或退款。同时，平台还提供了便捷的退换货追踪功能，让消费者能够实时了解退换货进度。

3.优质的客户服务

该电商平台注重客户服务的质量，通过培训客服人员、提供多渠道客服支持等方式，不断提升客户服务水平。平台客服人员具备专业的产品知识和良好的服务态度，能够耐心解答消费者的问题并提供有效的解决方案。

此外，平台还提供了在线客服、电话客服、社交媒体客服等多种客服渠道，方便消费者随时随地联系客服人员。这些客服渠道不仅提高了客服效率，还增强了消费者的购物体验。

4.智能化的售后管理工具

该电商平台引入了智能化的售后管理工具，如在线CRM系统等，帮助平台更好地管理售后需求和提供客户服务。通过在线CRM系统，平台可以收集客户的信息和反馈，分析客户的消费习惯和需求，为售后服务提供数据支持。

同时，在线CRM系统还能够自动化处理部分售后需求，如自动回复常见问题、自动分配处理任务等，提高了售后处理的效率和准确性。

5.持续改进与优化

该电商平台不断关注售后服务的反馈和评价，通过用户调研、数据分析等方式收集用户意见和建议，并据此对售后服务进行持续改进和优化。平台会定期更新售后政策、优化处理流程、提升客服质量等，以满足消费者日益增长的售后服务需求。

案例启示：该电商平台在售后管理方面的成功实践主要体现在以下几个方面：一是制定了明确的售后政策，保障了消费者的权益；二是建立了高效的售后处理流程，提高了售后服务的效率和质量；三是注重客户服务的质量，提供了优质的客户服务体验；四是引入了智能化的售后管理工具，提升了售后管理的数字化水平；五是持续改进与优化售后服务，满足了消费者日益增长的售后服务需求。这些成功的实践不仅提升了该电商平台的竞争力和市场地位，也为其他电商平台在售后管理方面提供了有益的借鉴和启示。

资料来源　作者根据网络相关资料整理.

任务七　互联网销售数据分析

在进行互联网销售数据分析时，还需要注意数据的质量问题，确保数据的准确性和可靠性。同时，结合业务实际情况和市场需求，灵活运用各种数据分析方法和技术手段，以支持企业的战略决策和营销优化。

互联网销售数据分析是指对通过互联网进行交易的数据进行收集、整理、分析和解读的过程。这些数据记录包括商品销售量、销售额、顾客购买行为等，通过对这些数据的分析，企业可以对市场趋势、消费者需求、产品销售情况等进行准确的了解和预测。

一、互联网销售数据分析的重要性

互联网销售数据分析的重要性不言而喻，它对于企业的运营、决策和市场竞争具有至关重要的影响。互联网销售数据分析的重要性体现如下：

（一）深入了解市场和消费者

通过分析销售数据，企业可以深入了解市场趋势、消费者需求和购买行为。这有助于企业准确把握市场动态，及时调整产品策略和市场策略，以满足消费者的需求。

（二）优化库存和物流管理

销售数据分析可以帮助企业预测未来的销售趋势，从而合理安排库存和物流管理。通过减少库存积压和避免缺货现象，企业可以降低运营成本，提高运营效率。

（三）提升营销策略的有效性

通过对销售数据的分析，企业可以了解不同营销渠道的效果、不同客户群体的购买偏好等，从而优化营销策略。这有助于企业更精准地投放广告、制订促销计划，提高营销效果和销售业绩。

（四）评估产品和服务的质量

销售数据中的退换货率、客户评价等信息可以反映产品和服务的质量。通过对这些数据的分析，企业可以了解产品或服务存在的问题，及时改进，提高客户满意度和忠诚度。

（五）发现新的商业机会

通过对销售数据的深入挖掘和分析，企业可以发现新的商业机会，如新的市场、新的客户群体、新的产品线等。这有助于企业拓展业务范围，提高市场竞争力。

（六）支持企业决策

销售数据分析为企业提供了客观、准确的数据支持，帮助企业作出更加明智的决策。从产品定价、市场定位到渠道选择等方面，销售数据都能为企业提供有价值的参考。

（七）提高企业竞争力

通过对销售数据的分析，企业可以了解竞争对手的市场表现、产品策略等信息。这有助于企业制定更加有针对性的竞争策略，提高市场竞争力。

因此，企业需要重视销售数据的收集和分析工作，建立科学的数据分析体系，以支持企业的持续发展。

二、互联网销售数据分析的工具

微课6-12

互联网销售数据分析的工具和方法

互联网销售数据分析的工具种类繁多，它们帮助企业收集、整理、分析和解读销售数据，以支持决策制定和业务优化。以下是一些常用的互联网销售数据分析工具：

（一）Google Analytics

这是一个免费的网站分析工具，用于跟踪和报告网站流量。它提供详细的用户行为报告，如访问量、来源、用户路径、转化率等。

（二）Adobe Analytics

Adobe Analytics是一个功能强大的企业级网站分析工具，提供深入的用户行为洞察、自定义报告和高级分析功能。

（三）百度统计

类似于Google Analytics，百度统计是中国市场常用的网站分析工具，提供网站流量、来源、关键词、用户行为等数据分析。

（四）Salesforce Analytics Cloud

这是一个全面的商业智能（BI）工具，专为Salesforce平台打造。它可以帮助企业整合销售、服务、市场等多个部门的数据，进行深度分析。

（五）Tableau

Tableau是一款流行的数据可视化工具，它允许用户快速创建交互式图表和仪表板，帮助用户从数据中获取洞察。

（六）Power BI

Microsoft Power BI是一个商业智能工具，它提供数据可视化、交互式报告和自助式商业智能功能。用户可以从多种来源获取数据，并创建丰富的视觉化效果。

（七）Looker

Looker是一个云端的商业智能平台，它帮助非技术用户轻松访问、理解和分享数据。它支持多种数据源和SQL方言。

（八）Excel

虽然Excel不是专门为数据分析设计的工具，但它强大的数据处理和可视化功能使其成为许多企业数据分析师的首选工具。

（九）电商专用工具

对于电商平台，如淘宝、天猫、京东等，它们通常提供自己的数据分析工具，如淘宝的"生意参谋"、京东的"商智"等，这些工具针对电商业务进行了深度定制和优化。

（十）社交媒体分析工具

对于社交媒体数据的分析，可以使用如Hootsuite、Buffer Analyze、Socialbakers等工具，它们可以帮助企业跟踪和分析在社交媒体平台上的活动、互动和影响力。

在选择数据分析工具时，企业应根据自身的业务需求、数据规模和分析需求来选择合适的工具。同时，考虑到数据的隐私和安全性，也需要确保所选工具符合相关的数据保护和隐私法规。

三、互联网销售数据分析的方法

互联网销售数据分析的方法多种多样，旨在帮助企业深入理解市场趋势、消费者行为、销售绩效等方面，以支持战略决策和营销优化。以下是一些常用的互联网销售数据分析方法：

（一）描述性统计分析

对销售数据进行基本的统计描述，如销售额、销售量、订单量、客户数量等的总和、平均值、中位数、众数、标准差等。通过表格、图表等形式展示数据，直观呈现销售数据的基本情况。

（二）趋势分析

观察和分析销售数据随时间变化的趋势，识别销售增长或下降的周期性规律。使用时间序列分析、季节性分析等工具和方法来预测未来销售趋势。

（三）用户行为分析

分析用户在网站或App上的浏览记录、搜索记录、点击量等数据，了解用户的兴趣和购买习惯。构建用户画像，包括用户的基本信息、购买偏好、行为模式等，以支持精准营销。

（四）转化分析

使用漏斗模型分析用户从浏览到购买的转化过程，识别转化率低的环节，并优化相关页面或流程。监控关键转化指标，如点击率、转化率、跳出率等，以评估营销活动的效果。

（五）关联分析

分析不同商品之间的关联度，发现经常被同时购买的商品组合，以支持捆绑销售或推荐系统。使用关联规则学习算法（如 Apriori 算法）来挖掘商品之间的关联关系。

（六）客户细分与定位

根据用户的购买历史、浏览行为、兴趣偏好等信息，将客户细分为不同的群体。对不同客户群体制定针对性的营销策略，提高营销效果和转化率。

（七）社交媒体分析

监测和分析用户在社交媒体平台上的讨论和反馈，了解用户对品牌、产品或服务的态度和看法。使用情感分析技术来识别用户的正面、负面或中性情感，以评估品牌形象和营销策略的效果。

（八）预测模型构建

利用机器学习、深度学习等技术构建预测模型，预测未来销售额、客户数量等关键指标。通过不断调整和优化模型参数，提高预测准确性和可靠性。

（九）竞争对手分析

收集和分析竞争对手的销售数据、市场份额、营销策略等信息。通过对比和分析，了解竞争对手的优势和劣势，以及市场趋势和竞争格局。

（十）数据可视化

使用图表、仪表板、热力图等工具将数据以图形化的方式展示，使数据更易于理解和分析。通过数据可视化，可以直观地呈现销售数据的关键信息和趋势，支持决策制定和沟通协作。

四、互联网销售数据分析过程

（一）确定分析目标

微课6-13

互联网销售数据分析策略

在开始数据分析之前，需要清晰地定义分析的目的和目标。这可能包括了解市场趋势、评估营销活动效果、优化产品策略等。

设定可衡量的指标，如销售额增长率、转化率、客户留存率等，以便量化分析效果。

（二）数据收集

1.确定数据源

确定需要收集的数据类型，如市场数据、客户数据、销售数据、营销活动数据、反馈数据等。数据来源可以包括电商平台、CRM 系统、市场调研机构、社交媒体等。

2.数据抓取

使用适当的工具或 API 从数据源中抓取数据。确保数据的准确性和完整性，检查数据的缺失值、异常值等。

（三）数据清洗与预处理

1.数据清洗

去除重复数据、纠正错误数据、处理缺失值。例如，通过删除重复订单、修正错误的客户地址、填充缺失的购买日期等方式。

2.数据转换

将数据转换为适合分析的格式，如结构化表格或数据库。标准化数据格式，确保不同数据源之间的数据一致性和可比性。

（四）数据分析

1.描述性分析

使用统计指标（如销售额、订单量、转化率等）对数据进行基本的描述。计算平均值、中位数、众数等统计指标，了解数据的整体分布和趋势。

2.探索性分析

通过数据可视化（如柱状图、折线图、散点图等）深入探索数据的内在关系和模式。发现数据中的异常值、关联性、趋势等，为进一步的决策提供支持。

3.预测性分析

基于历史数据构建预测模型，对未来的市场趋势、客户行为等进行预测。运用统计学和机器学习等方法，如回归分析、决策树、神经网络等。

（五）数据可视化

1.选择可视化工具

选择适合的数据可视化工具，如 Excel、Tableau、PowerBI 等。

2.创建可视化图表

将数据分析结果以图表、仪表板等形式呈现，便于业务决策者更直观地理解数据和分析结果。常用的图表类型包括柱状图、折线图、饼图、散点图等。

（六）结果解释与报告

1.解读分析结果

将数据分析结果转化为具体的业务含义和建议。指出可能的机会和挑战，为业务决策者提供有价值的参考。

2.撰写报告

以清晰、简洁的方式撰写报告，报告应包括所采用的数据分析方法、主要发现、对业务的影响和建议等。报告应突出关键信息和建议，便于业务决策者理解和应用。

（七）决策制定与执行

1.基于数据决策

根据数据分析结果和业务需求，制订具体的决策方案。例如，调整价格策略、优化产品组合、改进营销策略等。

2.执行与监控

确保决策得到有效执行，并持续监控执行效果。根据监控结果及时调整和优化决策方案。

（八）持续优化与迭代

1.收集反馈

从业务决策者、用户和其他利益相关者那里收集对数据分析过程和结果的反馈。

2.迭代优化

根据反馈迭代优化数据分析流程和方法，提高分析效率和准确性。不断探索新的数据分析技术和工具，以应对不断变化的市场环境和业务需求。

互联网销售数据分析在帮助企业深入了解市场和客户需求、优化库存管理和产品组合、评估销售渠道和营销策略的有效性、预测市场趋势和制订未来计划以及提高决策效率和准确性等方面发挥着重要作用。因此，企业应该重视销售数据分析工作，并不断提高数据分析能力，以更好地应对市场挑战和机遇。

【案例分析6-7】

某电商平台"双11"促销活动数据分析

某电商平台每年"双11"期间都会举办大规模的促销活动，吸引数以亿计的消费者参与。为了最大化销售收益并提升用户体验，该电商平台在"双11"前后进行了详尽的销售数据分析，以指导营销策略、库存管理、物流优化等多个环节。

一、数据分析目标

评估促销效果：分析"双11"期间的销售额、订单量、转化率等关键指标，评估促销活动的整体效果。

识别热销商品：通过销售数据分析，识别出哪些商品最受消费者欢迎，为后续的选品和库存管理提供依据。

优化营销策略：基于用户行为数据，分析不同营销手段（如优惠券、秒杀、直播带货等）的效果，优化营销策略。

提升用户体验：分析用户购物过程中的痛点，如页面加载速度、支付流程便捷性等，提出改进措施。

二、数据来源与处理

数据来源主要包括电商平台内部数据（如订单数据、用户行为数据、商品数据等）和外部数据（如社交媒体反馈、竞争对手信息等）。数据处理过程中，采用大数据处理技术和机器学习算法，对数据进行清洗、整合、分析和挖掘。

三、关键发现

促销效果显著："双11"期间，该平台的销售额和订单量均实现了大幅增长，转化率也显著提升，表明促销活动取得了预期效果。

热销商品分析：通过销售数据分析发现，智能家居产品、美妆护肤品、电子产品等类别商品表现尤为突出。进一步分析发现，具有高性价比、品牌知名度高、用户评价好的商品更容易成为热销商品。

营销策略优化：数据分析显示，直播带货和限时秒杀活动对提升销售额和转化率具有显著作用。此外，个性化推荐系统也有效提高了用户的购买意愿和满意度。

用户体验提升：用户行为数据分析发现，部分用户在支付环节遇到了问题，导致订单流失。针对这一问题，该电商平台优化了支付流程，提高了支付成功率；同时，也加强了服务器扩容和负载均衡，确保了高并发下的页面加载速度。

四、结论与建议

持续优化促销策略：根据数据分析结果，继续优化促销策略，如加大热销商品的库存、增加限时秒杀活动频次等。

深化个性化推荐：利用机器学习算法进一步提升个性化推荐的精准度，提高用户购买体验和满意度。

加强用户体验监测：建立全面的用户体验监测体系，及时发现并解决用户在购物过程中遇到的问题。

拓展数据来源：积极拓展外部数据来源，如社交媒体、行业报告等，为数据分析提供更加全面和深入的信息支持。

通过本次"双11"促销活动数据分析，该电商平台不仅取得了显著的销售业绩，还积累了宝贵的经验和数据资源，为未来的销售管理和业务发展奠定了坚实基础。

项目总结

【项目实训】

精准选品，智驭信息：互联网销售商品选品与信息管理

一、项目目标

提升学生对互联网销售商品选品的理解与实战能力：通过模拟真实市场环境，使学生掌握商品选品的原则、方法及流程。

强化商品信息管理技能：培养学生高效收集、整理、分析商品信息的能力，以及运用信息管理系统提升工作效率的意识。

增强团队协作与沟通能力：在实训过程中，促进学生之间的沟通与协作，共同完成选品与信息管理任务。

二、项目内容

（一）项目准备阶段（1周）

1.理论学习

讲解互联网销售商品选品的重要性、原则、方法及流程。介绍商品信息管理系统的基本功能、使用方法及优化策略。

2.分组与角色分配

将学生分为若干小组，每组模拟一个互联网销售企业的商品管理部门。在小组内部分配角色，如市场调研员、选品专员、信息管理员等。

3.确定实训目标与任务

各小组根据给定的商品类别（如美妆、电子产品、家居用品等），制订选品与信息管理实训计划。明确实训目标、任务分工、时间节点等关键要素。

（二）项目实施阶段（2周）

1.市场调研

市场调研员负责收集并分析目标市场的消费者需求、竞争对手情况、行业趋势等信息。利用问卷调查、数据分析工具等方法，形成市场调研报告。

2.商品选品

选品专员根据市场调研报告，结合企业定位、目标客群等因素，筛选出符合要求的商品。制订商品选品方案，包括商品名称、规格、价格、供应商信息等。

3.商品信息管理

信息管理员负责将选定的商品信息录入到信息管理系统中，并进行分类、标签、图片编辑等处理。优化商品信息展示方式，提升消费者浏览体验。

4.信息更新与维护

实时监测商品销售情况、库存状态及消费者反馈等信息。根据市场变化及时调整商品信息，保持信息的时效性和准确性。

（三）项目总结与展示阶段（1周）

1.项目总结

各小组撰写项目总结报告，包括市场调研过程、选品方案、信息管理策略、实施效果及经验教训等内容。反思项目执行过程中的问题与不足，提出改进建议。

2.成果展示

组织项目成果展示会，各小组通过PPT、视频等形式展示选品成果、信息管理系统界面及优化后的商品信息展示效果。邀请教师或行业专家进行点评和指导，提出宝贵意见。

3.评估与反馈

根据项目完成情况、团队协作、成果质量等方面进行综合评估。

给予学生反馈，鼓励他们在未来的学习和工作中继续提升商品选品与信息管理的能力。

基本训练

基本训练

一、选择题

1.互联网销售商品管理的核心目的是（　　）。

A.提高销售额　　　　　　　　B.降低生产成本

C.增加库存量　　　　　　　　D.提升客户体验

2.在进行互联网销售商品选品时，以下各项中，（　　）不是主要考虑的因素。

A.市场需求　　　　　　　　　B.竞争对手情况

C.个人兴趣　　　　　　　　　D.产品质量

3.互联网销售商品信息管理系统中，通常不包括（　　）功能。

A.商品信息录入　　　　　　　B.客户订单跟踪

C.库存状态监控　　　　　　　D.商品图片编辑

4.定价策略中，采用"渗透定价"的主要目的是（　　）。

A.快速占领市场　　　　　　　B.追求高额利润

C.提升品牌形象　　　　　　　D.应对竞争对手

5.促销活动中，常见的"买一赠一"策略属于（　　）。

A.折扣促销　　　　　　　　　B.赠品促销

C.捆绑销售　　　　　　　　　D.抽奖活动

6.互联网销售商品库存管理中，JIT（Just-in-Time）模式强调的是（　　）。

A.最大化库存量　　　　　　　B.零库存或最小化库存

C.库存多样化　　　　　　　　D.库存位置优化

7.互联网销售渠道管理中，以下不属于线上销售渠道的是（　　）。

A.电商平台　　　　　　　　　B.社交媒体营销

C.实体店　　　　　　　　　　D.官网直销

8.互联网销售售后管理中，提高客户满意度的关键环节是（　　）。

A.售前咨询　　　　　　　　　B.发货速度

C.售后服务质量　　　　　　　D.产品包装

9.互联网销售数据分析中，常用的工具不包括（　　）。

A.Excel
B.Google Analytics
C.CRM 系统
D.库存管理系统

10.以下各项不是互联网销售数据分析可以带来的好处的是（　　　）。

A.发现市场趋势
B.优化库存管理

C.预测未来销量
D.减少员工数量

二、判断题

1.互联网销售商品管理的成功与否主要取决于产品价格的高低。（　　）

2.商品选品时，应尽量避免选择市场上已有的热门产品，以减少竞争压力。（　　）

3.有效的商品信息管理可以提升客户购物体验，增加转化率。（　　）

4.定价策略应根据产品成本、市场需求和竞争对手情况综合确定。（　　）

5.促销活动越多越好，因为能吸引更多客户购买。（　　）

6.JIT库存管理模式适用于所有类型的互联网销售企业。（　　）

7.互联网销售渠道越多，企业的销售业绩就一定越好。（　　）

8.售后服务的质量对提升客户忠诚度和复购率至关重要。（　　）

9.互联网销售数据分析只能用于过去数据的总结，无法预测未来趋势。（　　）

10.互联网销售商品管理是一个静态过程，不需要随着市场变化进行调整。（　　）

三、论述题

1.论述互联网销售商品选品的重要性及影响因素。

2.阐述互联网销售商品定价策略的制定原则及实施步骤。

3.分析互联网销售数据分析在提升销售业绩中的作用及实践方法。

四、案例分析题

案例背景：某家专注于智能家居产品的互联网销售企业，近期发现其主打产品——智能音箱的销量下滑明显，市场份额被竞争对手逐渐侵蚀。为了扭转这一局面，企业决定从商品管理角度进行全面分析并采取相应措施。

问题：

（1）分析该企业智能音箱销量下滑的可能原因。

（2）请为该企业设计一套提升智能音箱销量的商品管理策略，包括选品、定价、促销、库存和渠道管理等方面。

（3）阐述在实施上述策略过程中，如何通过互联网销售数据分析来监控效果并进行适时调整。

项目七

互联网销售服务管理

学习目标

★ 知识目标
（1）深入理解互联网客户服务的概念、重要性及对企业价值的影响。
（2）熟知互联网客户服务流程的各个环节，包括咨询、购买、售后等。
（3）理解互联网销售服务质量的内涵、构成要素及评价标准。
（4）熟知影响销售服务质量的内外部因素。
（5）理解互联网销售服务策略的概念、作用及制定原则。
（6）熟知不同市场环境下的服务策略选择。

★ 能力目标
（1）能够评估客户服务质量对企业整体业绩的影响。
（2）能够设计并实施高效、流畅的客户服务流程。
（3）能够有效管理客户服务过程中的沟通、协调和反馈。
（4）能够运用服务质量管理工具，持续监控并改进服务质量。
（5）能够根据企业实际情况和市场环境，制定合适的销售服务策略。
（6）能够运用服务策略，增强客户黏性，提升市场竞争力。

★ 素养目标
（1）协作共进与跨域协同：互联网销售服务管理涉及销售、技术、物流、客服等多个部门，需具备优秀的团队合作精神与跨领域协作能力。
（2）诚信立身与规范服务：在互联网销售服务过程中，坚守诚信服务的原则，严格遵守行业规范、法律法规以及企业的道德准则。
（3）客户至上与社会担当：树立以客户为中心的服务理念，将客户的需求和满意度作为服务管理的出发点和落脚点。

项目导入

"悦颜阁"逐步提升互联网销售服务质量

在数字化浪潮的推动下，互联网销售已成为企业拓展市场、提升品牌影响力的核心渠道。然而，随着消费者对购物体验要求的日益提升，互联网销售服务质量成为了决定企业成败的关键因素之一。以国内知名美妆品牌"悦颜阁"为例，该品牌凭借其丰富的产品线与创新的营销策略，在短时间内迅速崛起，吸引了大量忠实粉丝。但近期，一系列关于售后服务质量不佳的投诉引起了广泛关注。从商品退换货流程烦琐、客服响应速度慢，到问题处理结果未能达到顾客期望，这些问题不仅影响了顾客的购物体验，也对"悦颜阁"的品牌形象造成了不小的冲击。

面对这一挑战，"悦颜阁"深刻意识到提升互联网销售服务质量的重要性，开始重新审视自身的服务体系，从顾客需求出发，优化服务流程，加强员工培训，引入智能化工具，提升服务效率与准确性。这一系列举措不仅有效解决了当前的服务质量问题，更为"悦颜阁"赢得了更多顾客的信赖与好评。

接下来，我们将以"悦颜阁"为例导入项目，深入探讨互联网销售服务质量的评估标准、影响因素以及提升策略。通过对这一案例的分析，我们希望能够为更多企业在互联网销售服务管理方面提供有益的借鉴与启示。

任务一　互联网客户服务认知

随着网络经济的快速发展，电子商务已经逐渐成为生活中必不可少的消费方式，互联网的发展为生活提供便利的同时，也对企业客户服务提出了新的要求。互联网时代，新兴的商务方式给传统的商业模式带来了巨大冲击，也对企业与个人产生了影响。其中，企业与客户关系体现得更为明显。互联网信息技术的发展让一切信息变得唾手可得，客户可以快速地获取想要的信息，并更多地参与到商业进程中。企业导向时代已经被淡化，取而代之的是客户导向时代。深入了解客户需求，分析客户喜好，汇集客户意见，并运用到产品、服务的设计中，为客户提供更加个性化的服务，将是企业发展的关键。

微课7-1

互联网客户服务认知

一、互联网客户服务的内容

经济全球化发展加速，市场竞争环境日渐激烈，客户开发成本不断上升，种种现象的出现促使越来越多的企业开始重视客户服务。互联网环境下，客户服务情景有着新的变化，与传统的客户服务相比，新时代的客户服务方式在不断扩展、优化和提升。

（一）何为互联网客户服务

客户服务是指在适当的时间和地点，企业以适当的方式和价格为目标客户提供适当的产品，满足客户的适当需求，促进企业和客户价值提升的活动过程。互联网环境下的客户服务，是在传统环境下客户服务管理的基础上，以网络技术和信息技术为平台的一种新兴的客户关系服务管理理念与模式，其目的是满足客户以信息为基础的需求，推进企业生产效率与客户满意度的提升，从而保证企业在激烈的市场竞争中得以生存。互联网销售客户服务是指企业通过互联网平台，为满足顾客的需求，提供的包括售前、售中、售后等一系列服务。这种服务方式的主要目的是提升顾客满意度，增强顾客忠诚度，从而推动销售业绩的增长。

（二）互联网客户服务功能

互联网技术的进步促进了互联网的发展，也为消费者带来了多样的用户体验。互联网环境中，客户服务功能主要包括以下几个方面。

（1）互动沟通。客户服务的重点在于与客户之间的交流互动，企业站在用户的角度，充分考虑用户潜在需求与切实需要，建立在线客户服务，让客户能够更加方便快捷地获得所需信息，同时，可以使用智能等工具提升效率。

（2）技术支撑。不同于传统的线下购买，互联网更像是一种特殊的虚拟交易，客户在购买产品后，产品的售后尤为重要。其中，提供技术支撑是互联网客户服务的一个重要方式，企业在自己的网上服务站点为客户提供产品技术等信息，直接与用户沟通，服务更加便捷、灵活，降低了服务成本。

（3）比较选择。实施互联网的过程中，如何帮助消费者快速找到自己需要的产品，获取同类产品参数、价格等详细信息是企业需要考虑的一个方向，互联网时代，各类搜索引擎为客户提供了相关的搜索服务。

（三）互联网客户服务的特点

（1）多渠道交互性。互联网客户服务提供了多种交互渠道，如在线客服系统、社交媒体平台、电子邮件、网站论坛等。这些渠道允许客户根据自己的喜好和习惯选择最适合的方式进行咨询、反馈或投诉。同时，企业也能通过多渠道收集客户反馈，以便更全面地了解客户需求。

（2）即时响应性。互联网客户服务具备高度的即时响应性。客户可以随时随地通过互联网平台提出问题或需求，而企业也能在第一时间给出回应。这种即时响应性大大提高了客户服务的效率，减少了客户等待的时间，提升了客户满意度。

（3）个性化定制服务。基于大数据和人工智能技术，互联网客户服务能够实现对客户的个性化服务。通过分析客户的购买历史、浏览记录等信息，企业可以为客户提供定制化的产品推荐、优惠活动等，满足客户个性化的需求。

（4）自助化服务。许多企业提供了自助化的客户服务系统，如FAQ页面、在线帮助文档等。这些系统允许客户自主查询信息、解决问题，减少了客户对人工客服的依赖，提高了服务效率。

（5）全球化服务。互联网打破了地域限制，使得企业能够为客户提供全球范围内的客户服务。无论是哪个国家的客户，只要有互联网连接，就能享受到企业提供的客户服务。这种全球化服务为企业开拓更广阔的市场提供了有力支持。

（6）服务透明化。通过互联网平台，企业可以将客户服务过程透明化。客户可以实时追踪订单状态、查看服务记录等，了解服务进展情况。这种透明化服务有助于增强客户对企业的信任感，提高客户满意度。

（7）数据分析与持续改进。互联网销售客户服务系统能够收集和分析大量的客户数据，如咨询记录、购买行为等。这些数据有助于企业深入了解客户需求和市场趋势，为持续改进客户服务提供有力支持。企业可以根据数据分析结果调整服务策略、优化服务流程等，提高服务质量和效率。

综上所述，互联网客户服务具有多渠道交互性、即时响应性、个性化定制服务、自助化服务、全球化服务、服务透明化以及数据分析与持续改进等特点。这些特点使得互联网客户服务更加高效、便捷和个性化，有助于提高客户满意度和忠诚度。

二、互联网客户服务需求的层次

面对日益激烈的市场竞争，越来越多的企业在营销中开始关注人的因素，最大限度地满足客户需求。只有客户满意才能引发客户对企业的忠诚，才能长期保留客户。研究表明，客户所需服务按顺序划分为四个层次：

第一，为满足个性化的需求，客户需要了解产品和服务信息。企业应在网站提供详细的产品和服务资料，利用网络信息量大、查询方便、不受时空限制的优势，满足客户的需求。

第二，客户在进一步研究产品和服务时，可能遇到问题需要在线帮助。选购产品时或购买产品后，客户还会遇到许多问题，需要企业帮助解决，这些问题主要包括产品的安装、调试、试用和故障排除等。

第三，对于难度更大或者网络营销站点未能提供答案的问题，客户希望能与企业人员直接接触，寻求更深入的服务，解决更复杂的问题。

第四，客户不仅仅需要了解产品和服务信息、需要在线帮助、进一步与企业人员接触，还有可能愿意积极参与到产品的设计、制造、配送、服务整个过程，追求更符合个性要求的产品和服务。

客户需求服务的四个层次之间相互促进，低层次的需求满足得越好，越能促进高一层次的服务需求。客户得到满足的层次越高，满意度就越高，与企业的关系就越密切。客户需求层次的提高过程，正是企业对客户需求的理解逐步提高的过程，也是客户对企业关心支持程度逐步提高的过程。

三、互联网客户服务的评价指标

（一）客户满意度

客户满意度，是指客户对企业提供的产品或服务的满意程度。同时，客户满意度也是客户对企业的一种感受状态。统计表明，一个满意的客户，要6倍于一个普通客户更愿意继续购买企业的产品或服务。

（二）客户忠诚度

客户忠诚度，是指客户忠诚于企业的程度，是客户在得到满意后产生的对某种产品品牌或公司的信赖、维护和希望重复购买的一种心理倾向，是一种客户行为的持续性。客户忠诚度表现为两种形式，一种是客户忠诚于企业的意愿；一种是客户忠诚于企业的行为。前者对于企业来说本身并不产生直接的价值，而后者则对企业具有价值。推动客户从"意愿"向"行为"的转化，企业可通过交叉销售和追加销售等途径进一步提升客户与企业的交易频度。

（三）客户保留度

客户保留度，是指客户在与企业发生初次交易之后继续购买该企业产品的程度。保留一个老客户的成本是获取一个新客户成本的五分之一，几乎所有的销售人员都会知道向一个原有客户销售产品要比不断寻求新客户容易得多。对客户保留的价值认可起源于对忠诚效应的认可，客户保留如今已经成为企业生存与发展的重要驱动力之一。

四、互联网客户服务方式

互联网客户服务的方式多种多样，以满足不同客户的需求和偏好。以下是一些常见的互联网客户销售服务方式：

（一）在线客服系统

企业通过网站或App提供在线客服系统，客户可以实时与客服人员进行文字、语音或视频交流，咨询产品信息、订单状态等。

（二）社交媒体平台

利用社交媒体平台（如微信、微博、抖音等）与客户进行互动，回答客户问题，发布产品信息和促销活动，提高品牌曝光度。

（三）电子邮件支持

设立专门的客户服务邮箱，接收客户的咨询、建议和投诉，并通过邮件及时回复，解决客户问题。

（四）自助服务

提供 FAQ（常见问题解答）页面、在线帮助文档、用户手册等，让客户能够自主查询信息、解决问题，减少等待时间。

（五）电话支持

虽然电话支持并非纯粹的互联网服务方式，但仍是重要的客户服务渠道之一。企业可以设置客服热线，接听客户来电，解答疑问，提供帮助。

（六）客户社区/论坛

建立一个客户社区或论坛，让客户之间互相交流、分享使用经验、解答彼此的问题。企业可以在其中设立官方账号，参与讨论，提供技术支持。

（七）视频教程和演示

制作产品使用教程、演示视频等，帮助客户更好地了解和使用产品，解决常见问题。

（八）在线客服机器人：

利用人工智能技术，开发在线客服机器人，为客户提供24小时不间断的在线客服服务。机器人可以回答简单问题，提供基本的产品信息和服务支持。

（九）定向推送消息

根据客户的购买历史、浏览记录等信息，通过短信、App推送等方式，向客户发送个性化的产品推荐、优惠活动等消息，提高客户满意度和转化率。

（十）在线客服评价系统

在服务结束后，邀请客户对客服人员的服务质量进行评价，以便企业及时了解客户反馈，不断改进服务质量。

以上这些方式并不是孤立的，企业可以根据实际情况和客户需求，综合运用多种客户服务方式，提高服务效率和质量，提升客户满意度和忠诚度。

五、提高互联网客户服务的方法

提升互联网客户服务的水平是确保客户满意度、建立品牌忠诚度并推动销售增长的关键。以下是一些方法可以帮助企业提升互联网销售客户服务的水平：

（一）建立专业的客户服务团队

招聘具备专业知识和良好沟通能力的客户服务人员。提供定期的培训和教育，确保团队成员掌握最新的客户服务技巧和行业知识。设立明确的职责和权限，确保团队成员能够快速、准确地响应客户问题。

（二）优化客户服务流程

简化并优化客户服务流程，减少客户等待时间和操作复杂度。设立常见问题解答库（FAQ），提供自助服务选项，以便客户能够自行解决问题。设立快速响应机制，确保客户在提出问题后能够迅速得到回复。

（三）利用技术提升服务效率

引入先进的客户服务系统，如CRM系统，以更好地管理和跟踪客户信息。利用人工智能（AI）和机器学习技术，实现智能客服机器人或聊天机器人的自动化服务。使用多渠道沟通工具，如即时通信软件、社交媒体平台等，以使客户能够选择最方便的沟通方式。

（四）个性化服务

收集并分析客户数据，了解客户需求和偏好，以便提供个性化的服务。发送个性化的推荐和优惠信息，增强客户购买的可能性。提供定制化的产品或服务，以满足客户的特殊需求。

（五）积极处理客户反馈

鼓励客户提供反馈和建议，以使企业能够了解服务中存在的问题和改进空间。对客户反馈进行及时响应和处理，确保客户的问题得到妥善解决。公开透明地处理客户投诉和纠纷，维护企业的声誉和形象。

（六）建立客户关系管理体系

建立完善的客户关系管理系统（CRM），收集和管理客户信息。通过定期与客户保持联系，提供个性化的服务和优惠活动，增强客户忠诚度。设立客户忠诚度计划或会员制度，鼓励客户重复购买和推荐新客户。

（七）持续改进和创新

不断收集和分析市场趋势和客户需求，发现新的服务机会和改进空间。鼓励团队提出创新性的服务方案和建议，以满足客户不断变化的需求。定期进行服务质量的评估和审计，确保服务水平始终保持在高标准。

（八）强化企业文化和价值观

树立以客户为中心的企业文化，确保每个员工都认识到客户满意度的重要性。强调团队合作和协作精神，鼓励员工之间互相支持和帮助。营造积极向上的工作氛围，激发员工的工作热情和创造力。

通过实施以上方法，企业可以不断提升互联网客户服务的水平，提高客户满意度和忠诚度，从而推动销售增长和品牌发展。

六、互联网客户服务的重要性

互联网客户服务的重要性不容忽视，它对于企业的成功和持续发展具有至关重要的作用。以下是互联网客户服务重要性的几个关键方面：

（一）增强客户满意度和忠诚度

互联网客户服务是建立和维护良好客户关系的关键。通过提供及时、准确、专业的服务，企业能够满足客户的期望和需求，从而增强客户的满意度。满意的客户更有可能成为忠诚的客户，为企业带来持续的收益。

（二）提升品牌形象和声誉

优质的客户服务能够提升企业的品牌形象和声誉。当客户在购物过程中遇到问题或疑虑时，及时、专业的客户服务能够消除客户的疑虑，增加客户对企业的信任。这种信任能够转化为品牌忠诚度，进而提升企业的市场竞争力。

（三）促进销售和增加收入

良好的客户服务能够促进销售和增加收入。通过与客户建立良好的关系，企业能够更好地了解客户需求和偏好，提供定制化的产品和服务，从而提高客户满意度和购买意愿。此外，客户满意度的提升还能促使客户向亲朋好友推荐企业的产品或服务，进一步拓展销售渠道。

（四）提高客户留存率

在互联网销售中，客户留存率是企业成功的关键因素之一。通过提供优质的客户服务，企业能够降低客户流失率，提高客户留存率。这不仅可以减少企业获取新客户的成本，还能为企业带来稳定的收入来源。

（五）收集客户反馈并改进产品

客户服务是获取客户反馈的重要途径。通过与客户的沟通和交流，企业可以了解客户对产品或服务的评价、需求和建议，从而不断优化产品、提升服务质量。这种持续改进的能力能够使企业保持竞争优势，满足不断变化的市场需求。

（六）应对市场竞争和变化

在互联网时代，市场竞争日益激烈，客户需求和偏好也在不断变化。优质的客户服务能够帮助企业更好地应对市场竞争和变化。通过提供个性化的服务、解决客户问题、满足客户需求，企业能够赢得客户的信任和支持，从而在激烈的市场竞争中脱颖而出。

（七）建立长期合作关系：

互联网客户服务不仅关注一次性的交易，更注重建立长期合作关系。通过提供持续的、优质的客户服务，企业能够与客户建立深厚的信任关系，实现长期稳定的合作。这种长期合作关系对于企业的可持续发展具有重要意义。

综上所述，互联网客户服务在提升客户满意度和忠诚度、提升品牌形象和声誉、促进销售和增加收入、提高客户留存率、收集客户反馈并改进产品、应对市场竞争和变化以及建立长期合作关系等方面都具有重要作用。因此，企业应高度重视互联网客户服务，不断提升服务质量和效率，以满足客户需求和期望。

【案例分析7-1】

互联网客户服务认知的转变与提升——以"云途旅行"为例

一、背景介绍

"云途旅行"是一家新兴的在线旅游服务平台，致力于通过互联网技术为消费者提供便捷、个性化的旅行规划与服务。随着旅游市场的竞争日益激烈，以及消费者需求的多样化与个性化，"云途旅行"意识到传统的客户服务模式已难以满足市场需求，因此决定从根源上提升团队对互联网客户服务的认知。

二、案例描述

（一）初始阶段：客户服务认知的局限

在"云途旅行"成立初期，客户服务团队主要聚焦于解决客户的基本问题和投诉，如订单查询、退改签等。然而，随着客户数量的快速增长，团队逐渐发现这种模式难以应对日益复杂的客户需求。客户不仅关注问题的解决速度，更重视服务过程中的体验感和个性化服务。此外，团队成员对于互联网环境下的客户服务特点、客户需求变化以及新技术应用等方面缺乏足够的认知。

（二）认知转变：从"解决问题"到"创造体验"

面对挑战，"云途旅行"高层决定推动客户服务认知的全面转变。他们组织了一系列培训活动，邀请行业专家、心理咨询师及客户服务领域的佼佼者进行授课。培训内容涵盖了互联网环境下的客户服务理念、客户需求分析、情感智能、沟通技巧以及新技术应用等多个方面。通过这些培训，团队成员逐渐认识到，优质的客户服务不仅仅是解决客户问题，更是通过每一个服务细节为客户创造愉悦的体验，建立长期的信任关系。

（三）实践应用：创新服务模式，提升服务质量

在认知转变的基础上，"云途旅行"开始探索并实施新的服务模式。"云途旅行"引入了智能客服系统，实现24小时在线服务，提高响应速度；同时，通过大数据分析客户行为，预测客户需求，提供个性化的旅行建议和优惠信息；此外，还建立了客户反馈机制，鼓励客户提出意见和建议，并以此为基础不断优化服务流程。

更重要的是，"云途旅行"注重培养员工的情感智能和同理心。"云途旅行"鼓励员工在服务过程中关注客户的情感需求，用真诚、耐心的态度与客户沟通，解决客户问题。这种以人为本的服务理念让"云途旅行"在众多竞争对手中脱颖而出，赢得了客户的广泛好评。

（四）成果展示：客户满意度与品牌忠诚度的提升

经过一系列的努力，"云途旅行"的客户服务质量得到了显著提升。客户满意度调查结果显示，客户对服务速度、问题解决能力、个性化服务以及整体体验等方面的满意度均大幅提升。同时，品牌忠诚度也随之提高，越来越多的客户选择"云途旅行"作为他们的首选旅行服务平台。

案例启示："云途旅行"的案例充分展示了互联网客户服务认知转变的重要性。在快速变化的互联网环境中，企业只有不断更新服务理念、提升服务质量、关注客户需求变化并积极探索新的服务模式，才能赢得市场的认可和客户的信赖。通过本案例的分析我们可以看到，"云途旅行"正是通过这一系列的努力实现了客户服务认知的转变与提升进而取得了显著的市场成效。

任务二　互联网客户服务过程

互联网时代，产品的选择和获取变得更加容易，用户忠诚度大大降低。为了提升用户忠诚度，企业需及时对用户需求作出反映，提供让客户满意的服务。一般而言，售前问题解答的专业程度，售中产品的配送速度、配送质量、商品质量，售后问题的解决情况是客户衡量企业整体服务质量好坏的标准。所以在互联网客户服务中，客户服务管理涉及售前、售中和售后三大部分。

微课 7-2

互联网客户服务过程

一、售前服务

售前服务是整个销售流程的第一个阶段，指产品、产品信息获取、产品信息咨询以及产品选择过程中提供的服务，既包括企业主动提供的服务，也包括客户要求的服务。以网上购物为例，售前阶段的主要服务包括提供商品搜索和比较服务、个性化推荐服务、信息

咨询服务，以及建立客户档案，对老客户进行消费诱导服务。

（一）商品搜索和比较服务

网上商店应提供商品搜索服务，按产品类型或其他特征对商品进行分类，便于客户对商品进行查找。此外，互联网的虚拟性使得客户无法通过直接触摸了解商品，商家应提供详细的产品信息，便于客户了解产品，同时为客户提供同类商品的相关信息，便于客户选择与比较。

（二）产品个性化推荐服务

每个客户都是独立的个体，都具有特殊性，商家应根据客户的不同特性，为其提供不同的商品信息与服务。同时，网站可根据客户行为，为客户提供不同的产品推荐信息。

（三）产品信息咨询服务

商家需要对客服人员进行培训，同时设置自助咨询服务，以便解答消费者的疑问。消费者的咨询类型主要包括产品咨询、物流咨询、三包咨询、促销咨询。

（四）老客户消费诱导服务

客户在购买商品前，一般会在平台注册，并填写自己的基本信息。交易完成后，商家应将所获取的客户资料进行整理，并保存在档案库，当客户再次购买时，可依据档案库中的数据，针对性地开发或刺激客户潜在需求，从而开拓市场。

二、售中服务

售中服务，即商品销售过程中为客户提供的服务。互联网售中服务主要包括：产品定制、订单跟踪、安全支付、应时配送等。

（一）产品定制服务

新环境下，用户需求呈现多样化发展，传统的单一产品模式已不能满足现有的需求，企业在提供产品的流程中，应考虑用户的具体要求。产品定制不仅可以提高客户满意度，还能及时了解客户需求，提高企业效益。

（二）订单跟踪服务

顾客下单后，物流情况是其最关心的问题。企业应提供商品物流信息查询平台，便于用户获取商品物流信息，实现订单跟踪服务。物流信息平台的运营，一方面利于客户了解商品位置信息；另一方面也强化了客户对企业的信任度。

（三）安全支付服务

商品订单的实现离不开支付环节，建立安全有效的支付环境以及提供多样化的支付方式是降低顾客疑虑，吸引顾客购买的有效措施。

（四）应时配送服务

订单支付完成并不意味着商务活动的结束，只有产品送达顾客，商务活动才算完结。网上商品有两种类型：一是实物产品，如服装、3C数码产品等；二是数字产品，如软件、音乐、图片等。对于数字产品，可以通过网上下载等方式为顾客提供产品；对于实物产品，企业应按约定时间将货物送达指定地点。

三、售后服务

互联网环境下，售后服务的内容有了新的形式，企业在实施售后服务时，要更为全面地考虑用户需求。售后服务主要包括：送货与安装服务、产品支持和技术服务、三包服务、客户追踪服务等。

（一）送货与安装服务

客户购物后及时送货上门是最基本的售后服务。近年来，物流快递公司的服务在不断提升，对于一般的非技术性商品，企业可以采取与快递物流公司合作的形式；对于特殊商品（如家用电器等需要安装调试的产品），企业应配置专门的上门安装人员，协助顾客安装和使用产品。

（二）产品支持和技术服务

企业可通过在线技术交流、在线技术支持、常见问题解答以及在线续订等服务，帮助在购买后更好地使用商品。提供产品支持和技术服务可以方便客户通过网站直接向相应的企业或者商家寻求帮助，减少不必要的中间环节。

（三）三包服务

"三包"服务是指对售出商品的包修、包换和包退的服务。网上商品的三包服务具有特殊性，一般来说，数字类虚拟产品一经出售，不享受三包服务；实物类商品，根据产品的规格、种类设定三包服务的要求，如大型电器类产品，主要根据产品的寿命期限，确定产品的包修包换时间。

（四）客户追踪服务

在互联网环境下，对客户的服务不再是当客户提出某种要求时的被动反应，而是企业应该积极地为客户着想。例如：阿里巴巴的工作人员会在客户购买完产品以后，及时打电话向客户致谢，同时询问客户对产品或服务是否满意，这种电话咨询是有效跟踪服务的开始。

【案例分析 7-2】

优化互联网客户服务过程——以"智选电商"为例

一、背景介绍

"智选电商"是一家快速发展的在线零售平台，专注于为消费者提供高品质、多样化的商品选择。随着业务规模的扩大，客户咨询量激增，原有的客户服务过程逐渐暴露出效率低下、客户体验不佳等问题。为提升客户满意度和忠诚度，"智选电商"决定对互联网客户服务过程进行全面优化。

二、案例描述

1.问题识别

在优化前，"智选电商"的客户服务过程存在以下主要问题：

响应速度慢：客户咨询时，往往需要等待较长时间才能得到回复。

信息不一致：不同客服人员对于同一问题的回答可能存在差异，导致客户困惑。

流程烦琐：退换货、投诉处理等流程复杂，客户操作不便。

缺乏个性化：服务过程缺乏针对客户个性化需求的考虑。

2.优化策略

针对上述问题，"智选电商"制定了以下优化策略：

引入智能客服系统：通过AI技术实现快速响应，解决常见问题，减轻人工客服压力。

统一服务标准：制定详细的服务手册，明确各类问题的处理流程和标准答案，确保信息一致性。

简化服务流程：对退换货、投诉处理等流程进行梳理和简化，减少客户操作步骤和时间成本。

实施个性化服务：利用大数据分析客户行为，提供个性化的商品推荐和服务建议，增强客户体验。

三、实施过程

系统升级：引入先进的智能客服系统，并与现有CRM系统对接，实现数据共享。

培训员工：组织客服团队进行新系统操作和服务标准的培训，确保每位员工都能熟练掌握。

流程改造：对服务流程进行逐一梳理和改造，去除冗余环节，确保流程简洁高效。

数据驱动：建立数据分析团队，定期分析客户行为和服务数据，为个性化服务提供数据支持。

四、成果展示

经过优化，"智选电商"的客户服务优化策略取得了显著成效：

响应速度提升：智能客服系统的引入使得大部分常见问题能够及时解决，人工客服的响应时间也大幅缩短。

信息一致性增强：统一的服务标准确保了客户无论与哪位客服人员沟通都能得到一致、准确的回答。

流程简化：退换货、投诉处理等流程的简化让客户操作更加便捷，提高了客户满意度。

个性化服务提升：通过数据分析实现个性化服务，增强了客户的购物体验和忠诚度。

案例启示：这一案例表明，在竞争激烈的电商市场中，优化客户服务过程是企业提升竞争力的重要手段之一。

资料来源　作者根据网络相关资料整理而成.

任务三　互联网销售服务质量

随着互联网技术的飞速发展，互联网销售已成为企业重要的销售渠道之一。然而，互联网销售服务质量的优劣直接影响到企业的市场竞争力和客户满意度。本节内容介绍互联网销售服务质量的相关内容，为企业提高互联网销售服务质量提供参考。

一、互联网销售服务质量认知

微课7-3

互联网销售服务质量认知

服务质量是指企业通过产品或服务提供给消费者所显示的技术性能和行为表现的综合表现。在互联网时代，服务质量标准不仅包含产品的基本技术指标，还更加注重消费者的主观感受和体验。除了传统的"及时性、准确性、完整性、可靠性"等指标外，还需要考虑用户的满意度、互动性、个性化等。互联网销售服务质量是指在线销售平台在为客户提供产品或服务的过程中所展现出来的特性和能力，这些特性和能力旨在满足或超越客户的期望。一个优质的互联网销售平台应该致力于满足客户的期望，提供可靠、快速、合理、个性化、安全和隐私保护的服务，并通过有效的沟通、员工素质和客户反馈等机制不断改进服务质量。

二、互联网销售服务的手段

传统的客户销售服务手段主要有电话和信函咨询、设立服务网点、上门服务等。互联网环境中，客户销售服务除了传统手段外，开创了依托互联网技术的FAQ、电子邮件、网络社区、即时通信等新型服务手段。

（一）常见问题解答（FAQ）

FAQ主要为客户解答产品服务等方面的问题，主要针对一些看似很简单，但不说明会影响客户信息获取，甚至失去客户的问题。设计完善的FAQ系统应该至少能够回答用户80%的问题。这样既可以引发随意浏览者的兴趣，也能帮助有目的的客户快速获取所需信息。

（二）电子邮件

电子邮件是目前使用广泛的一种现代化通信手段，具有方便、快捷、低成本等特点。电子邮件的形式涵盖文字、图像、音频等多种形式，是企业进行客户服务的有力工具。交易过程中，客户可以通过邮件形式向企业发送自己的需求，企业也可以通过电子邮件将服务推送给客户，加强企业与客户间的沟通。

（三）网络社区

网络社区包括论坛、讨论组和邮件列表等形式，是网站推广和客户服务的一种方式。其中，论坛的应用最为广泛，客户可以在论坛上提出自己的问题，网站服务人员通过论坛回答客户的问题，同时论坛的其他成员也可以对问题进行解答。

（四）即时通信

即时消息一般依托客户在平台绑定的即时工具或第三方工具，进行在线交谈、互传文件、语音对话等客户服务，这种方式可以随时收集客户的反馈，及时解决客户问题。目前，通信设备功能不断优化，即时通信将成为客户服务的主要助力。

互联网时代下，种类繁多的产品和便捷的信息获取促使以企业为中心的传统销售模式逐步向以客户为中心的新型模式发展，客户服务质量的高低是企业竞争力的体现，只有准确分析客户需求，及时响应市场的企业才能更好地生存和发展。

三、互联网销售服务质量标准

互联网销售服务质量的考核评价需要综合考虑多个维度和标准，采用多种评价方法来全面评估销售服务的实际效果和价值，以确保客户获得高质量的销售服务体验。以下是一些常见的互联网销售服务质量标准：

微课7-4

互联网销售服务质量标准和评价方法

（一）客户响应速度

迅速响应客户的咨询、疑问或投诉，确保客户的问题能够及时得到解决。设定合理的响应时间目标，例如24小时内回复邮件或即时消息。

（二）准确性和专业性

提供准确、详细的产品信息，避免误导客户。销售人员应具备专业知识，能够解答客户的技术问题或提供合适的购买建议。

（三）友好和礼貌的服务态度

对客户友好、热情，展现出礼貌的服务态度。使用适当的语言和语气，避免使用冒犯或冷淡的言辞。

（四）解决问题的能力

能够有效地解决客户的问题或投诉，提供满意的解决方案。对于复杂问题，能够协调内部资源或寻求外部支持，确保问题得到妥善解决。

（五）订单处理和履行

准确、快速地处理客户订单，确保订单信息的准确性和完整性。按时履行订单，确保产品按时送达客户手中。提供订单跟踪功能，让客户能够随时了解订单状态。

（六）售后服务

提供完善的售后服务，包括产品退换货、维修和保养等。确保售后服务的及时性和专业性，让客户无后顾之忧。

（七）数据安全和隐私保护

保护客户的个人信息和交易数据，确保数据不被泄露或滥用。采用安全的支付和交易方式，确保客户资金安全。

（八）多渠道服务支持

提供多种渠道的服务支持，如电话、邮件、在线聊天等。确保不同渠道的服务质量和效率一致，方便客户选择适合自己的沟通方式。

（九）持续改进和创新

不断收集客户反馈和意见，了解客户需求和期望。根据客户反馈和市场需求，持续改进和优化销售服务流程和质量。引入新技术和创新方法，提升销售服务的效率和效果。

这些质量标准可以作为互联网销售服务质量的参考，企业可以根据自身实际情况进行调整和完善。同时，企业应定期对销售服务质量进行评估和检查，确保服务质量符合标准要求，提升客户满意度和忠诚度。

四、互联网销售服务质量的评价方法

互联网销售服务质量的评价方法可以从多个角度综合考虑，以下是一些常用的评价方法：

（一）客户满意度调查

设计问卷或在线调查表，收集客户对销售服务的满意度评价。可以涵盖产品、价格、交付、售后服务等方面。通过统计和分析调查结果，了解客户对销售服务的整体满意度和具体反馈。

（二）数据分析

利用网站分析工具、CRM系统或其他数据平台，收集和分析销售服务相关的数据。包括流量、转化率、访问时长、跳出率等网站数据。还可以分析客户购买行为、订单履行准确性、退换货处理等数据。通过数据分析，评估销售服务的效率和效果。

（三）神秘顾客调查

雇佣或培训一批"神秘顾客"，让他们以普通客户的身份体验销售服务。神秘顾客可以模拟各种购买场景和问题，评估销售服务的响应速度、问题解决能力和服务态度等。通过收集和分析神秘顾客的调查结果，了解销售服务的实际表现。

（四）客户服务质量评估

制定客户服务质量标准，包括响应速度、服务态度、问题解决能力等。定期对客户服务人员进行培训和考核，确保他们符合质量标准。借助客户反馈意见收集、投诉率统计以及客户满意度调研等手段，对客户服务质量展开全面评估。

（五）社交媒体互动和参与度评估

监测和分析企业在社交媒体平台上的互动和参与度，包括回应评论、发布有价值的内容、粉丝增长等。通过社交媒体参与度评估，了解企业在社交媒体上的品牌形象和影响力。

（六）客户留存率和重复购买率分析

分析客户的购买历史和留存率，了解客户对销售服务的忠诚度。通过比较不同时间段或不同营销策略下的客户留存率和重复购买率，评估销售服务对客户忠诚度的影响。

（七）服务流程和标准化评估

对销售服务流程进行评估，确保流程顺畅、高效且符合客户需求。评估服务流程的标准化程度，确保服务质量和效率的一致性。

（八）客户反馈和投诉处理机制评估

评估企业收集和处理客户反馈和投诉的机制。确保客户反馈和投诉能够及时、准确地传达给相关部门，并得到妥善解决。通过客户反馈和投诉处理机制的评估，了解企业在客户沟通和问题解决方面的能力。

以上评价方法可以单独使用或结合使用，根据企业的实际情况和需求选择合适的评价方法。同时，企业应定期评估销售服务质量，并根据评估结果进行调整和优化，以提升客户满意度和忠诚度。

【案例分析7-3】

提升互联网销售服务质量——以"悦读坊"在线书店为例

一、背景介绍

"悦读坊"是一家知名的在线书店，致力于通过互联网平台向广大读者提供丰富多样的图书资源和便捷的购书体验。随着电商行业的快速发展和消费者需求的不断提升，"悦读坊"意识到仅仅依靠丰富的图书种类和价格优势已难以维持长久的竞争优势。因此，公司决定从提升互联网销售服务质量入手，以优质的服务赢得消费者的信任和忠诚。

二、案例描述

1.识别服务质量问题

"悦读坊"首先通过客户反馈、市场调研以及内部数据分析等方式，识别出当前销售服务中存在的主要问题。例如，物流速度慢、商品描述与实际不符、售后服务响应不及时等。这些问题不仅影响了消费者的购物体验，还损害了公司的品牌形象。

2.制定改进策略

针对识别出的问题，"悦读坊"制定了以下改进策略：

优化物流体系：与多家知名物流公司建立深度合作关系，引入智能仓储管理系统，提高订单处理速度和物流配送效率。同时，推出"次日达""限时达"等增值服务，满足不同消费者的需求。

加强商品管理：完善商品信息审核机制，确保商品描述准确、详细，减少因信息不对称导致的退货和投诉。同时，加强对供应商的管理，确保所售图书均为正版、新书。

提升售后服务质量：建立专业的售后服务团队，提供7×24小时在线客服服务，确保消费者的问题能够得到及时响应和解决。同时，优化退换货流程，简化手续，缩短处理时间，提升消费者满意度。

个性化服务创新：利用大数据和 AI 技术，分析消费者的购买行为和偏好，提供个性化的图书推荐和优惠信息。此外，还推出会员制度，为会员提供更多专属服务和优惠，增强用户黏性。

三、实施与监控

在改进策略制定后，"悦读坊"迅速组织团队进行实施。同时，建立了完善的服务质量监控体系，对各项改进措施的执行情况进行定期检查和评估。通过收集客户反馈、分析销售数据等方式，不断发现新问题、新需求，并及时调整服务策略。

四、成果展示

经过一系列努力，"悦读坊"的互联网销售服务质量得到了显著提升。物流速度加快，商品描述更加准确，售后服务响应及时且专业。这些改进不仅提高了消费者的购物体验，还显著提升了客户满意度和忠诚度。同时，"悦读坊"的品牌形象也得到了进一步提升，吸引了更多新客户的关注和购买。

案例启示：“悦读坊”通过识别服务质量问题、制定改进策略、实施与监控等一系列措施，成功提升了互联网销售服务质量。这一案例表明，在互联网销售领域，优质的服务质量是企业赢得市场竞争优势的关键因素之一。企业应不断关注消费者需求和市场变化，持续优化服务流程和服务质量，以赢得消费者的信任和忠诚。

资料来源　作者根据网络相关资料整理。

任务四　互联网销售服务策略

微课7-5

互联网销售服务策略

近年来，电子商务市场持续增长，互联网销售已成为企业不可或缺的销售渠道。然而，互联网销售服务质量的参差不齐，使得消费者在选择产品和服务时面临诸多困难。因此，研究互联网销售服务质量的提升策略，对提高企业市场竞争力、增强客户满意度具有重要意义。互联网销售服务策略是企业为了在互联网上提供高效、优质的销售服务而制订的一系列计划和方法。

一、互联网销售服务策略内容

（一）提升用户体验

1.优化网站设计

设计简洁美观的界面，提高页面加载速度，确保用户能够迅速找到所需信息；进行移动端适配，确保网站在各类移动设备上都能正常显示和操作；引入个性化推荐系统，基于用户的浏览和购买历史，提供个性化的商品推荐。

2.简化购物流程

提供清晰的商品分类和搜索功能，减少用户寻找商品的时间；设计直观易懂的购物车和结算流程，减少用户的操作步骤；支持多种支付方式，提高支付流程的便捷性和安全性。

（二）搜索引擎优化（SEO）

1.关键词研究

使用SEO工具进行关键词研究，找出与产品或服务相关的高搜索量关键词。在网站的标题、内容、Meta标签等位置合理使用关键词，提高网站在搜索引擎中的排名。

2.内容优化

创建高质量、有价值的内容，如博客文章、产品教程等，吸引用户的关注和分享。定期更新网站内容，保持网站的活跃度和新鲜度。

3.外部链接建设

与其他网站建立友情链接，提高网站的权威性和可信度。参与行业内的论坛和社区，积极回答问题并分享经验，提高品牌曝光度。

（三）社交媒体营销

1.建立社交媒体账号

在主流的社交媒体平台上建立企业账号，如微博、微信、抖音等。定期发布有趣、有价值的内容，吸引用户的关注和互动。

2.互动与回应

及时回应用户的评论和提问，增强用户的互动体验。举办线上活动或竞赛，吸引用户的参与和分享。

3.社交媒体广告

根据目标用户的特点和兴趣，制定精准的社交媒体广告策略。通过广告投放平台，如Facebook Ads、微博广告等，进行定向投放，提高广告的转化率。

（四）电子邮件营销

1.收集用户邮箱

在网站注册、购买等过程中收集用户的邮箱地址。确保用户同意接收电子邮件营销信息，避免引起用户反感。

2.发送有价值的内容

定期发送与产品或服务相关的优惠信息、新品推荐等内容。设计有吸引力的邮件标题和内容，提高用户的点击率和转化率。

（五）联盟营销

1.寻找合作伙伴

与其他品牌或企业建立合作关系，共同推广产品或服务。选择与自身产品或服务相关的合作伙伴，提高推广效果。

2.制订合作方案

协商确定合作的具体内容和方式，如佣金比例、广告位置等。签订合作协议，明确双方的权利和义务。

（六）数据分析和优化

1.收集和分析数据

使用数据分析工具收集用户行为数据、销售数据等。分析数据，找出用户需求和购买行为的特点和趋势。

2.优化销售策略

根据数据分析结果，调整和优化销售策略和产品推荐。定期进行 A/B 测试，找出最佳的销售策略和产品组合。

以上策略可以根据企业的实际情况和市场需求进行选择和调整，以实现更好的互联网销售效果。

二、互联网销售服务策略的实施步骤

（一）明确目标与定位

确定销售目标：首先明确销售对象和目标市场，确定网络销售的具体目标和计划，包括销售额、市场份额和客户满意度等指标。

分析目标市场：通过市场调研了解目标市场的特点、需求、偏好和行为模式，以便更好地满足客户需求。

（二）制定营销策略

选择合适的网络销售渠道：根据目标市场的特点和客户需求，选择适合的网络销售平台，如电商平台、社交媒体平台等。

制订营销计划：包括定价策略、促销策略、广告策略等，确保营销活动能够吸引潜在客户并促成交易。

品牌形象建设：在互联网上建立并维护一个清晰、积极的品牌形象，提升品牌知名度和美誉度。

（三）网站建设与优化

搭建网站平台：建设公司网站，包括公司简介、商品介绍、在线购买、客户评价等内容，并确保网站易于导航和使用。

搜索引擎优化（SEO）：通过 SEO 技术提高网站在搜索引擎中的排名，使潜在客户更容易找到公司的产品和服务。

用户体验优化：关注用户体验，确保网站加载速度快、界面美观、功能完善，提供个性化的购物体验。

（四）商品上架与推广

商品上架：将准备好的商品信息上传到电商平台，确保信息真实准确，包括商品名称、价格、描述、图片等。

销售促销与推广：通过优惠活动、广告投放、社交媒体宣传等方式进行销售促销和推广，提高商品曝光量和销售额。

（五）订单管理与物流配送

订单管理：建立高效的订单管理系统，确保订单信息的准确性和及时性，包括订单确认、支付、发货、退换货处理等。

物流配送：与可靠的物流公司合作，确保商品能够按时、安全地送达客户手中。

（六）客户服务与售后

客户服务：构建专业化的客户服务体系，确保能够迅速响应并解答客户提出的各类疑问，高效处理客户投诉事宜，以此提升用户对品牌的忠诚度与美誉度。

售后服务：提供完善的售后服务，如退换货政策、产品维修等，确保客户在购买后能够享受到满意的服务。

（七）数据监控与分析

数据监控：通过数据监控工具对销售数据进行实时监控，了解销售情况、客户行为等信息。

数据分析：对收集到的数据进行分析和比较，找出销售过程中的问题和改进空间，为销售策略的调整和优化提供依据。

（八）评估与调整

定期评估：定期评估互联网销售服务策略的实施效果，包括销售额、客户满意度等指标。

策略调整：根据评估结果对互联网销售服务策略进行调整和优化，以适应市场变化和客户需求的变化。

通过以上步骤的实施，企业可以有效地实施互联网销售服务策略，提升销售效率和客户满意度，实现销售目标和市场份额的增长。

【案例分析7-4】

创新互联网销售服务策略——以"鲜果速递"为例

"鲜果速递"是一家专注于高品质新鲜水果配送的电商平台，面对竞争激烈的生鲜市场，该公司意识到传统的销售模式已难以满足消费者对便捷性、新鲜度和个性化服务的需求。因此，"鲜果速递"决定采用创新的互联网销售服务策略，力争以差异化竞争策略脱颖而出。

一、案例描述

1.精准定位，聚焦目标客户

"鲜果速递"首先进行了深入的市场调研，明确了其主要目标客户群体为追求健康生活、注重生活品质的中高端消费者。针对这一目标群体，公司设计了独特的品牌形象和宣传语，强调"新鲜直达，健康每一天"的理念，以吸引并留住目标客户。

2.构建完善的供应链体系

为了保证水果的新鲜度和品质，"鲜果速递"投入大量资源构建了完善的供应链体系。公司与多个优质果园建立了长期合作关系，确保水果从采摘到配送的每一个环节都严格把控。同时，公司采用先进的冷链物流技术，确保水果在运输过程中保持最佳状态。

3.创新服务模式，提升客户体验

个性化定制服务："鲜果速递"推出了个性化水果礼盒定制服务，消费者可以根据自己的喜好和需求，选择水果种类、数量和包装方式，打造独一无二的水果礼盒。这一服务不仅满足了消费者的个性化需求，还增加了购买的趣味性和互动性。

智能推荐系统：利用大数据和AI技术，公司开发了智能推荐系统。该系统能够根据消费者的购买历史和浏览行为，智能推荐符合其口味的水果和优惠信息，提高销售转化率。

无忧售后保障："鲜果速递"承诺"坏果包赔"，消费者在购买过程中如遇任何问题，均可享受无忧售后服务。这一承诺不仅增强了消费者的购买信心，还提升了品牌形象。

4.多渠道营销，扩大品牌影响力

为了扩大品牌影响力，"鲜果速递"采用了多渠道营销策略。除了自有官网和App外，公司还积极入驻天猫、京东等主流电商平台，以及利用社交媒体（如微信公众号、抖音等）进行品牌推广和内容营销。通过多样化的营销手段，公司成功吸引了大量潜在客户，并提升了品牌知名度。

二、成果展示

经过一系列创新策略的实施，"鲜果速递"在竞争激烈的生鲜市场中脱颖而出，实现了业绩的快速增长。公司客户数量大幅增加，客户满意度和忠诚度显著提升。同时，"鲜果速递"的品牌影响力也不断扩大，成为行业内备受瞩目的新兴企业。

案例启示："鲜果速递"通过精准定位目标客户、构建完善的供应链体系、创新服务模式以及多渠道营销策略等创新互联网销售服务策略，成功在市场中占据了一席之地。这一案例表明，在互联网时代，企业只有不断创新销售服务策略，才能满足消费者日益多样化的需求，赢得市场竞争的主动权。

项目总结

资料来源　作者根据网络相关资料整理。

【项目实训】

互联网销售服务质量提升计划

一、实训目标

知识目标：使学生掌握互联网销售服务质量的评估标准与方法。

技能目标：培养学生运用数据分析工具进行服务质量评估与改进的能力。

实践目标：通过制订并实施服务质量提升计划，提升学生的团队协作与项目管理能力。

二、实训内容

1.数据收集与分析

分组选择一家互联网销售平台或企业作为研究对象。利用在线调查、客户反馈、CRM系统数据等多种渠道收集服务质量相关数据。运用数据分析工具（如Excel、SPSS等）对数据进行清洗、整理与分析，识别服务质量的优势与不足。

2.服务质量评估

根据学习到的评估标准与方法，对研究对象的服务质量进行全面评估。分析服务质量问题的根源，如流程缺陷、人员能力不足、技术限制等。

基于评估结果，分组讨论并制订服务质量提升计划。计划应包含具体的改进措施、实施步骤、责任分配、时间节点等要素。

鼓励创新，提出具有可操作性和前瞻性的提升方案。

3.模拟实施与评估

在导师或企业导师的指导下，对部分提升计划进行模拟实施。跟踪实施过程，记录实施效果，并进行阶段性评估。根据评估结果调整提升计划，确保改进措施的有效性和可持续性。

4.成果展示与反馈

各组准备PPT或报告，展示服务质量提升计划的制订过程、实施效果及经验教训。邀请企业导师、行业专家进行点评，提供宝贵意见和建议。

学生之间互相交流学习心得，共同提升。

三、实训成果

提交一份完整的互联网销售服务质量提升计划报告，包括评估结果、提升方案、模拟实施效果等内容。

展示服务质量提升计划的核心亮点和创新点，体现学生的专业素养和实践能力。

通过实训项目，学生将深刻理解互联网销售服务质量的重要性，掌握评估与提升服务质量的方法与技巧，为未来的职业发展奠定坚实基础

基本训练

一、选择题

基本训练

1.互联网客户服务认知的核心是（　　　）。

A.技术更新　　　　　　　　　　B.客户需求理解

C.销售渠道拓展　　　　　　　　D.产品创新

2.在互联网客户服务过程中，对于提升客户满意度至关重要的是（　　　）。

A.售前咨询　　　　　　　　　　B.物流配送

C.售后服务　　　　　　　　　　D.以上都是

3.互联网销售服务质量通常不包括（　　　）。

A.响应速度　　　　　　　　　　B.专业知识

C.物流费用　　　　　　　　　　D.问题解决能力

4.互联网销售服务策略中，定制化服务方案主要基于（　　　）制订。

A.公司利润目标　　　　　　　　B.市场竞争态势

C.客户需求分析　　　　　　　　D.产品功能特性

5.下列各项不属于互联网客户服务过程必要步骤的是（　　　）。

A.接受客户咨询　　　　　　　　B.验证客户身份

C.提供解决方案　　　　　　　　D.跟踪服务效果

6.在提升互联网销售服务质量时，以下措施最为直接有效的是（　　　）。

A.降低产品价格　　　　　　　　B.增加广告投放

C.优化客服培训体系　　　　　　D.扩大产品种类

7.互联网客户服务认知中，对"客户体验"的理解应侧重于（　　　）。

A.产品的外观设计　　　　　　　B.客户与品牌的互动感受

C.广告宣传的效果　　　　　　　D.售后服务的便捷性

8.以下服务策略中有助于增强互联网销售的客户黏性的是（　　　）。

A.高频次的价格促销　　　　　　B.建立客户忠诚度计划

C.不断推出新产品　　　　　　　D.扩大市场覆盖范围

9.互联网客户服务过程中，确保信息准确传递的关键是（　　　）。

A.使用专业术语　　　　　　　　B.依赖自动化工具

C.清晰、简明的沟通　　　　　　D.加快沟通速度

10.评估互联网销售服务质量时，以下各项数据最具参考价值的是（　　　）。

A.销售额增长率　　　　　　　　B.客户满意度调查结果

C.网站访问量　　　　　　　　　D.广告投放效果

二、判断题

1.互联网客户服务认知仅涉及对产品的了解，不包括对客户心理和需求的理解。

（　　）

2.互联网客户服务过程通常包括售前咨询、售中服务和售后服务三个主要阶段。

（　　）

3.提高互联网销售服务质量的关键在于增加客服人员数量，而非提升他们的专业素养。 （　　）

4.互联网销售服务策略应根据市场环境变化灵活调整，以适应客户需求。 （　　）

5.在互联网客户服务过程中，使用自动化工具可以完全替代人工客服的作用。

（　　）

6.客户满意度是衡量互联网销售服务质量高低的唯一标准。 （　　）

7.定制化服务方案是提升互联网销售服务竞争力的重要手段之一。 （　　）

8.互联网客户服务认知的提升主要依靠技术手段的革新。 （　　）

9.跟踪服务效果是互联网客户服务过程中不可或缺的一环，有助于持续改进服务质量。 （　　）

10.互联网销售服务质量的提升仅与客服部门相关，与其他部门无直接联系。（　　）

三、论述题

1.论述互联网客户服务认知对企业的重要性。

2.探讨互联网客户服务过程中面临的挑战及应对策略。

3.论述互联网销售服务质量的提升路径。

四、案例分析题

案例描述：某知名电商平台在近期遭遇了客户投诉激增的问题，主要反映在售后服务响应速度慢、问题解决不彻底等方面。为了改善这一状况，该平台决定对互联网销售服务进行全面优化。

问题：

（1）分析该电商平台在客户服务方面存在的主要问题及原因。

（2）讨论在实施这些改进措施过程中可能遇到的挑战及应对策略。

要求：结合互联网销售服务管理的相关知识，对案例进行深入分析，提出切实可行的解决方案，并阐述其对企业长远发展的意义。

项目八

互联网销售风险管理

学习目标

★ 知识目标

（1）理解互联网销售相关的法律法规体系，包括《电子商务法》《消费者权益保护法》等。

（2）熟知互联网销售企业在运营过程中需遵守的合规性要求及标准。

（3）了解互联网销售中常见的欺诈手段及识别方法。

（4）熟知网络安全、交易安全等方面的风险及防范措施。

（5）理解风险管理的概念、原则及在互联网销售中的应用。

（6）熟知互联网销售风险管理的流程、方法及工具。

★ 能力目标

（1）能够准确识别互联网销售活动中可能涉及的法律风险点。

（2）能够制定并执行符合法律法规要求的销售策略和操作规范。

（3）能够有效识别和预防互联网销售中的欺诈行为。

（4）能够建立并维护安全的销售环境，保障客户信息和交易数据的安全。

（5）能够全面评估互联网销售过程中可能遇到的风险。

（6）能够制定并实施有效的风险管理策略和应对措施，降低风险发生的概率和影响。

★ 素养目标

（1）责任在肩与笃行致远：对互联网销售风险管理工作满怀热忱，秉持高度的责任心与敬业精神。

（2）协同共治与跨域联防：互联网销售风险管理涉及市场、技术、财务、法务等多个部门，需具备卓越的团队合作精神与跨领域协作能力。

（3）诚信守正与合规护航：在互联网销售风险管理过程中，坚守诚信与合规的原则，严格遵守行业规范、法律法规以及企业的道德准则。

（4）前瞻洞察与社会担当：树立前瞻性的风险管理理念，将社会需求和行业发展趋势纳入风险管理的考量范围。

项目导入

电商巨头的合规挑战与欺诈防范

近年来，随着互联网的飞速发展，电商行业迎来了前所未有的繁荣。作为国内知名的电商巨头"云尚商城"，凭借其丰富的商品种类、便捷的购物体验和强大的物流配送能力，迅速崛起并占据了市场的领先地位。然而，在享受市场红利的同时，"云尚商城"也面临着前所未有的风险挑战，特别是在法律法规与合规性、欺诈与安全问题方面。

一、法律法规与合规性挑战

随着国家对电子商务领域监管力度的不断加强，一系列法律法规相继出台，对电商平台的经营行为提出了更高要求。然而，"云尚商城"在快速发展过程中，部分商品信息存在夸大宣传、虚假承诺等问题，导致消费者投诉不断。同时，平台在数据保护、隐私政策等方面也存在合规性漏洞，引发了监管机构的关注。

二、欺诈与安全问题频发

"云尚商城"遭遇了多起假冒商品事件，不法商家利用平台漏洞，销售假冒伪劣产品，严重损害了消费者权益和平台声誉。此外，钓鱼网站、诈骗电话等欺诈手段也层出不穷，给消费者带来巨大损失。在信息安全方面，平台也曾发生数据泄露事件，导致用户信息被非法获取和利用。

通过"云尚商城"这一典型案例，我们可以深刻认识到互联网销售在法律法规与合规性、欺诈与安全问题上面临的严峻挑战。本项目旨在引导学生深入探讨这些问题，了解相关法律法规要求，掌握欺诈与安全问题的识别与应对技巧，为未来的职业生涯奠定坚实基础。同时，通过案例分析，激发学生对于互联网销售风险管理的兴趣和思考，促进理论与实践的有机结合。

资料来源　作者根据网络相关资料整理。

任务一　明确互联网销售的法律法规与合规性

互联网销售的法律法规是确保互联网交易活动合法、有序进行的重要基石。互联网销售相关法律法规如下：

一、互联网销售的法律法规

（一）基本法律法规

1.《电子商务法》

《电子商务法》是一部规范中国境内电子商务活动的重要法律，旨在保障电子商务各方主体的合法权益，规范电子商务行为，维护市场秩序，促进电子商务持续健康发展。该法主要内容和要点的简要介绍如下：

（1）总则

① 立法目的：为了保障电子商务各方主体的合法权益，规范电子商务行为，维护市场秩序。

② 适用范围：本法适用于中华人民共和国境内的电子商务活动，包括通过互联网等

信息网络销售商品或者提供服务的经营活动。但金融类产品和服务，利用信息网络提供新闻信息、音视频节目、出版以及文化产品等内容方面的服务，不适用本法。

③发展原则：国家鼓励发展电子商务新业态，创新商业模式，促进电子商务技术研发和推广应用，推进电子商务诚信体系建设。

（2）电子商务经营者

①定义：电子商务经营者是指通过互联网等信息网络从事销售商品或者提供服务的经营活动的自然人、法人和非法人组织，包括电子商务平台经营者。

②经营原则：电子商务经营者从事经营活动，应当遵循自愿、平等、公平、诚信的原则，遵守法律和商业道德，履行消费者权益保护、环境保护、知识产权保护、网络安全与个人信息保护等方面的义务。

（3）电子商务合同的订立与履行。电子商务合同的订立和履行应当遵守《中华人民共和国民法典》等相关法律法规的规定。同时，电子商务经营者不得以格式条款等方式作出排除或者限制消费者权利、减轻或者免除经营者责任、加重消费者责任等对消费者不公平、不合理的规定。

（4）电子商务争议解决。电子商务争议可以通过协商、调解、仲裁和诉讼等方式解决。电子商务平台经营者应当建立便捷的在线投诉、举报机制，公开投诉、举报方式等信息，及时受理并处理投诉、举报。

（5）电子商务促进。国家采取措施推动电子商务基础设施建设和互联互通，支持电子商务在农业、工业、服务业等领域的应用，促进跨境电子商务发展。同时，国家鼓励电子商务服务行业的发展，支持电子商务技术创新和应用，加强电子商务人才培养和引进。

（6）法律责任。对于违反本法规定的行为，将依法追究法律责任。电子商务经营者未依法履行本法规定的信息公示、商品和服务质量保障、消费者权益保护等义务的，将受到相应的行政处罚或民事赔偿。

（7）附则。本法自2019年1月1日起施行。在此之前发布的有关电子商务的法律、行政法规与本法不一致的，以本法为准。

2.《广告法》

《广告法》的主要内容和要点归纳如下：

（1）总则。

①立法目的：为规范广告市场运营行为，切实保障消费者合法权益不受侵害，推动广告行业朝着健康、有序的方向持续发展，进而维护社会经济秩序的稳定与和谐。

②适用范围：在中华人民共和国境内，商品经营者或者服务提供者通过一定媒介和形式直接或者间接地介绍自己所推销的商品或者服务的商业广告活动，适用本法。

（2）广告活动主体定义。

①广告主：为推销商品或者服务，自行或者委托他人设计、制作、发布广告的自然人、法人或者其他组织。

②广告经营者：接受委托提供广告设计、制作、代理服务的自然人、法人或者其他组织。

③广告发布者：为广告主或者广告主委托的广告经营者发布广告的自然人、法人或

者其他组织。

④ 广告代言人：广告主以外的，在广告中以自己的名义或者形象对商品、服务作推荐、证明的自然人、法人或者其他组织。

（3）广告内容准则。

第一，广告内容要求：①真实、合法：广告应当真实、合法，不得含有虚假或者引人误解的内容，不得欺骗、误导消费者。②健康表达：广告应当以健康的表现形式表达广告内容，符合社会主义精神文明建设和弘扬中华优秀传统文化的要求。③准确清楚：广告中对商品的性能、功能、产地、用途、质量、成分、价格、生产者、有效期限、允诺等或者对服务的内容、提供者、形式、质量、价格、允诺等有表示的，应当准确、清楚、明白。

第二，禁止内容：①不得使用"国家级""最高级""最佳"等绝对化用语。②不得损害未成年人和残疾人的身心健康。③不得妨碍社会公共秩序或者违背社会良好风尚。④不得含有淫秽、色情、赌博、暴力、恐怖或者迷信的内容。

（4）广告行为规范。

① 广告主责任：广告主应当对广告内容的真实性负责。

② 广告经营者与发布者责任：广告经营者、广告发布者从事广告活动，应当遵守法律、法规，诚实信用，公平竞争。

③ 广告代言人责任：广告代言人在广告中对商品、服务作推荐、证明，应当依据事实，符合本法和有关法律、行政法规规定，并不得为其未使用过的商品或者未接受过的服务作推荐、证明。

（5）监督管理。

① 监督管理部门：国务院市场监督管理部门主管全国的广告监督管理工作，县级以上地方市场监督管理部门主管本行政区域的广告监督管理工作。

② 监督管理职责：包括制订广告业发展规划、政策措施并组织实施，建立健全广告监测制度，完善监测措施等。

（6）法律责任。违反本法规定，发布虚假广告，欺骗、误导消费者，使购买商品或者接受服务的消费者的合法权益受到损害的，由广告主依法承担民事责任。广告经营者、广告发布者明知或者应知广告虚假仍设计、制作、代理、发布的，应当与广告主承担连带责任。

以上是对《广告法》的主要内容和要点的归纳，该法为广告活动的规范提供了明确的法律框架和准则。

3.《中华人民共和国反不正当竞争法》

《中华人民共和国反不正当竞争法》（以下简称《反不正当竞争法》）通过规范市场竞争行为，确保市场机制有效运行，为经营者提供公平竞争的基本规则，使企业能在公平环境下凭借正当手段竞争，进而推动市场的良性发展；同时，直接维护涉案经营者合法权益以及公平竞争的市场秩序，让经营者获取合理经营收益，还通过维护市场秩序，降低生产经营与消费者选购成本，提升消费者福利，全方位保障市场各参与方权益，维护市场的有序性与公正性。该法的主要内容和要点归纳如下：

（1）总则。

立法目的：为了促进社会主义市场经济健康发展，鼓励和保护公平竞争，预防和制止不正当竞争行为，保护经营者和消费者的合法权益。

适用范围：适用于经营者在中华人民共和国境内生产经营活动中的不正当竞争行为。同时，在中华人民共和国境外实施本法规定的不正当竞争行为，扰乱境内市场竞争秩序，损害境内经营者或者消费者的合法权益的，也依照本法以及有关法律的规定处理。其中，经营者是指从事商品生产、经营或者提供服务的自然人、法人和非法人组织。

原则：经营者在生产经营活动中，应当遵循自愿、平等、公平、诚信的原则，遵守法律和商业道德，公平参与市场竞争。

（2）不正当竞争行为。

混淆行为：擅自使用对他人有一定影响的商品名称、包装、装潢等相同或者近似的标识。擅自使用有一定影响的企业名称（包括简称、字号等）、社会组织名称（包括简称等）、姓名（包括笔名、艺名、译名等）。

虚假宣传行为：对商品的性能、功能、质量、销售状况、用户评价、曾获荣誉等作虚假或者引人误解的商业宣传，欺骗、误导消费者。

商业贿赂行为：在交易活动中，以财物或者其他手段贿赂单位或者个人，以谋取交易机会或者竞争优势。

侵犯商业秘密行为：以盗窃、贿赂、欺诈、胁迫、电子侵入或者其他不正当手段获取权利人的商业秘密，或者披露、使用或者允许他人使用以前项手段获取的权利人的商业秘密。

其他不正当竞争行为：包括妨碍、破坏其他经营者合法提供的网络产品或者服务正常运行的行为，误导、欺骗、强迫用户修改、关闭、卸载其他经营者合法提供的网络产品或者服务等。

（3）法律责任。对于违反本法规定，从事不正当竞争行为的，将依法承担法律责任，包括民事责任、行政责任和刑事责任。

（4）反不正当竞争工作协调机制。国务院建立反不正当竞争工作协调机制，研究制定反不正当竞争重大政策，协调处理维护市场竞争秩序的重大问题。

（5）社会监督与行业自律。国家鼓励、支持和保护一切组织和个人对不正当竞争行为进行社会监督。行业组织应当加强行业自律，引导、规范会员依法竞争，维护市场竞争秩序。

（6）修订与适用。本法自1993年颁布以来，经历了多次修订和修正。2025年6月27日，新的《反不正当竞争法》已由中华人民共和国第十四届全国人民代表大会常务委员会第十六次会议修订通过，自2025年10月15日起施行。

总结来说，《反不正当竞争法》为维护社会主义市场经济秩序、保护公平竞争提供了坚实的法律基础。通过明确不正当竞争行为的定义和法律责任，以及加强社会监督和行业自律，本法有效促进了市场经济的健康发展。

4.《消费者权益保护法》

《消费者权益保护法》是一部旨在保护消费者合法权益、维护社会经济秩序、促进社会主义市场经济健康发展的法律。以下是该法律的主要内容概述：

（1）立法宗旨。保护消费者权益，规范经营者行为，维护良好经济秩序，推动市场经济稳健前行。

（2）法律适用范围。

消费者行为：消费者为生活消费需要购买、使用商品或者接受服务，其权益受本法保护。

经营者行为：经营者为消费者提供其生产、销售的商品或者提供服务，应当遵守本法。

（3）立法原则。经营者与消费者进行交易，应当遵循自愿、平等、公平、诚实信用的原则。

（4）国家职能与倡导。

国家保护：国家保护消费者的合法权益不受侵害，并采取措施保障消费者依法行使权利，维护消费者的合法权益。

消费方式倡导：国家倡导文明、健康、节约资源和保护环境的消费方式，反对浪费。

（5）社会参与与监督。保护消费者的合法权益是全社会的共同责任。国家鼓励、支持一切组织和个人对损害消费者合法权益的行为进行社会监督。大众传播媒介应当做好维护消费者合法权益的宣传，对损害消费者合法权益的行为进行舆论监督。

（6）消费者的权利。

安全保障权：消费者在购买、使用商品和接受服务时享有人身、财产安全不受损害的权利。

知情权：消费者有权知悉其购买、使用的商品或者接受的服务的真实情况。

选择权：消费者有权自主选择商品或者服务，包括选择经营者、商品品种或服务方式等。

公平交易权：消费者在购买商品或接受服务时，有权获得质量保障、价格合理、计量正确等公平交易条件。

赔偿权：消费者因购买、使用商品或接受服务受到人身、财产损害的，享有依法获得赔偿的权利。

成立组织权：消费者享有依法成立维护自身合法权益的社会组织的权利。

（7）经营者的义务。经营者应当遵守本法及其他相关法律、法规，为消费者提供安全、合格的商品和服务，履行相应的义务。

（8）争议的解决与法律责任。法律规定了消费者与经营者之间争议的解决方式，以及违反本法规定所需承担的法律责任。

（二）特殊领域的法律法规

1.《网络购买商品七日无理由退货暂行办法》

《网络购买商品七日无理由退货暂行办法》（2017年1月6日国家工商行政管理总局令第90号公布，根据2020年10月23日国家市场监督管理总局令第31号修订）第一章总则第一条为保障《消费者权益保护法》七日无理由退货规定的实施，保护消费者合法权益，促进电子商务健康发展，根据《消费者权益保护法》等相关法律、行政法规，制定本办法。以下是该办法的主要内容：

（1）总则。

立法目的：为了保护消费者的合法权益，促进电子商务健康发展，根据《消费者权益保护法》等相关法律、行政法规，制定本办法。

适用范围：消费者为生活消费需要通过网络购买商品，自收到商品之日起七日内依照《消费者权益保护法》第二十五条规定退货的，适用本办法。

基本原则：消费者行使七日无理由退货权利和网络商品销售者履行七日无理由退货义务都应当遵循公平、诚实信用的原则，遵守商业道德。

鼓励政策：鼓励网络商品销售者作出比本办法更有利于消费者的无理由退货承诺。

（2）不适用退货的商品范围和商品完好标准。

第一，不适用退货的商品。其包括：①消费者定做的商品；②鲜活易腐的商品；③在线下载或者消费者拆封的音像制品、计算机软件等数字化商品；④交付的报纸、期刊。

第二，可以不适用退货的商品。其包括：①拆封后易影响人身安全或者生命健康的商品；②一经激活或者试用后价值贬损较大的商品；③销售时已明示的临近保质期的商品、有瑕疵的商品。

第三，商品完好标准。商品能够保持原有品质、功能，商品本身、配件、商标标识齐全的，视为商品完好。消费者基于查验需要而打开商品包装，或者为确认商品的品质、功能而进行合理的调试不影响商品的完好。

（3）实施与监督。

网络商品销售者义务：应当依法履行七日无理由退货义务。

网络交易平台提供者责任：应当引导和督促平台上的网络商品销售者履行七日无理由退货义务，进行监督检查，并提供技术保障。

（4）实施日期。本办法自2017年3月15日起施行。此办法为消费者在网络购物中提供了更明确的权益保障，同时也为网络商品销售者和网络交易平台提供者设定了明确的责任和义务，有助于促进电子商务市场的健康发展。

2.《中华人民共和国网络安全法》

（1）总则。

立法目的：为了保障网络安全，维护网络空间主权和国家安全、社会公共利益，保护公民、法人和其他组织的合法权益，促进经济社会信息化健康发展。

适用范围：在中华人民共和国境内建设、运营、维护和使用网络，以及网络安全的监督管理，适用本法。

基本原则：国家坚持网络安全与信息化发展并重，遵循积极利用、科学发展、依法管理、确保安全的方针。

（2）重点内容与要求。

第一，数据安全：①加强了对个人和组织的数据安全的保护。②明确规定了个人信息和重要数据的收集、存储、传输和处理的要求。③加强了对数据泄露和滥用的惩罚力度。

第二，信息网络运行安全：①强化了信息网络的运行安全管理。②明确规定了网络基础设施的安全保护责任。③要求网络运营者建立健全的安全管理制度和应急预案，加强网络安全监测和防护。

第三，个人信息保护：①更加注重保护个人信息安全。②明确规定了个人信息的合法获取和使用条件。③要求个人信息的收集和处理必须经过明确的事先同意。④任何个人信息的泄露、篡改、销售等行为都将受到法律制裁。

第四，网络安全管理：①加强了对网络安全管理的要求。②明确规定了网络安全责任的分工和承担机构的职责。③要求加强网络安全人才的培养和技术支持，提高网络安全防护能力。

第五，互联网服务安全：①重视互联网服务的安全保护。②明确规定了互联网服务提供者的安全责任和管理要求。③要求建立健全的安全管理制度，保障互联网服务的安全可靠。

（3）法律实施与监督。

实施时间：本法自2017年6月1日起施行。

监督机构：国家网信部门负责统筹协调网络安全工作和相关监督管理工作。国务院电信主管部门、公安部门和其他有关机关依照本法和有关法律、行政法规的规定，在各自职责范围内负责网络安全保护和监督管理工作。

（三）其他相关法律、法规

此外，互联网销售可能会涉及《中华人民共和国知识产权法》（以下简称《知识产权法》）、《中华人民共和国产品质量法》（以下简称《产品质量法》）等相关法律法规，要求销售者保护知识产权、提供符合质量要求的商品等。此外，还有可能涉及《中华人民共和国著作权法》（以下简称《著作权法》）、《中华人民共和国专利法》《中华人民共和国商标法》等具体的知识产权法律法规。

1.知识产权类相关法律法规

（1）《著作权法》。禁止未经著作权人许可，擅自利用受《著作权法》保护的作品，如完全复制其他网页内容、稍加修改但严重损害被抄袭网站良好形象、通过技术手段偷取其他网站数据等行为。《著作权法》规定了网络著作权内容侵权的分类和处罚措施。

（2）《中华人民共和国专利法》。保护发明、实用新型和外观设计等创造性智力成果。互联网销售者应当确保其销售的商品不侵犯他人的专利权。

（3）《中华人民共和国商标法》。禁止在网络交易中销售假冒注册商标的商品，或者利用注册商标进行误导性的商品宣传。规定了网络商标侵权的处罚措施，以维护网络市场的公平竞争秩序。

2.《产品质量法》

（1）产品质量标准。互联网销售者应当确保其销售的商品符合《产品质量法》规定的质量标准，包括外观、功能、性能等方面的要求。

（2）商品检验和认证。网络销售平台可以要求商家提供商品的检验和认证报告，以确保商品质量符合标准。

（3）产品标识和说明。互联网销售者应当在其销售的商品上标明必要的信息，如产品名称、型号、生产日期、生产厂家等，以便消费者了解商品的基本情况。

（4）售后服务与投诉处理。互联网销售者应当为消费者提供完善的售后服务，包括退换货、维修等。同时，应当建立健全的投诉处理机制，以使消费者在遇到问题时能够及时得到解决。

　　综上所述，互联网销售者在从事销售活动时，应当严格遵守《知识产权法》及相关法律法规以及《产品质量法》等法律法规的规定，保护知识产权、提供符合质量要求的商品，以维护消费者的合法权益和市场的公平竞争秩序。

　　互联网销售的法律法规涵盖了电子商务、广告、反不正当竞争、消费者权益保护等多个方面，企业在进行互联网销售时应全面了解并遵守相关法律法规，确保销售活动的合法性和规范性。

二、互联网销售的法律法规的合规性

　　（一）《电子商务法》合规性

　　（1）市场主体登记：互联网销售企业需要依法办理市场主体登记，并在其网站首页显著位置公示营业执照信息。

　　（2）交易规则：企业应制定明确的交易规则，包括商品或服务的描述、价格、支付方式、物流配送、退换货政策等，并确保这些规则符合法律法规的要求。

　　（3）数据保护：企业需遵守数据保护法律法规，确保用户数据的安全和隐私。

　　（二）《广告法》合规性

　　（1）广告内容真实性：互联网广告必须真实、合法，不得含有虚假或引人误解的内容。企业应对其发布的广告内容负责，确保广告描述的准确性。

　　（2）禁止行为：禁止发布涉及虚假宣传、误导消费者、贬低竞争对手等违法广告。

　　（三）《反不正当竞争法》合规性

　　（1）公平竞争：企业应遵守公平竞争原则，不得利用技术手段等实施不正当竞争行为，如刷单、炒信、虚假评价等。

　　（2）价格公示：企业应明码标价，不得进行价格欺诈或虚假宣传。

　　（四）《消费者权益保护法》合规性

　　（1）消费者权利保护：企业应尊重和保护消费者的合法权益，如知情权、选择权、公平交易权等。

　　（2）退换货政策：企业应制定明确的退换货政策，并在交易规则中公示。对于符合退换货条件的商品，企业应提供退换货服务。

　　（五）互联网销售的法律法规的合规性建议

　　（1）建立完善的合规体系：企业应建立涵盖法律法规培训、内部审核、风险评估、合规监督等方面的合规体系，确保企业活动符合法律法规要求。

　　（2）加强员工合规培训：企业应定期为员工提供法律法规培训，提高员工的合规意识和能力。

　　（3）定期自查自纠：企业应定期对自身的互联网销售活动进行自查自纠，及时发现并纠正可能存在的违规行为。

　　（4）建立风险应对机制：企业应建立风险应对机制，对于可能出现的法律风险进行预测和评估，并制定相应的应对措施。

　　总之，互联网销售的法律法规合规性是企业必须面对的重要问题。企业应加强法律法规学习和培训，建立完善的合规体系，加强内部管理和监督，确保自身活动符合法律法规要求。

【案例分析8-1】

云云电商平台商标侵权与不正当竞争案

随着互联网销售行业的蓬勃发展，云尚电商平台作为行业内的领军企业，一直致力于为消费者提供丰富多样的商品和服务。然而，在业务快速发展的过程中，云云电商平台也面临着诸多法律法规与合规性的挑战。本文将通过一起商标侵权与不正当竞争案例，深入分析云云电商平台在法律法规与合规性方面所面临的问题及其应对措施。

1.事件经过

2024年6月，云云电商平台接到古乔古希股份公司（以下简称"古乔公司"）的投诉，称平台内某商家销售侵犯其注册商标专用权的"GUCCI"女包。经调查发现，该商家在未取得古乔公司许可的情况下，擅自复制并发布了带有"GUCCI"商标的女包销售信息，误导消费者进行购买。此外，该商家还通过虚假宣传、刷单炒信等手段提升商品销量和排名，严重扰乱了市场秩序。

2.问题剖析

商标侵权：根据《中华人民共和国商标法》的相关规定，销售侵犯注册商标专用权的商品属于违法行为。本案中，商家未经古乔公司许可销售带有"GUCCI"商标的女包，侵犯了古乔公司的注册商标专用权。

不正当竞争：商家通过虚假宣传、刷单炒信等手段提升商品销量和排名，违反了《反不正当竞争法》中关于虚假宣传和不正当竞争行为的规定。这些行为不仅损害了其他商家的合法权益，也误导了消费者，破坏了公平竞争的市场环境。

3.合规性分析

云云电商平台在接到投诉后，迅速启动了调查程序，并依据相关法律法规采取了以下措施：

立即下架侵权商品：平台立即对涉事商品进行了下架处理，防止侵权行为的进一步扩大。

处罚违规商家：平台依据《电子商务法》和《反不正当竞争法》的相关规定，对违规商家进行了严厉处罚，包括罚款、限制交易等。

加强监管与审核：为预防类似事件再次发生，平台加强了对商家资质和商品信息的审核力度，提高了监管水平。同时，平台还建立了健全的投诉举报机制，鼓励消费者和商家积极举报违规行为。

提升消费者教育：平台通过发布消费警示、开展法律知识宣传等方式，提高了消费者的法律意识和自我保护能力。

案例启示：本案例展示了云云电商平台在面临商标侵权与不正当竞争挑战时，如何依法依规采取有效措施维护市场秩序和消费者权益。通过及时下架侵权商品、处罚违规商家、加强监管与审核以及提升消费者教育等措施，平台不仅有效遏制了违法行为的蔓延，还提升了自身的合规性和市场竞争力。这一案例为其他互联网企业提供了有益的借鉴和参考，强调了企业在互联网销售过程中必须严格遵守法律法规和监管要求的重要性。

资料来源　作者根据网络相关资料整理加工.

任务二　了解互联网销售中的欺诈与安全问题

一、互联网销售中的欺诈问题

互联网销售中的欺诈问题是一个严重且复杂的问题，包括虚假广告、假冒伪劣产品、金融诈骗、网络兼职欺诈、网络投资欺诈、网络恋爱欺诈等等。这些问题不仅损害了消费者的权益，也破坏了互联网销售的健康发展。

微课 8-1

互联网销售中的欺诈问题及处理方法

（一）互联网销售中常见的欺诈问题

1.网络购物欺诈

这种欺诈行为通常通过虚假的网店或商品信息来引诱消费者支付货款，但之后却不发货或发货虚假商品。欺诈者可能使用低价商品吸引消费者，或者通过美化宣传使商品看起来更加吸引人，但实际商品与描述不符。

2.网络兼职欺诈

欺诈者通过发布虚假的招聘信息，以兼职、创业等名义骗取被害人的财产或个人信息。他们可能利用人们渴望兼职或创业的心理，诱导他们加入所谓的"团队"或"项目"，然后以各种名义收取费用或骗取个人信息。

3.网络投资欺诈

欺诈者通过虚假的投资项目或平台，诱骗投资者进行投资并非法获取财产。他们可能承诺高额回报或低风险，但实际上却是骗局。投资者在追求高收益的同时，往往忽视了风险的存在，从而陷入欺诈者的陷阱。

4.网络诈骗电话

这种欺诈行为通过电话进行，欺诈者通常冒充公检法等机关工作人员或银行客服等身份，以获取被害人的个人信息或财产。他们可能利用人们对权威机构的信任，诱导他们提供个人信息或进行转账操作。

5.网络恋爱欺诈

欺诈者通过虚假的身份和感情骗取被害人的财产或个人信息。他们可能在网络上伪装成理想中的恋人，与被害人建立感情联系，然后以各种理由骗取财物或个人信息。

6.虚假广告与宣传

一些不法商家可能通过夸大产品效果、伪造用户评价等方式进行虚假广告与宣传，诱导消费者购买。

7.假冒伪劣产品

在互联网上，消费者难以直接接触到产品实物，因此更容易购买到假冒伪劣产品。这些产品不仅质量低劣，还可能对消费者造成损害。

8.金融诈骗

骗子可能开设虚假的金融网站或投资理财网站，通过超高收益诱骗投资者进行投资，从而骗取资金。

9.房屋租售引流骗局

骗子可能通过发布虚假的房屋租售信息，诱导消费者支付定金或中介费，然后消失无踪。

10.投资虚拟币骗局

骗子可能以投资虚拟货币为幌子，诱导消费者投资不存在的或价值极低的虚拟货币，骗取资金。

为了应对互联网销售中的欺诈问题，消费者需要提高警惕，加强自我保护意识。在选择电商平台和购物网站时，要选择信誉良好的平台，并仔细核实商家的信息和商品的质量。同时，消费者还需要了解常见的欺诈手段和识别方法，以便在遭遇欺诈时能够及时采取措施。

（二）常见欺诈问题处理办法

1.消费者方面的处理方法

（1）提高警惕：消费者应保持警惕，不轻信虚假广告或过于诱人的优惠信息。在购物前，要仔细核实商家的信誉度和产品信息，避免被欺诈者利用。

（2）保护个人信息：消费者应注意保护个人信息的安全，避免在不安全的网站或应用中泄露个人敏感信息，如银行卡号、密码等。

（3）使用安全的支付方式：在进行网上支付时，消费者应选择安全可靠的支付方式，如使用第三方支付平台或信用卡进行支付。避免使用不安全的支付链接或银行转账等方式。

（4）留存证据：消费者在购物过程中应保留相关证据，如订单信息、交易记录、聊天记录等。这些证据在发生纠纷或欺诈时可以作为维权的重要依据。

（5）及时投诉举报：如果消费者遇到欺诈行为，应及时向相关部门投诉举报，如消费者协会、市场监管部门等。同时，也可以向电商平台投诉，要求平台介入处理。

2.商家方面的处理方法

（1）诚信经营：商家应遵守法律法规和商业道德，诚信经营，不发布虚假广告或夸大产品效果。同时，要确保所售商品的质量和安全，不销售假冒伪劣产品。

（2）核实用户信息：商家在进行交易前，应核实用户的身份信息，确保交易的真实性和合法性。对于可疑用户或行为，应及时采取风险防范措施。

（3）建立投诉举报机制：商家应建立有效的投诉举报机制，及时处理消费者的投诉和举报。对于涉嫌欺诈的行为，应积极配合有关部门进行调查和处理。

（4）严格监管供应链：商家应严格监管供应链，确保所售商品的来源合法、渠道正规。对于存在欺诈风险的供应商或渠道，应及时进行排查和清理。

（5）提高技术防范能力：商家应加强技术防范能力，提高网络安全防护水平。如加强网站或应用的安全性设置、采用数据加密技术等措施，防止黑客攻击和数据泄露等安全问题。

3.共同应对的措施

（1）加强法律、法规建设：政府应加强对互联网销售领域的法律法规建设，完善相关法规制度，加大对欺诈行为的打击力度。

（2）推广安全教育：加强互联网销售安全教育，提高消费者和商家的安全意识和防范能力。通过宣传、培训等方式，普及网络安全知识和防骗技巧。

（3）建立合作机制：消费者、商家、电商平台和政府部门应建立合作机制，共同应对互联网销售中的欺诈问题。加强信息共享和协同配合，形成合力打击欺诈行为的良好局面。

　　总之，处理互联网销售中的欺诈问题需要消费者、商家和政府部门共同努力。通过提高警惕、保护个人信息、使用安全的支付方式、留存证据、及时投诉举报以及加强技术防范能力等措施，可以有效降低互联网销售中的欺诈风险。同时，加强法律法规建设、推广安全教育和建立合作机制也是应对欺诈问题的重要途径。

二、互联网销售中的安全问题

　　互联网销售中常见的安全问题涉及多个方面，这些问题可能对消费者的财产安全和隐私造成威胁。以下是一些常见的互联网销售安全问题：

　　（一）常见的互联网销售安全问题

　　1.数据泄露和隐私侵犯

　　在线购物或注册电商平台账户时，消费者的个人信息（如姓名、地址、电话号码、电子邮箱和信用卡信息等）可能会被泄露或遭到不当使用。

　　黑客可能会攻击电商平台的数据库，窃取用户数据，并在非法渠道上进行售卖。

　　2.支付安全

　　欺诈者可能通过伪造网站、电子邮件或应用程序来诱骗消费者提供支付信息，如信用卡号、CVV码等。未经加密的支付数据传输可能遭到中间人攻击，导致支付信息被窃取。

　　3.网络钓鱼和诈骗

　　欺诈者通过发送伪装成合法来源的电子邮件或消息，诱骗消费者点击恶意链接或下载恶意软件，进而获取其个人信息或资金。

　　在社交媒体或在线论坛上，欺诈者可能冒充卖家或买家，进行欺诈交易。

　　4.恶意软件和广告

　　消费者可能会在访问电商网站时遇到恶意软件和广告，这些软件和广告可能会窃取用户的个人信息或破坏用户的计算机系统。

　　5.虚假交易和欺诈

　　一些不法分子可能会通过发布虚假商品信息、价格欺诈、虚假促销等方式，诱导消费者进行交易，从而骗取钱财。

　　刷单、刷好评等不正当竞争行为也可能误导消费者，使其作出错误的购买决策。

　　6.账号安全

　　消费者可能因为使用弱密码、共享账号或在非安全网络环境下登录电商平台账户，导致账号被盗用。

　　账号被盗用后，欺诈者可能会利用消费者的身份信息进行非法交易或诈骗。

　　7.物流和配送安全

　　在电商交易中，物流和配送环节也可能存在安全问题，如商品被损坏、丢失或被非法调包等。

　　（二）安全问题的处理方法

　　为了应对这些安全问题，消费者和电商平台需要采取一系列措施，以确保交易的顺利进行和消费者的权益得到保护。以下是一些建议的处理方法：

　　1.加强数据隐私保护

　　（1）使用加密技术：在数据传输和存储过程中，使用SSL/TLS等加密技术来保护消费

微课8-2

互联网销售中的安全问题及处理措施

者的个人信息和交易数据，防止数据被窃取或篡改。

（2）遵守隐私政策：制定并遵守严格的隐私政策，明确告知消费者个人信息的收集、使用和保护方式，以及消费者的权利和责任。

（3）限制数据访问：对访问消费者个人信息的员工和第三方合作伙伴进行权限限制，确保只有必要的人员才能访问这些数据。

2.提高支付安全水平

（1）选择安全的支付平台：与可靠的第三方支付平台合作，确保支付过程的安全性。同时，定期评估支付平台的安全性能，确保其满足最新的安全标准。

（2）验证支付信息：在支付过程中，验证消费者的支付信息，如银行卡号、CVV码等，确保支付信息的真实性。

（3）监控异常交易：建立异常交易监控机制，对可疑的交易进行实时监测和处理，防止欺诈行为的发生。

3.加强交易监管

（1）建立严格的商家入驻审核机制：对入驻电商平台的商家进行严格的审核，确保其具备合法的经营资质和良好的信誉度。

（2）打击虚假评价和刷单行为：建立举报和惩罚机制，对虚假评价和刷单行为进行严厉打击，维护交易的公平性和诚信性。

（3）定期评估商家风险：对商家进行定期的风险评估，对存在风险的商家进行及时的处理和警示。

4.提高网络安全意识

（1）定期开展网络安全培训：对消费者和商家进行网络安全培训，提高他们对网络安全的认识和防范能力。

（2）及时更新安全补丁：定期更新操作系统、浏览器和应用程序的安全补丁，以修复潜在的安全漏洞。

（3）谨慎处理可疑信息：对收到的可疑邮件、链接或信息保持警惕，不轻易点击或提供个人信息。

5.建立快速响应机制

（1）设立安全事件应急小组：建立专门的安全事件应急小组，负责处理互联网销售中的安全问题。

（2）及时响应安全事件：在发生安全事件时，应急小组应迅速启动响应机制，对事件进行调查和处理，并及时通知相关方。

（3）持续改进安全措施：根据安全事件的反馈和评估结果，持续改进安全措施，提高系统的安全性和可靠性。

综上所述，互联网销售中的安全问题处理方法需要从数据隐私保护、支付安全、交易监管、网络安全意识和快速响应机制等多个方面入手，确保交易的顺利进行和消费者的权益得到保护。同时，政府和相关机构也应加强监管和打击力度，确保互联网销售的健康发展。

【案例分析8-2】

云云电商平台欺诈案例分析

随着互联网的快速发展，云云电商平台迅速崛起，成为消费者日常购物的重要渠道。然而，在业务繁荣的背后，该平台也遭遇了多起欺诈与安全事件，给消费者和企业自身带来了巨大损失。以下将以云云电商平台为例，深入剖析其面临的欺诈与安全问题，并探讨相应的应对措施。

案例一：刷单返利诈骗

一、事件描述

2024年8月，云云电商平台发现多起刷单返利诈骗案件。受害者在平台上看到刷单兼职信息，被诱导下载不明App进行刷单操作。在完成任务过程中，受害者的资金被自动扣款，且无法追回。诈骗分子通过虚假承诺高额返利，诱骗受害者不断投入资金，最终骗取大量钱财。

二、问题剖析

平台对刷单行为的监管不力，导致诈骗信息泛滥；受害者缺乏警惕性，轻信高额返利承诺；诈骗手段隐蔽，利用App进行非法操作。

三、应对措施

加强平台监管，严厉打击刷单行为；加强用户教育，增强防骗意识；与支付机构合作，建立快速止损机制。

案例二：虚假投资理财诈骗

一、事件描述

2024年9月，多名用户在云云电商平台内通过聊天软件结识陌生人，被对方以高收益投资理财为由诱骗至非法平台投资。用户投入资金后，发现账户盈利却无法提现，最终被骗取巨额资金。

二、问题剖析

诈骗分子利用平台内的社交功能进行精准诈骗；受害者对投资理财知识了解不足，盲目追求高收益；平台对非法投资理财广告的审核不严。

三、应对措施

加强平台内社交功能的监管，防止诈骗信息传播；提高用户投资理财知识水平，引导其选择正规渠道投资；严格审核平台内广告内容，杜绝非法投资理财广告。

资料来源　作者根据网络相关资料整理.

任务三　熟悉互联网销售风险管理与应对措施

一、何为互联网销售风险管理

互联网销售风险管理是指在网络销售过程中，企业为达到其销售目标，通过识别、评估、监控和应对与互联网销售相关的各种潜在风险，以确保销售活动的顺利进行，并最大限度地减少风险带来的损失和不利影响。这一过程涵盖了从风险识别到风险应对的完整流程，目的是保障企业的网络销售活动在安全、合规、高效的环境中进行。

微课8-3

互联网销售风险管理与应对措施

二、互联网销售的风险分类

互联网销售的风险可以从多个角度进行分类，以下是一些常见的风险类型：

（一）技术风险

定义：在营销过程中出现的技术问题和障碍，如网站服务器宕机、网络攻击、数据泄露等。

影响：可能导致企业形象受损、客户信息泄露，给企业带来巨大的法律风险和经济损失。

示例：根据统计数据，技术故障的网站宕机，造成每天可能高达数百万的潜在销售损失。

（二）竞争风险

定义：市场上其他竞争对手的行为给企业带来的风险，如竞争对手发布虚假信息、恶意攻击等。

影响：可能导致企业推广效果不佳，影响市场份额和品牌形象。

示例：竞争对手可能通过搜索引擎优化（SEO）技术，提高其在搜索引擎中的排名，从而抢占更多潜在客户。

（三）法律风险

定义：网络营销涉及大量的法律法规，企业可能因违反相关法规而面临法律制裁。

影响：如网络广告违法、侵犯知识产权等行为，可能导致企业面临罚款、赔偿等法律责任。

示例：近年来，因侵犯知识产权而引发的法律纠纷数量呈上升趋势，企业应高度重视知识产权的保护。

（四）市场风险

定义：市场环境变化给企业带来的风险，如市场需求的下降、竞争对手的崛起等。

影响：可能导致网络营销策略失效，企业需不断调整策略以适应市场变化。

示例：随着消费者对健康、环保等问题的关注度提高，企业应关注这些变化并调整其产品策略。

（五）数据安全风险

定义：包括网络软硬件安全、网络运行安全、数据传输安全等方面的问题。

影响：可能导致企业数据泄露、服务器遭受攻击等严重后果。

示例：据相关统计，数据泄露已成为企业面临的主要风险之一，每年因数据泄露导致的经济损失巨大。

以上是互联网销售的主要风险类型及其定义、影响和示例。企业在进行互联网销售时，应全面识别并评估这些风险，制定相应的风险管理策略，以确保销售活动的顺利进行。

三、互联网销售风险管理的主要内容

互联网销售风险管理是一个综合性的过程，旨在识别、评估、监控和应对在线销售活动中可能遇到的各种风险。以下是互联网销售风险管理的主要内容：

（一）风险识别

识别潜在的互联网销售风险，这包括技术风险、市场风险、法律风险、操作风险等。

技术风险可能涉及网络安全、系统稳定性等方面；市场风险则与市场需求变化、消费者行为等有关；法律风险涵盖隐私保护、消费者权益保护等方面；操作风险可能涉及内部流程、员工行为等。

（二）风险评估

对识别出的风险进行评估，确定其潜在的影响程度和发生的可能性。这有助于企业了解哪些风险是需要优先处理的，以及需要采取何种措施来降低风险。

（三）风险监控

设立风险监控机制，持续跟踪和监测潜在风险的变化和趋势。这可以通过定期的风险审查、实时监控关键指标等方式实现。

（四）风险应对

针对不同类型的风险，制定相应的应对措施。这可能包括技术加固、市场策略调整、法律合规、员工培训等。同时，企业还需要制订应急预案，以应对突发的风险事件。

（五）风险沟通和报告

确保企业内部各部门之间以及企业与外部利益相关者之间的风险信息畅通。这有助于企业及时识别和解决潜在问题，并提升企业的透明度和信誉度。

（六）风险管理体系建设

建立和完善风险管理体系，包括风险管理政策、流程、制度等。这有助于企业形成全面、系统的风险管理机制，提升企业的风险管理水平。

（七）持续改进

定期对风险管理体系进行审查和评估，发现存在的问题和不足，并进行改进和优化。这有助于企业不断适应市场环境的变化，提升企业的竞争力和抗风险能力。

总之，互联网销售风险管理是一个全面、系统的过程，需要企业从多个方面入手，建立有效的风险管理机制，确保在线销售活动的顺利进行并降低潜在风险。

四、互联网销售风险管理的措施

以下是一些常见的互联网销售风险管理措施：

（一）技术风险管理

加强网络安全防护，包括使用防火墙、入侵监测系统等。

定期更新和修补系统漏洞，保持系统和应用的最新状态。

采用数据加密技术，保护客户信息和交易数据的安全。

建立灾难恢复计划和备份系统，确保在意外情况下可以快速恢复业务。

（二）市场风险管理

密切关注市场动态和消费者需求变化，及时调整产品策略、定价策略和营销策略。

多元化销售渠道，降低对单一渠道的依赖，提高销售稳定性。

加强品牌建设，提高品牌知名度和美誉度，增强消费者信任。

（三）法律风险管理

遵守国家法律、法规和行业规定，确保销售活动的合法性。

建立完善的合同管理制度，确保合同条款的合法性和合规性。

定期进行法律风险评估和合规审查，及时发现和解决潜在的法律问题。

（四）操作风险管理

制定标准化的操作流程和内部控制机制，降低人为错误和操作失误的风险。

加强员工培训，提高员工的风险意识和操作技能。

设立独立的内部审计部门，定期对销售活动进行审计和检查。

（五）客户风险管理

建立客户信用评估体系，对客户进行信用评级和分类管理。

建立风险预警机制，对异常交易或高风险客户进行及时监控和报告。

提供优质的客户服务，及时解决客户问题和投诉，增强客户满意度和忠诚度。

（六）供应链风险管理

建立稳定的供应链合作关系，确保供应商的质量和交货时间。

设立供应链风险预警机制，对潜在的供应链风险进行及时识别和应对。

采用多元化的供应商策略，降低对单一供应商的依赖。

（七）数据风险管理

加强对客户数据的保护和管理，确保数据的完整性和安全性。

建立数据备份和恢复机制，防止数据丢失或损坏。

定期进行数据分析和风险评估，发现潜在的数据风险并及时应对。

（八）应急响应计划

制订应急响应计划，明确在发生风险事件时的应对策略和流程。

定期组织应急演练和培训，提高员工应对风险事件的能力和效率。

总之，互联网销售风险管理应对措施需要从技术、市场、法律、操作、客户、供应链和数据等多个方面入手，建立全面、系统的风险管理机制，确保在线销售活动的顺利进行并降低潜在风险。企业需要不断关注市场变化和技术发展，及时调整风险管理策略，提高风险管理水平。

【案例分析8-3】

悦购网的风险管理实践

一、背景介绍

企业名称：悦购网

行业：综合性在线零售平台，覆盖服装、美妆、电子产品、家居用品等多个品类。

背景描述：悦购网作为国内知名的互联网销售平台，凭借其丰富的商品种类、便捷的购物体验和优质的服务赢得了广大消费者的喜爱。然而，随着业务的不断扩展，悦购网也面临着日益复杂的销售风险，包括商品质量争议、支付安全漏洞、物流配送问题以及用户数据泄露等。为了应对这些挑战，悦购网实施了一系列针对性的风险管理与应对措施。

二、风险识别与评估

商品质量风险：商品来源多样，质量参差不齐，存在假冒伪劣商品的风险。

支付安全风险：在线支付过程中可能遭遇欺诈行为，用户支付信息存在泄露风险。

物流配送风险：物流链条复杂，可能出现延误、丢失、破损等问题，影响用户体验。

数据安全风险：用户数据量大，一旦泄露将对用户和企业造成重大损失。

三、风险管理与应对措施

1.商品质量风险管理

供应商审核与认证：建立严格的供应商审核机制，要求入驻商家提供资质证明和产品质量检测报告，定期进行复审。

商品抽检与追溯：对热销商品和新品进行定期抽检，确保商品质量符合标准。同时，建立商品追溯系统，实现从生产到销售的全程可追溯。

售后保障服务：提供完善的售后服务，包括七天无理由退换货、假一赔三等，增强消费者信心。

2.支付安全风险管理

采用安全支付技术：与知名支付机构合作，采用多重加密技术和安全验证手段，确保支付过程的安全性。

风险监控与预警：建立支付风险监控系统，实时监控异常交易行为，及时发现并处理潜在的欺诈风险。

用户教育：通过平台公告、客服提醒等方式，教育用户提高支付安全意识，避免落入诈骗陷阱。

3.物流配送风险管理

优选物流合作伙伴：与多家知名物流公司建立长期合作关系，选择服务质量高、配送效率快的合作伙伴。

物流信息透明化：为用户提供实时、准确的物流信息查询服务，增强用户信任感。

赔付机制：对于因物流问题导致的商品损坏或丢失，提供快速赔付服务，减少用户损失。

4.数据安全风险管理

数据加密与防护：采用先进的数据加密技术对用户数据进行加密存储和传输，确保数据安全。

安全审计与漏洞修复：定期进行安全审计和漏洞扫描，及时发现并修复潜在的安全隐患。

访问控制与权限管理：建立严格的访问控制机制和权限管理制度，确保只有授权人员才能访问敏感数据。

四、效果评估

通过上述风险管理与应对措施的实施，悦购网在商品质量、支付安全、物流配送以及数据安全等方面均取得了显著成效。用户投诉率明显下降，用户满意度和忠诚度显著提升。同时，这些措施也增强了悦购网的市场竞争力，为企业的持续发展奠定了坚实基础。

案例启示：面对互联网销售中的多重风险，悦购网通过构建全面的风险管理体系和采取有效的应对措施，成功降低了风险发生概率，保障了消费者权益，提升了品牌形象和市场地位。这一案例为其他互联网企业提供了宝贵的参考和借鉴。

项目总结

【项目实训】

互联网销售欺诈与安全问题应对实训

随着互联网销售的普及，欺诈与安全问题日益凸显，成为制约行业健康发展的重要因素。为了提升学生对互联网销售中欺诈与安全问题的认识和应对能力，特设计本实践实训项目。

一、实训目标

识别欺诈手段：使学生能够识别互联网销售中常见的欺诈手段，如虚假宣传、假冒商品、钓鱼网站等。

了解安全威胁：让学生了解互联网销售中的信息安全威胁，包括数据泄露、账户被盗、支付风险等。

制定应对措施：引导学生根据所学知识，制定有效的欺诈与安全问题应对措施，提高自我保护能力。

二、项目内容

选取典型的互联网销售欺诈案例，引导学生分析欺诈手段、受害者心理及防范措施。分析信息安全事件的原因、过程及后果，探讨如何避免类似事件的发生。

三、模拟演练

欺诈场景模拟：设计欺诈场景，如虚假购物网站、假冒客服等，让学生分组进行角色扮演，体验欺诈过程并尝试识别欺诈手段。

安全应对演练：模拟信息安全威胁场景，如账户被盗、支付风险等，引导学生制定并实施应对措施，如修改密码、联系客服等。

四、应对措施制定

小组讨论：学生分组讨论如何制定有效的欺诈与安全问题应对措施，包括个人层面的防范措施和平台层面的监管措施。

方案展示：各小组展示讨论结果，分享应对措施的制定思路和实施细节。

五、总结与反馈

项目总结：对实训项目进行总结，回顾学习过程和成果，指出存在的问题和改进方向。

反馈与改进：收集学生的反馈意见，了解实训项目的实际效果和存在的问题，为后续的教学改进提供参考。

六、项目实施

时间安排：本项目预计为期一周，每天安排一定的课时进行理论学习和实践操作。

人员分工：学生分组进行实训，每组设组长一名，负责协调组内工作。

资源准备：准备欺诈案例、安全事件分析材料、模拟演练场景等。

通过本实践实训项目，学生将能够深入理解互联网销售中的欺诈与安全问题，掌握识别欺诈手段和安全威胁的方法，并具备制定有效应对措施的能力。这将为他们未来从事互联网销售相关工作打下坚实的基础。

基本训练

一、选择题

基本训练

1.以下各项中，不属于互联网销售应遵守的法律、法规的是（ ）。

A.《电子商务法》

B.《消费者权益保护法》

C.《食品安全法》（针对非食品类商品）

D.《网络安全法》

2.互联网销售企业在收集用户个人信息时，必须遵循的原则是（ ）。

A.自愿原则　　　　　　　　　B.无须告知原则

C.强制收集原则　　　　　　　D.最小必要原则

3.下列行为中不属于互联网销售中的欺诈行为的是（ ）。

A.虚假宣传商品性能　　　　　B.故意隐瞒商品缺陷

C.清晰标注商品保质期　　　　D.使用伪造的用户评价

4.在互联网销售中，关于交易安全，说法不正确的是（ ）。

A.应使用安全的支付平台进行交易

B.无须担心数据泄露，因为互联网是安全的

C.定期检查网站安全漏洞

D.鼓励用户设置复杂密码

5.互联网销售风险管理的首要任务是（ ）。

A.扩大市场份额　　　　　　　B.识别潜在风险

C.降低产品价格　　　　　　　D.提升客户满意度

6.下列各项属于互联网销售中的财务风险的是（ ）。

A.物流延误　　　　　　　　　B.客户信息泄露

C.资金回笼困难　　　　　　　D.虚假宣传

7.在应对互联网销售中的欺诈行为时，最有效的手段之一是（ ）。

A.提高商品价格　　　　　　　B.加强消费者教育

C.减少广告投放　　　　　　　D.忽视消费者投诉

8.下列（ ）措施有助于提升互联网销售的安全性。

A.忽视网络安全培训

B.定期更新系统和软件

C.随意分享账号信息

D.不使用安全协议进行数据传输

9.互联网销售企业在进行风险评估时，应优先考虑（ ）。

A.竞争对手的价格策略　　　　B.季节性销售波动

C.法律法规的变动　　　　　　D.员工午餐菜单

10.以下（ ）是互联网销售风险管理中"风险应对"环节的核心内容。

A.识别风险源　　　　　　　　B.制定应对策略

C.监测风险变化　　　　　　　D.评估风险影响

二、判断题

1.互联网销售企业可以不遵守任何法律法规，只要能在市场上获得竞争优势。

（　　）

2.互联网销售中的欺诈行为仅由卖家单方面造成，买家无需承担任何责任。（　　）

3.加强数据加密和备份是提升互联网销售数据安全性的有效手段之一。（　　）

4.互联网销售的风险管理只关注交易过程中的风险，不包括售后服务风险。（　　）

5.互联网销售企业可以随意收集用户个人信息，无须用户同意。（　　）

6.互联网销售中的支付风险主要来自支付平台的安全性，与卖家无关。（　　）

7.欺诈行为的识别和预防是互联网销售风险管理的唯一内容。（　　）

8.互联网销售企业必须对所有用户投诉进行回复和处理，以维护企业信誉。（　　）

9.法律法规的变动不会对互联网销售企业产生任何影响。（　　）

10.互联网销售企业可以通过提高商品价格来降低财务风险。（　　）

三、论述题

1.论述互联网销售中法律法规的重要性及其对企业合规性的影响。

2.阐述互联网销售中欺诈行为的主要类型及其对企业和消费者的危害。

3.探讨互联网销售风险管理的有效策略，并结合实际案例进行说明。

四、案例分析题

案例描述：某知名电商平台因未严格审核入驻商家资质，导致大量假冒伪劣商品流入市场，引发消费者投诉和媒体曝光，严重损害了平台声誉和消费者信任。

问题：

（1）该电商平台在哪些方面违反了互联网销售的法律、法规？

（2）该事件对电商平台和消费者分别造成了哪些影响？

（3）针对此类风险，电商平台应如何改进其风险管理体系，以防止类似事件再次发生？

参考文献

［1］曾伏娥，龚政，郭逸鸿．数智化新产品开发平台［J］．营销科学学报，2023，3（1）：60-77．

［2］陈晴光．电子商务：基础与应用［M］．3版．北京：清华大学出版社，2024．

［3］崔楷．"互联网+"时代电子商务理论与实践研究［M］．北京：中国水利水电出版社，2018．

［4］高晖．网络营销［M］．2版．西安：西安交通大学出版社，2020．

［5］郦瞻．网络营销［M］．3版．北京：清华大学出版社，2023．

［6］刘益，崔海涛，束晟．移动互联网情境下的全渠道营销研究［J］．营销科学学报，2023，3（1）：2-17．

［7］谭建辉．网络营销项目教程［M］．北京：中国电力出版社，2012．

［8］滕乐法，黄奕凡，谢辰欣．经济转型和国际化背景下品牌战略的实践问题和理论创新［J］．营销科学学报，2023，3（1）：41-59．

［9］王海忠．中国企业品牌引领力提升战略研究［J］．营销科学学报，2023，3（1）：18-40．

［10］王丽丽．网络营销［M］．北京：北京交通大学出版社，2012．

［11］夏薇薇，李元杰．网络营销实务［M］．上海：上海财经大学出版社，2018．